IGREJA DO NAZARENO
MANUAL

2023

•

HISTÓRIA

CONSTITUIÇÃO

GOVERNO

SACRAMENTOS E RITUAIS

•

Manual da Igreja do Nazareno, 2023
Copyright © 2024

Publicado pela Nazalivros sob autorização da Trigesima Assembleia Geral reunida em Indianápolis, Indiana, EUA de 11 a 15 de junho de 2023

Membros do Comitê de Redação do Manual da versão original em inglês
DEAN G. BLEVINS
SARAH B. COLESON-DERCK
STANLEY J. RODES
TERRY S. SOWDEN
GARY W. HARTKE

Membros da Comitê de Redação da versão em português
CARLOS ABEJER
PRISCILA GUEVARA
EVERTON LEITE MORAIS
RAQUEL A. ESPINHAL PEREIRA
M. MANUELA VERA-CRUZ

ISBN 978-1-63580-340-2

Publicado originalmente em inglês com o título de
Manual 2023, Church of the Nazarene
Copyright © 2023
Nazarene Publishing House

Todas as citações bíblicas são retiradas da versão Revista e Atualizada de João Ferreira de Almeida. Usado com permissão. Copyright 2009 Sociedade Bíblica do Brasil. Direitos Reservados.

O selo e o logo da Igreja do Nazareno são marcas registradas da Church of the Nazarene, Inc. O seu uso ou reprodução, sem o consentimento expresso por escrito da Church of the Nazarene, Inc. está estritamente proibido.

PREÂMBULO

A *Declaração de Missão* na Igreja do Nazareno é fazer discípulos à semelhança de Cristo nas nações.

Os *Valores Fundamentais* da Igreja do Nazareno são: somos cristãos, santos e missionais.

As sete Características da Igreja do Nazareno são adoração significativa, coerência teológica, evangelismo fervoroso, discipulado intencional, desenvolvimento da igreja, liderança transformacional e compaixão com propósito.

O objetivo principal da Igreja do Nazareno é fazer progredir o Reino de Deus através da preservação e propagação da santidade cristã como descrita nas Escrituras.

"Os objetivos fundamentais da Igreja do Nazareno são 'a comunhão cristã santa, a conversão dos pecadores, a inteira santificação dos crentes, a sua edificação em santidade e a simplicidade e o poder espiritual manifestos na igreja primitiva do Novo Testamento, juntamente com a pregação do Evangelho a toda a criatura'". (19)

A Igreja do Nazareno existe para servir como um instrumento no avanço do Reino de Deus através da pregação e ensino do Evangelho por todo o mundo. O nosso bem-definido mandato é preservar e propagar a santidade cristã tal como é declarada nas Escrituras, através da conversão dos pecadores, a recuperação dos desviados e a inteira santificação dos crentes.

O nosso objetivo é espiritual, nomeadamente evangelizar, como resposta à Grande Comissão do nosso Senhor em "ir e fazer discípulos de todas as nações" (Mateus 28:19, João 20:21; Marcos 16:15). Cremos que este alvo pode ser alcançado através de normas e procedimentos acordados, incluindo princípios doutrinários da fé e padrões de moralidade e estilo de vida testados pelo tempo.

A edição 2023 do *Manual* inclui uma declaração histórica da igreja; a constituição da Igreja, que define os nossos Artigos de fé, a nossa compreensão da igreja, o Pacto de Caráter Cristão para o viver santo, e princípios de organização e governo; o Pacto de Conduta Cristã, que aborda assuntos-chave da sociedade contemporânea; e normas do governo da igreja a serem aplicadas na organização da igreja local, distrital e geral. O *Manual 2023* substitui o *Manual* 2017-2021, que permaneceu em vigor por mais dois anos devido à pandemia de COVID-19 e ao adiamento da 30ª Assembleia Geral.

A Assembleia Geral é o orgão supremo de formulação da doutrina e legislação da Igreja do Nazareno. Este *Manual* inclui as deliberações e opiniões dos delegados ministeriais e leigos da 30ª Assembleia Geral, que se reuniu em Indianápolis, Indiana, E.U.A.

de 11 a 15 de Junho 2023, e é por isso autoridade competente como guia para a ação. Pelo fato de o *Manual* ser a declaração de fé e prática oficiais da igreja e ser consistente com os ensinamentos das Escrituras, esperamos que o nosso povo, em todo o lugar, aceite os princípios de doutrina, guias e ajudas para o viver santo nele contidos. Falhar nisto, depois de terem feito os votos de membro da Igreja do Nazareno, prejudica o testemunho da Igreja, viola a sua consciência e destrói a comunhão do povo chamado nazareno.

O governo da Igreja do Nazareno é distinto. O seu governo é representativo – não é puramente episcopal nem completamente congregacional. Existe um equilíbrio de poder desejável e efetivo, porque tanto os leigos como os ministros têm igual autoridade nos órgãos deliberativos e legislativos da igreja. Vemos isto não somente como uma oportunidade de participação e serviço na Igreja como também uma obrigação por parte dos leigos e ministros.

Compromisso e propósito claros são importantes. Mas um povo inteligente e informado, que segue práticas e procedimentos acordados, faz avançar o Reino mais depressa e realça o seu testemunho por Cristo. Portanto, é dever dos nossos membros familiarizarem-se com este *Manual* - a história da Igreja, as doutrinas e as práticas éticas do nazareno ideal. A adesão às determinações destas páginas irá nutrir a lealdade e a fidelidade tanto a Deus como à Igreja, e aumentará a eficiência e eficácia dos nossos esforços espirituais.

Com a Bíblia como nosso Guia supremo, iluminada pelo Espírito Santo, e a nossa declaração de fé, prática e governo, acordadas como oficiais, contidas no *Manual*, estamos na expectativa do novo quadriénio com alegria e fé inabalável em Jesus Cristo.

A Junta de Superintendentes Gerais
DAVID E. BUSIC
GUSTAVO A. CROCKER
FILIMÃO M. CHAMBO
CARLA D. SUNBERG
T. SCOTT DANIELS
CHRISTIAN D. SARMIENTO

ÍNDICE

PREÂMBULO 3

PARTE I
DECLARAÇÃO HISTÓRICA 8
ORGANOGRAMA 15

PARTE II
CONSTITUIÇÃO DA IGREJA
PREÂMBULO 18
À CONSTITUIÇÃO DA IGREJA 18
ARTIGOS DE FÉ 18
A IGREJA 25
ARTIGOS DE ORGANIZAÇÃO E GOVERNO 28

PARTE III
O PACTO DE CONDUTA CRISTÃ

PARTE IV
GOVERNO DA IGREJA

PREÂMBULO AO GOVERNO DA IGREJA 48
I. GOVERNO LOCAL 49
II. GOVERNO DISTRITAL 90
III. GOVERNO GERAL 122

PARTE V
ENSINO SUPERIOR 148

PARTE VI
MINISTÉRIO E SERVIÇO CRISTÃO

I. CHAMADA E QUALIFICAÇÕES
   DO(A) MINISTRO(A) 154
II. CATEGORIAS DE MINISTÉRIO 155
III. FUNÇÕES DE MINISTÉRIO 157
IV. EDUCAÇÃO PARA MINISTROS 162
V. REGULAMENTOS E CREDENCIAIS MINISTERIAIS 166

PARTE VII
ADMINISTRAÇÃO JUDICIAL

I. INVESTIGAÇÃO DE POSSÍVEL MÁ CONDUTA E
   DISCIPLINA DA IGREJA 194
II. RESPOSTA A POSSÍVEL MÁ CONDUTA 194
III. RESPOSTA A MÁ CONDUTA POR UMA PESSOA EM
    POSIÇÃO DE CONFIANÇA OU AUTORIDADE 195
IV. DISCIPLINA CONTESTADA
    DE UM(A) LEIGO(A) 197
V. DISCIPLINA CONTESTADA DE UM MEMBRO DO
   CLERO 198

VI. REGRAS DE PROCEDIMENTO 202
VII. TRIBUNAL DISTRITAL DE APELAÇÕES 202
VIII. TRIBUNAL REGIONAL DE APELAÇÕES 202
IX. TRIBUNAL GERAL DE APELAÇÕES 203
X. GARANTIA DE DIREITOS 203

PARTE VIII
SACRAMENTOS E RITUAIS

I. SACRAMENTOS 208
II. RITUAIS 216

PARTE IX
CONSTITUIÇÕES AUXILIARES

I. JUVENTUDE NAZARENA INTERNACIONAL 240
II. MISSÕES NAZARENAS INTERNACIONAIS 274
III. DISCIPULADO NAZARENO INTERNACIONAL 293

PARTE X
FORMULÁRIOS

I. A IGREJA LOCAL 308
II. A ASSEMBLEIA DISTRITAL 311
III. TERMOS DE ACUSAÇÃO 311

PARTE XI
APÊNDICE

I. OFICIAIS GERAIS 314
II. JUNTAS ADMINISTRATIVAS, CONSELHOS E
    INSTITUIÇÕES EDUCACIONAIS 315
III. REGULAMENTOS ADMINISTRATIVOS 320
IV. ASSUNTOS MORAIS E SOCIAIS
    CONTEMPORÂNEOS 322
ÍNDICE ESPECIAL DE REVISÕES 333
ÍNDICE DE PARÁGRAFOS VAGOS 337

PARTE I

DECLARAÇÃO HISTÓRICA

DECLARAÇÃO HISTÓRICA

A Igreja do Nazareno confessa ser um ramo da Igreja de Cristo "una, santa, universal e apostólica", que adota, como sua, a história do povo de Deus registrada no Antigo e Novo Testamentos e do povo de Deus através dos tempos, em todas as expressões da Igreja de Cristo. A nossa denominação aceita os credos dos cinco primeiros séculos cristãos como expressões da sua própria fé. Identificamo-nos com a igreja histórica na pregação da Palavra, na administração dos sacramentos, na manutenção de um ministério de fé e prática apostólicos e inculcando as disciplinas de um viver e serviço semelhantes a Cristo. A nossa denominação zela pela chamada bíblica para uma vida santa e de inteira devoção a Deus, a qual proclamamos através da teologia da inteira santificação.

A nossa herança cristã foi-nos transmitida através da Reforma Inglesa do século XVI e do avivamento wesleyano do século XVIII. Através da pregação de John e Charles Wesley, pessoas de toda a Inglaterra, Escócia, Irlanda e País de Gales abandonaram o pecado e foram capacitadas para o serviço cristão. Este avivamento caracterizou-se pela pregação feita por leigos e pelo testemunho, disciplina e círculos de discípulos(as) dedicados(as), conhecidos por "sociedades", "classes" e "bandas". Os marcos teológicos do avivamento wesleyano foram: a justificação pela graça através da fé; a santificação ou perfeição cristã, também pela graça através da fé; e o testemunho do Espírito quanto à certeza da graça. Entre as contribuições específicas de John Wesley inclui-se uma ênfase à inteira santificação como provisão graciosa de Deus para a vida cristã. Estas ênfases foram disseminadas por todo o mundo. Na América do Norte, a Igreja Metodista Episcopal foi organizada em 1784 para "reformar o Continente e espalhar a santidade bíblica sobre estas terras".

Em meados do século XIX desenvolveu-se uma ênfase renovada sobre a santidade cristã. Timothy Merritt, de Boston, Massachusetts, estimulou esse interesse, como editor do Guia da Perfeição Cristã. Phoebe Palmer, da cidade de Nova Iorque, liderava as reuniões de terça-feira para a Promoção da Santidade e tornou-se uma oradora, autora e editora muito solicitada. Em 1867 os pregadores metodistas J. A. Wood, John Inskip e outros iniciaram em Vineland, Nova Jérsia a primeira de uma longa série de campanhas de santidade que renovaram a busca wesleyana da santidade em todo o mundo. A santidade cristã foi enfatizada pelos Metodistas Wesleyanos, Metodistas Livres, o Exército de Salvação e alguns Menonitas, Irmãos e Quakers. Os evangelistas levaram este movimento para a Alemanha, Reino Unido, Escandinávia, Índia e Austrália. Surgiram novas igrejas de santidade, incluindo a Igreja de Deus (Anderson, Indiana, E.U.A.). Igrejas de santidade, missões urbanas e associações missionárias cresceram a partir desse empenho. A Igreja do Nazareno nasceu do impulso de unir muitas dessas organizações numa única igreja de santidade.

Unidade em torno da Santidade

Em 1887, Fred Hillery organizou a Igreja Evangélica do Povo (Providence, Rhode Island, E.U.A.). Seguiu-se a Igreja Missão (Lynn, Massachusetts, E.U.A.) em 1888. Em 1890, estas e outras oito congregações da Nova Inglaterra formaram a Associação Central Evangélica de Santidade. Anna S. Hanscome, ordenada em 1892, foi a primeira mulher ordenada na família nazarena.

Em 1894-95, William Howard Hoople organizou três congregações de santidade em Brooklyn, Nova Iorque, que formaram a Associação de Igrejas Pentecostais da América. Para estes e outros fundadores nazarenos "pentecostal" era um sinónimo de "santidade". Hillery e os grupos de Hoople fundiram-se em 1896, estabeleceram o ministério na Índia (1899) e em Cabo Verde (1901); e o executivo de Missões, Hiram Reynolds, organizou congregações no Canadá (1902). Por volta de 1907 o grupo estendera-se da Nova Escócia no Canadá até Iowa, E.U.A.

Robert Lee Harris fundou a Igreja de Cristo do Novo Testamento (Milan, Tennessee, E.U.A.) em 1894. Mary Lee Cagle, sua viúva, espalhou o trabalho para o oeste do Texas, em 1895. C. B. Jernigan organizou a primeira Igreja Independente de Santidade (Van Alstyne, Texas, E.U.A.) em 1901. Essas igrejas uniram-se em Rising Star, Texas, E.U.A., em 1904, formando a Igreja de Cristo de Santidade. Por volta de 1908, já se estendia da Geórgia ao Novo México, E.U.A. ministrando aos marginalizados e necessitados, apoiando órfãos e mães solteiras e auxiliando os trabalhadores na Índia e no Japão.

Phineas F. Bresee e Joseph P. Widney, com cerca de outras 100 pessoas, organizaram a Igreja do Nazareno, em Los Angeles, E.U.A., em 1895. Eram de opinião que os cristãos santificados pela fé deviam seguir o exemplo de Cristo e pregar o Evangelho aos menos favorecidos.

Acreditavam que o seu tempo e dinheiro deviam ser dados para ministérios, para a salvação de almas e socorro dos necessitados como Cristo fez. A Igreja do Nazareno expandiu-se principalmente ao longo da costa oeste dos Estados Unidos até Illinois, com algumas congregações ao leste das Montanhas Rochosas. Apoiaram uma missão autóctone em Calcutá, na Índia.

Em Outubro de 1907, a Associação de Igrejas Pentecostais da América e a Igreja do Nazareno reuniram-se em Chicago, E.U.A., para delinear um governo de igreja que equilibrasse a superintendência com os direitos congregacionais. Competia aos superintendentes nutrir e cuidar das igrejas já organizadas, estabelecer e incentivar novas igrejas, mas não interferir com as ações independentes de uma igreja totalmente organizada. Os delegados da Igreja de Cristo de Santidade participaram. A primeira Assembleia Geral adoptou um nome resultante de ambas as organizações: Igreja Pentecostal do Nazareno. Bresee e Reynolds foram eleitos superintendentes gerais.

Em Setembro de 1908, a Conferência de Santidade da Igreja Cristã da Pensilvânia, sob a liderança de H. G. Trumbaur, uniu-se à Igreja Pentecostal do Nazareno.

Em Outubro, a segunda Assembleia Geral reuniu-se em Pilot Point, Texas, com o Conselho Geral da Igreja de Cristo de Santidade. Terça-feira, 13 de Outubro, de manhã, R. B. Mitchum apresentou e C. W. Ruth secundou a proposta: "Que a união das duas igrejas seja agora consumada". Para alcançar este resultado, Breese empenhava-se continuamente, e às 10:40 da manhã, no meio de grande entusiamo, a moção para a união foi aprovada por unanimidade e aclamação.

Em 1898, lideradas por J. O. McClurkan pessoas, que no Tennessee e estados adjacentes proclamavam a santidade, uniram-se em Nashville, E.U.A., para formar a Missão Pentecostal. Enviaram pastores e professores para Cuba, Guatemala, México e Índia. Em 1906 George Sharpe foi excluído da Igreja Congregacional de Parkhead, Glasgow, na Escócia, por pregar a doutrina wesleyana da santidade cristã. Formou-se a Igreja Pentecostal de Parkhead, organizaram-se outras congregações e, em 1909, fundou-se a Igreja Pentecostal da Escócia. A Missão Pentecostal e a Igreja Pentecostal da Escócia uniram-se à Igreja Pentecostal do Nazareno em 1915.

A Quinta Assembleia Geral (1919) mudou o nome oficial da denominação para Igreja do Nazareno porque novos significados tinham sido associados à palavra "Pentecostal".

A Igreja Global

O caráter fundamental da Igreja do Nazareno foi moldado pelas igrejas-mãe que se uniram em 1915. Havia uma dimensão internacional nesta individualidade. A denominação apoiava igrejas totalmente organizadas nos Estados Unidos, Índia, Cabo Verde, Cuba, Canadá, México, Guatemala, Japão, Argentina, Reino Unido, Essuatíni, China e Peru. Durante 1930, a denominação alcançava a África do Sul, Síria, Palestina, Moçambique, Barbados e Trindade. Líderes nacionais, tais como os superintendentes distritais V. G. Santin (México), Hiroshi Kitagawa (Japão) e Samuel Bhujbal (Índia), foram essenciais para esse processo. Este pendor internacional foi reforçado ainda mais por novas adesões.

Em 1922, J. G. Morrison levou muitos obreiros da Associação de Leigos de Santidade e mais de 1.000 membros nos dois estados de Dakota, E.U.A., em Minnesota, E.U.A., e Montana, E.U.A., a unirem-se à igreja. As igrejas na Austrália sob a liderança de A. A. E. Berg uniram-se em 1945. Alfredo del Rosso levou igrejas italianas para a denominação em 1948. O ministério sul-africano, Associação de Fé Missionária Hephzibah e a sua sede em Tabor, Iowa, uniram-se aos nazarenos por volta de 1950.

A Missão Internacional de Santidade, fundada em Londres, Inglaterra, por David Thomas, em 1907, desenvolveu um amplo trabalho na parte Sul da África, sob a liderança de David Jones. As congregações de santidade na Coreia foram formalmente organizadas em 1948 sob a superintendência do evangelista Chung Nam Soo. Em 1952, as suas igrejas na Inglaterra, lideradas por J. B. Maclagan, e o seu ministério na África uniram-se aos nazarenos. Maynard James e Jack Ford formaram a Igreja de Santidade do Calvário na Grã-Bretanha, em 1934, e uniram-se aos nazarenos em 1955. A Igreja dos Obreiros do Evangelho, organizada em 1918 por Frank Goff, em Ontário, Canadá, uniu-se à Igreja do Nazareno em 1958. Nigerianos formaram uma Igreja do Nazareno autóctone na década de 40 e, sob a liderança de Jeremiah U. Ekaidem, esta uniu-se ao corpo internacional em 1988.

Conscientemente os nazarenos desenvolveram um modelo de igreja que difere da norma protestante. Em 1976, criaram uma comissão para estudar a condição futura da denominação. No seu relatório, em 1980, a comissão recomendou a *internacionalização* baseada em dois princípios. Primeiro, reconheceu que as igrejas e os distritos nazarenos a nível mundial constituem uma "comunidade mundial de crentes em que existe plena aceitação dos respectivos contextos culturais". Em segundo lugar, identificou um compromisso comum com "a missão distintiva da Igreja do Nazareno", a saber: "espalhar a santidade bíblica... [como] o elemento-chave num núcleo de valores não-negociáveis que representam a identidade nazarena".

A Assembleia Geral de 1980 adoptou uma "uniformidade teológica internacional" em torno dos Artigos de Fé, afirmou a importância da formação teológica para todos os ministros, e pediu o apoio adequado das instituições de ensino teológico em cada área mundial. Desafiou os nazarenos a atingirem a maturidade como comunidade internacional de santidade, dentro de uma estrutura única, em que a mentalidade colonial, que avaliava os povos e nações em termos de "fortes e fracos, doadores e receptores", desse lugar a "uma mentalidade que assumisse uma forma completamente nova de ver o mundo: reconhecendo os pontos fortes e a igualdade de todos os intervenientes".

A Igreja do Nazareno tem tido um padrão de crescimento único entre os protestantes. Por volta de 1998, metade dos nazarenos não viviam nos Estados Unidos e Canadá, e 41 porcento dos delegados à Assembleia Geral de 2001 não falavam o inglês ou falavam-no como segunda língua. Um africano, Eugénio R. Duarte, de Cabo Verde, foi eleito um dos superintendentes gerais da igreja em 2009. Em 2013, Gustavo A. Crocker da Guatemala, América Central, foi eleito superintendente geral. Em 2017, outro africano, Filimão M. Chambo, nascido em Moçambique, foi também eleito superintendente geral, e, pela primeira vez, metade dos membros da Junta de Superintendentes Gerais eram pessoas que nasceram e cresceram fora da América do Norte. Em 2023, um sul-americano, Christian D. Sarmiento, da Colômbia, foi eleito superintendente geral. Em 2022, em 6 regiões globais, a igreja tinha 2,6 milhões de membros em 501 distritos e áreas pioneiras em 164 áreas mundiais.

Desde o seu início, a Igreja do Nazareno tem apoiado o direito histórico das mulheres serem eleitas e nomeadas para todos as funções de liderança ministerial, incluindo o de pastora, evangelista, educadora, teóloga, administradora, superintendente distrital e superintendente geral. Em 2005, Nina G. Gunter, tendo servido como diretora global das Missões Nazarenas Internacionais, tornou-se a primeira mulher eleita superintendente geral. Em 2017, Carla D. Sunberg, nascida de missionários nazarenos pioneiros na Alemanha, e ela própria uma missionária nazarena pioneira juntamente com o seu marido na antiga União Soviética, tornou-se a segunda superintendente geral eleita.

Características do Ministério Internacional

Em termos estratégicos, os ministérios nazarenos têm-se centrado historicamente em torno do evangelismo, ministérios sociais e educação. Florescem através da cooperação mútua de missionários transculturais e milhares de pastores e de obreiros leigos que têm aplicado os princípios wesleyanos nas suas respectivas culturas.

Evangelização. Hiram F. Reynolds foi uma personalidade estratégica na criação de ministérios nazarenos transculturais. Durante um quarto de século como superintendente geral, a sua constante militância ajudou a elevar missões a uma prioridade denominacional. Desde 1915, as Missões Nazarenas Internacionais (originalmente Sociedade Missionária de Senhoras) levantaram fundos e promoveram educação missionária em congregações ao redor de todo o mundo. As missões domésticas foram uma parte central da evangelização norte-americana, enquanto os missionários nacionais João Dias (Cabo Verde), Santos Elizondo (México), Samuel Krikorian (Palestina), J.I. Nagamatsu (Japão) e Chung Nam Soo (Coreia) foram líderes pioneiros. O Mid-Century Crusade for Souls direcionou novos esforços para a evangelização mundial depois da II Guerra Mundial. As missões domésticas expandiram-se na América do Norte. Novos campos foram abertos noutros continentes. O evangelismo urbano compeliu a igreja a redescobrir a cidade como um local primário de ministério nos anos 70. Novos tipos de ministério urbano foram desenvolvidos e nos anos 80 a igreja adotou uma ênfase internacional "Trust to the Cities". A igreja entrou na Europa Oriental nos anos 90. Os nazarenos participam no avivamento da África Oriental e servem em nações tão diversas como Bangladesh, onde em 24 de Março de 2010, num único culto, 193 presbíteros foram ordenados para o ministério – um evento marcante na história cristã.

Compaixão. Os primeiros nazarenos testificaram da graça de Deus, apoiando campanhas contra a fome na Índia, estabelecendo orfanatos, casas para mães solteiras e missões urbanas que ministravam a toxicodependentes e aos sem-abrigo. Nos anos 20 do século passado, as prioridades do ministério social da igreja mudaram para a medicina, com a construção de hospitais na China e Essuatíni, e mais tarde na Índia e Papua Nova Guiné. Profissionais nazarenos de medicina cuidaram dos doentes, realizaram cirurgias, treinaram enfermeiros e patrocinaram clínicas móveis entre alguns dos povos mais pobres do mundo. Foram criadas clínicas especializadas, tal como uma clínica para leprosos em África. A criação dos Ministérios Nazarenos de Compaixão, nos anos 80, permitiu uma ampla gama de ministérios sociais que perduram até hoje, incluindo o apadrinhamento de crianças, ajuda humanitária, educação sobre a Aids, apoio a órfãos, projetos de água potável e distribuição de alimentos.

Educação. As escolas dominicais nazarenas e os estudos bíblicos sempre fizeram parte da vida congregacional e desempenham papéis significativos na formação de discípulos à semelhança de Cristo. A igreja tem investido na educação básica e na alfabetização desde os tempos da Escola Esperança para Meninas, em Calcutá, fundada em 1905. As escolas nazarenas preparam pessoas ao redor do mundo para uma vida mais participativa a nível social, económico e religioso. Até meados do século XX, a maioria das primeiras faculdades nazarenas nos Estados Unidos possuía escolas anexadas de ensino básico e secundário. Os pais fundadores nazarenos investiram significativamente no ensino superior, acreditando que este é essencial para o treinamento de pastores e outros obreiros cristãos, e também para moldar os leigos. A Junta Internacional de Educação lista 50 instituições nazarenas de ensino nas nossas seis regiões globais, incluindo 14 universidades de artes liberais, 25 escolas de teologia que oferecem títulos académicos, 8 escolas e institutos bíblicos e 3 escolas de enfermagem.

Ao longo do tempo a Igreja do Nazareno mudou a sua posição de uma igreja com uma presença global, para a de uma comunidade global de crentes. Alicerçada na tradição wesleyana, os nazarenos entendem que são um povo cristão, de santidade e missionário, adotando como sua declaração de missão: "Fazer discípulos à semelhança de Cristo nas nações".

ORGANOGRAMA

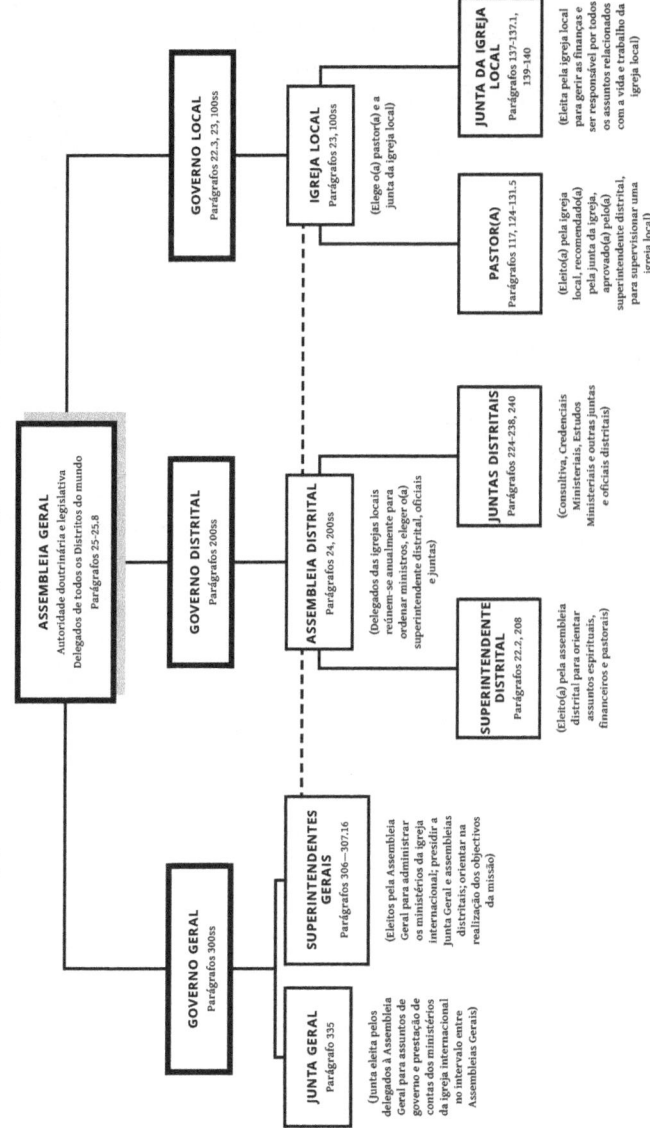

PARTE II

CONSTITUIÇÃO DA IGREJA

ARTIGOS DE FÉ

A IGREJA

ARTIGOS DE ORGANIZAÇÃO E GOVERNO

EMENDAS

PREÂMBULO

A CONSTITUIÇÃO DA IGREJA

A fim de preservar a herança que nos foi dada por Deus, a fé que uma vez foi dada aos santos, especialmente a doutrina e a experiência da inteira santificação como uma segunda obra da graça, e também a fim de cooperar eficazmente com outros ramos da Igreja de Jesus Cristo no avanço do reino de Deus nós, os ministros e membros leigos da Igreja do Nazareno, em conformidade com os princípios da legislação constitucional estabelecida entre nós, por este meio, mandamos, adotamos e publicamos como sendo lei fundamental ou Constituição da Igreja do Nazareno os *Artigos de Fé*, o Pacto de Caráter Cristão e os Artigos de Organização e Governo seguintes:

ARTIGOS DE FÉ

As referências bíblicas apoiam os Artigos de Fé e são aqui inseridas por ação da Assembleia Geral de 1976, mas não devem ser consideradas como parte do texto da Constituição.

I. Deus Trino

1. Cremos num só Deus infinito, eternamente existente, Soberano Criador e Sustentador do universo; que somente Ele é Deus, santo na Sua natureza, atributos e propósitos. O Deus que é amor santo e luz é Trino no Seu Ser, revelado como Pai, Filho e Espírito Santo.

Gênesis 1; Levítico 19:2; Deuteronômio 6:4-5; Isaías 5:16; 6:1-7; 40:18- 31; Mateus 3:16-17; 28:19-20; João 14:6-27; 1 Coríntios 8:6; 2 Coríntios 13:14; Gálatas 4:4-6; Efésios 2:13-18; 1 João 1:5; 4:8

II. Jesus Cristo

2. Cremos em Jesus Cristo, a Segunda Pessoa da Santíssima Trindade; que Ele é eternamente um com o Pai; que encarnou pelo Espírito Santo e nasceu da Virgem Maria e assim, duas naturezas perfeitas e completas, isto é, a Divindade e a humanidade, se uniram em uma Pessoa, verdadeiro Deus e verdadeiro homem, o Deus-homem.

Cremos que Jesus Cristo morreu pelos nossos pecados e que Ele verdadeiramente ressuscitou dos mortos e tomou de novo o Seu corpo, juntamente com tudo o que pertence à perfeição da natureza humana, e com isto subiu ao céu, onde intrecede por nós.

Mateus 1:20-25; 16:15-16; Lucas 1:26-35; João 1:1-18; Atos 2:22-36; Romanos 8:3, 32-34; Gálatas 4:4-5; Filipenses 2:5-11; Colossenses 1:12-22; 1 Timóteo 6:14-16; Hebreus 1:1-5; 7:22-28; 9:24-28; 1 João 1:1-3; 4:2-3,15

III. O Espírito Santo

3. Cremos no Espírito Santo, a Terceira Pessoa da Santíssima Trindade, que está sempre presente e operando eficazmente com a Igreja de Cristo e no seu interior; que está convencendo o mundo do pecado, regenerando aqueles que se arrependem e creem, santificando os crentes e guiando-os em toda a verdade que está em Jesus.

João 7:39; 14:15-18, 26; 16:7-15; Atos 2:33; 15:8-9; Romanos 8:1-27; Gálatas 3:1-14; 4:6; Efésios 3:14-21; 1 Tessalonicenses 4:7-8; 2 Tessalonicenses 2:13; 1 Pedro 1:2; 1 João 3:24; 4:13

IV. As Escrituras Sagradas

4. Cremos na inspiração plena das Escrituras Sagradas, pelas quais entendemos os 66 livros do Antigo e Novo Testamentos, dados por inspiração divina, revelando sem erros a vontade de Deus a nosso respeito em tudo o que é necessário para a nossa salvação pelo que, o que não se encontra nelas não pode ser imposto como artigo de fé.

Lucas 24:44-47; João 10:35; 1 Coríntios 15:3-4; 2 Timóteo 3:15-17; 1 Pedro 1:10-12; 2 Pedro 1:20-21

V. Pecado, Original e Pessoal

5. Cremos que o pecado veio ao mundo através da desobediência dos nossos primeiros pais (Adão e Eva) e, pelo pecado, veio a morte. Cremos que o pecado se manifesta de dois modos: pecado original ou depravação, e pecado atual ou pessoal.

5.1. Cremos que o pecado original ou depravação, é aquela corrupção da natureza de todos os descendentes de Adão, razão por que o homem está muito longe da retidão original, ou seja, do estado de pureza dos nossos primeiros pais (Adão e Eva) quando foram criados, é contrário a Deus, não tem vida espiritual e é inclinado para o mal, e isto continuamente. Cremos ainda, que o pecado original continua a existir com a nova vida do regenerado, até que o coração seja inteiramente limpo pelo batismo com o Espírito Santo.

5.2. Cremos que o pecado original difere do pecado pessoal, na medida em que constitui uma propensão herdada para pecar, pela qual ninguém é responsável até o momento em que negligencia ou rejeita o remédio divinamente providenciado.

5.3. Cremos que o pecado atual ou pessoal constitui a violação voluntária de uma lei de Deus conhecida, cometida por uma pessoa moralmente responsável. Portanto, o pecado não deve ser confundido com limitações involuntárias e inevitáveis, enfermidades, faltas, erros, falhas ou outros desvios de um padrão de perfeita conduta, que são os efeitos residuais da Queda do Homem. Contudo, tais efeitos inocentes não incluem atitudes ou respostas contrárias ao espírito de Cristo, que podem ser corretamente consideradas pecados do espírito. Cremos que o pecado pessoal é, fundamental e essencialmente, uma violação da lei do amor e que, em relação a Cristo, pecado pode ser definido como descrença.

Pecado Original: Gênesis 3; 6:5; Jó 15:14; Salmos 51:5; Jeremias 17:9-10; Marcos 7:21-23; Romanos 1:18-25; 5:12-14; 7:1-8:9; 1 Coríntios 3:1-4; Gálatas 5:16-25; 1 João 1:7-8

Pecado Pessoal: Mateus 22:36-40 (com 1 João 3:4); João 8:34-36; 16:8-9; Romanos 3:23; 6:15-23; 8:18-24; 14:23; 1 João 1:9-2:4; 3:7-10

VI. Expiação

6. Cremos que Jesus Cristo, pelos Seus sofrimentos, pelo derramamento do Seu próprio sangue e pela Sua morte na Cruz, fez uma expiação completa para todo o pecado humano; que esta Expiação é a única base da salvação; e que é suficiente para cada pessoa da raça de Adão. A Expiação é graciosamente eficaz para a salvação daqueles que são incapazes de assumir a responsabilidade moral e para as crianças na idade da inocência, mas, para aqueles que são moralmente responsáveis, somente é eficaz quando se arrependem e creem.

Isaías 53:5-6, 11; Marcos 10:45; Lucas 24:46-48; João 1:29; 3:14-17; Atos 4:10-12; Romanos 3:21-26; 4:17-25; 5:6-21; 1 Coríntios 6:20; 2 Coríntios 5:14-21; Gálatas 1:3-4; 3:13-14; Colossenses 1:19-23; 1 Timóteo 2:3-6; Tito 2:11-14; Hebreus 2:9; 9:11-14; 13:12; 1 Pedro 1:18-21; 2:19-25; 1 João 2:1-2

VII. Graça Preveniente

7. Cremos que a graça de Deus através de Jesus Cristo é concedida livremente a todas as pessoas, capacitando todas as que querem arrepender-se do pecado para a justiça, crendo em Jesus Cristo para perdão e purificação do pecado, seguindo as boas obras agradáveis e aceitáveis à Sua vista. Cremos também que a criação da raça humana à imagem de Deus inclui a capacidade de escolher entre o bem e o mal e que assim, os seres humanos foram feitos moralmente responsáveis; que pela queda de Adão se tornaram depravados, de maneira que agora não podem voltar nem reabilitar-se à fé e à invocação de Deus pelas suas próprias forças e obras.

A imagem de Deus e a responsabilidade moral: Gênesis 1:26-27; 2:16-17; Deuteronômio 28:1-2; 30:19; Josué 24:15; Salmos 8:3-5; Isaías 1:8-10; Jeremias 31:29-30; Ezequiel 18:1-4; Miqueias 6:8; Romanos 1:19-20; 2:1-16; 14:7-12; Gálatas 6:7-8

Incapacidade natural: Jó 14:4; 15:14; Salmos 14:1-4; 51:5; João 3:6a; Romanos 3:10-12; 5:12-14, 20a; 7:14-25

Graça gratuita e obras de fé: Ezequiel 18:25-26; João 1:12-13; 3:6b; Atos 5:31; Romanos 5:6-8, 18; 6:15-16, 23; 10:6-8; 11:22; 1 Coríntios 2:9-14; 10:1-12; 2 Coríntios 5:18-19; Gálatas 5:6; Efésios 2:8-10; Filipenses 2:12-13; Colossenses 1:21-23; 2 Timóteo 4:10a; Tito 2:11-14; Hebreus 2:1-3; 3:12-15; 6:4-6; 10:26-31; Tiago 2:18-22; 2 Pedro 1:10-11; 2:20-22

VIII. Arrependimento

8. Cremos que o Espírito de Deus dá a todos os que quiserem arrepender-se a ajuda gratuita da penitência do coração e a esperança da misericórdia, a fim de que possam crer para o perdão e para a vida espiritual. O arrependimento, que é uma sincera e completa mudança da mente no que diz respeito ao pecado, incluindo um sentimento de culpa pessoal e um afastamento voluntário do pecado, é exigido a todos aqueles que, por ato ou propósito, se fazem pecadores contra Deus.

Cremos que todas as pessoas podem cair da graça e apostatar-se e, a menos que se arrependam dos seus pecados, ficarão irremediável e eternamente perdidas. Cremos que as pessoas regeneradas não precisam voltar a pecar, mas podem viver numa comunhão inquebrável com Deus, através do poder e da habitação do Espírito Santo, que testifica com o nosso espírito que somos filhos(as) de Deus.

2 Crônicas 7:14; Salmos 32:5-6; 51:1-17; Isaías 55:6-7; Jeremias
3:12-14; Ezequiel 18:30-32; 33:14-16; Marcos 1:14-15; Lucas 3:1-14;
13:1-5; 18:9-14; Atos 2:38; 3:19; 5:31; 17:30-31; 26:16-18; Romanos
2:4; 2 Coríntios 7:8-11; 1 Tessalonicenses 1:9; 2 Pedro 3:9

IX. Justificação, Regeneração e Adoção

9. Cremos que a justificação é aquele ato gracioso e judicial de Deus, pelo qual Ele concede pleno perdão de toda a culpa, a remissão completa da pena pelos pecados cometidos e a aceitação como justos de todos aqueles que creem em Jesus Cristo e O recebem como Senhor e Salvador.

9.1. Cremos que a regeneração, ou o novo nascimento, é aquela obra da graça de Deus pela qual a natureza moral do crente arrependido é despertada espiritualmente, recebendo uma vida distintamente espiritual, capaz de fé, amor e obediência.

9.2. Cremos que a adoção é aquele ato gracioso de Deus pelo qual o(a) crente justificado(a) e regenerado(a) se constitui um(a) filho(a) de Deus.

9.3. Cremos que a justificação, a regeneração e a adoção são simultâneas na experiência daqueles que buscam a Deus e são *recebidas pela* fé, precedidas pelo arrependimento; e que o Espírito Santo testifica desta obra e estado de graça.

Lucas 18:14; João 1:12-13; 3:3-8; 5:24; Atos 13:39; Romanos 1:17;
3:21-26, 28; 4:5-9, 17-25; 5:1, 16-19; 6:4; 7:6; 8:1, 15-17; 1 Coríntios
1:30; 6:11; 2 Coríntios 5:17-21; Gálatas 2:16-21; 3:1-14, 26; 4:4-7;
Efésios 1:6-7; 2:1, 4-5; Filipenses 3:3-9; Colossenses 2:13; Tito 3:4-7;
1 Pedro 1:23; 1 João 1:9; 3:1-2, 9; 4:7; 5:1, 9-13, 18

X. Santidade Cristã e Inteira Santificação

10. Cremos que a santificação é a obra de Deus, que transforma os crentes, tornando-os semelhantes a Cristo. Ela é efetuada pela graça de Deus, através do Espírito Santo na santificação inicial, ou regeneração (simultânea com a justificação), na inteira santificação, na obra contínua de aperfeiçoamento feita pelo Espírito Santo e culminando na glorificação. Na glorificação somos plenamente conformados à imagem do Filho.

Cremos que a inteira santificação é o ato de Deus, subsequente à regeneração, pelo qual os crentes são libertados do pecado original, ou depravação, e levados a um estado de inteira devoção a Deus e à santa obediência do amor tornado perfeito.

É operada pelo batismo com, ou enchimento do Espírito Santo e envolve, numa só experiência, a purificação do coração do pecado e a presença íntima e permanente do Espírito Santo, capacitando o(a) crente para a vida e o serviço.

A inteira santificação é provida pelo sangue de Jesus, realizada instantaneamente pela graça mediante a fé, precedida pela inteira consagração; e desta obra e estado de graça o Espírito Santo testifica.

Esta experiência é também conhecida por vários termos que representam diferentes aspectos dela, tais como: "perfeição cristã," "perfeito amor," "pureza de coração," "batismo com, ou enchimento do Espírito Santo," "plenitude da bênção," e "santidade cristã."

10.1 Cremos que há uma distinção bem definida entre um coração puro e um caráter maduro. O primeiro é obtido instantaneamente, como resultado da inteira santificação; o último resulta do crescimento na graça.

Cremos que a graça da inteira santificação inclui o impulso divino para crescer na graça como um discípulo à semelhança de Cristo. Contudo, este impulso deve ser conscientemente cultivado; e deve ser dada cuidadosa atenção aos requisitos e processos de desenvolvimento espiritual e avanço no caráter e personalidade semelhantes a Cristo. Sem tal esforço intencional, o testemunho do(a) crente pode ser enfraquecido e a própria graça comprometida e mesmo perdida.

Pela participação nos meios da graça, nomeadamente a comunhão, as disciplinas e os sacramentos da Igreja, os crentes crescem na graça e no pleno amor a Deus e ao próximo.

Jeremias 31:31-34; Ezequiel 36:25-27; Malaquias 3:2-3; Mateus 3:11-12; Lucas 3:16-17; João 7:37-39; 14:15-23; 17:6-20; Atos 1:5; 2:1-4; 15:8-9; Romanos 6:11-13, 19; 8:1-4, 8-14; 12:1-2; 2 Coríntios 6:14-7:1; Gálatas 2:20; 5:16-25; Efésios 3:14-21; 5:17-18, 25-27; Filipenses 3:10-15; Colossenses 3:1-17; 1 Tessalonicenses 5:23-24; Hebreus 4:9-11; 10:10-17; 12:1-2; 13:12; 1 João 1:7, 9

"Perfeição cristã," "perfeito amor": Deuteronômio 30:6; Mateus 5:43-48; 22:37-40; Romanos 12:9-21; 13:8-10; 1 Coríntios 13; Filipenses 3:10-15; Hebreus 6:1; 1 João 4:17-18

"Pureza de coração": Mateus 5:8; Atos 15:8-9; 1 Pedro 1:22; 1 João 3:3

"Batismo com o Espírito Santo": Jeremias 31:31-34; Ezequiel 36:25-27; Malaquias 3:2-3; Mateus 3:11-12; Lucas 3:16-17; Atos 1:5; 2:1-4; 15:8-9

"Plenitude da bênção": Romanos 15:29

"Santidade cristã": Mateus 5:1-7:29; João 15:1-11; Romanos 12:1-15:3; 2 Coríntios 7:1; Efésios 4:17-5:20; Filipenses 1:9-11; 3:12-15; Colossenses 2:20-3:17; 1 Tessalonicenses 3:13; 4:7-8; 5:23; 2 Timóteo 2:19-22; Hebreus 10:19-25; 12:14; 13:20-21; 1 Pedro 1:15-16; 2 Pedro 1:1-11; 3:18; Judas 20-21

XI. A Igreja

11. Cremos na Igreja, a comunidade que confessa Jesus Cristo como Senhor, o povo da aliança de Deus feito novo em Cristo, o Corpo de Cristo congregado pelo Espírito Santo através da Palavra.

Deus chama a Igreja a expressar a sua vida na unidade e comunhão do Espírito; na adoração através da pregação da Palavra, na observação dos sacramentos e no ministério em Seu nome; pela obediência a Cristo, viver santo e responsabilização mútua.

A missão da Igreja no mundo é a de participar no ministério de redenção e reconciliação de Cristo, no poder do Espírito. A igreja cumpre a sua missão fazendo discípulos através do evangelismo, ensino, compaixão, promoção da justiça, e dando testemunho do reino de Deus.

A Igreja é uma realidade histórica que se organiza em moldes culturalmente condicionados; existe não só como congregações locais, mas ainda como um corpo universal; também separa pessoas chamadas por Deus para ministérios específicos. Deus chama a Igreja para viver sob o Seu governo, em antecipação à consumação da vinda do nosso Senhor Jesus Cristo.

Êxodo 19:3; Jeremias 31:33; Mateus 8:11; 10:7; 16:13-19, 24; 18:15-20; 28:19-20; João 17:14-26; 20:21-23; Atos 1:7-8; 2:32-47; 6:1-2; 13:1; 14:23; Romanos 2:28-29; 4:16; 10:9-15; 11:13-32; 12:1-8; 15:1-3; 1 Coríntios 3:5-9; 7:17; 11:1, 17-33; 12:3, 12-31; 14:26-40; 2 Coríntios 5:11-6:1; Gálatas 5:6, 13-14; 6:1-5, 15; Efésios 4:1-17; 5:25-27; Filipenses 2:1-16; 1 Tessalonicenses 4:1-12; 1 Timóteo 4:13; Hebreus 10:19-25; 1 Pedro 1:1-2, 13; 2:4-12, 21; 4:1-2, 10-11; 1 João 4:17; Judas 24; Apocalipse 5:9-10

XII. Batismo

12. Cremos que o batismo cristão, ordenado pelo nosso Senhor, é um sacramento que significa a aceitação dos benefícios da expiação e a inclusão no Corpo de Cristo. O batismo é um meio da graça que proclama a fé em Cristo Jesus como Salvador. É para ser administrado a crentes, indicando o seu firme propósito de obediência à santidade e justiça. Como participantes da nova aliança, as crianças de tenra idade e os moralmente inocentes podem ser batizados a pedido dos pais ou tutores. A igreja garantirá o treinamento cristão. O batismo pode ser administrado por aspersão, afusão ou imersão.

Mateus 3:1-7; 28:16-20; Atos 2:37-41; 8:35-39; 10:44-48; 16:29-34; 19:1- 6; Romanos 6:3-4; Gálatas 3:26-28; Colossenses 2:12; 1 Pedro 3:18-22

XIII. A Ceia do Senhor

13. Cremos que a Ceia de Comunhão instituída pelo nosso Senhor e Salvador Jesus Cristo é um sacramento, que proclama a Sua vida, sofrimentos, morte sacrifical, ressurreição e a esperança da Sua segunda vinda. A Ceia do Senhor é um meio da graça em que Cristo está presente pelo Espírito. Todos são convidados a participar pela fé em Cristo e a ser renovados na vida, salvação e na unidade como Igreja. Todos devem chegar em reverente apreço pelo seu significado e através dela proclamar a morte do Senhor até que Ele venha. Aqueles que têm fé em Cristo e amor pelos santos são convidados por Cristo a participar tão frequentemente quanto possível.

Êxodo 12:1-14; Mateus 26:26-29; Marcos 14:22-25; Lucas 22:17-20; João 6:28-58; 1 Coríntios 10:14-21; 11:23-32

XIV. Cura Divina

14. Cremos na doutrina bíblica da cura divina e exortamos o nosso povo a oferecer a oração da fé para a cura dos doentes. Cremos também, que Deus cura através dos meios da ciência médica.

2 Reis 5:1-19; Salmos 103:1-5; Mateus 4:23-24; 9:18-35; João 4:46-54; Atos 5:12-16; 9:32-42; 14:8-15; 1 Coríntios 12:4-11; 2 Coríntios 12:7-10; Tiago 5:13-16

XV. Segunda Vinda de Cristo

15. Cremos que no final dos tempos o Senhor Jesus Cristo será revelado como Senhor de tudo. Ele voltará outra vez em glória e poder para estabelecer plenamente o reino de Deus que Ele proclamou e iniciou na Sua vida e ministério. Como Deus Trino, primeiro criou os céus e a terra e renová-los-á na nova criação onde Ele habitará eternamente com o Seu povo redimido. Nós, os que estivermos vivos na Sua vinda, não precederemos aqueles que morreram em Cristo Jesus; mas, se permanecermos n'Ele, seremos arrebatados com os santos ressuscitados para encontrarmos o Senhor nos ares e estarmos para sempre com Ele. Naquele dia, Deus, que na cruz triunfou sobre todos os poderes malignos, completará os Seus propósitos de amor pela criação. Não haverá mais sofrimento, injustiça nem morte, e Deus limpará dos olhos toda a lágrima.

Deuteronômio 10:17; Isaías 11:1-9; 65:17-25; 66:22-23; Mateus 6:9-13, 24; 25:31-46; 28:18; Lucas 4:18-21; João 14:1-3; Atos 1:9-11; 3:21; Romanos 8:18-22; 1 Coríntios 13:12-13; 15:24-25, 28; 2 Coríntios 5:17; Filipenses 1:6; 2:5-11; 3:20-21; 1 Tessalonicenses 4:13-18; Tito

2:11-14; Hebreus 9:26-28; 2 Pedro 3:3-15; Apocalipse 1:7-8; 12:10-12; 21:1-8; 22:7-20

XVI. Ressurreição, Juízo e Destino

16. Cremos na ressurreição dos mortos, que tanto os corpos dos justos como dos injustos serão ressuscitados e unidos com os seus espíritos – "os que tiverem feito o bem, para a ressurreição da vida; e os que tiverem feito o mal, para a ressurreição da condenação."

16.1. Cremos no juízo vindouro, no qual cada pessoa terá de comparecer diante de Deus, para ser julgada segundo as suas obras nesta vida.

16.2. Cremos que uma vida gloriosa e eterna é assegurada a todos aqueles que creem em Jesus Cristo, nosso Senhor, para salvação e O seguem obedientemente; e que os que são impenitentes até ao fim sofrerão eternamente no inferno.

Gênesis 18:25; 1 Samuel 2:10; Salmos 50:6; Isaías 26:19; Daniel 12:2-3; Mateus 25:31-46; Marcos 9:43-48; Lucas 16:19-31; 20:27-38; João 3:16-18; 5:25-29; 11:21-27; Atos 17:30-31; Romanos 2:1-16; 14:7-12; 1 Coríntios 15:12-58; 2 Coríntios 5:10; 2 Tessalonicenses 1:5-10; Apocalipse 20:11-15; 22:1-15

A IGREJA

I. A Igreja Universal

17. A Igreja de Deus é constituída por todas as pessoas espiritualmente regeneradas, cujos nomes estão escritos no Céu.

II. As Igrejas Individuais

18. As igrejas individuais são constituídas pelas pessoas regeneradas que, por permissão providencial e direção do Espírito Santo, se associam para comunhão santa e ministérios.

III. A Igreja do Nazareno

19. A Igreja do Nazareno compõe-se daqueles que voluntariamente se associam segundo as doutrinas e forma de governo da dita igreja e procuram a santa comunhão cristã, a conversão de pecadores, a inteira santificação dos crentes, a sua edificação em santidade e a simplicidade e o poder espiritual manifestos na Igreja Neotestamentária, juntamente com a pregação do Evangelho a toda a criatura.

IV. Declaração de Fé Convencionada

20. Reconhecendo que o direito e privilégio de alguém ser membro de uma igreja se baseia no fato da sua regeneração, requeremos somente uma declaração de fé inerente à experiência cristã. Julgamos, portanto, que será suficiente crer nas seguintes breves declarações. Cremos:

20.1. Que há um só Deus—o Pai, Filho e Espírito Santo.
20.2. Que as Escrituras do Antigo e do Novo Testamentos, dadas por inspiração plenária, contêm toda a verdade necessária à fé e à vida cristã.
20.3. Que todo o ser humano nasce com uma natureza corrompida e é, portanto, inclinado para o mal, e isto continuamente.
20.4. Que aquele que continua impenitente até ao fim ficará irremediável e eternamente perdido.
20.5. Que a expiação mediante Jesus Cristo é para toda a raça humana; e que aquele que se arrepende e n'Ele crê é justificado, regenerado e salvo do domínio do pecado.
20.6. Que os crentes, depois da regeneração, deverão ser inteiramente santificados pela fé no Senhor Jesus Cristo.
20.7. Que o Espírito Santo testifica do novo nascimento e também da inteira santificação dos crentes.
20.8. Que o nosso Senhor voltará, os mortos serão ressuscitados e se realizará o juízo final.

V. Pacto de Caráter Cristão

21. A identificação com a Igreja visível é o privilégio bendito e dever sagrado de todos quantos estão salvos dos seus pecados e buscam ser completos em Cristo Jesus. É exigido de todos os que desejem unir-se à Igreja do Nazareno, e assim andar em comunhão conosco, que mostrem evidência de salvação dos seus pecados por um comportamento santo e piedade vital; que estejam, ou ardentemente desejem estar, purificados de todo o pecado inato; e que deem evidência da sua entrega a Deus.

21.1. PRIMEIRO. Fazendo aquilo que se ordena na Palavra de Deus, que não só é a nossa regra de fé como de prática, incluindo:

(1) Amar a Deus de todo o coração, alma, entendimento e força, e ao próximo como a si mesmo (Êxodo 20:3-6; Levítico 19:17-18; Deuteronômio 5:7-10; 6:4-5; Marcos 12:28-31; Romanos 13:8-10).

(2) Trazer insistentemente à atenção dos perdidos as exigências do evangelho, convidando-os para a casa do Senhor e procurando alcançar a sua salvação (Mateus 28:19-20; Atos 1:8; Romanos 1:14-16; 2 Coríntios 5:18-20).

(3) Ser cortês para com todas as pessoas (Efésios 4:32; Tito 3:2; 1 Pedro 2:17; 1 João 3:18).

(4) Ser útil àqueles que também são da fé, apoiando uns aos outros em amor (Romanos 12:13; Gálatas 6:2, 10; Colossenses 3:12-14).

(5) Procurar fazer o bem aos corpos e às almas das pessoas; alimentando os famintos, vestindo os nus, visitando os doentes e os presos, ministrando aos necessitados, conforme permitirem as oportunidades e bens (Mateus 25:35-36; 2 Coríntios 9:8-10; Gálatas 2:10; Tiago 2:15-16; 1 João 3:17-18).

(6) Contribuir com dízimos e ofertas para o sustento do ministério, da igreja e da sua obra (Malaquias 3:10; Lucas 6:38; 1 Coríntios 9:14; 16:2; 2 Coríntios 9:6-10; Filipenses 4:15-19).

(7) Participar fielmente de todas as ordenanças de Deus e dos meios da graça, incluindo a adoração pública de Deus (Hebreus 10:25), o ministério da Palavra (Atos 2:42), o sacramento da Ceia do Senhor (1 Coríntios 11:23-30); examinar as Escrituras e meditar nelas (Atos 17:11; 2 Timóteo 2:15; 3:14-16); fazer devoções familiares e pessoais (Deuteronômio 6:6-7; Mateus 6:6).

21.2. SEGUNDO. Evitando o mal de toda a espécie, incluindo:

(1) Tomar o nome de Deus em vão (Êxodo 20:7; Levítico 19:12; Tiago 5:12).

(2) Profanar o dia do Senhor participando em atividades seculares desnecessárias, entregando-se a práticas que violam a sua santidade (Êxodo 20:8-11; Isaías 58:13-14; Marcos 2:27-28; Atos 20:7; Apocalipse 1:10).

(3) Praticar a imoralidade sexual, tal como relações pré-matrimoniais ou extra-matrimoniais, ou relações do mesmo sexo; perversões de qualquer forma, frouxidão e conduta imprópria (Gênesis 19:4-11; Êxodo 20:14; Levítico 18:22; 20:13; Mateus 5:27-32; Romanos 1:26-27; 1 Coríntios 6:9-11; Gálatas 5:19; 1 Tessalonicenses 4:3-7; 1 Timóteo 1:10).

(4) Cultivar hábitos ou práticas que se sabe serem prejudiciais ao bem-estar físico e mental. Os cristãos devem considerar-se templos do Espírito Santo. (Provérbios 20:1; 23:1-3; 1 Coríntios 6:17-20; 2 Coríntios 7:1; Efésios 5:18).

(5) Disputar, pagar o mal com o mal, envolver-se em mexericos, caluniar, divulgar suspeitas prejudiciais ao bom nome de outros (2 Coríntios 12:20; Gálatas 5:15; Efésios 4:30-32; Tiago 3:5-18; 1 Pedro 3:9-10).

(6) Ser desonesto(a), procurar lucros indevidos nos negócios, levantar falso testemunho e praticar obras semelhantes das trevas (Levítico 19:10-11; Romanos 12:17; 1 Coríntios 6:7-10).

(7) Entregar-se à vaidade de vestuário ou comportamento. O nosso povo deve vestir-se com a simplicidade e modéstia cristãs que convêm à santidade. (Provérbios 29:23; 1 Timóteo 2:8-10; Tiago 4:6; 1 Pedro 3:3-4; 1 João 2:15-17).

(8) Entreter-se com música, literatura e divertimentos que desonram a Deus (1 Coríntios 10:31; 2 Coríntios 6:14-17; Tiago 4:4).

21.3. TERCEIRO. Permanecendo em comunhão sincera com a igreja, não invectivando contra as suas doutrinas e costumes, mas estando-lhes totalmente submetido e ativamente envolvido na sua confirmação e expansão (Efésios 2:18-22; 4:1-3, 11-16; Filipenses 2:1-8; 1 Pedro 2:9-10).

ARTIGOS DE ORGANIZAÇÃO E GOVERNO

Artigo I. Forma de Governo

22. A Igreja do Nazareno tem uma forma representativa de governo.

22.1. Concordamos que existem três órgãos legislativos na estrutura da Igreja do Nazareno: local, distrital e geral. As regiões servem como entidades administrativas para estratégia missionária e implementação.

22.2. Concordamos que é necessário haver uma superintendência que complemente e auxilie a igreja local no cumprimento da sua missão e objetivos. A superintendência deve encorajar, motivar, administrar e dar assistência quanto a métodos, organizar e estimular a organização de novas igrejas e missões por toda a parte.

22.3. Concordamos que a autoridade concedida aos superintendentes não interferirá com a ação independente de uma igreja organizada. Cada igreja terá o direito de escolher o(a) seu(sua) próprio(a) pastor(a), de acordo com as normas de aprovação que a Assembleia Geral julgue razoável estabelecer. Cada igreja também elegerá delegados às diversas assembleias, administrará as suas próprias finanças e encarregar-se-á de todas as outras questões respeitantes à sua vida e obra locais.

Artigo II. Igrejas Locais

23. A lista de membros de uma igreja local será composta de todos quantos tenham sido organizados como igreja, por quem de direito, e que tenham sido publicamente recebidos por autoridade competente, depois de declararem a sua experiência de salvação, a sua crença nas nossas doutrinas e a disposição de se submeterem ao nosso governo. (100-107)

Artigo III. Assembleias Distritais

24. A Assembleia Geral organizará a lista de membros da igreja em assembleias distritais, dando-lhes a representação leiga e ministerial que julgue apropriada e justa, e determinará as qualificações de tais representantes, salvaguardando, contudo, que todos os ministros ordenados designados são membros da Assembleia Distrital que representam. A Assembleia Geral também definirá as atribuições e responsabilidades das assembleias distritais. (200-207.6)

Artigo IV. A Assembleia Geral

25. Como Será Composta. A Assembleia Geral será composta pelos delegados ministeriais e leigos em igualdade numérica, eleitos pelas assembleias distritais da Igreja do Nazareno; pelos membros *ex officio* conforme indicado de tempos a tempos pela

Assembleia Geral; e pelos delegados, conforme for estabelecido pela Assembleia Geral.

25.1. Eleição de Delegados. A Assembleia Distrital elegerá um número igual de delegados ministeriais e leigos à Assembleia Geral, por maioria relativa, devendo os delegados ministeriais ser ministros ordenados designados da Igreja do Nazareno. A eleição ocorrerá dentro dos 16 meses anteriores à reunião da Assembleia Geral, ou dentro de 24 meses em áreas onde sejam necessários preparativos extraordinários ou obtenção de vistos. Cada distrito de Fase 3 tem direito a pelo menos um(a) delegado(a) ministerial e um leigo, bem como tantos delegados adicionais a que tiver direito, de acordo com o número de membros, segundo a base de representação fixada pela Assembleia Geral. Cada distrito elegerá delegados suplentes cujo número não exceda o dobro de delegados titulares. Nas situações em que a obtenção de vistos de viagem é problemática, uma Assembleia Distrital poderá autorizar a Junta Consultiva a seleccionar delegados suplentes adicionais. (205.23, 301-301.1)

25.2. Credenciais. O(A) secretário(a) de cada Assembleia Distrital providenciará certificados de eleição para os diferentes delegados e suplentes eleitos à Assembleia Geral, e também enviará certificados dessas eleições ao/à secretário(a) geral da Igreja do Nazareno, imediatamente após o encerramento da Assembleia Distrital.

25.3. Quorum. Em qualquer reunião da Assembleia Geral, o quorum será a maioria dos delegados votantes que se tenham registrado no local junto da Comissão de Credenciais da Assembleia Geral. Uma vez alcançado um "quorum", um número inferior poderá aprovar a ata não aprovada, e encerrar a reunião.

25.4. Superintendentes Gerais. A Assembleia Geral elegerá por escrutínio secreto, entre os presbíteros da Igreja do Nazareno, *seis superintendentes gerais*, que constituirão a Junta de Superintendentes Gerais. Qualquer vaga no ofício de superintendente geral, que ocorra no intervalo entre as assembleias gerais, será preenchida através da eleição dos candidatos necessários mediante votação de dois terços dos membros da Junta Geral da Igreja do Nazareno. (305.2, 316)

25.5. Oficiais Presidentes. Um superintendente geral, indicado pela Junta de Superintendentes Gerais, presidirá as reuniões diárias da Assembleia Geral. Se nenhum superintendente geral seja assim nomeado ou esteja presente, a Assembleia Geral elegerá um dos seus membros como oficial presidente temporário. (300.1)

25.6. Regras Permanentes. A Assembleia Geral adoptará Regras Permanentes que governem a sua forma de organização, procedimento, comissões e todas as demais questões relativas à condução correta das suas atividades. Ela ratificará a eleição dos seus próprios membros. (300.2-300.3)

25.7. **Tribunal Geral de Apelações.** A Assembleia Geral elegerá, dentre os membros da Igreja do Nazareno, um Tribunal Geral de Apelações e definirá a sua jurisdição e poderes. (305.7)

25.8. **Poderes e Restrições.**

(1) A Assembleia Geral terá o poder de legislar para a Igreja do Nazareno e de estabelecer regras e regulamentos para todos os departamentos que com ela estejam relacionados ou associados a qualquer nível, desde que não entrem em conflito com esta Constituição. (300, 305-305.8)

(2) Nenhuma igreja local será destituída do direito de chamar o(a) seu(sua) próprio(a) pastor(a), dependendo a sua aprovação das normas que a Assembleia Geral julgue razoável estabelecer. (115)

(3) Todas as igrejas locais, oficiais, ministros e leigos terão sempre o direito a um julgamento justo e corretamente organizado, assim como o direito de apelar.

EMENDAS

26. As provisões desta Constituição poderão ser revogadas ou emendadas por dois terços dos votos dos membros presentes e votantes da Assembleia Geral e posteriormente ratificadas por não menos de dois terços de todas as assembleias distritais da Igreja do Nazareno dos Distritos de Fases 3 e 2. Uma votação *de dois terços* é exigida às assembleias distritais dos Distritos antes referidos, para cada um dos itens emendados da Constituição. Tanto a Assembleia Geral como qualquer Assembleia Distrital dos Distritos de Fases 3 ou 2 poderá tomar a iniciativa de propor tais emendas. Logo que estas emendas sejam adoptadas conforme aqui especificado, o resultado da votação será anunciado pela Junta de Superintendentes Gerais e essas entrarão imediatamente em vigor.

27. Resoluções emendando os Artigos de Fé (parágrafos 1—16.2) serão encaminhadas pela Assembleia Geral à Junta de Superintendentes Gerais para revisão por uma comissão de estudos, que inclua teólogos e ministros ordenados, nomeados por essa Junta, que reflita a natureza global da nossa Igreja. A Comissão apresentará um relatório, com quaisquer recomendações ou resoluções, à Junta de Superintendentes Gerais, que reportará à Assembleia Geral seguinte.

PARTE III

O PACTO DE CONDUTA CRISTÃ

A VIDA CRISTÃ

SANTIDADE DA VIDA HUMANA

SEXUALIDADE HUMANA E CASAMENTO

MORDOMIA CRISTÃ

OFICIAIS DA IGREJA

REGRAS DE ORDEM

EMENDA DO PACTO DE CONDUTA CRISTÃ

A. A Vida Cristã

28. A Igreja proclama com alegria a boa nova de que é possível encontrar uma nova vida através de Jesus Cristo. As Escrituras começam com a boa obra de Deus na criação, embora seguida do aparecimento e dos efeitos cada vez mais devastadores do pecado. No entanto, devido à Sua graça e misericórdia, Deus atua constantemente para restaurar o que foi danificado pelo pecado. A plenitude do plano redentor de Deus é revelada nas boas novas do Evangelho, segundo as quais, em Cristo, Deus reconciliou o mundo Consigo mesmo. "Assim que, se alguém está em Cristo, nova criatura é: as coisas velhas já passaram; eis que tudo se fez novo." (2 Coríntios 5:17) A obra restauradora de Deus chama o Seu povo a encarnar e a testemunhar esta nova vida nos dias de hoje. A vida cristã chama o discípulo, a pessoa inteira - corpo, alma e espírito - a compromissos e escolhas em resposta à graça transformadora de Deus. Portanto, apresentai "o vosso corpo em sacrifício vivo, santo e agradável a Deus, que é o vosso culto racional. E não vos conformeis com este mundo, mas transformai-vos pela renovação do vosso entendimento» (Romanos 12:1b-2b).

(Romanos 12:1b-2b; Efésios 4:22-24; Colossenses 3:9-11, 1 Tessalonicenses 5:23-24)

28.1. O povo de Deus compromete-se com a verdade duradoura das Escrituras, que se encontra tanto no Antigo como no Novo Testamentos. Defendemos que os Dez Mandamentos, tal como reafirmados nos ensinamentos de Jesus Cristo, demonstrados no Grande Mandamento e no Sermão da Montanha, constituem a ética cristã básica. Consideramos imperativo que, em todos os contextos culturais específicos, procuremos sinceramente a orientação do Espírito Santo e a sabedoria da tradição cristã para viver vidas semelhantes à de Cristo.

(João 14:26; 16:13)

28.2. Deus convida-nos a participar na Sua obra de restauração através do compromisso com a integridade. Assim, a nossa convicção partilhada é a de que a vida cristã significa continuamente "vestir-se" de algumas coisas e "despojar-se" de outras. Tais práticas são frequentemente sacrificiais e moldam-nos para uma vida de testemunho no mundo em que vivemos. Essas práticas conduzem os crentes a uma semelhança cada vez maior com Cristo, são intencionais e desenvolvem-se ao longo do tempo, à medida que as pessoas discernem e respondem à chamada de Deus para participarem em Cristo.

(Gênesis 2:1-3; Êxodo 20:8-11; Levítico 25:1-5; 1 Tessalonicenses 5:23)

28.3. Portanto, exortamos o nosso povo a praticar o discipulado no contexto de congregações fiéis. O fortalecimento, a graça e a

O PACTO DE CONDUTA CRISTÃ

prestação de contas são da responsabilidade da comunidade cristã. Como família de Deus, levamos a sério o compromisso de educar as crianças à semelhança de Cristo, ensinando-lhes desde o nascimento que são destinatárias da plenitude do amor de Jesus. Somos chamados a sermos a família de Deus para aqueles que nunca experimentaram o amor de Jesus.

(1 Coríntios 12:27-28; Efésios 2:14-16)

28.4. Portanto, exortamos o nosso povo a proclamar e demonstrar a graça e o amor de Deus ao mundo. É a responsabilidade partilhada de cada congregação equipar os crentes, como embaixadores de Cristo, para o amor reconciliador no mundo. Deus chama-nos a termos atitudes, práticas de hospitalidade e relacionamentos que valorizam todas as pessoas; a participarmos como discípulos alegres, envolvendo-nos com os outros para criar uma sociedade que revele os objetivos de Deus. A nossa fé deve atuar através do amor. Por isso, a Igreja deve dedicar-se ao cuidado, alimentação, vestuário e abrigo dos pobres e marginalizados. Uma vida de santidade cristã implicará esforços para criar uma sociedade e um mundo mais justos e equitativos, especialmente para os pobres, os oprimidos e aqueles que não podem falar por si próprios.

(Levítico 19:18, 34; Deuteronômio 15:7-8, 11; Isaías 61:1; Zacarias 9:12; Mateus 25:34-44; Romanos 5:7-8, 12:1; 2 Coríntios 5:16, 20; Gálatas 5:6; Efésios 2:10, 6:12; Filipenses 2:5-11; Colossenses 1:27; Tiago 2:1-9)

28.5. Portanto, exortamos o nosso povo a lembrar-se de que todo o tempo pertence a Deus. A totalidade das nossas vidas deve servir os objetivos de Deus. A forma como usamos o tempo tem impacto nos outros, por isso, juntos comprometemo-nos a usá-lo de forma a proclamar o amor de Deus ao mundo, a edificar-nos uns aos outros e a criar comunidades de graça saudáveis. Desta forma, o nosso tempo de lazer, o nosso tempo de atividade, o nosso tempo de sono, o nosso tempo de trabalho, o nosso tempo de adoração e todo o nosso tempo são oferecidos em mordomia a Deus.

(Efésios 5:14-16)

28.6. Portanto, exortamos o nosso povo a lembrar-se do valor da aprendizagem. A educação é da maior importância para o bem-estar social e espiritual da sociedade. Apelamos às organizações e instituições educativas para que ensinem às crianças, aos jovens e aos adultos os princípios bíblicos e os padrões éticos de modo que as nossas doutrinas sejam conhecidas. O ensino de fontes seculares deve ser complementado pelo ensino cristão em casa. Porque toda a verdade é a verdade de Deus, os cristãos também devem ser encorajados a trabalhar em e com as instituições públicas para testemunhar e influenciá-las para o reino de Deus.

(Mateus 5:13-14, Colossenses 1:16)

28.7. Portanto, exortamos o nosso povo a lembrar-se de que todo o nosso trabalho é oferecido em serviço a Deus. Como pessoas totalmente comprometidas com Deus e com dons concedidos unicamente por Cristo, toda a nossa vida deve cumprir os objetivos de Deus. Todo o nosso trabalho, remunerado ou não, deve ser feito de forma generosa, ética e justa, de modo a promover o bem-estar da sociedade e a refletir a semelhança de Cristo.

(Gênesis 12:1-3; Deuteronômio 24:14-15; Efésios 4:28; Colossenses 3:22-25)

28.8. Portanto, exortamos o nosso povo a fazer uma utilização cuidadosa e ponderada de todos os meios de comunicação e das tecnologias. Afirmamos o uso da tecnologia pelas igrejas ao serviço do Reino, usando-a de forma equilibrada, dando prioridade aos relacionamentos interpessoais. Deve ter-se o cuidado de incluir intencionalmente aqueles que têm acesso limitado. Temos de praticar uma formação que ajude as pessoas a discernir a maneira como as tecnologias podem afastá-las do envolvimento na comunidade real e na participação familiar. Encorajamos os discípulos a valorizar o contato pessoal e a resistirem a qualquer forma de vida que conduza ao isolamento ou que crie uma cultura de relacionamentos apenas virtuais, a não ser que haja orientação médica.

(Romanos 12:1; 1 Coríntios 10:23-24; 2 Timóteo 1:7)

28.9. Portanto, exortamos o nosso povo a cuidar da criação. Deus declarou que a criação original era boa e designou a humanidade para administrá-la para os Seus supremos objetivos. O cuidado com este mundo criado inclui coisas como evitar estilos de vida poluentes e de consumo desnecessário de bens e recursos.

(Gênesis 1:26-28; João 1:3; Romanos 8:18-25; Colossenses 1:15-20)

28.10. Portanto, exortamos o nosso povo a ser pacificador. Comprometemo-nos a ser agentes de reconciliação nas nossas famílias, entre amigos, no local de trabalho, nas nossas igrejas, sociedades, nações, grupos de pessoas e tribos, porque Jesus abençoou os pacificadores e nos ordenou que amássemos os nossos inimigos.

(Salmo 34:14; Mateus 5:9, 43-48; 2 Coríntios 5:18-20; Efésios 2:14-16; Hebreus 12:14)

29. Ao examinarmos as Escrituras e desenvolvermos o discernimento, apercebemo-nos de práticas que não promovem o pleno potencial dos seres humanos. O discernimento chama-nos a "deixar de lado" as coisas que impedem nos crentes o desenvolvimento à semelhança de Cristo e desonram a criação. Sugerimos que o padrão dado a John Wesley pela sua mãe, Susanna, ajuda a formar uma base para o discernimento do mal. Ela ensinou-lhe: "Tudo o que enfraquece a tua razão, prejudica a sensibilidade da tua consciência, obscurece o teu sentido de Deus, tira o gosto pelas coisas espirituais ou aumenta a autoridade do teu corpo sobre a mente, isso para ti é pecado." O discernimento relativo às coisas que deixamos de lado faz parte do nosso discipulado, prestação de contas e testemunho coletivo. O crescimento no discipulado aumentará a capacidade do nosso povo de discernir mensagens nocivas que encorajam ou glorificam a destruição, a impureza, a imoralidade ou a violência, e de recusar participar nelas ou naquilo que as promove.

Portanto, **exortamos o nosso povo a manifestar o fruto do Espírito nas suas vidas como testemunho do poder transformador e criativo de Deus sobre o pecado e a morte.** Com plena consciência de que o pecado assume novas formas em cada geração, muitas vezes trabalhando de maneiras inovadoras e destrutivas, os apelos acima referidos não pretendem ser exaustivos, mas representativos de um modo de vida que é moldado pelo Espírito que nos permite tornarmo-nos semelhantes a Cristo, para a glória de Deus Pai. Estas práticas fazem parte do nosso discipulado e da nossa busca coletiva pela semelhança com Cristo, à medida que continuamos numa jornada da graça.

(Efésios 4:22; Colossenses 3:9; Hebreus 12:1)

29.1. Portanto, exortamos o nosso povo a ser sábio no uso do tempo, do dinheiro e do corpo. Devem ser evitados os divertimentos e as atividades que subvertem a ética cristã que promovem o consumismo, o egocentrismo, a violência, a sensualidade e o tratamento dos outros como objetos e não como pessoas criadas à imagem de Deus. Porque vivemos numa época de confusão moral em que enfrentamos a invasão do mal nos nossos pensamentos e vidas, através dos vários meios de comunicação impressos e digitais, é essencial que observemos salvaguardas para nos impedir de nos tornarmos secularizados e mundanos. Temos a obrigação de testemunhar contra tudo o que banaliza ou blasfema contra Deus, bem como contra os males sociais nomeadamente a violência, a sensualidade, a pornografia, a profanação e o ocultismo, conforme retratados pela indústria do entretenimento comercial nas suas múltiplas formas, e de nos esforçarmos por fazer desaparecer as empresas que são conhecidas como fornecedoras deste tipo de entretenimento. Isto incluiria evitar todos os tipos de empreendimentos de entretenimento e produções midiáticas que produzam, promovam ou apresentem o violento, o sensual, o pornográfico, o profano ou o oculto, ou que apresentem ou tornem atraente a filosofia mundial do secularismo, sensualismo e materialismo e prejudiquem o padrão de Deus de santidade de coração e vida. Isto inclui todas as formas de dança que prejudicam o crescimento espiritual e quebram as inibições e reservas morais adequadas. Encorajamos a igreja a ensinar e a responder de acordo com as práticas de santidade pessoal, incluindo a guarda do descanso, e a contribuir para a criação de modos saudáveis de entretenimento, artes e esportes.

(Filipenses 4:8-9; Colossenses 3:23; Romanos 14:7-13; 1 Coríntios 10:31-33; Efésios 5:1-18; Filipenses 4:8-9; 1 Pedro 1:13-17; 2 Pedro 1:3-11)

29.2. Portanto, exortamos o nosso povo a identificar, prevenir e resistir comportamentos que conduzam a hábitos pouco saudáveis ou a ações compulsivas. O compromisso com a excelência e o bem-estar exige que resistamos a hábitos mentais e de vida que possam conduzir a dependências. Este esforço exige sabedoria coletiva e pessoal, discernimento e dizer a verdade. Porque estes comportamentos e hábitos podem permanecer escondidos, encorajamos a igreja a desenvolver meios de prestação de contas em áreas de potencial escravatura. Como cristãos, somos chamados a resistir a todas as formas de ações compulsivas, desde as mais perniciosas até às culturalmente aceitáveis. Reconhecendo que estas variam de nação para nação, podem incluir comida, esporte ou atividade física, estimulantes legais, cirurgia estética, internet ou compras. Também encorajamos a comunidade da igreja a procurar soluções e compreensão para aqueles que estão sob o jugo de dependências.

(Romanos 12:1-2; 1 Coríntios 6:19-20)

29.3. Portanto, exortamos o nosso povo a abster-se de bebidas alcoólicas, dando assim bom testemunho ao mundo. Desde os seus primórdios, os nazarenos abstiveram-se de bebidas alcoólicas, como testemunho de vidas transformadas. Devido à prevalência do abuso de bebidas alcoólicas no mundo, pedimos ao nosso povo que se abstenha delas e de outras substâncias intoxicantes como uma expressão de amor altruísta e solidariedade para com indivíduos, famílias e comunidades que sofrem dor e trauma devido ao abuso e dependência das mesmas. Reconhecemos que outras tradições cristãs podem responder a estas questões de forma diferente. Os nazarenos escolhem abster-se como resposta ao mandato bíblico de amar os outros. A nossa abstenção voluntária pretende acolher nas nossas congregações aqueles que estão lutando contra as bebidas alcoólicas ou outras dependências e, ao fazê-lo, queremos proporcionar um ambiente seguro na nossa comunidade de fé. A nossa posição deve ser expressada com graça.

(Levítico 19:18, 34; Provérbios 20:1; 23:21; Marcos 12:28-34; Romanos 13:8-10; 14:13-23; 1 Coríntios 5:11; 6:10; Efésios 5:18; Filipenses 2:4)

29.4. Portanto, exortamos o nosso povo a abster-se de intoxicantes, tabaco, estimulantes, depressivos e alucinogénios fora dos cuidados e orientação médicos adequados, independentemente da legalidade e disponibilidade de tais substâncias. As evidências científicas demonstram que estas substâncias, quando utilizadas fora dos cuidados e orientação médicos adequados, podem ser destrutivas, não só para o corpo, mas também para a mente, famílias, estruturas sociais e comunidades.

(1 Coríntios 6:19-20)

29.5. Portanto, exortamos o nosso povo a resistir à ganância em todas as suas formas. É vital que rejeitemos todos os atos de ganância que promovam a riqueza em detrimento do bem-estar ou o *status* em detrimento da humildade. Não apoiamos mensagens distorcidas e biblicamente infundadas sobre prosperidade. Devem ser evitadas as práticas econômicas que oprimem e se aproveitam dos outros. Esquemas como loterias, jogos de azar legais ou ilegais, agiotas e organizações de empréstimos abusivos, esquemas de pirâmide, retiram frequentemente recursos financeiros necessários aos pobres e idosos com falsas promessas de retorno.

(Efésios 4:28; 2 Tessalonicenses 3:6-13)

29.6. Portanto, exortamos o nosso povo a rejeitar atitudes e ações que prejudicam o bem das pessoas e as desvalorizam. Todos os seres humanos são criados à imagem de Deus e Cristo morreu por todos, pelo que cada pessoa que encontramos merece a nossa maior consideração e amor. Como povo de Deus, refletindo o amor de Cristo pelo mundo, rejeitamos todas as formas de racismo, preferências étnicas, tribalismo, sexismo, fanatismo religioso, classismo, nacionalismo de exclusão e qualquer outra forma de preconceito. Todas elas são contrárias ao amor de Deus e à missão de Cristo.

29.7. Portanto, exortamos o nosso povo a resistir à idolatria cometida por qualquer lealdade que possa competir com o senhorio de Cristo. Rejeitamos a adesão a quaisquer sociedades ligadas por juramento, sejam elas políticas, ordens secretas ou grémios, que diluiria o compromisso com Cristo e impediria a comunicação aberta e transparente das lealdades fundamentais. O custo desta recusa pode ser muito real; por isso, a comunidade cristã deve oferecer apoio aos que resistem.

(Êxodo 1:17; Daniel 6:10; Atos 5:29; Apocalipse 7:14)

29.8. Portanto, exortamos o nosso povo a resistir à corrupção em todas as suas formas. Todas as formas de corrupção prejudicam a humanidade e criam divisões doentias nas comunidades e sociedades. Temos de resistir à tentação de sermos induzidos para práticas corruptas, como o uso do poder para conseguir o que queremos, manipular os outros, envolvermo-nos em subornos, confiar na riqueza para comprar influência, apoiar práticas de corrupção e assediar ou incitar outros para a corrupção.

(Levítico 19:11,13, 15; Lucas 3:8, 10-14; Hebreus 13:5)

B. Santidade da Vida Humana

30. A Igreja do Nazareno acredita na santidade da vida humana e empenha-se em lutar contra a prática do aborto, pesquisa de células estaminais (células-tronco) em embriões humanos, eutanásia e a negação do tratamento médico justo aos fisicamente incapacitados e aos idosos.

30.1. Aborto Induzido. A Igreja do Nazareno afirma a santidade da vida humana como estabelecida por Deus o Criador, e crê que essa santidade se estende à criança que ainda não nasceu. A vida é uma dádiva de Deus. Toda a vida humana, incluindo a que está em desenvolvimento no útero materno, é criada por Deus à Sua imagem e, portanto, deve ser nutrida, cuidada e protegida. Desde o momento da concepção, a criança é um ser humano com todas as características da vida humana em desenvolvimento e, essa vida, depende totalmente da mãe para a continuidade desse desenvolvimento. Por isso, acreditamos que a vida humana precisa ser respeitada e protegida a partir do momento da sua concepção. Opomo-nos ao aborto induzido por qualquer meio, por conveniência pessoal ou controlo populacional. Opomo-nos a leis que permitam o aborto. Cientes de que há condições médicas raras, porém reais, em que a mãe e/ou a criança por nascer não poderiam sobreviver à gravidez, a interrupção só poderá ser feita após opinião médica segura e aconselhamento cristão adequado.

A oposição responsável ao aborto exige o nosso compromisso e apoio a programas destinados a proporcionar cuidados adequados às mães e às crianças. A crise de uma gravidez indesejada pede que a comunidade de crentes (representada apenas por aqueles a quem seja apropriado o conhecimento da crise) ofereça um contexto de amor, oração e aconselhamento. Em tais casos, o apoio poderá tomar a forma de centros de aconselhamento, casas para mulheres grávidas e a criação ou utilização de serviços cristãos de adoção.

A Igreja do Nazareno reconhece que, optar pelo aborto como um meio de terminar uma gravidez indesejada, muitas vezes acontece, por que se ignoraram princípios cristãos da responsabilidade sexual. Assim, a Igreja pede que as pessoas pratiquem a ética do Novo Testamento no que se refere à sexualidade humana, e que lidem com a questão do aborto situando-a no seu contexto mais vasto de princípios bíblicos, que dão orientação para se tomar uma decisão moral correta.

(Gênesis 2:7, 9:6; Êxodo 20:13; 21:12-16, 22-25; Levítico 18:21; Job 31:15; Salmos 22:9; 139:3-16; Isaías 44:2, 24; 49:5; Jeremias 1:5; Lucas 1:15, 23-25, 36-45; Atos 17:25; Romanos 12:1-2; 1 Coríntios 6:16; 7:1ss.; 1 Tessalonicenses 4:3-6)

A Igreja do Nazareno também reconhece que muitos já foram afetados pela tragédia do aborto. Desafiamos às congregações locais e os crentes a oferecerem a mensagem do perdão de Deus às pessoas que já passaram pela experiência do aborto. As nossas congregações locais devem ser comunidades de esperança e redenção para todos os que sofrem dores físicas, emocionais e espirituais resultantes da interrupção voluntária de uma gravidez.

(Romanos 3:22-24; Gálatas 6:1)

30.2. Engenharia e Terapia Genética. A Igreja do Nazareno apoia o uso da engenharia genética para alcançar a terapia genética. Reconhecemos que a terapia genética pode levar à prevenção e cura de doenças, desordens mentais e anatómicas. Opomo-nos à utilização da engenharia genética que promova injustiça social, despreze a dignidade da pessoa ou tente alcançar superioridade racial, intelectual ou social sobre outros (Eugenia). Opomo-nos também à iniciação de estudos do DNA, cujo resultado possa encorajar ou apoiar o aborto humano, como uma alternativa para interrupção da vida antes do nascimento. Em todos os casos, humildade, respeito pela inviolabilidade da dignidade da vida humana, igualdade humana diante de Deus e a prática da misericórdia e justiça devem reger a engenharia e a terapia genéticas.

30.3. Pesquisa de Células Estaminais (Células-Tronco) em Embriões Humanos e Outras Experiências Médico/Científicas que Destroem a Vida Humana após a Concepção. A Igreja do Nazareno encoraja fortemente a comunidade científica a prosseguir agressivamente os avanços na tecnologia de células estaminais (células-tronco) obtidas a partir de fontes tais como tecidos humanos adultos, placenta, sangue do cordão umbilical, fontes animais e outras fontes embrionárias não humanas. Isto tem como fim correto a tentativa de trazer saúde para muitos, sem se violar a santidade da vida humana. A nossa posição sobre a pesquisa de células estaminais (células-tronco) em embriões humanos surge a partir da nossa afirmação de que o embrião humano é uma pessoa feita à imagem de Deus. Por isso, opomo-nos ao uso de células estaminais (células-tronco) produzidas a partir de embriões humanos para pesquisa, intervenções terapêuticas ou qualquer outro propósito.

À medida que avanços científicos disponibilizam novas tecnologias, apoiamos fortemente esta pesquisa quando ela não viola a santidade da vida humana ou qualquer outra lei moral ou bíblica. Contudo, opomo-nos à destruição do embrião humano, que tire a vida de um ser humano após a concepção, para qualquer propósito e qualquer tipo de pesquisa. Coerente com este ponto de vista, opomo-nos ao uso, para qualquer propósito, de tecidos derivados de fetos humanos abortados.

30.4. Clonagem Humana. Opomo-nos à clonagem de um ser humano. A humanidade é valorizada por Deus, que nos criou à Sua imagem, e a clonagem de um ser humano trata este ser como um objeto, negando desta forma a dignidade pessoal e o valor que nos são conferidos pelo nosso Criador.

30.5. Eutanásia (Incluindo Suicídio Medicamente Assistido). Cremos que a eutanásia (morte intencional, com o propósito de pôr fim ao sofrimento de uma pessoa com uma doença terminal, ou portadora de uma doença degenerativa e incurável, mas que não está ameaçada de fim de vida imediato) é incompatível com a fé cristã.

Isto aplica-se quer no caso em que a eutanásia é requerida ou consentida pela pessoa com doença terminal (eutanásia voluntária), ou quando a pessoa, em estado terminal, não está mentalmente capacitada para dar o seu consentimento (eutanásia involuntária). Acreditamos que a rejeição histórica da eutanásia pela Igreja cristã é confirmada pelas convicções cristãs derivadas da Bíblia e que são fundamentais à confissão de fé da Igreja em Jesus Cristo, como Senhor. Ao reivindicar o senhorio da pessoa sobre si mesma, a eutanásia viola a confiança cristã em Deus, como Senhor soberano da vida; viola também o nosso papel como mordomos diante de Deus; contribui para a erosão do valor que a Bíblia coloca na vida e comunidade humanas; dá demasiada importância à cessação do sofrimento; e evidencia a arrogância humana diante de um Deus graciosamente soberano. Desafiamos o nosso povo a opor-se veementemente a todos os esforços de legalização da eutanásia.

30.6. Permissão para Morrer. Cremos que, quando a morte humana é iminente, tanto o não iniciar como o retirar de sistemas artificiais de apoio à vida, são permitidos dentro dos limites da fé e prática cristãs. Esta posição aplica-se a pessoas que estejam num persistente estado vegetativo e àquelas em que a aplicação de meios extraordinários para o prolongamento da vida não traz nenhuma esperança razoável de retorno à saúde. Cremos que, quando a morte é iminente, nada na fé cristã requer que o processo de morrer seja artificialmente adiado. Como cristãos confiamos na fidelidade de Deus e temos a esperança da vida eterna. Isto faz com que os cristãos aceitem a morte como uma expressão de fé em Cristo, que venceu a morte no nosso lugar e retirou-lhe a vitória.

C. Sexualidade Humana e Casamento

31. A Igreja do Nazareno vê a sexualidade humana como uma expressão da santidade e da beleza pretendidas por Deus, o Criador. Todos os humanos são seres criados à imagem de Deus, e portanto, de inestimável valor e dignidade. Como resultado disto, acreditamos que a sexualidade humana destina-se a incluir mais que a experiência sensual: é uma dádiva de Deus designada para refletir na íntegra a qualidade física e relacional com que fomos criados.

Enquanto povo de santidade, a Igreja do Nazareno afirma que o corpo humano é importante para Deus. Como cristãos somos chamados e capacitados pela obra transformadora e santificadora do Espírito Santo para glorificar a Deus em e com os nossos corpos. Os nossos sentidos, o nosso apetite sexual, a nossa capacidade de experimentar prazer e o desejo de nos conectarmos com uma outra pessoa, são formados a partir do próprio caráter de Deus. Os nossos corpos são bons, muito bons.

Afirmamos e cremos num Deus, cuja criação é um ato de amor. Tendo experimentado Deus como santo amor, entendemos a Trindade como sendo uma união de amor entre Pai, Filho e Espírito Santo. Portanto, somos feitos com um anseio de nos unirmos a outras pessoas na essência do nosso ser. Esse anseio é finalmente satisfeito quando vivemos num relacionamento de aliança com Deus, com a criação e amando ao próximo como a nós mesmos. A nossa criação como seres sociais é boa e bela. Refletimos a imagem de Deus na nossa capacidade e no desejo de nos relacionarmos.

O povo de Deus é formado como um em Cristo, uma preciosa comunidade de amor e graça. Dentro desta comunidade, os crentes são desafiados a viver como membros fiéis do corpo de Cristo. O celibato entre o povo de Deus deve ser valorizado e apoiado pela generosa comunhão da igreja e a comunhão dos santos. Viver como solteiro é envolver-se, como Jesus fez, na intimidade da comunidade, cercado por amigos, acolhendo e sendo hospitaleiro e expressando testemunho fiel.

Também dentro desta comunidade, afirmamos que alguns crentes tomam a decisão de se casarem. Como foi definido em Gênesis, "deixará o varão o seu pai e a sua mãe e apegar-se-á à sua mulher, e serão ambos uma carne" (Gênesis 2:24). O pacto do casamento, como reflexo da aliança entre Deus e o Seu povo, é de fidelidade sexual exclusiva, serviço altruísta e testemunho social. Uma mulher e um homem devotam-se publicamente um ao outro como sinal da forma como Deus ama. A intimidade matrimonial pretende refletir a união de Cristo e a Igreja, um mistério da graça. Também é intenção de Deus que, nesta união sacramental, o homem e a mulher possam experimentar a alegria e o prazer da intimidade sexual e deste ato de amor íntimo, vida nova possa entrar no mundo e numa comunidade de cuidado afetuoso. O lar centrado em Cristo deve servir como local principal para a formação espiritual. A igreja deve cuidar da preparação para o casamento através do aconselhamento pré-matrimonial e de ensinamentos que denotem o aspecto sagrado do casamento.

A história das Escrituras, no entanto, também inclui o triste capítulo da desobediência humana na queda, resultando em comportamentos que elevam a auto-soberania, danificam e tornam o outro num objeto, e obscurecem o caminho do desejo humano. Como seres caídos, experimentamos este mal em todos os níveis – pessoal e coletivo. Os principados e potestades de um mundo caído saturaram-nos com mentiras sobre a nossa sexualidade. Os nossos desejos foram torcidos pelo pecado e nos viramos para nós mesmos. Também contribuímos para a ruptura da criação pela nossa escolha intencional de violar o amor de Deus e viver nos nossos próprios termos, distantes de Deus.

A nossa destruição nas áreas da sexualidade toma muitas formas, algumas devido às nossas escolhas e outras trazidas para as nossas vidas por um mundo corrompido. Porém a graça de Deus é suficiente na nossa fraqueza, bastante para trazer convicção, transformação e santificação às nossas vidas. Portanto, para que possamos resistir ao aumento dessa destruição pelo pecado e testemunhar sobre a beleza e a singularidade dos propósitos santos de Deus para os nossos corpos, acreditamos que os membros do Corpo de Cristo, capacitados pelo Espírito, podem e devem abster-se de:

- **Ato sexual fora do casamento e outras formas de relacionamento sexual inapropriadas.** Porque acreditamos que a intenção de Deus para a nossa sexualidade é que ela seja vivida dentro do pacto de união entre uma mulher e um homem, entendemos que há práticas num relacionamento que, muitas vezes, levam a fazer do outro um objeto. Em todas as suas formas, também danificam potencialmente a nossa capacidade de entrar na beleza e santidade do casamento cristão com todo o nosso ser.
- **Atividade sexual entre pessoas do mesmo sexo.** Acreditamos que a intenção de Deus é que a nossa sexualidade seja vivida dentro da união pactual entre uma mulher e um homem; por isso cremos que a prática da intimidade sexual entre pessoas do mesmo sexo é contrária à vontade de Deus para a sexualidade humana. Porquanto a atração homossexual ou bissexual de uma pessoa possa ter origens complexas e diferentes, e a implicação do apelo à pureza sexual ser de alto custo, acreditamos que a graça de Deus é suficiente para tal apelo. Reconhecemos a responsabilidade compartilhada do Corpo de Cristo em ser uma comunidade acolhedora, que perdoa e ama, em que a hospitalidade, o encorajamento, a transformação e a responsabilidade mútua estão disponíveis para todos.
- **Relacionamentos sexuais extraconjugais.** Acreditamos que este comportamento é uma violação dos votos feitos diante de Deus e dentro do Corpo de Cristo; por isso o adultério é um ato egoísta, uma escolha que destrói famílias e uma ofensa a Deus, que nos tem amado em pureza e devoção.
- **Divórcio.** Porque se entende que o casamento deve ser um compromisso para toda a vida, quebrar o pacto do casamento, por iniciativa pessoal ou pela escolha do cônjuge, não corresponde aos propósitos de Deus. A igreja deve fazer por preservar os laços matrimoniais onde for sábio e possível, e oferecer conselho e graça àqueles que foram feridos pelo divórcio.
- **Práticas tais como a poligamia ou poliandria.** Acreditamos que a fidelidade de Deus se reflete no compromisso monogâmico entre marido e mulher, pelo que essas práticas destroem a fidelidade única e exclusiva pretendida no casamento. O

pecado sexual e a destruição não são apenas pessoais, mas permeiam os sistemas e estruturas do mundo. Por isso acreditamos que, à medida que a igreja dá testemunho da realidade da beleza e singularidade dos propósitos santos de Deus, ela deve abster-se e ser contra:

- **Pornografia em todas as suas formas, que é tendência para um comportamento desviado.** Transforma a pessoa em objeto para deleite sexual egocêntrico. Este hábito destrói a capacidade de amar desinteressadamente.
- **Violência sexual de qualquer forma, incluindo o estupro, agressão sexual, *bullying* sexual, linguagem odiosa, abuso matrimonial, incesto, tráfico de sexo, casamento forçado, mutilação genital feminina, bestialidade, assédio sexual, abuso de menores e de outras populações vulneráveis.** Todas as pessoas e sistemas que perpetuam a violência sexual transgridem o mandamento de amar e proteger o próximo. O corpo de Cristo deve ser sempre um lugar de justiça, proteção e cura para aqueles que foram e continuam a ser afetados pela violência sexual. Um menor é definido como qualquer ser humano abaixo de 18 anos, a menos que a maioridade seja atingida mais tarde de acordo com a legislação de um estado ou de um país.

Portanto afirmamos que:

- **Onde abunda o pecado superabunda a graça.** Ainda que os efeitos do pecado sejam universais e holísticos, a eficácia da graça também é universal e holística. Em Cristo, através do Espírito Santo, somos renovados à imagem de Deus. O que era velho já passou e tudo se faz novo. Ainda que a formação das nossas vidas como uma nova criação possa ser um processo gradativo, a cura de Deus é eficaz para lidar com a decadência da humanidade na área da sexualidade.
- **O corpo humano é o templo do Espírito Santo.** Afirmamos a necessidade da nossa sexualidade estar em harmonia com a vontade de Deus. Os nossos corpos não nos pertencem, mas foram sim comprados por um preço. Portanto, somos exortados a glorificar a Deus em nossos corpos, através de uma vida submissa à obediência.
- **O povo de Deus é caracterizado por amor santo.** Afirmamos que, acima de todas as virtudes, o povo de Deus deve revestir-se de amor. O povo de Deus sempre acolheu as pessoas destroçadas nas suas reuniões. Esta hospitalidade cristã não é nem uma desculpa para desobediência individual, nem uma rejeição de participar de maneira redentora no discernimento das raízes da destruição. Restaurar os seres humanos à semelhança de Jesus requer confissão, perdão, práticas formativas, santificação e conselho divino – mas acima de tudo, inclui o

acolhimento de amor que convida a pessoa destroçada para dentro do círculo da graça, conhecido como igreja. Se falharmos em confrontar honestamente o pecado e a corrupção, não estamos amando. Se falharmos em amar, não podemos participar na cura de Deus para a situação de decadência.

À medida que a igreja global recebe e ministra aos povos do nosso mundo, a aplicação fiel dessas declarações nas congregações é complexa e deve ser exercida com cuidado, humildade, coragem e discernimento.

D. Mordomia Cristã

32. Significado de Mordomia. As Escrituras ensinam que Deus é Dono de todas as pessoas e de todas as coisas. Portanto, nós somos Seus mordomos, tanto da vida como das possessões. Cabe-nos reconhecer que Deus é Dono e nós somos mordomos, e que todos prestaremos contas diante de Deus pelo desempenho da nossa mordomia. Deus, como um Deus de sistema e ordem em todas as Suas relações, estabeleceu um sistema de contribuições que reconhece o Seu senhorio sobre todos os recursos e relacionamentos humanos. Por esta razão, todos os Seus filhos devem trazer fielmente os seus dízimos e ofertas para sustento do evangelho. (140)

(Malaquias 3:8-12; Mateus 6:24-34; 25:31-46; Marcos 10:17-31; Lucas 12:13-24; 19:11-27; João 15:1-17; Romanos 12:1-13; 1 Coríntios 9:7-14; 2 Coríntios 8:1-15; 9:6-15; 1 Timóteo 6:6-19; Hebreus 7:8; Tiago 1:27; 1 João 3:16-18)

32.1. Dízimos à Casa do Tesouro. Trazer o dízimo à Casa do Tesouro é um procedimento bíblico e prático de fiel e regularmente entregar o dízimo na igreja de que se é membro. Assim, o financiamento da igreja deve basear-se no plano de trazer o dízimo à Casa do Tesouro, e a Igreja do Nazareno local deve ser considerada pelo seu povo como a Casa do Tesouro. Todos quantos fazem parte da Igreja do Nazareno são exortados a contribuir fielmente com a décima parte de todos os seus proventos, como uma obrigação financeira mínima para com o Senhor, e com ofertas voluntárias adicionais, consoante as posses que Deus der, para o sustento de toda a igreja local, distrital, geral e do programa educativo. O dízimo, que é entregue à Igreja do Nazareno local, deve ser considerado uma prioridade sobre todas as outras oportunidades de ofertar, que Deus colocar nos corações dos Seus fiéis mordomos, para apoio de toda a igreja.

32.2. Levantamento e Distribuição de Fundos. À luz do ensino bíblico quanto à contribuição de dízimos e ofertas para o sustento do evangelho e para construção de edifícios da igreja, nenhuma congregação nazarena deve usar qualquer método para a arrecadação de fundos que menospreze estes princípios, crie obstáculos à mensagem do evangelho, manche o nome da igreja, discrimine os menos favorecidos ou canalize erroneamente as energias do nosso povo, em vez de as dedicar totalmente à expansão do evangelho.

Exortamos as igrejas locais a adotarem e colocarem em prática um plano de divisão proporcional dos fundos arrecadados no financiamento dos programas local, distrital, geral e de educação da Igreja do Nazareno; essas contribuições devem ser enviadas mensalmente para financiamento dos programas anteriormente referidos. (130, 153, 154, 154.2, 516.13)

32.3. Sustento do Ministério. "Assim, ordenou também o Senhor aos que pregam o evangelho, que vivam do evangelho" (1 Coríntios 9:14). A igreja tem o dever de sustentar os seus ministros, chamados por Deus e que, sob a direção da igreja, se entregaram inteiramente ao ministério. Exortamos, portanto, que os membros da igreja se dediquem voluntariamente à tarefa de sustentar o ministério, mediante ofertas semanais para este santo ofício, e que o salário do(a) pastor(a)seja remunerado(a) com regularidade. (115.4, 115.6, 129.8)

32.4. Doações em Vida, Planejadas e Diferidas. No cumprimento da mordomia cristã é essencial que se dê atenção cuidadosa ao que deve ser feito com os rendimentos e posses sobre os quais o Senhor colocou o cristão como mordomo, no decurso desta vida. A Igreja do Nazareno, reconhecendo a necessidade de uma mordomia fiel nesta vida e a visão dada por Deus de deixar um legado para o futuro, estabeleceu a Fundação da Igreja do Nazareno, para incrementar a mordomia cristã através da doação planejada e diferida. Frequentemente a lei civil não estabelece cláusulas para que, os bens deixados por alguém, ao morrer, sejam utilizados para a glória de Deus. Cada cristão deve dar atenção à preparação do seu testamento de forma cuidada e legal; recomendamos que, ao fazê-lo, se lembre da Igreja do Nazareno e dos seus diversos ministérios — missões, evangelismo, educação e benevolência, a nível local, distrital e geral.

32.5. Responsabilidade Partilhada para a Missão Denominacional. O governo da Igreja do Nazareno é representativo. Cada congregação local apoia as missões globais da igreja no evangelismo mundial, programas de educação, apoio ministerial, e ministérios distritais conforme são definidos pela Assembleia Geral e implementados através da liderança da Junta de Superintendentes Gerais.

A Junta de Superintendentes Gerais e a Junta Geral estão autorizadas a desenvolver, rever, e manter um sistema para o levantamento do Fundo de Evangelismo Mundial; e ainda estabelecer alvos de fundos e responsabilidades para as igrejas locais através das assembleias distritais.

Sujeito ao parágrafo 337.1, as Juntas Nacionais e/ou os Conselhos Consultivos Regionais estão autorizados a estabelecer planos de poupança para a aposentação de ministros nas suas respectivas

Regiões. Um relatório de tais planos será apresentado em conformidade com o parágrafo 337.2. As disposições do parágrafo 32.5 não se aplicarão à Junta de Aposentação e Benefícios dos E.U.A.

As Juntas Nacionais e/ou os Conselhos Consultivos Regionais estão também autorizados a estabelecer a forma de custear as instituições de ensino superior na sua Região.

Através da Comissão de Finanças da Assembleia Distrital, cada distrito está autorizado a estabelecer alvos de fundos e responsabilidades para as igrejas locais para apoio do ministério distrital. (238.1, 317.10, 345, 346.3)

E. Oficiais da Igreja

33. Ordenamos que as nossas igrejas locais elejam, como oficiais da igreja, pessoas que sejam membros ativos da igreja local, professem ter a experiência da inteira santificação e cujas vidas deem testemunho público da graça de Deus que nos chama para um viver santo; que estejam de acordo com as doutrinas, governo e práticas da Igreja do Nazareno; e que, fielmente, apoiem a igreja local com assistência regular, serviço ativo e com os seus dízimos e ofertas. Os oficiais da igreja devem estar completamente envolvidos em "fazer discípulos à semelhança de Cristo nas nações." (113.11, 127, 145-147)

F. Regras de Ordem

34. Sujeitos às leis aplicáveis, os Artigos de Incorporação e os Regulamentos de governo no *Manual*, as reuniões e procedimentos dos membros da Igreja do Nazareno local, distrital e geral, bem como as comissões da corporação, serão regulados e controlados de acordo com as *Regras Parlamentares de Robert Recentemente Revistas* (última edição) para procedimentos parlamentares. (113, 205, 300.3)

G. Emenda do Pacto de Conduta Cristã

35. As cláusulas do Pacto de Conduta Cristã podem ser rejeitadas ou retificadas por um voto de dois terços dos membros votantes presentes numa determinada Assembleia Geral.

PARTE IV

GOVERNO DA IGREJA

GOVERNO LOCAL

GOVERNO DISTRITAL

GOVERNO GERAL

PREÂMBULO AO GOVERNO DA IGREJA

A tarefa da Igreja do Nazareno é levar ao conhecimento de todos os povos a graça transformadora de Deus, através do perdão de pecados e a limpeza do coração em Jesus Cristo. A nossa primeira e principal missão é "fazer discípulos à semelhança de Cristo nas nações," integrar crentes na comunhão e lista de membros (congregações), e equipar (ensinar) para o ministério todos quantos respondam em fé. O alvo final da "comunidade de fé" é apresentar todos perfeitos em Cristo (Colossenses 1:28) no dia final.

É na igreja local que a salvação, o aperfeiçoamento, o ensino e o comissionamento ocorrem. A igreja local, o Corpo de Cristo, é a representação da nossa fé e missão. Estas igrejas acham-se agrupadas, administrativamente, em distritos e regiões.

As bases da unidade na Igreja do Nazareno são as crenças, princípios, definições e procedimentos, como definidos no *Manual da Igreja do Nazareno*.

A essência desta unidade está declarada nos *Artigos de Fé* do *Manual*. Encorajamos a igreja em todas as regiões e línguas a traduzir, a distribuir amplamente e a ensinar estas crenças ao nosso povo. Este é o fio dourado entrelaçado em tudo o que somos e fazemos como nazarenos.

Um reflexo visível desta unidade é representado pela Assembleia Geral, que é "a autoridade máxima na Igreja do Nazareno, na formulação da doutrina, legislação e eleições".

Um segundo reflexo é a Junta Geral internacional, que representa a igreja inteira.

Um terceiro reflexo é a Junta de Superintendentes Gerais, que pode interpretar o *Manual*, aprovar adaptações culturais e ordenar para o ministério.

O governo da Igreja do Nazareno é representativo e, assim, evita os extremos do episcopado, por um lado, e do congregacionalismo ilimitado, por outro.

Em regiões mundiais servidas pela igreja, onde as diferenças culturais e políticas o exijam, podem ser feitas adaptações nos procedimentos referentes ao governo da igreja, a nível local, distrital e regional, contidas na Parte IV, seções 100, 200, 300. Os pedidos para todas essas adaptações devem ser apresentados por escrito e aprovados pela Junta de Superintendentes Gerais (300).

I. GOVERNO LOCAL

A. Organização, Nome, Incorporação, Propriedade, Restrições, Uniões, Transferências, Dissolução da Igreja Local

100. Organização. As igrejas locais podem ser organizadas pelo(a) superintendente distrital, ou pelo(a) superintendente geral com jurisdição ou ainda por um(a) presbítero autorizado(a) por qualquer dos dois. A partir da sua organização, as igrejas locais farão parte do distrito dentro de cujos limites estão localizadas. Se uma igreja local estiver dentro dos limites de mais de um distrito, o(s) superintendente(s) geral(is) com jurisdição determinará(ão) de que distrito a igreja faz parte. Os relatórios oficiais de novas igrejas devem ser arquivados no escritório do(a) secretário(a) geral através do respectivo escritório jurisdicional. (23, 109, 211.1, 530.15)

100.1. Missão Tipo-Igreja. Novas congregações que não foram ainda organizadas de acordo com o parágrafo 100, podem ser registradas pelo(a) secretário(a) geral como Missão Tipo-Igreja, com a aprovação do(a) superintendente distrital onde o novo trabalho estiver localizado. Um membro do clero, servindo uma Missão Tipo-Igreja como pastor(a) ou pastor(a)-adjunto(a), será considerado(a) ministro(a) designado(a) com a aprovação do(a) superintendente distrital. Uma Missão Tipo-Igreja pode ser incorporada de acordo com o parágrafo 102 e receber e relatar membros. (100.2, 107.2, 138.1, 159, 211.6)

100.2. A Igreja Multicongregacional. Igrejas locais organizadas podem alargar o seu ministério através do estabelecimento de classes de estudo bíblico em várias línguas, utilizando as instalações das igrejas. Essas classes de estudo da Bíblia podem desenvolver-se em missões tipo-igreja ou em igrejas organizadas. Isto pode resultar em mais do que uma congregação existindo sob o nome de uma única igreja, com a aprovação do(a) superintendente distrital. Em tais igrejas multicongregacionais, onde nem todas as congregações individuais são igrejas organizadas, a Junta Consultiva, com a aprovação do(a) superintendente distrital e do(a) superintendente geral com jurisdição, pode conceder a essas congregações os direitos e privilégios de uma igreja local organizada, sujeitas às seguintes condições:
1. Tais congregações não podem ser incorporadas separadamente da igreja local organizada.
2. Essas congregações não terão o direito de fazer a escritura de propriedades independentemente da igreja local organizada.

3. Tais congregações não devem contrair dívidas sem a aprovação do(a) superintendente distrital, da Junta da Igreja local organizada e da Junta Consultiva.
4. Nenhuma destas congregações pode separar-se como um corpo independente da igreja local organizada ou, de qualquer modo, cortar relações com esta, exceto com a permissão expressa do(a) superintendente distrital ouvido(a) o(a) pastor(a) da igreja local. (100-100.1)

100.3. Congregação Afiliada. Uma congregação que não esteja incorporada civilmente (102) pode escolher oficialmente tornar-se registrada com a denominação como uma congregação independente sob um nome que satisfaça os critérios do *Manual* (101). Tal igreja permanece sob a afiliação de outra igreja nazarena e tal congregação será referida como uma Congregação Afiliada até ao momento em que se incorpore e se torne uma Missão Tipo-Igreja (100.1) ou uma igreja completamente organizada (100). Tal congregação será obrigada a cumprir todos os quatro critérios de uma Igreja Multicongregacional (100.2). Um dos objetivos do *status* (situação) da Congregação Afiliada seria dar tempo suficiente para o desenvolvimento da liderança, à medida que a congregação se encaminha para se tornar autônoma, autossuficiente e que se propaga.

101. Nome. O nome de uma igreja recém-organizada será escolhido pela igreja local, consultado o(a) superintendente distrital e com a aprovação da Junta Consultiva. (102.4)

101.1. Mudança de Nome. Uma Igreja do Nazareno local pode mudar o seu nome através do seguinte processo:
1. A Junta da Igreja local apresenta por escrito a mudança proposta ao/à superintendente distrital para a aprovação;
2. A mudança proposta é votada, mediante cédula, numa reunião anual ou extraordinária pelos membros da igreja, e aprovada por dois terços;
3. A mudança proposta é submetida à Junta Consultiva para aprovação final. Após a aprovação, a Junta Consultiva comunica a mudança de nome à Assembleia Distrital. (102.4)

102. Incorporação. Em todos os lugares onde a lei o permita, os ecônomos incorporarão a igreja local, e eles e os seus sucessores serão os procuradores dessa corporação. Quando não incompatível com a lei civil, os Estatutos da Incorporação (personalidade jurídica) especificarão as atribuições da corporação, esclarecendo que estará sujeita ao governo da Igreja do Nazareno, conforme autorizado de tempos a tempos e publicado no seu *Manual* pela Assembleia Geral da dita igreja. Todas as propriedades desta corporação serão administradas e controladas pelos ecônomos, sujeitas à aprovação da igreja local.

102.1. Quando uma propriedade é comprada e cedida pela Junta Consultiva para uma igreja local, ou quando se forma uma nova igreja, recomenda-se que a Junta Consultiva, ao receber da dita igreja o pagamento do dinheiro investido por essa Junta, transfira a escritura da propriedade para a igreja local.

102.2. Quando uma igreja local for incorporada, todas as propriedades adquiridas serão diretamente transferidas, por meio de escritura, para a igreja no seu nome corporativo, logo que seja possível fazê-lo. (102.6)

102.3. O(A) pastor(a) e o(a) secretário(a) da Junta da Igreja serão o(a) presidente e o(a) secretário(a) da igreja, incorporada ou não, e executarão e assinarão todas as transações de bens imóveis, hipotecas/financiamentos, distrate de hipotecas, contratos e quaisquer outros documentos legais da igreja não mencionados no *Manual* e sujeitos às restrições estabelecidas nos parágrafos 104-104.3.

Quando uma igreja local for declarada inativa ou dissolvida, conforme previsto nos parágrafos 108-108.4, o(a) superintendente distrital e o(a) secretário(a) da Junta Consultiva serão o(a) presidente e o(a) secretário(a) da igreja inativa ou dissolvida, incorporada ou não incorporada, e executarão e assinarão todas as transferências de bens imóveis, hipotecas/financiamentos, distrate de hipotecas, contratos ou outros documentos legais da igreja inativa ou dissolvida, não previstos de outra forma no *Manual*.

102.4. Os Artigos de Incorporação de cada igreja local incluirão as seguintes disposições:

1. O nome corporativo incluirá as palavras "Igreja do Nazareno."
2. Os estatutos da corporação serão o *Manual da Igreja do Nazareno*.
3. Os Artigos de Incorporação não incluirão qualquer cláusula que possa impedir a igreja local de se qualificar para qualquer isenção de taxas/impostos disponível para as igrejas da mesma área.
4. Após dissolução, os bens da corporação serão transferidos para a Junta Consultiva.

Os Artigos de Incorporação podem conter disposições adicionais quando estas forem ajustadas à lei local. Porém, não deverá ser incluída qualquer cláusula que possa provocar o desvio da propriedade da igreja local da Igreja do Nazareno. (101-101.1, 104.3, 106.1-106.3)

102.5. Em igrejas multicongregacionais, onde mais do que uma igreja organizada compartilha as mesmas instalações, a incorporação pode ser feita em parceria desde que seja permitido pelas leis locais.

102.6. Em localidades onde a incorporação não seja possível, o nome da igreja deve conter as palavras "Igreja do Nazareno" em todos os documentos legais, incluindo e não só, os títulos de propriedade e títulos de responsabilidade. (102.2)

103. Propriedades. Uma igreja local que, por qualquer razão, considere a compra ou venda de bens imóveis, a construção de igrejas ou de edifícios relacionados com a igreja, uma remodelação grande de um edifício ou obter propriedades por locação financeira, apresentará a proposta ao/à superintendente distrital e à Junta de Propriedades da Igreja, para análise, conselho e aprovação. Nenhuma dívida, envolvendo ou não a constituição de uma hipoteca, será contraída para a compra de bens imóveis, construção ou grande remodelação de edifícios, sem a aprovação escrita do(a) superintendente distrital e da Junta de Propriedades da Igreja. A igreja local deverá apresentar, a esta Junta (Junta de Propriedades), relatórios trimestrais financeiros e do progresso da obra ao longo do processo de construção. (236-237.5)

103.1. Caso a Junta da Igreja, o(a) superintendente distrital e a Junta de Propriedades da Igreja não cheguem a um consenso, o assunto pode ser apresentado ao/à superintendente geral com jurisdição para que ele(a) tome uma decisão. Tanto a igreja como o(a) superintendente distrital podem apelar desta decisão para a Junta de Superintendentes Gerais, para um veredito final. Todos estes apelos, refutação de apelos ou argumentos correspondentes, quer sejam feitos ao superintendente geral com jurisdição ou à Junta de Superintendentes Gerais, devem ser efetuados por escrito. Uma cópia do apelo, refutação de apelo ou argumentos correspondentes, quer da Junta da Igreja ou do(a) superintendente distrital, deve ser enviada à outra entidade envolvida. A ata de um apelo feito pela Junta da Igreja deve incluir a resolução do apelo, os argumentos que o apoiam e o registro do número de votos recebidos.

104. Restrições. A igreja local não pode comprar ou obter por locação financeira bens imóveis, nem vender, hipotecar, refinanciar com dívida adicional, permutar, ou de qualquer outra forma colocar em causa a livre utilização da propriedade, ou dispor de bens imóveis, a menos que seja aprovado por votação de dois terços dos membros presentes numa reunião anual ou numa reunião extraordinária, devidamente convocada com essa finalidade. Se uma igreja pretender refinanciar uma dívida existente, e o plano de refinanciamento não aumentar a dívida da igreja, nem sobrecarregar o imóvel da igreja, a aprovação para o refinanciamento pode ser garantida por votação de dois terços dos membros da junta, sem necessidade de recorrer à votação da congregação sobre o assunto. A Junta da Igreja poderá aprovar, por votação de dois terços dos seus membros presentes e votantes, a alienação de propriedades doadas para o propósito específico de angariar fundos para a igreja local. Todos os itens acima requerem a aprovação por escrito tanto do superintendente distrital como da Junta de Propriedades da Igreja. (113.3-113.4, 113.7-113.8, 237.3-237.4)

104.1. Os bens imóveis de uma igreja local não poderão ser hipotecados para pagar despesas correntes.

104.2. Uma igreja que hipoteque ou venda bens imóveis, ou receba pagamentos de seguro de bens imóveis, usará os proventos somente para a compra ou melhoramento do capital de bens imóveis, a plantação de uma nova igreja, ou para reduzir outras dívidas de bens imóveis. Somente com a aprovação do(a) superintendente distrital e da Junta Consultiva poderão quaisquer proventos ser usados para outros propósitos.

104.3. Os ecônomos e/ou a igreja local não poderão desviar qualquer propriedade do uso da Igreja do Nazareno. (113-113.1)

105. Uniões. Duas ou mais igrejas locais podem unir-se mediante voto secreto favorável de dois terços dos membros presentes das igrejas envolvidas e votando numa reunião especialmente convocada, contanto que: a união seja recomendada por maioria de votos, mediante cédula, de todos os membros das respectivas juntas das igrejas, e que a união tenha sido aprovada por escrito pelo(a) superintendente distrital, pela Junta Consultiva e pelo(a) superintendente geral com jurisdição.

No caso de uma congregação inativa, a Junta Consultiva, em substituição da junta dessa igreja e da congregação inativa, pode aprovar a união.

A união será concretizada numa reunião extraordinária da nova congregação, com o propósito de eleger oficiais e fazer acordos pastorais. O(A) superintendente distrital ou um(a) presbítero por ele(a) designado presidirá a reunião.

A organização assim criada combinará o número total de membros das igrejas que se uniram, o número de membros de todos os seus departamentos, e pode combinar parte ou a totalidade dos seus fundos ativos e passivos, sujeitos à aprovação do(a) superintendente distrital, da Junta Consultiva e do(a) superintendente geral com jurisdição. A união também combinará a atribuição proporcional de fundos das contribuições gerais, de educação e distritais.

Mediante notificação do(a) superintendente distrital, o(a) secretário(a) geral da Igreja do Nazareno está autorizado(a) a remover da lista de igrejas os nomes das igrejas inativas.

106. Transferência de uma Igreja Local para outro Distrito. Uma igreja local será transferida para outro distrito mediante o voto afirmativo de ambas as assembleias distritais respectivas. Uma recomendação às assembleias distritais será feita mediante voto favorável da Junta da Igreja local, e aprovação do(a) superintendente distrital, da Junta Consultiva e do(s) superintendente(s) geral(is) com jurisdição de ambos os distritos. A notificação de uma transferência será arquivada no escritório do(a) secretário(a) geral através dos respectivos escritórios jurisdicionais. (205.2)

107. **Afastamento de Igrejas.** Nenhuma igreja local pode retirar-se, como corpo, da Igreja do Nazareno, ou de qualquer modo cortar a sua relação com ela, exceto por determinação da Assembleia Geral, e mediante condições e planos acordados. (108.2-108.3)

108. **Declarando Igrejas Inativas ou Dissolvidas.** As igrejas podem ser declaradas inativas, por um período de transição, por ação da Junta Consultiva, antes de serem oficialmente dissolvidas, reativadas ou reorganizadas.

108.1. Uma igreja local pode ser dissolvida como segue:
1. recomendação do(a) superintendente distrital;
2. resposta afirmativa do(a) superintendente geral com jurisdição; e,
3. dois terços de votos da Junta Consultiva.

108.2. No caso de uma igreja local se tornar inativa ou dissolvida, ou no caso de se afastar ou tentar afastar-se da Igreja do Nazareno (conforme certificado pela Junta Consultiva), qualquer propriedade que porventura pertença à igreja, de maneira nenhuma poderá ser desviada para outras finalidades; antes, o seu título de propriedade passará para a Junta Consultiva, que funcionará como procuradora do distrito onde se realizou a incorporação, ou para outro procurador autorizado, para uso da Igreja do Nazareno no geral, conforme orientação da Assembleia Distrital. Os ecônomos da igreja local, portadores do título de propriedade da igreja local inativa ou dissolvida, só venderão ou disporão dos referidos bens por ordem e sob orientação da Junta Consultiva ou de outro procurador, designado pela Assembleia Distrital, mediante aprovação escrita do(a) superintendente geral com jurisdição; e o farão ou pela transferência do direito de propriedade ou pela entrega do produto da venda da propriedade, conforme determinação da Assembleia Distrital ou da sua Junta Consultiva. (102.3, 107, 108, 225.23)

108.3. Nenhum ecônomo ou grupo de ecônomos de uma igreja inativa ou dissolvida, ou de uma igreja que se retirou ou tentou retirar-se da Igreja do Nazareno, poderá desviar propriedades do uso da Igreja do Nazareno. (107, 151-154, 225.23)

108.4. Só as igrejas que tenham sido oficialmente dissolvidas poderão ser retiradas dos registros do(a) secretário(a) geral.

108.5. Quando uma igreja local for declarada inativa, os signatários de todas as contas bancárias e/ou certificados de valores têm de transferir os proventos dos mesmos para a Junta Consultiva, para depósito. Recusa em cumprir, autoriza a Junta Consultiva, por deliberação, a fechar todas as contas e a assumir a jurisdição de todos os bens, onde a lei o permitir.

B. Lista de Membros da Igreja Local

109. **Lista de Membros em Plena Comunhão.** A lista de membros em plena comunhão da igreja local será composta por todas

as pessoas que tenham sido recebidas como membros quando da organização dessa igreja local por aqueles que estão autorizados a fazê-lo, e todos quantos posteriormente tenham sido publicamente recebidos pelo(a) pastor(a), pelo(a) superintendente distrital ou pelo(a) superintendente geral, depois de terem declarado a sua experiência de salvação, crença nas doutrinas da Igreja do Nazareno e disposição de se submeterem ao seu governo. A liderança da igreja local procurará colocar cada membro num ministério de serviço e num grupo de cuidado e apoio mútuos. (23, 109.2, 113, 115.1, 125.1, 129, 524.8, 530.8-530.9)

109.1. Quando existam pessoas que desejem unir-se à igreja, o(a) pastor(a) explicar-lhes-á os privilégios e responsabilidades de ser membro da igreja, os *Artigos de Fé*, os preceitos do Pacto de Caráter Cristão e do Pacto de Conduta Cristã, assim como o propósito e missão da Igreja do Nazareno.

Depois de consultar a Comissão de Evangelismo e de Lista de Membros da Igreja, o(a) pastor(a) receberá os candidatos que cumpram os requisitos para serem membros da igreja, num culto público e usando a forma aprovada para a recepção de membros. (21, 28-33, 112-112.4, 228, 704)

109.2. Membros de uma Missão Tipo-Igreja. Onde ainda não tiver sido realizada a organização de uma igreja local, uma Missão Tipo-Igreja receberá e prestará relatório do número de membros da igreja, nas estatísticas anuais, de acordo com os parágrafos 109 e 109.1.

109.3. Votação e Ocupação de Cargos. Apenas aqueles que são membros em plena comunhão e ativos da igreja local, e tenham atingido o seu 15º aniversário podem, onde as leis locais permitam, ocupar cargos na igreja, votar nas reuniões anuais ou extraordinárias da igreja, ou representar a igreja como delegados à Assembleia Distrital.

110. Membros Associados. Onde tiver sido aprovado por um distrito, uma igreja local pode ter membros associados; estes gozarão de todos os privilégios de membros da igreja, exceto o de votarem e servirem como oficiais da igreja. (205.24)

110.1. Os membros associados podem ser recebidos em plena comunhão ou excluídos em qualquer altura, de acordo com a ponderação do(a) pastor(a) e da Comissão de Evangelismo e Lista de Membros da Igreja.

111. Membros Inativos. Uma igreja local pode designar pessoas como "membros inativos" pelas razões citadas nos parágrafos 111.1 e 111.2. (114.3, 143)

111.1. Um membro de uma igreja local que se tenha mudado para outra comunidade e deixe de estar ativo na igreja de que é membro, deve ser encorajado a assistir à Igreja do Nazareno nesse lugar e a requerer a sua transferência como membro para a dita igreja.

111.2. Quando um membro de uma igreja local se ausentar de todos os cultos religiosos da igreja por seis meses consecutivos, sem uma justificação que seja aceite pela Junta da Igreja, e tenham sido feitas tentativas para o encorajar a se tornar ativo, essa pessoa pode ser declarada membro inativo, sob recomendação da Comissão de Evangelismo e Lista de Membros da Igreja e ação da Junta da Igreja. A pessoa em questão será informada através de carta enviada pelo(a) pastor(a), dentro de sete dias após a ação da Junta da Igreja. Depois de tal ação ser tomada pela Junta da Igreja, o(a) pastor(a) atualizará a lista de membros da igreja local e escreverá: "Colocado na Lista de Membros Inativos, pela Junta da Igreja (data)."

111.3. Os membros inativos serão incluídos na lista de membros em plena comunhão da igreja local, com os membros ativos. O número de membros será comunicado à Assembleia Distrital em categorias separadas, nomeadamente (1) membros ativos e (2) membros inativos.

111.4. Os membros inativos não terão direito a votar nas reuniões anuais ou extraordinárias da igreja, ou a exercerem cargos.

111.5. Um membro inativo pode requerer por escrito, que a Junta da Igreja volte a colocar o seu nome na lista de membros ativos da igreja. Esse pedido tem de incluir uma reafirmação dos votos de membro e uma participação regular nas atividades de adoração da igreja local. A Junta da Igreja deverá responder ao pedido dentro de 60 dias. A pessoa em questão poderá voltar à situação de membro em plena comunhão, mediante recomendação da Comissão de Evangelismo e Lista de Membros da Igreja e ação da Junta da Igreja.

C. Comissão de Evangelismo e Lista de Membros da Igreja Local

112. A Junta da Igreja criará uma Comissão de Evangelismo e Lista de Membros da Igreja, composta de não menos de três pessoas, com função consultiva junto do(a) pastor(a) que será o presidente da Comissão. (148.3) Os deveres da Comissão de Evangelismo e Lista de Membros da Igreja serão os seguintes:

112.1. Promover o evangelismo e procurar conservar os frutos na igreja local. (109-109.1, 139.24)

112.2. Estudar e recomendar à Junta da Igreja e seus departamentos estratégias de evangelismo na vida total da igreja.

112.3. Servir na qualidade de comissão local para implementar os programas denominacionais de evangelismo, tanto gerais como distritais.

112.4. Exortar os novos convertidos a cumprirem os requisitos para serem membros da igreja, mediante uma vida devocional consistente, estudo da Bíblia e do *Manual*, individualmente e/ou numa classe de membros dirigida pelo(a) pastor(a), lembrando que

GOVERNO LOCAL

membros recebidos por profissão de fé ajudam a conservar os frutos do evangelismo. (20-21)

112.5. Esforçar-se por levar os novos membros à completa comunhão e total serviço da igreja.

112.6. Trabalhar juntamente com o(a) pastor(a) no desenvolvimento de um programa contínuo de orientação espiritual dos novos membros.

112.7. Recomendar à Junta da Igreja, com o apoio do(a) pastor(a), nomes de evangelistas para campanhas locais. Aconselha-se que, pelo menos uma campanha por ano seja conduzida por um(a) evangelista titulado(a), comissionado(a) ou registrado(a).

112.8. Nenhuma pessoa será recebida na igreja local como membro em plena comunhão, sem que o(a) pastor(a) primeiramente consulte a Comissão de Evangelismo e Lista de Membros da Igreja. (109.1)

D. Mudança de Membro de uma Igreja Local

113. Transferência. Quando um membro o solicitar, o(a) pastor(a) pode conceder-lhe a transferência de membro (veja-se formulário no parágrafo 817) para qualquer outra Igreja do Nazareno local, indicada pelo solicitante; esta transferência será válida por apenas três meses. Quando a recepção da transferência for confirmada pela igreja local receptora, cessará o registro de membro dessa pessoa na igreja local anterior. (818)

113.1. Recomendação. Quando um membro o solicitar, o(a) pastor(a) pode conceder-lhe um certificado de recomendação (veja-se formulário no parágrafo 815) para qualquer igreja evangélica mencionada pelo solicitante; essa pessoa deixará imediatamente de ser membro da igreja que emitir tal certificado. (114.2, 531.5, 815)

E. Cessação de Membro

114. Membros do Clero. Quando um(a) ministro(a) licenciado(a) ou ordenado(a) deixa de ser membro ativo de uma igreja local, esse(a) ministro(a) não pode ser removido(a) da lista de membros da igreja local sem a ação da Junta de Credenciais Ministeriais ou da Junta de Ministério. O(A) pastor(a) da igreja local da qual o(a) ministro(a) é membro notificará imediatamente o(a) superintendente distrital, que notificará a Junta de Credenciais Ministeriais ou a Junta de Ministério. Se a Junta de Credenciais Ministeriais ou a Junta de Ministério determinar que o membro do clero será removido da Lista de Ministros, o(a) pastor(a) da igreja local também removerá o nome da pessoa da lista de membros da igreja. (524.9, 530.8, 530.10, 530.13-530.14)

114.1. Leigos. Quando um membro leigo(a) de uma igreja local aceitar ser membro, receber licença para pregar ou tiver sido ordenado por qualquer outra organização religiosa, ou estiver envolvido em alguma igreja ou trabalho missionário independente, a sua situação de membro na igreja local cessará imediatamente, exceto se obtiver autorização anual, por escrito, da Junta da Igreja local de que é membro e aprovação anual por escrito da Junta Consultiva do respectivo distrito.

114.2. Despedida de Membro. Quando um membro o solicitar, o(a) pastor(a) pode conceder-lhe uma carta de despedida (veja-se formulário no parágrafo 816), deixando essa pessoa imediatamente de ser membro da igreja. (113.1, 114)

114.3. Remoção de Membros Inativos. Depois de decorrido pelo menos um ano da data em que um membro foi declarado inativo, o seu nome pode ser removido da lista de membros da igreja por ação da sua junta. Após essa ação, o(a) pastor(a) atualizará a lista de membros com "Removido(a) pela Junta da Igreja (data)". (111, 143)

F. Reuniões da Igreja Local

115. Uma reunião dos membros de uma igreja local para fins de consulta, discussão e deliberação de quaisquer assuntos será conhecida como reunião da igreja. As reuniões e os procedimentos dos membros da Igreja do Nazareno local, distrital e geral e as comissões da corporação, estarão sujeitos a leis aplicáveis, os Artigos de Incorporação e os Estatutos de governo no *Manual* e serão regulados e controlados de acordo com as *Regras de Ordem de Robert Recentemente Revistas* (última edição) para procedimentos parlamentares. (34, 104, 115.7-115.8, 117, 127)

115.1. Somente as pessoas que sejam membros ativos e em plena comunhão, e tenham completado quinze anos de idade, terão direito a votar nas reuniões da igreja. (109.3, 111-111.4)

115.2. Todas as juntas, conselhos e comissões da igreja local serão autorizados a reunir-se por conferência telefônica ou através de outros meios electrónicos, se todos os envolvidos tiverem a oportunidade de comunicar e participar. A votação em reuniões anuais e extraordinárias em vários locais e horários será conduzida através de um processo aprovado pela Junta Consultiva. Todas as comunicações e votações podem ser realizadas electronicamente. Não há provisão para votação por ausência nas reuniões da igreja. (138)

115.3. Deliberações. Quaisquer assuntos, inclusive eleições, que estejam em harmonia com o espírito e ordem da igreja, e para os quais não haja disposição específica, podem ser resolvidos em qualquer reunião da igreja.

115.4. Obediência à Lei Civil. Em todos os casos em que a lei civil requer um procedimento específico na convocação e condução das reuniões da igreja, o mesmo deverá ser rigorosamente observado. (152)

115.5. O Oficial Que Preside. O(A) pastor(o), que será presidente *ex officio* da igreja local, ou o(a) superintendente distrital, ou ainda o(a) superintendente geral com jurisdição, ou alguém nomeado pelo(a) superintendente distrital ou geral, presidirá as reuniões anuais ou extraordinárias da igreja. (125.15, 213.1, 307.10)

115.6. O(A) Secretário(a). O(A) secretário(a) da Junta da Igreja será o(a) secretário(a) de todas as reuniões da igreja; na sua ausência, eleger-se-á um(a) secretário(a) interino(a). (145.4)

115.7. Reunião Anual. Uma reunião anual da igreja será realizada dentro de 90 dias antes da reunião da Assembleia Distrital. O anúncio público da reunião anual deve ser comunicado à congregação pelo menos duas semanas antes da reunião. Esta reunião anual pode ser realizada em mais de um dia ou em mais de um culto, mediante aprovação da Junta da Igreja.

115.8. Reuniões Extraordinárias. Reuniões extraordinárias da igreja podem ser convocadas em qualquer momento pelo(a) pastor(a), ou pela Junta da Igreja, depois de obtido o consentimento do(a) pastor(a) ou do(a) superintendente distrital ou do(a) superintendente geral com jurisdição. O anúncio público da reunião extraordinária deve ser sempre comunicado à congregação pelo menos duas semanas antes da reunião ou de uma forma que satisfaça as exigências da lei civil. (104, 115.1, 117-117.1, 133-133.7, 147, 149, 152.1, 154)

115.9. Relatórios. Na reunião anual da igreja, apresentarão relatórios o(a) pastor(a), o(a) presidente do Discipulado Nazareno Internacional (DNI), o(a) presidente da Juventude Nazarena Internacional (JNI), o(a) presidente das Missões Nazarenas Internacionais (MNI), as diaconisas, os ministros locais, o(a) secretário(a) e o(a) tesoureiro(a) da Junta da Igreja. (125.7, 145.2, 146.5, 156.6, 162.2, 508, 523.1)

115.10. Comissão de Recomendações. Uma comissão de recomendações terá como função propor oficiais, juntas e delegados à Assembleia Distrital, cujas recomendações não estejam previstas em outros parágrafos ou seções.

A Comissão de Recomendações consistirá de não menos de três nem mais de sete membros da igreja, incluindo o(a) pastor(a). A comissão de recomendações deve ser nomeada pelo(a) pastor(a) e aprovada anualmente pela Junta da Igreja. O(A) pastor(a) será o(a) presidente da comissão. Todas as pessoas nomeadas por esta comissão devem afirmar que preenchem as qualificações requeridas para os oficiais da igreja no parágrafo 33.

Numa reunião da igreja local, se forem feitas recomendações pela assembleia, estas podem ser encaminhadas, por maioria de votos dos membros presentes, à Comissão de Recomendações, para serem examinadas e aprovadas, a fim de se ter a certeza de que tais recomendados satisfazem as qualificações para oficiais da igreja, conforme especificado no parágrafo 33.

115.11. Eleições. Os mordomos, os ecônomos, o(a) presidente do DNI, e os membros da Junta do DNI serão eleitos, através de cédula, na reunião anual da igreja; servirão durante o próximo ano eclesiástico e até que os seus sucessores sejam eleitos e empossados. Todos os que forem eleitos podem servir durante um termo de dois anos, desde que seja permitido por lei e quando aprovado pela votação maioritária dos membros da igreja presentes. Todos os eleitos serão membros ativos dessa Igreja do Nazareno local.

Onde as leis o permitam, uma igreja pode eleger metade dos membros da sua junta para mandatos de dois anos, ou um terço dos membros da sua junta para mandatos de três anos, se as seguintes condições forem satisfeitas:

1. aprovação por escrito do(a) superintendente distrital;
2. aprovação por maioria de votos dos membros da igreja presentes numa reunião anual devidamente convocada; e,
3. na medida do possível, um número igual de membros seja eleito anualmente.

Quando a Junta da Igreja é eleita desta maneira, o número de mordomos e ecônomos escolhidos deve obedecer aos parágrafos 147 e 151.

Ordenamos às nossas igrejas que elejam, como oficiais da igreja, membros ativos da igreja local, que professem a experiência da inteira santificação e cujas vidas deem testemunho público da graça de Deus que nos chama para uma vida santa; que estejam em harmonia com as doutrinas, governo e práticas da Igreja do Nazareno; e que apoiem fielmente a igreja local na assistência, serviço ativo e com dízimos e ofertas. Os oficiais da igreja devem estar completamente envolvidos em "fazer discípulos à semelhança de Cristo nas nações." (33, 137, 147, 151, 152.1, 155-157)

115.12. Onde for permitido por lei e em igrejas em que tal procedimento e o número dos que serão eleitos for aprovado por um voto majoritáio dos membros da igreja presentes, a Junta da Igreja pode ser eleita globalmente e então, de entre os seus membros designar, em proporções apropriadas, mordomos e ecônomos, de harmonia com os parágrafos 147 e 151.

Após ser eleita deste modo, a Junta da Igreja organizar-se-á em comissões, para executar as responsabilidades que lhe sejam cometidas. Se uma igreja eleger uma comissão de educação como parte da sua junta, de harmonia com o parágrafo 155, tal comissão constituirá a Comissão de Educação da Junta da Igreja. Ao organizar-se para o ministério e ação missional, uma igreja local pode criar juntas e comissões alternativas, desde que tais alternativas sejam aprovadas por escrito pelo(a) superintendente distrital e pela Junta Consultiva, e que tais estruturas estejam de acordo com os requisitos civis. (155-155.10)

115.13. Os delegados leigos à Assembleia Distrital serão eleitos, mediante cédula de voto, na reunião anual da igreja; ou se for aprovado por voto majoritário dos membros da igreja presentes na reunião anual, os delegados podem ser recomendados pelo(a) pastor(a) e aprovados pela Junta da Igreja local de acordo com os critérios de representação estipulados pela Assembleia Geral, nos termos dos parágrafos 201-201.2. Todos os delegados eleitos serão membros ativos dessa Igreja do Nazareno local. (109.3, 115.11)

115.14. Se ocorrerem vagas após as reuniões anuais, os delegados e suplentes para a Assembleia Distrital e convenções auxiliares podem ser recomendados pelo(a) pastor(a) e eleitos pela Junta da Igreja (com a exceção das MNI devido à provisão do Artigo V. Seção 1.C.3.b. da Constituição das MNI). (139.1)

115.15. Os delegados à Assembleia Distrital de uma Missão Tipo-Igreja poderão ser nomeados pelo(a) seu(sua) pastor(a) baseando-se nos critérios estabelecidos nos parágrafos 33, 201.1, e 201.2. O(A) pastor(a) da Missão Tipo-Igreja poderá também nomear delegados às convenções distritais, de acordo com a Constituição da Juventude Nazarena Internacional, a Constituição das Missões Nazarenas Internacionais e os Estatutos do Discipulado Nazareno Internacional (100.1, 810, 811, 812)

G. O Ano Eclesiástico

116. O ano administrativo deve decorrer concomitantemente com o ano estatístico da igreja local e será reconhecido como o ano eclesiástico.

116.1. O ano estatístico terminará dentro de 120 dias antes da abertura da Assembleia Distrital; e o novo ano estatístico começará no dia seguinte ao término do ano anterior. A data exata do início e encerramento do ano estatístico, dentro desses limites, será estabelecida pela Junta Consultiva. (225.1)

H. Chamada de um(a) Pastor(a)

117. Um(a) presbítero ou ministro(a) licenciado(a) (seguindo o programa de estudos para a ordenação ao presbitério) pode ser chamado(a) a pastorear uma igreja por votação favorável de dois terços, através de cédula, dos membros da igreja que, tendo idade de votar, estejam presentes e votem numa reunião anual ou extraordinária da igreja, convocada de forma apropriada, e desde que previamente:
1. A recomendação tenha a aprovação do(a) superintendente distrital.
2. A recomendação tenha sido aprovada pela Junta Consultiva, quando o(a) ministro(a) recomendado(a) for membro ou servir como um(a) assistente remunerado(a) ou não, na igreja local que o chama.

3. O(A) ministro(a) tenha sido proposto(a) à igreja pela respectiva junta após votação de dois terços, através de cédula, de todos os membros dessa junta.

A chamada de um(a) ministro(a) está sujeita a revisão e a continuação nos termos dos parágrafos a seguir indicados. (121, 132-135.5, 139.2, 169.8, 211.10, 225.16, 514, 524, 525.4, 526.3)

117.1. A aceitação de uma relação pastoral pelo(a) ministro(a) terá lugar em data não posterior aos 15 dias que se seguem à reunião da igreja, que votou tal chamada.

117.2. A Junta da Igreja e o(a) pastor(a) devem comunicar entre si claramente e por escrito, os alvos e as expectativas de cada um. (132, 139.3-139.4)

117.3. Logo que seja possível e após o início do ministério, o(a) pastor(a) e a congregação devem participar num culto de instalação ou pacto. O objetivo do culto deve ser o de celebrar a unidade e direção respeitante à vontade de Deus. Onde seja viável, o(a) superintendente distrital deverá presidir.

117.4. Ao fazer um convite, a igreja local deve especificar a remuneração proposta. O montante desta remuneração será estabelecido pela Junta da Igreja. Quando tiver sido celebrado um acordo entre a igreja ou a Junta da Igreja e o(a) pastor(a), o pagamento integral da remuneração acordada será considerado uma obrigação moral da igreja. Se, contudo, a igreja se tornar incapaz de prover a remuneração acordada, tal incapacidade e falha não serão consideradas causa suficiente para uma ação civil contra a igreja por parte do(a) pastor(a). Em nenhum caso a igreja ou a Junta Consultiva serão legalmente responsáveis por fundos excedentes arrecadados durante o termo do serviço efetivo do(a) pastor(a), e não designados de outra forma. Se uma ação civil for instaurada contra a igreja ou a Junta Consultiva por um(a) pastor(a) atual ou anterior, um distrito pode tomar medidas para obter a credencial do(a) ministro(a) e subsequentemente remover o seu nome da Lista de Ministros.

A igreja local também deve financiar as despesas de viagem e a mudança do(a) pastor(a). (32-32.3, 139.8-139.9)

117.5. A remuneração do(a) pastor(a) deve começar na segunda-feira antes do seu primeiro domingo de serviço oficial na igreja local.

117.6. As igrejas locais podem considerar planos alternativos para apoio pastoral em cooperação com os seus respectivos distritos. (32.3, 139.8)

118. Afirmando o valor da família e a importância dos pastores serem o exemplo de paz e vidas completas, as igrejas locais devem considerar conceder uma licença de maternidade ou paternidade para o(a) pastor(a) e pastores adjuntos. Os superintendentes distritais devem encorajar as igrejas locais a adotarem políticas de

licenças de maternidade ou paternidade e incentivar a sua implementação. Tais políticas podem ter as seguintes provisões:
1. O tempo e a duração da licença de maternidade ou paternidade devem ser estabelecidas por mútuo acordo entre o(a) pastor(a) e a Junta da Igreja antes do nascimento da criança ou da adoção.
2. A licença de maternidade ou paternidade deve ser considerada em adição e separadamente das férias.
3. A igreja local deverá consultar o(a) pastor(a) e o(a) superintendente distrital sobre um pastor(a) substituto(a) durante o período da licença de maternidade ou paternidade.
4. Durante o período da licença de maternidade ou paternidade, continuarão os benefícios e salário completos do(a) pastor(a). Qualquer outro acordo deverá ser feito por escrito e assinado pelo(a) pastor(a), pelo(a) secretário(a) da Junta da Igreja e pelo(a) superintendente distrital.

119. Nomeação Pastoral. O(A) superintendente distrital pode nomear ou renomear o(a) pastor(a) de uma igreja que tenha sido organizada há menos de cinco anos, ou que tenha tido menos de 35 membros votantes na reunião anual anterior da igreja, ou que receba assistência financeira do distrito, incluindo o não pagamento integral das contribuições. Esta nomeação, por um período de um ou dois anos, será feita em consulta com a Junta da Igreja local e com o consentimento da Junta Consultiva. (211.17)

119.1. Quando uma igreja exceder os 35 membros votantes ou tenha sido organizada há pelo menos cinco anos, e o(a) seu(sua) pastor(a) tenha servido como seu(sua) pastor(a) designado(a) por pelo menos dois anos, pode-se iniciar um processo para deixar a "posição de designado". Esse processo tem de incluir uma revisão do relacionamento pastor(a)/igreja, o voto majoritário dos membros da Junta da Igreja presentes, a aprovação do(a) superintendente distrital, e a aprovação da Junta Consultiva. A data da aprovação final do processo de revisão do relacionamento pastor(a)/igreja, será a data que marcará as revisões regulares seguintes, de quatro em quatro anos.

120. Em caso de desacordo entre a Junta da Igreja e o(a) superintendente distrital no que respeita a arranjos pastorais, a Junta da Igreja ou o(a) superintendente distrital poderão levar o assunto ao/à superintendente geral com jurisdição, para que este(a) decida. Desta decisão, tanto a Junta da Igreja como o(a) superintendente distrital poderão apelar para a Junta de Superintendentes Gerais. Todos estes apelos, refutação de apelos ou argumentos correspondentes, quer sejam dirigidos ao/à superintendente geral com jurisdição ou à Junta de Superintendentes Gerais, deverão ser feitos por escrito. Uma cópia do apelo, refutação do apelo ou argumentos correspondentes, quer da Junta da Igreja ou do(a) superintendente distrital, deve ser enviada à outra entidade envolvida. A ata do apelo de uma Junta da Igreja deve incluir a deliberação de apelar, argumentos que o apoiem e o registro dos votos recebidos. Se um(a) ministro(a) proposto(a) e em análise remover o seu nome da lista ou se um(a) candidato(a) pastoral não estiver disponível para ser analisado(a), o processo de apelo termina imediatamente e o(a) superintendente distrital e a Junta da Igreja devem retomar o processo de chamada de um(a) pastor(a).

121. A chamada de um(a) pastor(a) que é ministro(a) licenciado(a) (seguindo o programa de estudos para a ordenação ao presbitério) terminará no final da Assembleia Distrital se não for renovada a sua licença.

122. O(A) pastor(a) desejando renunciar a uma designação pastoral deve:
1. Conferenciar com o(a) superintendente distrital;
2. Apresentar a sua demissão por escrito à Junta da Igreja pelo menos 30 dias antes do término do pastorado; e
3. Enviar uma cópia desse documento para o(a) superintendente distrital.

Quando o pedido de demissão for recebido pela Junta da Igreja e aprovado por escrito pelo(a) superintendente distrital, o término do pastorado deverá ocorrer dentro de 30 dias.

122.1. O(A) pastor(a) que renuncia deve, em colaboração com o(a) secretário(a) da Junta da Igreja, preparar uma lista atualizada dos membros da igreja, com os respectivos endereços. Esta lista deve corresponder numericamente às últimas atas distritais publicadas, indicando cortes e adições feitos no ano corrente.

123. Sob recomendação da Junta da Igreja e aprovação do(a) superintendente distrital, uma congregação pode eleger co-pastores para servirem. Neste caso, devem verificar-se as seguintes condições:
1. Os co-pastores trabalharão com a Junta da Igreja, sob a direção do(a) superintendente distrital, para desenvolverem um plano para responsabilidade e autoridade compartilhadas.
2. Os co-pastores têm direitos e obrigações iguais no serviço pastoral. Se a lei o exigir, uma pessoa será oficialmente designada pela Junta da Igreja para ser o(a)oficial dirigente, servindo como presidente da corporação e da Junta da Igreja.
3. O processo de revisão do relacionamento igreja/pastor(a) será conduzido nos termos dos parágrafos 133-133.7.
4. Uma igreja local, cujo(a) pastor(a) não tenha sido nomeado(a) e que tenha servido por pelo menos dois anos, pode adicionar um ou mais ministros como co-pastores conforme as normas do parágrafo 117 deste processo. Após aprovação do(a) superintendente distrital e de dois terços de votos de todos os membros da Junta da Igreja, a igreja votará se deve chamar

um(a) co-pastor(a). Um(a) candidato(a) a co-pastor(a) terá de receber um voto de dois terços dos membros ativos da igreja em idade de votar presentes numa reunião anual ou extraordinária da igreja, devidamente convocada, para ser aprovado(a) para servir como co-pastor(a) dessa igreja local.
5. Se os dois terços de votos necessários forem alcançados, o período de dois anos começará nessa data para cada um dos ministros. Nos 60 dias anteriores ao fim do período de dois anos como co-pastor(a), será marcada uma revisão regular do relacionamento igreja/pastor(a). (117, 133-133.7)

123.1 Dentro de 60 dias após a resignação ou fim da atividade de um(a) co-pastor(a), o(a) superintendente distrital, ou representante nomeado(a), deve conduzir uma revisão regular do relacionamento igreja/pastor(a) conforme delineado nos parágrafos 133-133.7. Se a Junta da Igreja decidir deixar de chamar um(a) co-pastor(a), tal decisão requererá a aprovação do(a) superintendente distrital e o voto de dois terços dos membros ativos da igreja, em idade de votar, presentes numa reunião anual ou extraordinária da igreja devidamente convocada.

I. O(A) Pastor(a)

124. Os deveres fundamentais de um(a) pastor(a) são:

124.1. Orar.

124.2. Pregar a Palavra.

124.3. Equipar os santos para a obra do ministério.

124.4. Administrar os sacramentos da Ceia do Semhor e Batismo. A Ceia deve ser ministrada pelo menos uma vez por trimestre. Os pastores são encorajados a celebrar este meio da graça com mais frequência. Um(a) ministro(a) licenciado(a) pelo distrito, que não tenha cumprido completamente as provisões do parágrafo 524.7, procurará que o sacramento seja administrado por um(a) ministro(a) ordenado(a). Um(a) ministro(a) licenciado(a) local não é elegível para administrar os sacramentos do Batismo ou a Ceia do Senhor. Deve ser dada consideração à administração do serviço da Ceia do Senhor, sob a supervisão do(a) pastor(a), a pessoas que não possam sair da sua casa. (523.7, 700)

124.5. Cuidar do povo mediante visitas pastorais, particularmente aos enfermos e necessitados.

124.6. Confortar os que choram.

124.7. Corrigir, repreender e animar, com grande paciência e cuidadosa instrução.

124.8. Buscar a conversão dos pecadores, a inteira santificação dos convertidos e a edificação do povo de Deus em santidade. (19)

124.9. Cuidar devidamente dos assuntos relacionados com a solenização de casamentos. Devem transmitir a santidade do casamento cristão, através do cuidado atento do seu próprio matrimónio, bem de todas as formas de comunicação, do seu ministério a outros, do aconselhamento pré-matrimonial e da solenização da cerimónia matrimonial. (31, 530.19)

124.10. Nutrir a chamada que alguns sentem para o ministério cristão e ser mentor dessas pessoas, orientando-as para a preparação adequada para o ministério.

124.11. Cumprir as expectativas que Deus e a Igreja têm para um programa de aprendizagem ao longo da vida. (530.18)

124.12. Nutrir a sua própria chamada, ao longo dos anos de ministério, manter uma vida de devoção pessoal que lhe enriqueça a alma e, se casado(a), preservar a integridade e a vitalidade dessa relação matrimonial.

125. Os **deveres administrativos de um(a) pastor(a)** são:

125.1. Receber pessoas como membros da igreja local, de acordo com os parágrafos 109 e 109.1.

125.2. Cuidar de todos os departamentos do trabalho da igreja local.

125.3. Designar os professores da Escola Dominical/Grupos de Estudo Bíblico/Pequenos Grupos, de acordo com o parágrafo 155.8.

125.4. Ler à congregação, no decorrer de cada ano eclesiástico, a Constituição da Igreja do Nazareno e o Pacto de Conduta Cristã contidos nos parágrafos 1-21, 28-33, ou então mandar imprimir essas seções do *Manual* e distribuí-las anualmente pelos membros da igreja (116).

125.5. Supervisionar a preparação de todos os relatórios estatísticos dos departamentos da igreja local e apresentá-los pontualmente à Assembleia Distrital, por intermédio do(a) secretário(a) distrital. (116.1)

125.6. Dirigir os programas de evangelismo, educação, devoção e expansão da igreja local, conforme os alvos e programas de promoção da igreja distrital e geral.

125.7. Apresentar um relatório na reunião anual da igreja, incluindo informação sobre o estado da igreja local e seus departamentos, e esboço de áreas de futuras necessidades para fins de estudo e/ou implementação.

125.8. Designar uma comissão de investigação composta por três membros da igreja, no caso de acusação feita contra algum membro da igreja. (605)

125.9. Providenciar que todos os valores do Fundo de Evangelismo Mundial, levantados através das Missões Nazarenas Internacionais (MNI) local sejam de imediato remetidos ao/à tesoureiro(a) geral; e que todos os valores dos Fundos Distritais sejam prontamente enviados ao/à tesoureiro(a) distrital. (146.2)

125.10. Propor à Junta da Igreja todas as pessoas a serem contratadas e pagas pela igreja local e supervisionar o trabalho das mesmas. (169.1-169.3)

125.11. Assinar, em conjunto com o(a) secretário(a) da igreja, todos os documentos respeitantes a bens imóveis, hipotecas/financiamentos, distrate de hipotecas, contratos e outros documentos legais não estipulados no *Manual*. (102.3, 103-104.3)

125.12. Notificar o(a) pastor(a) da igreja mais próxima, quando um membro ou simpatizante de uma igreja local ou de qualquer dos departamentos da igreja mudar para outra localidade no mesmo distrito, e fornecer o endereço do membro ou amigo da igreja, se for impraticável qualquer relação vital com a igreja local anterior.

125.13. Organizar e levantar, juntamente com a Junta da Igreja, fundos para todos os alvos denominacionais especificados para a igreja local, incluindo o Fundo de Evangelismo Mundial, quaisquer Fundos Distritais aplicáveis, e quaisquer fundos de alvos estabelecidos pelas juntas regional ou nacional. (32.2, 140, 163)

125.14. O(A) pastor(a) pode, quando um membro o solicitar, conceder uma carta de transferência, uma carta de recomendação ou uma carta de despedida da lista de membros da igreja. (113-113.1, 114.2, 815-818)

125.15. O(A) pastor(a) será, presidente *ex officio* da igreja local, presidente da Junta da Igreja, e membro de todas as juntas e comissões eleitas e estabelecidas da igreja onde ele ou ela serve. O(A) pastor(a) terá acesso a todos os documentos da igreja local. (137, 155, 160, 161, 162.1)

126. O(A) pastor(a) terá o direito de se pronunciar quanto à nomeação de todos os dirigentes de todos os departamentos da igreja local e de qualquer creche/escola nazarena (do berço ao secundário).

127. O(A) pastor(a) e os membros da sua família mais próxima estão proibidos de contrair obrigações financeiras, despender fundos, contar dinheiro ou ter acesso ilimitado às contas financeiras da igreja. A junta ou reunião extraordinária da igreja pode, por maioria de votos, solicitar uma exceção à Junta Consultiva e ao/à superintendente distrital. Se o(a) superintendente distrital e a maioria da Junta Consultiva aprovarem a exceção, o(a) superintendente distrital enviará uma aprovação por escrito do pedido para o(a) secretário(a) da Junta da Igreja, que guardará essa aprovação nos arquivos da igreja. A família mais próxima incluirá cônjuge, filhos, irmãos ou pais. (139.1, 139.21-139.22)

128. O(A) pastor(a) terá sempre em devida consideração o parecer conjunto do(a) superintendente distrital e da Junta Consultiva. (225.2, 530.2)

129. No caso de um(a) ministro(a), licenciado(a) ou ordenado(a) de outra denominação, apresentar as suas credenciais e solicitar, durante o intervalo das reuniões da Assembleia Distrital, a sua admissão como membro numa igreja local, o(a) pastor(a) poderá não receber esse candidato(a) sem obter primeiramente a recomendação favorável da Junta Consultiva. (109, 228)

130. O(A) pastor(a) será responsável pelo exercício do seu cargo perante a Assembleia Distrital, à qual apresentará o seu relatório anual, e dará um breve testemunho da sua experiência cristã pessoal. (205.4, 524.8, 530.9)

131. O(A) pastor(a) se tornará automaticamente membro da igreja local de que é pastor(a); ou, no caso de ter a seu cargo mais de uma igreja local, se tornará membro da igreja à sua escolha. (530.8)

J. O Relacionamento Igreja Local /Pastor(a)

132. Todos os anos, o(a) pastor(a) e a Junta da Igreja devem realizar uma sessão de planejamento para renovar as expectativas e alvos da igreja e do(a) pastor(a). O entendimento escrito dos alvos, planos e objetivos entre a igreja e o(a) pastor(a) serão atualizados. A cópia desse entendimento escrito deverá ser enviada ao/à superintendente distrital e arquivada. (117.2, 139.4)

132.1. Pastores e congregações devem empenhar-se em articular uma compreensão clara das expectativas de cada um e conciliar as diferenças, seguindo sinceramente os princípios bíblicos encontrados em Mateus 18:15-20 e Gálatas 6:1-5. Assim, num espírito de cooperação e reconciliação dentro da igreja,

1. Membros individuais ou coletivos da congregação serão encorajados a conciliar diferenças debatendo-as face-a-face com o(a) pastor(a) ou discretamente com um membro da Junta da Igreja. Membros individuais ou coletivos da Junta da Igreja devem procurar conciliar diferenças debatendo-as face-a-face com o(a) pastor(a).
2. Se os debates face-a-face acima mencionados, falharem na conciliação, o(a) queixoso(a) procurará ajuda de um ou dois membros espiritualmente maduros da congregação ou da Junta da Igreja para a resolução das diferenças.
3. Somente depois dos debates face-a-face e das tentativas de pequenos grupos terem falhado, as pessoas envolvidas, em tais esforços nos pequenos grupos, deverão trazer as diferenças a toda a Junta da Igreja. Se for chamada a isso, a Junta da Igreja trabalhará na conciliação das diferenças num espírito de amor, aceitação e perdão, e de acordo com a disciplina da igreja. (133-136.2, 139.1)

K. Renovação do Relacionamento Igreja Local/Pastor(a)

133. A Revisão Regular do Relacionamento Igreja Local/Pastor(a). O relacionamento igreja/pastor(a) será revisto pela Junta da Igreja, em reunião com o(a) superintendente distrital ou com um(a) ministro(a) ordenado(a) ou leigo(a) designado(a) pelo(a) superintendente distrital, dentro dos 60 dias anteriores ao término do período de dois anos do serviço pastoral e, daí em diante, de quatro em quatro anos. Nesta reunião de revisão, a questão da continuação do relacionamento igreja/pastor(a) será debatida. O objetivo é chegar a consenso sem necessidade de uma votação formal por parte da Junta da Igreja.

133.1. O(A) superintendente distrital, ou um(a) ministro(a) ordenado(a) ou leigo(a) designado(a) pelo(a) superintendente distrital, será responsável pela(s) marcação(ões) da(s) reunião(ões) de revisão com a Junta da Igreja. O(A) superintendente do distrito determinará a metodologia desta(as) reunião(ões) de revisão. A(s) reunião(ões) de revisão será(ão) marcada(s) depois de consultado o(a) pastor(a). A(s) reunião(ões) de revisão será(ão) conduzida(s) em sessão executiva (Junta da Igreja, incluindo o(a) pastor(a)). O(a) superintendente distrital, pode determinar que uma porção da revisão seja conduzida na ausência do(a) pastor(a). No caso do cônjuge do(a) pastor(a) ser um membro eleito da junta, ele(a) não deverá participar na revisão. Além disso, outros familiares diretos do(a) pastor(a) atual ou do(a) anterior podem ser dispensados da revisão, a pedido do(a) superintendente distrital ou do(a) seu(sua) representante designado(a).

133.2. Um anúncio público e/ou escrito, explicando o propósito desta reunião da junta, deve ser feito à congregação no domingo antes da Junta da Igreja e o(a) superintendente se reunirem para a revisão regular do relacionamento igreja local/pastor(a).

133.3. Se a Junta da Igreja deliberar não apresentar aos membros da igreja a questão da continuação do relacionamento igreja/pastor(a), esse relacionamento continuará.

133.4. A Junta da Igreja pode deliberar apresentar a questão da continuação da chamada pastoral aos membros da igreja. Esta deliberação será tomada por cédula da junta e aprovada por uma maioria de dois terços dos votos de todos os membros votantes presentes.

133.5. Se a Junta da Igreja deliberar colocar a questão da continuação do relacionamento igreja/pastor(a) aos membros da igreja, o assunto deve ser apresentado numa reunião da igreja convocada de forma apropriada para este propósito e realizada dentro de 30 dias após tal ação. A questão será apresentada da seguinte maneira, "Deverá continuar o presente relacionamento igreja/pastor(a)?" A votação será por escrutínio secreto e a sua aprovação exigirá uma maioria de dois terços dos votos, exceto quando a lei civil do país requeira o contrário.

133.6. Se os membros da igreja votarem pela continuação do relacionamento igreja/pastor(a), esse relacionamento continuará como se a votação não tivesse sido feita; caso contrário, o relacionamento igreja/pastor(a) terminará na data marcada pelo(a) superintendente distrital, mas não menos do que 30 nem mais de 180 dias depois da votação. Se o(a) pastor decidir não se sujeitar a uma votação da congregação ou escolher não aceitar o resultado da votação, ele(a) apresentará a sua demissão. Neste caso, o relacionamento igreja/pastor(a) terminará numa data estabelecida pelo(a) superintendente distrital, não menos do que 30 dias nem mais de 180 dias após uma das decisões do(a) pastor(a) atrás referidas. (122)

133.7. Como parte da revisão regular do relacionamento igreja/pastor(a) um relatório, relacionado à progressão do cumprimento da missão, visão e valores fundamentais da igreja, será elaborado pelo(a) pastor(a)e a Junta da Igreja e enviado ao/à superintendente distrital.

134. O(A) presidente da Junta de Escrutinadores informará o(a) pastor(a), pessoalmente, dos resultados da votação pastoral, antes que seja feito qualquer anúncio público.

135. Revisão Extraordinária do Relacionamento Igreja Local/Pastor(a). Entre revisões regulares, uma reunião da Junta da Igreja local tornar-se-á oficialmente uma revisão extraordinária, apenas por uma maioria de votos de toda a Junta da Igreja eleita, estando presente o(a) superintendente distrital ou um(a) presbítero designado(a) pelo(a) superintendente distrital servindo como presidente. (211.11)

135.1. Esta reunião de revisão extraordinária do relacionamento pastoral, igreja local/pastor(a), será conduzida em sessão executiva (Junta da Igreja, incluindo o(a) pastor(a)). O(a) superintendente distrital, pode determinar que uma porção da revisão seja conduzida na ausência do(a) pastor(a). No caso do cônjuge do(a) pastor(a) ser um membro eleito da junta, ele(a) não deverá participar na revisão. Em adição, outros parentes próximos do(a) pastor(a) atual ou do(a) anterior podem ser dispensados da reunião pelo(a) superintendente distrital ou pelo(a) representante nomeado(a).

135.2. Se o(a) superintendente distrital e a Junta da Igreja local forem de opinião que a questão da continuação do relacionamento igreja/pastor(a) seja submetida à igreja, e se essa deliberação for aprovada por uma maioria de dois terços, numa votação por escrutínio secreto, de todos os membros da junta presentes, exceto quando a lei do país requeira o contrário, o(a) superintendente distrital e a Junta da Igreja podem determinar que a questão seja sujeita a votação, numa reunião extraordinária da igreja. A questão será apresentada da seguinte maneira: "Deverá continuar o presente relacionamento igreja/pastor(a)?"

135.3. Se após votação, por escrutínio secreto, dos membros da igreja presentes e com idade para votar, exceto quando a lei do país determine o contrário, e a igreja, por maioria de dois terços, deliberar continuar com o atual relacionamento igreja local/pastor, esse relacionamento prosseguirá como se essa votação não tivesse ocorrido.

135.4. Contudo, se através dessa votação, a igreja decidir não continuar com o atual relacionamento igreja/pastor(a), o(a) pastor(a) cessará as suas funções, não mais de 180 dias a seguir à votação, numa data marcada pelo(a) superintendente distrital.

135.5. Se o(a) pastor(a) decidir não se sujeitar a uma votação da congregação ou escolher não aceitar o resultado da votação, ele(a) apresentará a sua demissão. Neste caso, o relacionamento igreja/pastor(a) terminará numa data estabelecida pelo(a) superintendente distrital, não menos do que 30 dias nem mais de 180 dias após a decisão do(a) pastor(a). (115.8, 133- 134)

136. Igreja Local em Crise. Ao tomar conhecimento que uma igreja local está em risco de uma situação de crise, o(a) superintendente distrital, com a aprovação da Junta Consultiva, terá autoridade de nomear uma comissão para analisar a situação e implementar procedimentos para evitar a crise. A Comissão será formada por dois presbíteros designados e dois membros leigos da Junta Consultiva nomeados, e o(a) superintendente distrital que servirá como presidente. (211.3)

136.1. Quando, na opinião do(a) superintendente distrital e da Junta Consultiva, uma igreja local é declarada em crise — financeira, moral ou de outra natureza — e esta crise afetar seriamente a estabilidade e o futuro da igreja: *(a)* a questão da continuação do relacionamento igreja/pastor(a) pode ser apresentada à congregação local pelo(a) superintendente distrital ou um membro da Junta Consultiva designado pelo(a) superintendente distrital, sem que a Junta da Igreja tenha votado, de acordo com os parágrafos 133-133.7, ou *(b)* a permanência do(a) pastor(a) ou da Junta da Igreja ou de ambos pode cessar com a aprovação do(a) superintendente geral com jurisdição e por maioria de votos da Junta Consultiva. Os membros para a junta de uma igreja declarada em crise podem ser designados pelo(a) superintendente distrital, com a aprovação da Junta Consultiva. A notificação da ação da Junta Consultiva deverá ser enviada ao/à superintendente geral com jurisdição no espaço de 30 dias. (211.3)

136.2. Quando, na opinião do(a) superintendente distrital, uma igreja local declarada em crise de acordo com o parágrafo 136.1 tiver cumprido as determinações estabelecidas e estiver pronta para continuar o seu ministério em circunstâncias normais, a igreja local poderá ser declarada fora de crise por voto majoritário da Junta Consultiva. O(A) superintendente geral com jurisdição deve ser notificado(a) da ação da Junta Consultiva no espaço de 30 dias. (211.4)

L. A Junta da Igreja local

137. Membros da Junta. Cada igreja local terá uma Junta da Igreja composta pelo(a) pastor(a), pelo(a) presidente do Discipulado Nazareno Internacional (DNI), pelo(a) presidente da Juventude Nazarena Internacional (JNI), pelo(a) presidente das Missões Nazarenas Internacionais (MNI), pelos mordomos e ecônomos da igreja e pelos membros da Junta do DNI, quando eleitos na reunião anual da igreja como Comissão de Educação da Junta da Igreja. Se o(a) presidente do DNI, da JNI, e/ou das MNI for cônjuge do(a) pastor(a) e ele(a) escolher não servir na junta, o(a) vice-presidente pode ocupar o lugar; contudo, se o(a) presidente for cônjuge do(a) pastor(a) e escolher servir na Junta, ele(a) não deverá tomar parte no processo de revisão do relacionamento igreja local/pastor(a).

A Junta da Igreja não poderá ter mais de 25 membros regulares. Ministros ordenados e licenciados distritais não são elegíveis para servir na Junta da Igreja local, com exceção de indivíduos aprovados pelo(a) pastor(a) e pelo(a) superintendente distrital. Tais ministros licenciados distritais são excluídos da ação da Junta da Igreja que recomenda o(a) ministro(a) à Assembleia Distrital para renovação da licença de ministro(a) distrital. Empregados pagos pela igreja local não são elegíveis para servir na Junta da Igreja local.

Orientamos as nossas igrejas locais a elegerem, como oficiais da igreja, membros ativos da igreja local que professem a experiência da inteira santificação e cujas vidas dêem testemunho público da graça de Deus que nos chama a uma vida santa; que estejam em harmonia com as doutrinas, governo e práticas da Igreja do Nazareno; e que apoiem fielmente a igreja local na assistência, no serviço ativo e com dízimos e ofertas. Os oficiais da igreja devem estar completamente empenhados em "fazer discípulos semelhantes a Cristo nas nações". (33, 115.11, 138.1, 147, 151, 155-157, 162.2, 169.4)

137.1. Quando a reunião anual de uma igreja local acontecer durante o período de transição pastoral, a comissão local de recomendações, presidida pelo(a) superintendente distrital, poderá, com a aprovação do(a) superintendente distrital, apresentar uma proposta à congregação, nos 30 dias antes da reunião anual, para que seja mantida a presente Junta da Igreja para o ano eclesiástico seguinte. Esta proposta poderá ser aprovada, através de cédula, pelo voto majoritário favorável dos membros da igreja presentes e com idade para votar, numa reunião extraordinária da igreja, convocada de forma apropriada. No caso da resolução não ser aprovada a Junta da Igreja deverá ser eleita pela reunião anual como habitualmente.

137.2. Um membro da Junta da Igreja pode ser removido por dois terços dos votos da mesma, quando for determinado pelo(a) pastor(a) e por essa junta que tal membro não está em harmonia com o parágrafo 33, desde que o(a) pastor(a) consulte primeiro o(a) superintendente distrital, que os esforços subsequentes de restauração se revelem infrutíferos e que a aprovação por escrito do(a) superintendente distrital seja recebida antes de qualquer votação.

137.3. No caso de haver uma vaga na Junta da Igreja local, ela pode, por recomendação do(a) pastor(a), com a aprovação prévia por escrito do(a) superintendente distrital, e por maioria de votos dos seus membros restantes, eleger um membro qualificado da igreja recomendado pelo(a) pastor(a) para servir o termo restante. Os resultados da eleição devem ser anunciados à congregação. Se os membros restantes da junta votarem inicialmente para deixar o lugar vago, a opção de preencher a vaga por eleição permanece até à próxima reunião anual.

138. Reuniões. A Junta da Igreja assumirá funções no começo do ano eclesiástico e terá pelo menos reuniões bimestrais e se reunirá extraordinariamente quando convocada pelo(a) pastor(a) ou pelo(a) superintendente distrital. O(A) secretário(a) da Junta da Igreja convocará uma reunião extraordinária da junta apenas com a aprovação do(a) pastor(a), ou do(a) superintendente distrital quando não houver pastor(a). As reuniões da Junta da Igreja, incluindo votação, podem ser conduzidas eletronicamente. Essas reuniões e votações terão a mesma força e efeito que os votos numa reunião de membros num mesmo espaço ou área. Entre a reunião anual da igreja e o começo do ano eclesiástico, a Junta da Igreja recém-eleita poderá reunir-se para fins de organização, e nessa ocasião serão eleitos o(a) secretário(a) da Junta da Igreja e o(a) tesoureiro(a) da igreja, conforme bem se estabelece adiante, bem como quaisquer outros oficiais que seja seu dever eleger. (139.19-140)

138.1. Os membros da Junta da Igreja local devem revelar qualquer assunto no qual eles (ou um membro imediato da família) tenham um interesse pessoal direto ou adquirido que não seja comum a outros membros da junta, e abster-se de votar em tal assunto. A família direta deve incluir o cônjuge, filhos, irmãos ou pais.

139. Funções. As funções da Junta da Igreja serão:

139.1. Cuidar dos interesses e trabalho da igreja, em harmonia com o(a) pastor(a) e para os quais não haja provisão específica. (115.15, 127, 165)

139.2. Propor à igreja, depois de haver consultado o(a) superintendente distrital, qualquer presbítero ou ministro(a) licenciado(a) (seguindo o programa de estudos para a ordenação ao presbitério) que a junta julgar pessoa apropriada para servir como pastor(a), contanto que a proposta seja aprovada de acordo com os parágrafos 117. (169.8, 211.10, 225.16)

139.3. Cooperar com o(a) novo(a) pastor(a) no desenvolvimento de um acordo escrito quanto a alvos e expectativas. (117.2)

139.4. Realizar com o(a) pastor(a), pelo menos uma vez por ano, uma sessão de planejamento com o propósito de atualizar um entendimento claro e escrito de expectativas, alvos, planos e objetivos. (132)

139.5. Fazer arranjos pastorais temporários, com a aprovação do(a) superintendente, até que a igreja chame um(a) pastor(a) de forma permanente. (212, 516)

139.6. Elaborar um orçamento anual para a igreja, MNI, JNI e DNI e quaisquer creches/escolas (do berço ao secundário) projetando as despesas e investimentos.

139.7. Designar uma comissão da Junta cujas responsabilidades incluam: (a) fiscalizar a execução do orçamento da igreja, (b) relatar à Junta as condições e preocupações financeiras da igreja.

139.8. Determinar o valor da remuneração e benefícios, incluindo os benefícios da aposentadoria, que o(a) pastor(a) deverá receber e revê-los pelo menos uma vez por ano. (32.3, 117.4, 117.6, 133-133.7)

139.9. Providenciar recursos para o sustento do(a) pastor(a), do(a) pastor(a) temporário(a) ou de qualquer outro(a) obreiro(a) remunerado(a) pela igreja; encorajar e apoiar através de planejamento e financiamento o compromisso de aprendizagem ao longo da vida, do(a) pastor(a) e equipe. (117.4)

139.10. Para encorajar um ministério saudável e uma vida espiritual forte do(a) pastor(a), a Junta da Igreja, ouvido(a) o(a) superintendente distrital, deverá conceder uma licença sabática ao/à pastor(a) de cinco em cinco anos de serviço consecutivo prestado a uma congregação da Igreja do Nazareno. O momento e a duração do período sabático serão determinados em consulta com o(a) pastor(a), a Junta da Igreja e o(a) superintendente distrital. O prazo sugerido é de, no mínimo, quatro semanas. Recomenda-se fortemente que se continue a pagar o salário completo ao/à pastor(a) e que a Junta da Igreja prepare a substituição no púlpito durante o período sabático. Este assunto deve ser abordado pelo(a) superintendente distrital como parte do processo de revisão do relacionamento igreja/pastor(a) após dois anos, e novamente no sexto ano, uma vez estabelecida a viabilidade da continuação do relacionamento. O escritório da Educação Global e do Desenvolvimento do Clero deverá desenvolver e distribuir materiais que orientem as congregações locais no estabelecimento e implementação de regras e procedimentos para uma licença sabática. Se a Junta da Igreja assim o entender, tal programa poderá também ser implementado para um membro da equipe pastoral.

139.11. Estabelecer o apoio financeiro e alojamento para um(a) evangelista e informá-lo(a), quando for chamado(a) pela Junta da Igreja.

139.12. Emitir ou renovar a licença, se assim o entender, de qualquer pessoa que tenha sido recomendada pelo(a) pastor(a) para (a) ministro(a) local, ou (b) ministro(a) leigo(a). (503.3-503.5, 523.1-523.3, 813)

139.13. Recomendar, a seu critério, à Assembleia Distrital, sob proposta do(a) pastor(a), qualquer pessoa que deseje receber um certificado para qualquer dos cargos de ministério, incluindo todos os candidatos leigos e ministeriais que aspirem a ser reconhecidos para ministérios para além da igreja local, se tal recomendação for exigida pelo *Manual*.

139.14. Recomendar, a seu critério, à Assembleia Distrital, sob proposta do(a) pastor(a), qualquer pessoa que deseje obter as Credenciais de Ministro(a) Licenciado(a), ou a renovação das mesmas. (523.5, 524.1)

139.15. Recomendar, a seu critério, à Assembleia Distrital, sob proposta do(a) pastor(a), a renovação da licença de diaconisa, em harmonia com o parágrafo 508.

139.16. Eleger, sob proposta da Junta do Discipulado Nazareno Internacional (DNI) com a aprovação do(a) pastor(a), um(a) coordenador(a) de discipulado dos Ministérios para Criança e um(a) coordenador(a) de discipulado dos Ministérios para Adultos. (155.6)

139.17. Aprovar o(a) presidente da Juventude Nazarena Internacional (JNI) eleito(a) pela organização da JNI da igreja local, como estabelecido nos Estatutos da JNI.

139.18. Aprovar a seleção de administradores de creches/escolas (do berço ao secundário). (125.10, 161, 169.1, 211.13)

139.19. Eleger um(a) secretário(a), de entre os membros da igreja, que preencha as qualificações para oficiais da igreja, como especificado no parágrafo 33. Essa eleição deverá ocorrer na primeira reunião da nova Junta. O indivíduo, assim eleito, servirá até o término do ano eclesiástico e até que um sucessor seja eleito e empossado, e terá privilégios de voto somente se for eleito para a Junta da Igreja numa reunião convocada de forma apropriada dos membros da congregação. (33, 115.6-115.8, 115.11, 138, 145.1-145.7)

139.20. Eleger um(a) tesoureiro(a) entre os membros da igreja que preencha as qualificações para oficiais da igreja, como especificado no parágrafo 33. Essa eleição deverá ocorrer na primeira reunião da nova Junta. O indivíduo, assim eleito, servirá até o término do ano eclesiástico e até que um sucessor seja eleito e empossado, e terá privilégios de voto somente se for eleito para a Junta da Igreja numa reunião devidamente convocada dos membros da congregação. Nenhum membro da família direta do(a) pastor(a) pode servir como(a) tesoureiro(a) da igreja local, sem aprovação do(a) superintendente distrital e da Junta Consultiva. Família direta incluirá cônjuge, filhos, irmãos ou pais. (33, 115.7-115.8, 115.11, 138, 146.1-146.6)

139.21. Fazer que seja mantida cuidadosa contabilidade de todo o dinheiro recebido e gasto pela igreja, incluindo quaisquer creches/ escolas (do berço ao secundário) e DNI, MNI, JNI, e apresentar relatório sobre a mesma por ocasião das reuniões mensais regulares, bem como por ocasião da reunião anual da igreja. (146.3-146.5)

139.22. Indicar uma comissão de pelo menos dois membros que deverão contar e prestar contas de todo o dinheiro recebido pela igreja.

139.23. Designar uma comissão de auditoria ou uma comissão de examinadores independentes, ou outras pessoas devidamente qualificadas, que farão auditoria ou examinarão os registros financeiros do(a) tesoureiro(a) da igreja, da JNI, da Junta do DNI, das creches/escolas nazarenas (do berço ao secundário), e quaisquer outros registros financeiros da igreja, satisfazendo o padrão mínimo requerido pela lei nacional ou estadual quando aplicável. O(A) pastor(a) terá acesso a todos os registros da igreja local. (125.15)

139.24. Nomear uma Comissão de Evangelismo e Lista de Membros da Igreja, composta de pelo menos três pessoas. (112)

139.25. Funcionar, se aconselhável, como Junta do DNI em igrejas com 75 membros ou menos (155)

139.26. Nomear uma Junta Local de Disciplina de cinco pessoas no caso de estarem pendentes acusações assinadas contra um membro da igreja. (605)

139.27. Havendo aprovação escrita do(a) superintendente distrital, e sob proposta do(a) pastor(a), eleger assistentes remunerados conforme designação da igreja local. (161, 169-169.1, 211.13)

139.28. Havendo aprovação anual por escrito do(a) superintendente distrital, eleger um(a) ministro(a) local ou um(a) ministro(a) licenciado(a) como pastor(a) adjunto(a) não remunerado(a). (117.6)

139.29. Nomear uma comissão de planejamento a longo prazo para a igreja, sendo o(a) pastor(a) o(a) presidente *ex officio* do mesmo.

139.30. Adotar e implementar um plano para reduzir o risco de que, indivíduos colocados em posição de autoridade na igreja, usem a posição de confiança ou autoridade para se envolverem em má conduta. O plano para cada igreja local deve ter em consideração as suas circunstâncias peculiares.

140. A Junta da Igreja, em colaboração com o(a) pastor(a), seguirá os planos adotados pela Junta de Superintendentes Gerais e pela Junta Geral, para o levantamento do Fundo de Evangelismo Mundial e do Fundo de Ministérios Distritais; a igreja local levantará e remeterá regularmente tais montantes ao/à tesoureiro(a) geral e ao/à tesoureiro(a) distrital respectivamente. (317.10, 335.7)

141. Significado de Mordomia. Vejam-se os parágrafos 32-32.5.

142. A Junta da Igreja exercerá as funções da Junta do DNI numa igreja recém-organizada, até que essa junta seja devidamente eleita. (155)

142.1. A Junta da Igreja e o(a) pastor(a) da igreja recém-organizada, decidirão quando será eleito(a) o(a) presidente do DNI. (139.25, 155, 156)

143. A Junta da Igreja pode remover da lista de membros o nome de um membro inativo depois de decorrido um período de pelo menos um ano desde a data em que ele(a) foi declarado(a) inativo(a). (111-111.4, 114.3)

144. A Junta da Igreja pode suspender ou revogar a licença de um(a) ministro(a) local.

145. Secretário(a) da Igreja. Os deveres do(a) secretário(a) da Junta da Igreja são:

145.1. Registrar com exatidão e conservar fielmente as atas de todas as reuniões da igreja e das reuniões da Junta da Igreja, e desempenhar todas as funções que lhe são cometidas. As atas da Junta deverão identificar todos os membros votantes da Junta, como presentes ou ausentes, para que o quórum fique claramente documentado. (122.1, 139.19)

145.2. Apresentar à reunião anual da igreja local um relatório anual de todas as atividades da igreja local, incluindo estatística do número de membros. (115.9)

145.3. Assegurar-se que todos os documentos oficiais, registros e documentos legais pertencentes à igreja local, incluindo escrituras, extratos, apólices de seguro, documentos referentes a empréstimos, lista de membros da igreja, registros históricos, atas da Junta da Igreja e documentos de incorporação estão guardados com máxima segurança, dentro de cofres à prova de fogo, nas instalações da igreja local; ou quando possível, estes podem ser colocados em instalações de segurança oferecidas pelos bancos locais ou por instituições semelhantes. O acesso a esses documentos deve ser sempre compartilhado com o(a) pastor(a) e o(a) tesoureiro(a) da igreja e o cuidado de tais documentos deve ser confiado imediatamente ao sucessor do(a) secretário(a) da igreja no cargo.

145.4. Secretariar todas as reuniões anuais e extraordinárias da igreja; arquivar as atas e outros documentos de tais reuniões anuais e extraordinárias. (115.6)

145.5. Escrever ao/à superintendente distrital, informando-o(a) dos resultados da votação sobre a chamada de um(a) pastor(a) e a continuação do relacionamento igreja/pastor(a). Essa informação será enviada dentro de uma semana após a votação.

145.6. Quando a igreja local estiver sem pastor(a), enviar ao/à superintendente distrital uma cópia das atas de todas as reuniões da igreja e da Junta da Igreja, dentro dos três dias após tais reuniões.

145.7. Em conjunto com o(a) pastor(a), assinar todas as transações de bens imóveis, hipotecas, distrate de hipotecas, contratos e outros documentos legais não contidos nas disposições do *Manual*. (102.3, 103-104.2)

146. Tesoureiro(a) da Igreja. Os deveres do(a) tesoureiro(a) da Junta da Igreja são:

146.1. Receber todo o dinheiro para o qual não haja designação especial e desembolsar o mesmo somente sob ordem da Junta da Igreja. (139.21)

146.2. Remeter mensalmente todos os fundos distritais ao/à tesoureiro(a) distrital, e todos os fundos gerais ao/à tesoureiro(a) geral, através do próprio escritório, exceto quando houver outra determinação. (125.9)

146.3. Registrar no livro corretamente todos os fundos recebidos e desembolsados. (139.21)

146.4. Apresentar um relatório financeiro mensal detalhado a todos os membros da Junta da Igreja. (139.21)

146.5. Apresentar um relatório financeiro anual à reunião anual da igreja. (115.9, 139.21)

146.6. Entregar à Junta da Igreja os registros completos da tesouraria, no término do seu mandato como(a) tesoureiro(a).

M. Os Mordomos da Igreja Local

147. Os mordomos da igreja não serão em número inferior a dois, nem superior a treze. Serão eleitos, de entre os membros da igreja, através de votação por meio de cédula na reunião anual ou numa reunião extraordinária da igreja, a fim de servirem durante o próximo ano eclesiástico e até que os seus sucessores sejam eleitos e empossados. (33, 115.7, 115.11, 137)

148. Os deveres dos mordomos são:

148.1. Servir como comissão do crescimento da igreja, salvo disposição em contrário, com as responsabilidades de expansão, evangelismo e promoção de novas igrejas e missões do tipo-igreja, com o(a) pastor(a) como presidente *ex officio*.

148.2. Providenciar assistência e apoio aos necessitados e aflitos. Um dos papéis bíblicos dos dirigentes leigos é ministrar em áreas de serviço prático (Romanos 12:6-8). Portanto, os mordomos devem oferecer o seu tempo e dons espirituais em serviço prático, administração, encorajamento, misericórdia, visitação e outros ministérios.

148.3. Servir, conforme determinado pela Junta da Igreja, como Comissão de Evangelismo e Lista de Membros da Igreja, tal como está especificado nos parágrafos 112-112.8.

148.4. Assessorar o(a) pastor(a) na organização da igreja, de modo que haja oportunidades de serviço cristão para todos os membros. Uma atenção especial deve ser prestada ao desenvolvimento de ministérios entre indivíduos de outras estruturas culturais e sócio-econômicas, nas comunidades próximas e vizinhas da igreja.

148.5. Servir de ligação com organizações da comunidade para atividades e serviço cristãos.

148.6. Ajudar o(a) pastor(a) na adoração pública e na nutrição cristã na igreja local.

148.7. Preparar os elementos para a Ceia do Senhor e, quando solicitados pelo(a) pastor(a), ajudar na distribuição dos mesmos. (124.4, 700)

149. Uma vaga nas funções de mordomo(a) poderá ser preenchida pela igreja local numa reunião da mesma, convocada de forma apropriada ou de acordo com o parágrafo 137.3. (115.8)

150. Os mordomos constituirão a Comissão de Mordomia, cujo dever será, em colaboração com o(a) pastor(a) e com o escritório de Ministérios de Mordomia, desenvolver na igreja local, os recursos que estão na origem da vida de mordomia cristã. (32-32.5)

N. Os Ecônomos da Igreja Local

151. Os ecônomos da igreja não serão em número inferior a três, nem superior a nove. Serão eleitos, de entre os membros da igreja local, a fim de servirem durante o ano eclesiástico seguinte e até que os seus sucessores sejam eleitos e empossados. (33, 115.11, 137)

152. Em todos os casos em que a lei civil exigir uma forma específica de eleição dos ecônomos da igreja, esta será rigorosamente observada. (115.4)

152.1. Onde a lei civil não exigir uma forma específica de eleição, os ecônomos serão eleitos por cédula, na reunião anual da igreja local, ou numa reunião extraordinária convocada para esse fim. (115.7, 115.11)

153. Os deveres dos ecônomos são:

153.1. Conservar o título das propriedades da igreja e geri-las como administradores da igreja local, quando esta não for incorporada, ou onde a lei civil o exigir, ou quando, por outros motivos, for julgado conveniente pelo(a) superintendente distrital ou pela Junta Consultiva, sujeitos à orientação e às restrições dos parágrafos 102-104.3.

153.2. Orientar o incremento das instalações e o planejamento financeiro, a não ser que a Junta da Igreja determine de outro modo.

154. Uma vaga nas funções de ecônomo(a) será preenchida em reunião da igreja local devidamente convocada ou de acordo com o parágrafo 137.3. (115.8)

O. Junta do Discipulado Nazareno Internacional da Igreja Local

155. Cada igreja local organizará uma Junta do Discipulado Nazareno Internacional (DNI) ou uma Comissão de Educação, na reunião anual da igreja, como parte da Junta da Igreja, para ser responsável pelos ministérios de educação cristã da igreja. Nas igrejas com 75 membros ou menos, a responsabilidade pode recair na Junta da Igreja. Serão membros *ex officio*: o(a) presidente do DNI; o(a) pastor(a); o(a) presidente das Missões Nazarenas Internacionais (MNI); o(a) presidente da Juventude Nazarena Internacional (JNI); o(a) coordenador(a) de Ministérios para Crianças; o(a) coordenador(a) dos Ministérios para Adultos; e de três a nove pessoas da lista de membros da igreja eleitas na reunião anual da igreja. Os membros podem ser eleitos por períodos escalonados de dois anos e até que seus sucessores sejam eleitos e empossados. Quando ocorrer alguma vaga de um membro eleito, ela será preenchida numa reunião da igreja convocada de forma apropriada ou de acordo com o parágrafo 137.3. Se uma igreja eleger uma Comissão de Educação como parte da Junta da Igreja, deve seguir os requisitos do *Manual* no que respeita ao número mínimo de mordomos e ecônomos. Os oficiais *ex officio* serão membros da comissão, embora alguns possam não ser membros da Junta da Igreja.

Ordenamos que as nossas igrejas elejam, como oficiais da igreja, membros ativos da igreja local, que professem a experiência da inteira santificação e cujas vidas dêem testemunho público da graça de Deus que nos chama para um viver santo; que estejam de acordo com as doutrinas, governo e práticas da Igreja do Nazareno; e que apoiem fielmente a igreja local na assistência, serviço ativo e com dízimos e ofertas. Os oficiais da igreja devem estar inteiramente envolvidos em "fazer discípulos à semelhança de Cristo nas nações." (33, 147, 151, 156)

Os **deveres e poderes da Junta do DNI** ou da **Comissão de Educação** são:

155.1. Planejar, organizar, promover e coordenar o ministério da educação cristã na igreja local. Isto deve estar sujeito ao cuidado direto do(a) pastor(a), à liderança do(a) presidente do DNI e à direção da Junta da Igreja local, de acordo com os objetivos e padrões denominacionais estabelecidos pela Junta Geral e promovidos através da Comissão e escritórios dos Ministérios para Adultos, JNI, e Ministérios para Crianças. Isto inclui tanto o currículo como os programas orientados para os ministérios de adultos, jovens e crianças. A Escola Dominical/Estudos Bíblicos/Pequenos Grupos, e o ministério de pregação, proporcionam o essencial quanto ao estudo da Sagrada Escritura e doutrina na igreja. Creches/Escolas (do berço ao secundário), ministérios especiais/anuais e treinamento, tais como Caravanas ou outros programas semanais para crianças, Escola Bíblica de Férias e ministérios para solteiros, oferecem oportunidades através das quais as doutrinas bíblicas são vividas e integradas na vida da congregação. (125.15)

155.2. Trazer para Cristo e a igreja o maior número de pessoas sem igreja, admitindo-as na comunhão dos fiéis, ensinando-lhes eficazmente a Palavra de Deus e conduzindo-as à salvação; transmitindo-lhes as doutrinas da fé cristã e ajudando-as a aperfeiçoar o caráter, atitudes e hábitos à semelhança de Cristo; apoiando-as na edificação de lares cristãos; preparando crentes para serem membros da igreja e equipando-os para ministérios cristãos apropriados.

155.3. Determinar os currículos dos vários ministérios, usando sempre materiais da Igreja do Nazareno que constituem a base para o estudo bíblico e a interpretação doutrinal.

155.4. Planejar e organizar, na sua totalidade, os DNI da igreja local de acordo com os Estatutos do DNI. (812)

155.5. Submeter à reunião anual da igreja um ou mais nomes, aprovados pelo(a) pastor(a), para a eleição do cargo de presidente do DNI. As recomendações serão feitas numa reunião em que o(a) presidente em exercício não estará presente.

155.6. Recomendar à Junta da Igreja pessoas aprovadas pelo(a) pastor(a), para servirem como coordenador(a) do discipulado dos Ministérios para Crianças e coordenador(a) do discipulado de Ministérios para Adultos.

155.7. Eleger os conselhos dos Ministérios para Crianças e dos Ministérios para Adultos, mediante propostas feitas pelos coordenadores desses ministérios com a aprovação do(a) pastor(a) e do(a) presidente do DNI.

155.8. De entre as recomendações feitas pelo(a) presidente da JNI e os diretores dos Ministérios para Crianças e Ministérios para Adultos, eleger os supervisores, professores e oficiais para todos os grupos etários da Escola Dominical/Grupos de Estudo Bíblico/Pequenos Grupos; esses devem ser cristãos professos, de vida exemplar e em harmonia total com as doutrinas e governo da Igreja do Nazareno. As pessoas propostas devem ser aprovadas pelo(a) pastor(a) e pelo(a) presidente do DNI.

155.9. Eleger um(a) coordenador(a) local de Treinamento Contínuo para Leigos que organizará, incentivará e terá a supervisão das oportunidades de treinamento regular para os obreiros do DNI e para todos os membros da igreja. A Junta do DNI terá o direito de nomear o(a) coordenador(a) de Treinamento Contínuo para Leigos como membro *ex officio* da mesma.

155.10. Realizar reuniões regulares; eleger um(a) secretário(a) e outros oficiais considerados necessários, no começo do ano do DNI, que será o mesmo do ano eclesiástico. O(A) pastor(a) ou o(a) presidente do DNI podem convocar reuniões extraordinárias. (116)

156. O(A) presidente do DNI. A reunião anual da igreja elegerá de entre os seus membros, mediante cédula e por maioria absoluta de votos dos membros presentes e votantes, um(a) presidente do DNI para servir durante um ano, ou até que o(a) seu(sua) sucessor(a) seja eleito(a). A Junta do DNI, com a aprovação do(a) pastor(a), pode pedir que o(a) presidente do DNI em exercício seja reeleito por voto de "sim" ou "não". Qualquer vaga será preenchida pela igreja local numa reunião da igreja devidamente convocada. O(A) presidente do DNI, recém-eleito(a), será um membro *ex officio* da Assembleia Distrital, da Junta da Igreja local e da Junta do DNI.

Ordenamos que as nossas igrejas elejam, como oficiais da igreja, membros ativos da igreja local, que professem a experiência da inteira santificação e cujas vidas deem testemunho público da graça de Deus que nos chama para uma vida santa; que estejam em harmonia com as doutrinas, governo e práticas da Igreja do Nazareno; e que apoiem fielmente a igreja local na assistência, serviço ativo e com dízimos e ofertas. Os oficiais da igreja devem estar inteiramente envolvidos em "fazer discípulos à semelhança de Cristo nas nações." (33, 115.11, 137, 155, 155.5, 201)

Os **deveres e poderes do(a) presidente do DNI** são:

156.1. Exercer a supervisão do DNI na igreja local.

156.2. Administrar o DNI em conformidade com os Estatutos do DNI. (812)

156.3. Promover programas de crescimento na matrícula, na assistência e no treinamento da liderança.

156.4. Presidir às reuniões regulares da Junta do DNI ou da Comissão de Educação da Junta da Igreja, e dirigir a Junta do DNI no cumprimento dos seus deveres.

156.5. Apresentar à Junta da Igreja um orçamento anual para o DNI.

156.6. Apresentar um relatório mensal à Junta da Igreja e um relatório escrito à reunião anual da igreja.

157. Conselhos de Grupos Etários. O trabalho do DNI é mais bem organizado por grupos etários: crianças, jovens e adultos. Para cada grupo etário haverá um conselho responsável, para organizar e administrar o trabalho. Esse conselho é composto pelo(a) coordenador(a) do discipulado do grupo etário e representantes da Escola Dominical/Grupos de Estudo Bíblico/Pequenos Grupos e outros ministérios que a igreja estipule para esse grupo etário. A função do conselho é trabalhar com o(a) coordenador(a) do discipulado do grupo etário no planejamento de ministérios para esse grupo etário, e buscar recursos para a implementação desses planos. Todo o trabalho dos conselhos dos Ministérios para Crianças e Ministérios para Adultos está sujeito à aprovação do(a) seu(sua) coordenador(a) e da Junta do DNI.

Os deveres dos coordenadores do discipulado dos grupos etários são:

157.1. Presidir o conselho do grupo etário que ele(a) dirige, e liderar o conselho na organização, incentivo e coordenação do ministério total do DNI para pessoas desse grupo etário.

157.2. Liderar o respectivo grupo etário do DNI através do desenvolvimento de programas que visem o crescimento na matrícula e assistência de crianças, jovens e adultos na igreja local, em cooperação com a Junta do DNI.

157.3. Dar orientação aos ministérios adicionais de domingo, creches/escolas (do berço ao secundário), anuais e especiais, atividades evangelísticas e de comunhão para o grupo etário que ele(a) representa.

157.4. Recomendar à Junta do DNI a liderança para os vários ministérios designados para o seu grupo etário, incluindo supervisores, professores e oficiais da Escola Dominical/Grupos de Estudo Bíblico/Pequenos Grupos, com exceção da JNI que recomendará supervisores, professores e oficiais para a Escola Dominical/Grupos de Estudo Bíblico/Pequenos Grupos de jovens. Os nomes propostos serão aprovados pelo(a) pastor(a) e pelo(a) presidente do DNI. (33)

157.5. Obter a aprovação da Junta do DNI antes de usar qualquer material curricular suplementar.

157.6. Proporcionar treinamento de liderança para obreiros de grupos etários em cooperação com a Junta do DNI e o(a) coordenador(a) do Treinamento Contínuo para Leigos.

157.7. Apresentar um orçamento anual à Junta do DNI e/ou à Junta da Igreja ou ambas e administrar os fundos de acordo com a aprovação do orçamento.

157.8. Receber todos os relatórios dos vários ministérios que funcionam dentro dos grupos etários da igreja local sob sua orientação. Um relatório mensal de todos os ministérios de Discipulado (Escola Dominical/Lista de Ministérios de Extensão/Discipulado/Estudo Bíblico) deve ser entregue ao/à presidente do DNI.

157.9. Sugerir um calendário trimestral das atividades do seu grupo etário à Junta do DNI a ser coordenado com o DNI total da igreja local.

158. Conselho de Ministérios para Crianças. O Conselho de Ministérios para Crianças é responsável pelo planejamento de todos o DNI para crianças desde o nascimento até à idade de 12 anos, na igreja local. O conselho é composto por, no mínimo, um representante da Escola Dominical/Grupos de Estudo Bíblico/Pequenos Grupos e os coordenadores do discipulado de quaisquer outros ministérios para crianças oferecidos pela igreja local, tais como: igreja infantil, Caravanas, Escola Bíblica de Férias, concursos bíblicos, educação missionária, Lista do Berço, e quaisquer outros considerados necessários. O tamanho do conselho variará de acordo com o número de ministérios oferecidos às crianças na igreja local, à medida que forem identificadas as necessidades e se encontrem líderes disponíveis.

Os **deveres do(a) coordenador(a) dos Ministérios para Crianças** são:

158.1. Cumprir os deveres designados nos parágrafos 157.1-157.9, para os coordenadores do discipulado de todos os grupos etários.

158.2. Trabalhar com a Comissão Executiva das MNI da igreja local para nomear um(a) coordenador(a) de educação missionária para crianças. A pessoa nomeada torna-se membro dos conselhos das MNI e dos Ministérios para Crianças. Os nomes propostos para este cargo serão aprovados pelo(a) pastor(a) e pelo(a) presidente do DNI.

159. **Conselho de Ministérios para Adultos.** O Conselho de Ministérios para Adultos será responsável pelo planejamento de todo o DNI para adultos na igreja local. O Conselho de Ministérios para Adultos compõe-se de, pelo menos, um representante da Escola Dominical/Grupos de Estudo Bíblico/ Pequenos Grupos e dos coordenadores de quaisquer outros ministérios oferecidos na igreja local, tais como: vida matrimonial e familiar, ministérios para adultos anciãos, ministérios para adultos solteiros, ministérios para leigos, ministérios para mulheres, ministério para homens, e outros que se julguem necessários. O tamanho do conselho variará consoante ao número de ministérios oferecidos a adultos na igreja local, à medida que se identifiquem necessidades e se encontrem líderes disponíveis.

Os **deveres do(a) coordenador(a) do discipulado dos Ministérios para Adultos** são:

159.1. Cumprir os deveres designados nos parágrafos 157.1-157.9, para todos os coordenadores dos grupos etários.

P. Conselho da Juventude Nazarena Internacional da Igreja Local

160. O ministério Nazareno para jovens é organizado na igreja local sob os auspícios da Juventude Nazarena Internacional (JNI). Grupos locais são organizados segundo os Estatutos da Juventude Nazarena Internacional e a autoridade da Junta da Igreja local.

160.1. A JNI local será organizada de acordo com o Plano de Ministério Local da JNI (parágrafos 810.100-810.118), o qual pode ser adaptado como resposta às necessidades locais de ministérios para jovens, (ver parágrafo 810.103) conforme os Estatutos da JNI e o *Manual da Igreja do Nazareno*.

Q. Creches/Escolas Nazarenas (da Creche até ao Secundário) da Igreja Local

161. Creches/Escolas Nazarenas (do berço ao secundário) podem ser organizadas pela Junta da Igreja local, depois da aprovação do(a) superintendente distrital e da Junta Consultiva, e seguindo os critérios estabelecidos pelos Ministérios para Crianças/Discipulado Nazareno Internacional. O(A) diretor(a) e a junta da escola prestarão contas e apresentarão um relatório anual à(s) junta(s) da igreja local. (126, 139.18, 211.13-211.14, 225.14, 125.15)

161.1. Encerramento de Escola. Caso uma igreja local tenha a necessidade de suspender as atividades da sua(s) creche(s)/escola(s), (do berço ao secundário), poderá fazê-lo somente depois de consultar o(a) superintendente distrital e a Junta Consultiva e de apresentar um relatório financeiro.

R. Missões Nazarenas Internacionais da Igreja Local

162. Organizações locais das Missões Nazarenas Internacionais (MNI) podem ser formadas, dentro de qualquer grupo etário, com a autorização da Junta da Igreja, em harmonia com a Constituição das MNI aprovada pela Convenção Global das MNI. (811)

162.1. As MNI local é parte integrante da igreja local e estará sujeita à supervisão e orientação do(a) pastor(a) e da Junta da Igreja. (125)

162.2. O(A) presidente das MNI local será proposto(a) por uma comissão de três a sete membros das MNI, designada e presidida pelo(a) pastor(a). Essa comissão apresentará à Junta da Igreja para aprovação, um ou mais nomes para o cargo de presidente. O(A) presidente será eleito(a) através de cédula, por uma maioria absoluta de votos dos membros (excluindo associados) presentes e votantes. O(A) presidente será membro da igreja local onde serve como presidente das MNI, membro *ex officio* da Junta da Igreja (ou em igrejas onde o(a) presidente é o cônjuge do(a) pastor(a), o(a) vice-presidente pode servir na Junta da Igreja), e membro da Assembleia Distrital reunida imediatamente antes do início do seu mandato. O(A) presidente apresentará um relatório à reunião anual da igreja local. (115.9, 116, 133, 137, 201)

163. Todos os fundos levantados pelas Missões Nazarenas Internacionais, para os interesses gerais da Igreja do Nazareno, serão aplicados ao Fundo de Evangelismo Mundial; exceptuam-se as ofertas para projetos missionários especiais que tenham sido aprovados pela Comissão dos Dez Por Cento.

163.1. Após considerar em primeiro lugar o pagamento total do Fundo de Evangelismo Mundial, as igrejas locais são desafiadas a apoiar outro "trabalho missionário" global através de "ofertas missionárias especiais aprovadas."

164. Os fundos para o sustento dos interesses gerais serão levantados da seguinte maneira:
164.1. Por meio de doações e ofertas designadas para o Fundo de Evangelismo Mundial e para interesses gerais.
164.2. Por meio de ofertas especiais, tais como a da Oferta da Páscoa ou da Oferta de Gratidão.
164.3. Nenhuma porção dos fundos acima citados será usada para despesas no plano local ou distrital da igreja, nem para fins caritativos.

S. Proibição de Apelos Financeiros para uma Igreja Local

165. Não será legítimo que uma igreja local, seus oficiais ou membros, enviem apelos a outras igrejas locais, aos seus oficiais ou membros, a solicitar dinheiro ou assistência financeira para as necessidades da igreja local ou para os benefícios que queiram apoiar. Fica previsto, entretanto, que tal solicitação pode ser feita a igrejas locais e a membros de igrejas situadas dentro dos limites do distrito em que o(a) solicitador(a) estiver localizado(a), mas sob a condição exclusiva de que o pedido seja aprovado por escrito pelo(a) superintendente distrital e pela Junta Consultiva.

166. Os membros da Igreja do Nazareno que não forem autorizados pela Junta Geral ou por uma das suas comissões, não poderão solicitar às congregações de igrejas locais, ou aos membros dessas igrejas fundos separados do Fundo de Evangelismo Mundial, para atividades missionárias ou congéneres.

T. Uso do Nome da Igreja Local

167. O nome da igreja do Nazareno ou parte dele, de qualquer igreja local, corporação ou instituição que esteja de algum modo filiada à Igreja do Nazareno, não poderá ser usado por um ou mais dos seus membros, por qualquer corporação, parceria, associação, grupo ou entidade em conexão com qualquer atividade (comercial, social, educativa, caritativa, ou de qualquer outra natureza) sem a prévia aprovação, por escrito, da Junta Geral da Igreja do Nazareno e da Junta de Superintendentes Gerais, conquanto esta provisão não se aplique às atividades da Igreja do Nazareno, autorizadas pelo seu *Manual*.

U. Corporação Patrocinada pela Igreja

168. Nenhuma igreja local, junta de igreja local, corporação distrital, junta distrital, ou dois ou mais membros de qualquer delas, agindo individualmente ou de outra forma, poderão formar direta ou indiretamente ou mesmo tornar-se membros de qualquer corporação, associação, parceria, grupo ou outra entidade que promova, patrocine, encoraje ou de alguma outra maneira se envolva em alguma atividade (comercial, social, educacional, caritativa ou de outra natureza) em que os membros da Igreja do Nazareno sejam solicitados ou de qualquer maneira procurados como participantes prospectivos, fregueses, locatários, clientes, membros ou associados, ou em qualquer atividade (comercial, social, educacional, caritativa ou de outra natureza) que direta ou indiretamente dê a entender que é patrocinada ou executada, principal ou exclusivamente, pelos ou para o benefício ou serviço dos membros da Igreja do Nazareno, sem o expresso consentimento prévio por escrito do(a) superintendente distrital, da Junta Consultiva e da Junta de Superintendentes Gerais.

V. Assistente na Igreja Local

169. Pode haver pessoas que se sintam chamadas para se prepararem para certos serviços leigos vitais na igreja, a tempo parcial ou integral. A igreja reconhece o lugar de tais obreiros leigos, embora se considere basicamente constituída como uma instituição voluntária, cujo serviço a Deus e aos homens é o dever e privilégio de todos os seus membros, em conformidade com as suas aptidões. Quando, para maior eficiência na igreja local ou em quaisquer corporações subsidiárias e/ou afiliadas, houver necessidade de algum(a) assistente remunerado(a), quer ministerial quer leigo(a), deve ser feito de tal modo a não desvirtuar o espírito de serviço gratuito por parte de todos os seus membros, nem sobrecarregar os recursos financeiros da igreja, incluindo o pagamento de todas as contribuições financeiras. Contudo, pode ser feito, por escrito, um pedido de exceção, ao/à superintendente distrital e à Junta Consultiva, para casos especiais. (139.27)

169.1. Todos os assistentes locais, remunerados ou não, que prestam ministério especializado dentro do contexto da igreja local e entram num relacionamento de ministério vocacional dentro da igreja, incluindo diretores de creches/escolas (do berço ao secundário), serão eleitos pela Junta da Igreja, depois de terem sido propostos pelo(a) pastor(a). Todas as recomendações devem ter a aprovação prévia escrita do(a) superintendente distrital, que deverá responder dentro de 15 dias após recebimento do pedido. (169.4, 211.13)

169.2. O contrato de tais assistentes terá a duração de um ano e poderá ser renovado por recomendação do(a) pastor(a), aprovado previamente por escrito pelo(a) superintendente distrital e pelo voto favorável da Junta da Igreja. O(A) pastor(a) terá a responsabilidade de fazer uma avaliação anual do desempenho de cada membro da equipe. O(A) pastor(a), ouvida a Junta da Igreja, pode fazer recomendações para o desenvolvimento da equipe ou modificações nas descrições do cargo, decorrentes da avaliação do desempenho. A demissão ou não renovação de todos os assistentes locais, antes do termo do contrato (fim do ano eclesiástico) será feita por recomendação do(a) pastor(a), aprovação do(a) superintendente distrital e maioria dos votos da Junta da Igreja. A notificação da demissão ou da não renovação deve ser entregue por escrito, não menos de 30 dias antes do término do contrato. (139.27)

169.3. Os deveres e serviços de tais assistentes são determinados e dirigidos pelo(a) pastor(a). Uma descrição, por escrito, esclarecendo essas responsabilidades (descrição do trabalho) será posta à disposição desses assistentes, dentro de 30 dias a partir da data do início das suas responsabilidades para com a igreja local.

169.4. Nenhum(a) empregado(a) ou pessoal regularmente remunerado, incluindo os empregados a tempo parcial, da igreja deve servir na Junta da Igreja. Se um(a) empregado(a) regularmente remunerado(a) da igreja se tornar membro da Junta da Igreja, ele(a) terá de escolher entre continuar a servir na Junta ou desistir da sua posição como empregado(a) regularmente remunerado(a) da igreja. Se um membro da Junta da Igreja se tornar um(a) empregado(a) regularmente remunerado(a) da igreja, ele(a) não deve permanecer como membro da Junta da Igreja.

169.5. Em tempos de transição pastoral, é crucial a estabilidade, a unidade e o prosseguimento do ministério da igreja local. Consequentemente, o(a) superintendente distrital (ou um(a) representante por ele nomeado(a)) trabalhará de perto com a Junta da Igreja local para implementar os passos que (a) permitirão a igreja local manter alguns membros ou toda a equipe de trabalho, pelo menos por algum tempo durante a transição; (b) possibilitem ainda que o(a) novo(a) pastor(a) tenha a liberdade de desenvolver a sua própria equipe de assistentes, se assim o entender; e (c) possibilitem que a junta e o(a) superintendente, a seu critério, estipulem um tempo razoável para a equipe de transição fazer os ajustes pessoais e profissionais necessários. Primeiro, depois da renúncia ou do término do serviço do(a) pastor(a), quaisquer assistentes apresentarão também a sua demissão, concomitante com o(a) pastor(a). Os diretores de creches/escolas (do berço ao secundário) devem apresentar a sua demissão com efeitos a partir do final do ano letivo em curso. O(a) diretor(a) executivo(a) de qualquer subsidiária e/ou corporação afiliada deverá submeter a sua demissão no final desse período contratual.

A Junta da Igreja local pode pedir que o(a) superintendente distrital aprove a continuação do serviço de qualquer ou todos os assistentes, diretores e diretores executivos. Esta aprovação, se concedida, poderá continuar até 90 dias após a assunção de funções do(a) novo(a) pastor(a) ou até que o(a) novo(a) pastor(a) nomeie os seus assistentes pagos para o ano seguinte, em harmonia com o parágrafo 169.

169.6. Será responsabilidade do(a) superintendente distrital comunicar aos membros da equipe, à Junta da Igreja e à congregação, o efeito do parágrafo 169.5 sobre os membros da equipe na altura da mudança pastoral. (211.13)

169.7. O(A) pastor(a) de uma congregação que tenha aprovação para funcionar como igreja local de acordo com o parágrafo 100.2, não será considerado um membro da equipe.

169.8. Qualquer pessoa, servindo como auxiliar remunerado(a), não será elegível para ser chamado(a) como pastor(a) da igreja de que é membro, sem a aprovação da Junta Consultiva. (117, 139.2, 211.10, 225.16)

II. GOVERNO DISTRITAL

A. Limites e Nome

200. A Assembleia Geral organizará a lista das igrejas-membro em distritos.

Um distrito é uma entidade constituída por igrejas locais interdependentes, organizada para facilitar a missão de cada igreja local através de apoio mútuo, partilha de recursos e colaboração.

Os limites e o nome de um distrito serão os que forem declarados pela Comissão Geral de Limites e aprovados por maioria de votos pelo(s) distrito(s) de assembleia envolvido(s), com a aprovação final do(s) superintendente(s) geral(ais) com jurisdição.

Quando os distritos de mais de um campo considerarem a fusão num único distrito, a Comissão Geral de Limites determinará o campo do qual o novo distrito fará parte, em consulta com o(s) superintendente(s) geral(ais) com jurisdição.

200.1. Criação de Novos Distritos. Novos distritos na Igreja do Nazareno podem ser criados
1. Pela divisão de um distrito em dois ou mais distritos (requer dois terços de votos da Assembleia Distrital);
2. Através da combinação de dois ou mais distritos a partir de uma configuração diferente de distritos;
3. Formação de um novo distrito em área ainda não coberta por qualquer distrito existente;
4. Pela fusão de dois ou mais distritos.Uma recomendação para estabelecer um novo distrito será submetida ao(s) superintendente(s) geral(ais) com jurisdição. O(s) superintendente(s) distrital(ais) e a(s) Junta(s) Consultiva(s) ou a(s) Junta(s) Nacional(ais) podem aprovar e encaminhar o assunto à(s) assembleia(s) distrital(ais) para votação com a aprovação do(s) superintendente(s) geral(ais) com jurisdição e da Junta de Superintendentes Gerais. (24, 200, 200.2-200.5)

200.2. O trabalho na Igreja do Nazareno pode começar como uma área pioneira e levar à organização de novos distritos e dos limites da Assembleia Distrital. Distritos de Fase 3 podem ser formados logo que se verifiquem os seguintes padrões:

Fase 1. Um distrito de Fase 1 será assim designado quando se oferecer a oportunidade de entrar numa nova área, dentro das diretrizes para o desenvolvimento estratégico e evangelismo. O pedido para essa designação pode ser feito pelo(a) diretor(a) regional, por um distrito através do Conselho Consultivo Regional, ou por um(a) superintendente distrital patrocinador(a) e/ou pela Junta Consultiva e apresentado ao(s) superintendente(s) geral(ais) com jurisdição e à Junta de Superintendentes Gerais para aprovação final.

O(A) superintendente de um distrito de Fase 1 será recomendado(a) pelo(a) diretor(a) regional, ouvido(a) o(a) diretor(a) das Missões Globais, o(a) superintendente geral com jurisdição, e será este(a) a fazer a nomeação. A região dará orientação ao distrito de Fase 1 quanto a recursos disponíveis para o seu desenvolvimento. Nos casos em que existam distritos patrocinados, o(a) superintendente distrital será nomeado(a) pelo(a) superintendente geral com jurisdição, depois de ouvidos o(s) superintendente(s) distrital(ais) e a(s) Junta(s) Consultiva(s) patrocinadora(s).

Quando, na opinião do(a) coordenador(a) de estratégia de campo e do(a) diretor(a) regional, um distrito de Fase 1 estiver em crise – financeira, moral ou de outra natureza – e esta crise seriamente afetar a estabilidade e o futuro do distrito, este pode ser declarado em crise com a aprovação do(a) superintendente geral com jurisdição e ouvido(a) o(a) diretor(a) das Missões Globais. O(A) diretor(a) regional, com a aprovação do(a) superintendente geral com jurisdição, pode nomear uma junta interina para a administração do distrito e em substituição de todas as juntas existentes, até à próxima Assembleia Distrital regularmente agendada.

Fase 2. Um distrito de Fase 2 pode ser assim designado quando existir um número suficiente de igrejas organizadas e de ministros ordenados, e uma infraestrutura distrital com maturidade adequada para recomendar tal designação.

Essa designação será feita pela Junta de Superintendentes Gerais, mediante recomendação do(a) superintendente geral com jurisdição, após consultar o(a) diretor(a) das Missões Globais, o(a) diretor(a) regional e outros indivíduos e juntas envolvidos na nomeação do(a) superintendente distrital. Um(a) superintendente distrital será eleito(a) ou nomeado(a).

Os critérios mensuráveis devem incluir um mínimo de 10 igrejas organizadas, 500 membros em plena comunhão e 5 ministros ordenados, e um mínimo de 50 por cento das despesas administrativas do distrito serem gerados pelo fundo de ministérios do distrito, na altura da designação. Uma Junta Consultiva ou uma Junta Nacional pode pedir ao/à superintendente geral com jurisdição uma exceção a estes critérios. Um distrito da Fase 2 pode reverter para o *status* de distrito de Fase 1 até ao momento em que possa cumprir os requisitos para o *status* da Fase 2.

Quando, na opinião do(a) coordenador(a) de estratégia do campo e do(a) diretor(a) regional, um distrito de Fase 2 estiver em crise – financeira, moral ou de outra natureza – e esta crise seriamente afetar a estabilidade e o futuro do distrito, este pode ser declarado em crise com a aprovação do(a) superintendente geral com jurisdição. O(A) diretor(a) regional, com a aprovação do(a) superintendente geral com jurisdição, pode nomear uma junta interina para a administração do distrito e em lugar de todas as juntas existentes, até a próxima Assembleia Distrital regularmente agendada.

Fase 3. Um distrito pode ser declarado de Fase 3, quando existir um número suficiente de igrejas organizadas, de ministros ordenados e de membros que justifiquem tal designação. Devem evidenciar-se liderança, infraestrutura, responsabilidade orçamental e integridade doutrinária. Um distrito de Fase 3 deve ser capaz de suportar estes encargos e compartilhar os desafios da Grande Comissão, dentro do panorama global da igreja internacional.

Essa designação será feita pela Junta de Superintendentes Gerais sob recomendação do(a) superintendente geral com jurisdição depois de ouvido(a) o(a) diretor(a) das Missões Globais, o(a) diretor(a) regional e outros indivíduos e juntas envolvidos na nomeação do(a) superintendente distrital. Um(a) superintendente distrital será escolhido(a) de acordo com as provisões do *Manual*. Os critérios mensuráveis devem incluir um mínimo de 20 igrejas organizadas, 1000 membros em plena comunhão e 10 ministros ordenados.

Uma Junta Consultiva ou nacional pode pedir ao/à superintendente geral com jurisdição uma exceção a estes critérios.

A administração distrital de um distrito de Fase 3 deve ser 100 por cento auto-sustentável.

Os distritos de Fase 3 são uma parte integrante das suas respectivas regiões. Nas regiões que têm um(a) diretor(a) regional, o(a) superintendente geral com jurisdição pode solicitar a assistência do(a) diretor(a) regional para facilitar a supervisão e a comunicação com o distrito.

Quando na opinião do(a) superintendente geral com jurisdição, um distrito estiver em crise - financeira, moral ou de outra natureza – e esta crise seriamente afetar a estabilidade e o futuro do distrito, um distrito pode ser declarado em crise com a aprovação da Junta de Superintendentes Gerais. O(A) superintendente geral com jurisdição e com a aprovação da Junta de Superintendentes Gerais, pode executar uma das seguintes ações:

1. Remoção do(a) superintendente distrital;
2. Nomeação de uma junta interina para administração do distrito em substituição de todas as juntas existentes, até que seja realizada a próxima Assembleia Distrital regular; e
3. Iniciar uma intervenção especial, se necessária, para restaurar a saúde e a efetividade missionária do distrito. (200.1, 205.13, 206.2, 209.1, 307.9, 322)

200.3. Critérios para a Divisão de um Distrito ou Mudanças nos Limites Distritais. Uma proposta para a criação de um distrito ou mudança de limites distritais desenvolvida pelo escritório regional, por uma Junta Nacional ou pela Junta Consultiva pode ser apresentada ao/à superintendente geral com jurisdição. Tal plano deve ter em consideração:

1. Que os novos distritos ou distritos com novos limites propostos tenham centros populacionais, que justifiquem a sua criação ou demarcação;
2. Que haja vias de comunicação e transporte que facilitem o trabalho dos distritos;
3. Que haja suficiente número de ministros ordenados e líderes leigos com maturidade para o trabalho dos distritos;
4. Que os distritos patrocinadores tenham, sempre que possível, suficiente entrada de fundos dos ministérios, de número de membros e de igrejas organizadas para manter a sua categoria de distrito de Fase 3.

200.4. Uniões. Dois ou mais distritos Fase 3 podem ser unidos mediante dois terços de voto favorável de cada uma das assembleias distritais envolvidas, desde que: A união tenha sido recomendada pelas respectivas Juntas Consultivas (e Junta(s) Nacional(ais), onde aplicável) dos distritos envolvidos, e aprovada por escrito pelos superintendentes gerais com jurisdição.

A união e todos os assuntos pertinentes relacionados serão concluídos em tempo e lugar determinados pelas assembleias distritais envolvidas e pelos respectivos superintendentes gerais com jurisdição.

A organização assim criada receberá os bens e as dívidas dos respectivos distritos.

Distritos de Fase 1 e 2 podem unir-se de acordo com as disposições para formação de novos distritos apresentadas no parágrafo 200.2. (200.1)

200.5. Se qualquer ou todas as assembleias distritais envolvidas falharem em agir, ou se as ações das várias assembleias distritais estiverem em conflito, a recomendação será submetida à próxima Assembleia Geral para deliberação, isto se for pedido por dois terços das Juntas Consultivas implicadas.

Um(a) superintendente distrital pode usar facilitadores de zona ou diretores de área missionária para apoiar a:
1. Edificação de um espírito de comunidade e camaradagem entre os pastores da zona ou área missionária;
2. Promoção da causa de Cristo através do encorajamento e estratégia para desenvolvimento ministerial, crescimento de igreja, evangelismo, início e recomeço de igrejas;
3. Realização de tarefas específicas em nome do(a) superintendente distrital e da Junta Consultiva; e
4. Servir como ponte de comunicação entre as congregações locais e o distrito.

B. Membros e Data da Assembleia Distrital

201. Membros. A Assembleia Distrital será composta de todos os presbíteros designados; de todos os diáconos designados; de todos os ministros licenciados designados; de todos os ministros aposentados designados; do(a) secretário(a) distrital; do(a) tesoureiro(a) distrital; dos presidentes das comissões permanentes distritais que apresentam relatórios à Assembleia Distrital; de qualquer presidente leigo(a) das instituições nazarenas de ensino superior que seja membro de uma igreja local do distrito; do(a) presidente distrital do DNI; dos coordenadores do discipulado de grupos etários (crianças e adultos) do DNI distrital; da Junta Distrital do DNI; do(a) presidente distrital da JNI; do(a) presidente distrital das MNI; do(a) recém-eleito(a) presidente ou vice-presidente de cada DNI local; do(a) recém-eleito(a) presidente ou vice-presidente de cada JNI local; do(a) recém-eleito(a) presidente ou vice-presidente de cada MNI local; ou de um(a) suplente eleito(a) que possa representar as organizações da JNI, MNI e DNI na Assembleia Distrital; de indivíduos servindo em cargos ministeriais designados; dos membros leigos da Junta Consultiva; todos os leigos missionários ativos, que sejam membros locais no distrito; todos os leigos missionários aposentados que sejam membros locais no distrito e que eram missionários ativos na altura da aposentadoria; e dos delegados leigos de cada igreja local e de Missão Tipo-Igreja do distrito. (24, 115.14-115.15, 156, 162.2, 201.1-201.2, 219.2, 222.2, 224.4, 241.2, 243.2, 505-520.1, 524.8, 525-525.4, 526-526.3, 527-527.1, 528-528.2, 530.9)

201.1. As igrejas locais e as missões tipo-igreja em distritos de menos de 5.000 membros em plena comunhão têm o direito de se representar na Assembleia Distrital como segue: dois delegados leigos de cada igreja local ou missão tipo-igreja com 75 ou menos membros efetivos, e um(a) delegado(a) leigo(a) adicional para os 50 membros efetivos seguintes, e para cada 50 membros efetivos adicionais sucessivos. (Ver tabela abaixo.) (24, 115.14-115.15, 201)

0-75	2
76-125	3
126-175	4
176-225	5
226-275	6
276-325	7
326-375	8
376-425	9
426-475	10

(Por cada 50 membros acima de 475, 1 delegado(a) leigo(a) adicional.)

201.2. As igrejas locais e missões tipo-igreja em distritos de 5.000 ou mais membros em plena comunhão têm o direito de se representar na Assembleia Distrital como segue: um(a) delegado(a) leigo(a) por cada igreja local ou missão tipo-igreja de 75 ou menos membros efetivos da igreja, e um(a) delegado(a) leigo(a) adicional para os 50 membros efetivos seguintes, e para cada 50 membros efetivos adicionais sucessivos. (Ver tabela abaixo.) (24, 115.14-115.15, 201)

0-75	1
76-125	2
126-175	3
176-225	4
226-275	5
276-325	6
326-375	7
376-425	8
426-475	9
476-525	10

(Por cada 50 membros acima de 525, 1 delegado(a) leigo(a) adicional.)

202. Data da Assembleia. A Assembleia Distrital será realizada anualmente, na data indicada pelo(a) superintendente geral com jurisdição e no lugar designado pela Junta Consultiva ou providenciado pelo(a) superintendente distrital.

203. Comissão de Recomendações. Antes da convocação da Assembleia Distrital, o(a) superintendente distrital, ouvida a Junta Consultiva, nomeará uma comissão de recomendações para servir a Assembleia Distrital; esta comissão poderá preparar recomendações para as comissões e cargos usuais, antes da convocação da Assembleia Distrital. Damos instruções à comissão distrital de recomendações para indicar apenas aqueles que professem a experiência da inteira santificação; que estejam em harmonia com as doutrinas, governo e práticas da Igreja do Nazareno; que estejam comprometidos com os ministérios locais e distritais; e completamente empenhados em "fazer discípulos semelhantes a Cristo nas nações".

Numa reunião da Assembleia Distrital, se forem feitas recomendações pela mesma, estas podem ser remetidas, por maioria dos seus votos, à Comissão de Recomendações, para serem examinadas e aprovadas, a fim de se ter a certeza de que tais recomendados satisfazem as qualificações para oficiais da igreja, como especificado no parágrafo 33. (215.2)

204. Todas as entidades distritais serão autorizadas a reunirem-se electronicamente. Os métodos de votação serão aprovados pela Junta Consultiva. Todas as comunicações e votações requeridas podem ser feitas electronicamente.

C. Trabalhos da Assembleia Distrital

205. Regras de Ordem. Sujeitos às leis aplicáveis, os Artigos de Incorporação e os Regulamentos de governo no *Manual*, as reuniões e procedimentos dos membros da Igreja do Nazareno (local, distrital e geral), bem como as comissões da corporação, serão regulados e controlados de acordo com as *Regras Parlamentares de Robert Recentemente Revistas* (última edição) para procedimentos parlamentares. (34)

205.1. As atribuições da Assembleia Distrital serão:

205.2. Apreciar e cuidar de todo o trabalho da Igreja do Nazareno dentro dos limites da Assembleia Distrital. (109)

205.3. Ouvir e receber um relatório anual do(a) superintendente distrital, o qual resume o ministério do distrito incluindo igrejas recentemente organizadas.

205.4. Ouvir ou receber relatórios de todos os ministros ordenados e licenciados que servem como pastores ou evangelistas comissionados; e considerar o caráter de todos os presbíteros, diáconos e diaconisas. Por voto da Assembleia Distrital, o registro dos relatórios escritos recebidos pelo(a) secretário(a) poderão ser aceites em vez dos relatórios orais de todos os outros presbíteros, diáconos, diaconisas e ministros licenciados, não envolvidos no serviço ativo, e daqueles ministros que possuam certificados distritais para todos os cargos de ministério de acordo com os parágrafos 505-520.2. (130, 524.8, 530.9)

205.5. Conceder licença como ministros licenciados, após exame cuidadoso, às pessoas que tenham sido recomendadas pelas respectivas juntas das igrejas ou pela Junta Consultiva e que se julguem chamadas para o ministério; e igualmente renovar tais licenças, após recomendação favorável da Junta de Credenciais Ministeriais ou da Junta de Ministério. (139.14, 523.5, 524.1, 524.3)

205.6. Renovar como diaconisas licenciadas, após exame cuidadoso e de acordo com o parágrafo 508, as pessoas que tenham sido recomendadas pelas respectivas juntas das igrejas e que sejam julgadas chamadas para a ordem de diaconisas, após recomendação favorável da Junta de Credenciais Ministeriais ou a Junta de Ministério. (139.15)

205.7. Eleger, para o presbitério ou diaconato, pessoas que se julgue terem cumprido todos os requisitos para tais ordens de ministério, após recomendação favorável da Junta de Credenciais Ministeriais ou da Junta de Ministério. (525.3, 526.3)

205.8. Reconhecer as ordens de ministério e credenciais de pessoas vindas de outras denominações, que possam ser julgadas qualificadas e desejáveis para colocação na Igreja do Nazareno, após recomendação favorável da Junta de Credenciais Ministeriais ou da Junta de Ministério (524.2, 527-527.2)

GOVERNO DISTRITAL

205.9. Receber, por transferência de outros distritos, pessoas com credenciais ministeriais, membros do clero e aqueles que tenham cargos de ministério comissionados, incluindo transferências interinas aprovadas pela Junta Consultiva, daqueles que tenham sido julgados aceitáveis como membros da Assembleia Distrital, após recomendação favorável da Junta de Credenciais Ministeriais ou da Junta de Ministério. (231.9-231.10, 505, 508-511.1, 529-529.2)

205.10. Enviar a transferência de membros do clero e daqueles que tenham cargos de ministério comissionados, incluindo transferências interinas aprovadas pela Junta Consultiva, dos que desejem ser transferidos para outro distrito, após recomendação favorável da Junta de Credenciais Ministeriais ou da Junta de Ministério. (505, 508-511.1, 231.9-231.10, 529-529.1)

205.11. Comissionar ou registrar por um ano aquelas pessoas que sejam julgadas qualificadas para os cargos do ministério mencionado e definido nos parágrafos 505-520.2, após recomendação favorável da Junta de Credenciais Ministeriais ou da Junta de Ministério.

205.12. Eleger, por dois terços de votos favoráveis, através de cédula, um(a) presbítero para o cargo de superintendente distrital, para servir até 30 dias após o encerramento da segunda Assembleia Distrital seguinte à eleição dele ou dela e até que o(a) seu(sua) sucessor(a) seja eleito(a) ou nomeado(a) e empossado(a). O método a seguir na reeleição de um(a) superintendente distrital será por votação, através de escrutínio secreto de "sim" ou "não". Nenhum(a) presbítero que tenha entregado as suas credenciais por razões disciplinares será considerado elegível para este cargo. Nenhum(a) superintendente distrital será eleito(a) ou reeleito(a) após o seu septuagésimo aniversário.

205.13. Depois de um(a) superintendente distrital de um distrito de Fase 2 ou distrito de Fase 3 ter servido o distrito por, pelo menos, dois anos de assembleia, a Assembleia Distrital poderá reelegê-lo(a) por um período de quatro anos, sujeito à aprovação do superintendente geral com jurisdição. O método a seguir na eleição para o prolongamento do período do cargo, deverá ser por dois terços de votos favoráveis, através de cédula de "sim" ou "não". (200.2)

205.14. No caso do(a) superintendente geral e do Conselho Consultivo Distrital serem de opinião que os serviços do(a) superintendente distrital não devem continuar para além do corrente ano, o(a) superintendente geral com jurisdição e o Conselho Consultivo Distrital poderão submeter a questão à votação da Assembleia Distrital. A questão será apresentada da seguinte forma: "Deverá o(a) atual superintendente distrital continuar o seu cargo depois desta Assembleia Distrital?"

Se a Assembleia Distrital, por dois terços dos votos, através de cédula, deliberar que o(a) superintendente distrital continue no exercício do seu cargo, ele(a) continuará a servir como se a votação não tivesse sido feita.

Entretanto, se o resultado da votação da Assembleia Distrital não permitir que o(a) superintendente distrital continue a exercer as suas funções, o cargo dele(a) terminará 30 a 180 dias após o encerramento daquela Assembleia Distrital, com a data a ser determinada pelo(a) superintendente geral com jurisdição ouvido o Conselho Consultivo Distrital. (206.2, 208, 238)

205.15. Eleger, através de votação por cédula, até três ministros ordenados designados e até três leigos para a Junta Consultiva, para servirem por um período que não exceda quatro anos, e como for determinado pela Assembleia Distrital e até que os seus sucessores sejam eleitos e empossados.

Contudo, quando o distrito exceder uma lista total de 5.000 membros, poderá eleger um(a) ministro(a) ordenado(a) designado(a) e um(a) leigo(a) adicionais por cada grupo sucessivo de 2.500 membros e a porção final maior de 2.500 membros. (224)

(A título de exemplo, ver tabela abaixo).

Número de membros efetivos	Ministros ordenados	Leigos
0-6, 250	3	3
6,251-8,750	4	4
8,751-11,250	5	5
11,251-13,750	6	6
13,751-16,250	7	7
16,251-18,750	8	8
18,751-21,250	9	9
21,251-23,750	10	10
23,751-26,250	11	11

205.16. Eleger uma Junta de Credenciais Ministeriais, de não menos que cinco ministros ordenados designados, dois dos quais será o(a) superintendente distrital, e o(a) secretário(a) distrital, se ordenado(a), para servir por quatro anos e até que seus sucessores sejam eleitos e empossados. Um(a) secretário(a) distrital que seja um(a) leigo(a) servirá como membro não votante da junta. Esta junta reunir-se-á antes da Assembleia Distrital para considerar todos os assuntos sujeitos à sua autoridade e, tanto quanto possível, completar o seu trabalho antes da Assembleia Distrital. (229-231.10)

205.17. Eleger uma Junta de Estudos Ministeriais, composta por cinco ou mais ministros ordenados designados, para servir por quatro anos, e até que seus sucessores sejam eleitos e empossados. (232)

205.18. Para facilitar os esforços de um distrito na preparação de candidatos para a ordenação, e disponibilizar apoio e oportunidades de desenvolvimento do clero, esse distrito pode eleger o número total necessário para servir na Junta de Credenciais Ministeriais e na Junta de Estudos Ministeriais como uma Junta de Ministério. Os ministros eleitos servirão durante quatro anos.

A Junta de Ministério, com o(a) superintendente distrital como presidente *ex officio*, organizar-se-á para levar a cabo todos os deveres e responsabilidades da Junta de Credenciais Ministeriais e da Junta de Estudos Ministeriais. (216, 229-234.1)

205.19. Eleger uma Junta de Propriedades da Igreja, de acordo com as disposições do parágrafo 236. (206.1)

205.20. Eleger, a seu critério, qualquer dos seguintes ou ambos:
1. Uma Junta Distrital de Evangelismo de não menos do que seis membros, incluindo o(a) superintendente distrital;
2. Um(a) diretor(a) distrital de evangelismo.

As pessoas eleitas servirão até o encerramento da próxima Assembleia Distrital e até que seus sucessores sejam eleitos e empossados. (206.1, 215)

205.21. Eleger uma Junta Distrital do DNI de acordo com os procedimentos apresentados no parágrafo 241, para servir até que seus sucessores sejam eleitos e empossados. (206.1, 215)

205.22. Eleger um Tribunal Distrital de Apelações, que consistirá de três ministros ordenados designados incluindo o(a) superintendente distrital e dois leigos, para servir por um termo que não exceda quatro anos e até que seus sucessores sejam eleitos e empossados. (610)

205.23. Eleger, através de cédula, numa reunião realizada dentro dos 16 meses anteriores à reunião da Assembleia Geral, ou dentro de 24 meses em áreas onde são necessários vistos para viagens ou outros preparativos extraordinários, todos os delegados leigos e todos os delegados ministeriais menos um, pois um deles será o(a) superintendente distrital. Cada Assembleia Distrital de Fase 3 terá o direito de se representar na Assembleia Geral por um número igual de delegados leigos e ministeriais. O(A) superintendente distrital em exercício por ocasião da Assembleia Geral será um dos delegados ministeriais, e os delegados ministeriais restantes serão ministros ordenados. No caso do(a) superintendente distrital não puder estar presente, ou no caso de haver vaga e o(a) novo(a) superintendente distrital não tiver sido designado, um suplente ministerial eleito sentar-se-á no lugar do(a) superintendente distrital. A Comissão de Recomendações apresentará uma cédula de recomendação contendo pelo menos seis vezes o número de delegados elegíveis desse distrito, em cada categoria, ministerial e laica. De entre os candidatos propostos, o número de nomes para a cédula de eleição será reduzido a não mais de três vezes o número de delegados a serem eleitos. Então, o número permitido de delegados e suplentes será eleito por marioria relativa, de acordo com os parágrafos 301.1-301.3. Cada Assembleia Distrital pode eleger suplentes não excedendo o dobro do número de delegados. Em situações em que a obtenção de visto de viagem é problemática, a Assembleia Distrital pode autorizar a Junta Consultiva a escolher suplentes adicionais. Espera-se que os delegados eleitos assistam fielmente a todas as reuniões da Assembleia Geral, desde a abertura ao encerramento, a não ser que haja impedimento insuperável. (25-25.2, 301.1-301.3, 303, 332.1)

205.24. Estabelecer, a seu critério, um sistema de membros associados para as suas igrejas locais; (mas os membros associados não devem ser contados, para efeitos de representação, como membros em plena comunhão.) (110)

205.25. Providenciar que todos os livros dos tesoureiros do distrito sejam examinados anualmente, satisfazendo o padrão mínimo requerido pela lei nacional ou do estado quando aplicável, ou outros padrões profissionais reconhecidos, ou por uma Comissão Distrital de Auditoria, uma Comissão Independente de Examinadores, ou por outras pessoas qualificadas para esse fim e eleitas pela Junta Consultiva. (225.24)

205.26. Conceder a aposentação de um(a) ministro(a), por recomendação da Junta de Credenciais Ministeriais ou da Junta de Ministério. Qualquer mudança de situação deve ser aprovada pela Assembleia Distrital, mediante recomendação da Junta de Credenciais Ministeriais ou da Junta de Ministério. (231.8, 528)

205.27. Efetuar quaisquer outras tarefas pertinentes ao trabalho, para as quais não haja outra disposição, de acordo com o espírito e a ordem da Igreja do Nazareno.

206. Outras Regras Referentes às Assembleias Distritais. A Assembleia Distrital pode autorizar, quando permitido pela lei civil, que a Junta Consultiva se incorpore (tenha personalidade jurídica). Depois da incorporação, conforme acima estabelecido, a Junta Consultiva terá autoridade, por deliberação própria, para comprar, possuir, vender, permutar, hipotecar, constituir procurador, penhorar, adquirir por locação financeira e transferir qualquer propriedade, real ou pessoal, conforme seja necessário ou conveniente para realizar as finalidades da corporação. (225.6)

206.1. Sempre que possível, as juntas e comissões do distrito devem ser compostas por número igual de membros ministros e leigos, a menos que o *Manual* apresente disposições específicas.

206.2. Os superintendentes distritais de distritos de Fase 1 e de distritos de Fase 2 serão escolhidos de acordo com o parágrafo 200.2.

206.3. Quando o oficial presidente de uma Assembleia Distrital considerar impossível reunir ou continuar com os trabalhos da mesma e, por isso, adia, cancela ou encerra a Assembleia, o(a) superintendente geral com jurisdição, depois de ouvida a Junta de Superintendentes Gerais, nomeará todos os oficiais distritais que não tenham sido eleitos antes do encerramento da dita Assembleia Distrital, para servirem pelo período de um ano.

D. O Jornal da Assembleia Distrital

207. O jornal será o registro dos acontecimentos regulares da Assembleia Distrital.

207.1. O jornal deve ser editado cuidadosamente e arquivado anualmente após cada Assembleia Distrital, num formato permitido, no escritório do(a) secretário(a) geral para o seu exame quadrienal pela Assembleia Geral. Cópias em papel podem ser impressas localmente. (220.5)

207.2. Os assuntos tratados separadamente devem ser colocados em parágrafos distintos.

207.3. O jornal será organizado, tanto quanto possível, de acordo com o índice preparado pelo(a) secretário(a) geral em consulta com a Junta de Superintendentes Gerais. O índice será fornecido ao/à secretário(a) distrital antes da convocação da Assembleia Distrital.

207.4. O jornal deverá conter não somente a designação de pastores para as igrejas locais, mas também todas as demais obrigações regulares e especiais, desempenhadas por membros ministeriais e leigos da Assembleia Distrital, que estiverem incumbidos de qualquer serviço denominacional que possa dar direito a ser considerado, caso se candidatem a benefícios através da Junta de Pensões ou entidade equivalente autorizada responsável pelo programa de pensões e benefícios em que o distrito participa. (117, 530.3)

E. O(A) Superintendente Distrital

208. O termo inicial do cargo de um(a) superintendente distrital, eleito por uma Assembleia Distrital, começa 30 dias após o encerramento da mesma. Será eleito por um período de dois anos de assembleia completos, terminando 30 dias após o encerramento da Assembleia que marca o segundo ano da sua eleição. No curso da dita Assembleia o(a) superintendente poderá ser reeleito ou um sucessor pode ser eleito ou nomeado e empossado. O termo inicial do cargo dum(a) superintendente distrital nomeado por um(a) superintendente geral com jurisdição começa na altura da nomeação, inclui o resto do ano eclesiástico em que o(a) superintendente distrital foi nomeado, e estende-se aos dois anos eclesiásticos seguintes. As suas funções terminam 30 dias após o encerramento da Assembleia, que marca o fim de dois anos eclesiásticos completos de serviço. No curso da dita Assembleia o(a) superintendente poderá ser eleito para outro período, ou um sucessor pode ser eleito ou nomeado e empossado. Nenhum(a) presbítero, empregado(a) pelo escritório distrital será elegível ou designado(a) para o cargo de superintendente distrital no distrito onde ele(a) estiver a servir, sem a aprovação da Junta Consultiva e do(a) superintendente geral com jurisdição (de acordo com o parágrafo 117). (205.12-205.14)

209. Se por algum motivo ocorrer uma vaga no intervalo das reuniões da Assembleia Distrital, os superintendentes gerais, conjunta e individualmente, poderão preencher a vaga, ouvido o Conselho Consultivo Distrital. A consulta deve incluir um convite para o Conselho, como um todo, apresentar nomes para consideração em acréscimo aos nomes trazidos pelo superintendente geral com jurisdição. (238, 307.7)

209.1. O cargo de superintendente distrital de um distrito de Fase 1 ou Fase 2 pode ser declarado vago com justificação, mediante recomendação do(a) superintendente geral com jurisdição. O cargo de superintendente de um distrito de Fase 3 pode ser declarado vago depois de uma votação de dois terços de votos do Conselho Consultivo Distrital. (238, 321)

209.2. No caso de incapacidade temporária de um(a) superintendente distrital em exercício, o(a) superintendente geral com jurisdição, em consulta com a Junta Consultiva, pode nomear um(a) presbítero qualificado para servir como superintendente distrital interino. A questão da incapacidade será determinada pelo(a) superintendente geral com jurisdição e a Junta Consultiva. (307.8)

209.3. Após a renúncia ou cessação do mandato do(a) superintendente distrital, os membros do escritório distrital, o oficial executivo ou qualquer corporação subsidiária ou afiliada do distrito ou ambas, remunerados ou não, tais como assistente do(a) superintendente e secretário(a) do escritório, submeterão a sua renúncia efetiva coincidente com a data final da superintendência distrital. Contudo, com a aprovação escrita do(a) superintendente geral com jurisdição e da Junta Consultiva, um ou mais membros do escritório podem permanecer até que o novo superintendente assuma funções. (244.3)

209.4. Depois de consultar a Junta Consultiva e ter a aprovação do(a) superintendente geral com jurisdição, o(a) superintendente distrital recém-eleito ou nomeado pode ter o privilégio de recomendar a contratação dos membros anteriormente empregados. (244.3)

210. O papel do(a) superintendente distrital é proporcionar supervisão e liderança espiritual para os pastores e congregações do distrito:
1. Sendo modelo de vida de oração e devoção às Escrituras
2. Incentivando a teologia pastoral bíblica e prática entre o clero do distrito
3. Promovendo a teologia wesleyana de santidade e prática através do distrito
4. Partilhando da visão para evangelismo e plantação de igrejas no distrito

5. Disponibilizando recursos para as congregações do distrito com o alvo de uma saúde organizacional

211. Os deveres do(a) superintendente distrital são:

211.1. Organizar, reconhecer e superintender igrejas locais dentro dos limites do seu distrito, sujeito à aprovação do(a) superintendente geral com jurisdição. (100, 102.3, 108-108.5, 530.15)

211.2. Estar ao dispor das igrejas locais do seu distrito, sempre que for necessário e, em caso de necessidade, reunir-se com a Junta da Igreja para consulta no que se refere a questões espirituais, financeiras e pastorais, proporcionando conselhos proveitosos e auxílio que o(a) superintendente julgue serem apropriados.

211.3. Em circunstâncias em que o(a) superintendente distrital entendeu que uma igreja está em situação doentia e em declínio, cuja continuação ameaça a viabilidade da igreja e a efetividade da sua missão, o(a) superintendente distrital pode estabelecer contato com o(a) pastor(a) ou com o(a) pastor(a) e a Junta da Igreja, para avaliar essas circunstâncias. Todos os esforços deverão ser feitos para trabalhar com o(a) pastor(a) e a Junta da Igreja visando a resolução dos assuntos que tenham levado às circunstâncias que estão impedindo a efetividade da missão.

Se o(a) superintendente distrital, depois de trabalhar com o(a) pastor(a) e/ou a Junta, concluir que é necessária uma intervenção adicional, ele(a) pode declarar a igreja em crise, com a aprovação da Junta Consultiva e tomar medidas apropriadas para resolver a situação. Tal ação pode incluir, mas não está limitada a:
1. Remoção do(a) pastor(a);
2. Dissolução da Junta da Igreja;
3. Início de tantas intervenções especiais quantas possam ser necessárias para restaurar a saúde da igreja e a efetividade da sua missão.

Os bens de uma igreja organizada ficam sob controle de uma igreja local incorporada, salvo quando ela for declarada inativa, de acordo com o parágrafo 108.5, ou dissolvida, segundo o parágrafo 108.1. O(A) superintendente geral com jurisdição será informado das ações tomadas, num espaço de 30 dias. (136-136.1)

211.4. Quando, na opinião do(a) superintendente distrital, uma igreja local declarada em crise de acordo com o parágrafo 136.1 tiver cumprido as intervenções estabelecidas e estiver pronta para continuar o seu ministério em circunstâncias normais, essa igreja local poderá ser declarada fora de crise por um voto majoritário da Junta Consultiva. O(A) superintendente distrital notificará o(a) superintendente geral com jurisdição, num espaço de 30 dias.

211.5. Agendar e conduzir, com a Junta de cada igreja local, a revisão regular do relacionamento igreja/pastor(a), nos termos dos parágrafos 133-133.7. O(A) superintendente distrital preparará, para a Junta Consultiva e o(a) superintendente geral com jurisdição, um registro anual das revisões regulares do relacionamento igreja/pastor(a) levadas a cabo.

211.6. Exercer supervisão especial sobre todas as missões tipo-igreja da Igreja do Nazareno, que estejam dentro dos limites do seu distrito.

211.7. Designar para a Junta Consultiva alguém para preencher uma vaga, caso esta ocorra, no cargo de secretário distrital. (219.1)

211.8. Recomendar à Junta Consultiva alguém para preencher uma vaga, caso esta ocorra, no cargo de tesoureiro(a) distrital. (222.1)

211.9. Nomear um(a) diretor(a) distrital de capelania para promover e ampliar o evangelismo de santidade, através dos serviços especializados de capelania. (239)

211.10. Consultar a Junta da Igreja sobre a recomendação de um(a) presbítero ou um(a) ministro(a) licenciado(a) (seguindo o programa de estudos para a ordenação ao presbitério) para pastorear uma igreja local, e aprovar ou rejeitar tal proposta, com aprovação adicional da Junta Consultiva como requerido no parágrafo 117. (129.2, 159.8, 225.16)

O(A) superintendente distrital deve assegurar que o(a) candidato(a) tenha sido adequadamente examinado(a) antes da votação da Junta da Igreja. O processo de avaliação deve incluir a comunicação com o(a) atual superintendente distrital do(a) candidato(a), ou se o(a) candidato(a) não for designado(a) como pastor(a), com o(a) seu(sua) supervisor(a) ministerial. (139.2, 169.8, 225.16)

211.11. Planejar uma reunião para a revisão especial do relacionamento igreja/pastor(a), dentro dos 90 dias após o pedido da Junta de uma igreja local para essa revisão, visando a continuação do relacionamento igreja/pastor(a). (135)

211.12. Aprovar ou rejeitar a concessão de licença a qualquer membro da Igreja do Nazareno, que peça licença de ministro(a) local ou renovação da licença de pregador(a) local, à Junta da Igreja de uma igreja local que não tenha um(a) presbítero como pastor(a). (523.1, 523.3)

211.13. Aprovar ou rejeitar, por escrito, pedidos feitos pelo(a) pastor(a) e pela Junta da Igreja local para ter ou empregar qualquer pastor(a) assistente não remunerado(a) ou assistente local remunerado(a) (tais como pastores assistentes; ministros ou diretores de educação cristã, de crianças, jovens, adultos, música, creches/escolas (do berço ao secundário), etc.). O critério principal na decisão do(a) superintendente distrital, para aprovar ou rejeitar, em princípio, o emprego de assistentes remunerados será a prontidão e a possibilidade da igreja satisfazer as suas obrigações locais, distritais e gerais. É responsabilidade do(a) pastor(a) examinar e escolher assistentes pastorais. Entretanto, o(a) superintendente distrital terá o direito de rejeitar a pessoa recomendada. (139.27, 169-169.8)

211.14. Aprovar ou rejeitar, com a Junta Consultiva, pedidos de igrejas locais para operar ministérios de creches/escolas cristãs (do berço ao secundário). (126, 161, 225.14)

211.15. Validar e assinar, juntamente com o(a) secretário(a) da Junta Consultiva, todos os documentos legais do distrito. (225.6)

211.16. Recomendar à Junta Consultiva e exercer supervisão sobre todos os assistentes remunerados do distrito. (244)

211.17. Designar pastores de acordo com o parágrafo 119.

211.18. O(A) superintendente distrital pode, com a aprovação da Junta Consultiva, designar os membros da Junta da Igreja (mordomos, ecônomos), o(a) presidente da Junta do DNI e outros oficiais da igreja (secretário(a), tesoureiro(a) se a igreja estiver organizada há menos de cinco anos, ou tenha tido, na anterior reunião anual da igreja, menos de que 35 membros votantes, ou esteja a receber assistência financeira regular do distrito, ou tenha sido declarada em crise. Essa Junta não deve ter menos de três membros no total. (119, 136)

211.19. Mandar investigar acusações por escrito contra um(a) ministro(a) no seu distrito, de acordo com os parágrafos 606-606.3.

211.20. Ouvida a Junta Consultiva, indicar clérigos e leigos qualificados para servirem como equipe de recuperação preparada para proporcionar uma resposta oportuna e de redenção ao ministro, seu cônjuge e família, igreja e comunidade numa situação de má conduta do clérigo. Quando tal situação surgir, o(a) superintendente distrital deverá indicar, de acordo com o plano do distrito, uma equipe de recuperação o mais rapidamente possível. (225.5, 532.1)

211.21. O(A) superintendente distrital deve agendar e dirigir uma auto-avaliação e revisão, de um(a) evangelista efetivo(a), de acordo com o parágrafo 510.4.

211.22. Com a liderança distrital, encorajar fortemente, cada igreja local a alcançar os seus alvos para fundos gerais locais, distritais e de educação.

212. O(A) superintendente distrital, com o consentimento da Junta da Igreja, poderá designar um(a) pastor(a) temporário(a) para preencher uma vaga no cargo de pastor(a), até à próxima Assembleia Distrital. O pastor(a) temporário(a) designado(a) estará sujeito a remoção pelo(a) superintendente distrital, quando os seus serviços não forem satisfatórios para a Junta da Igreja e a igreja local. (139.5, 516, 523.6)

212.1. O(A) superintendente distrital, com o consentimento da Junta da Igreja e da Junta Consultiva, pode indicar um(a) pastor(a) interino(a) para preencher uma vaga no cargo de pastor(a), ou até que um(a) pastor(a) permanente possa ser chamado(a). O(A) superintendente distrital também pode ser autorizado(a) a estender o período de serviço do(a) pastor(a) interino(a) como achar necessário ouvida a Junta da Igreja. O(A) pastor(a) interino(a) será autorizado(a) a desempenhar todas as responsabilidades do(a) pastor(a). O(A) pastor(a) interino(a) também servirá como um(a) delegado(a) da igreja à Assembleia Distrital, se tal pastor(a) for membro no distrito onde ocorreu a sua designação interina.

O(A) pastor(a) interino(a) designado(a) estará sempre sujeito à autoridade do(a) superintendente distrital e da Junta Consultiva. O(A) pastor(a) interino(a) também estará sujeito(a) a ser removido(a) pelo(a) superintendente distrital ouvida a Junta da Igreja. (518)

213. O(A) superintendente distrital está autorizado(a) a realizar, para uma igreja local dentro dos limites do seu distrito, todas as funções de um(a) pastor(a), caso a igreja local esteja sem pastor(a) ou sem pastor(a) temporário(a). (514)

213.1. O(A) superintendente distrital poderá presidir à reunião anual ou extraordinária de uma igreja local, ou indicar alguém para o(a) representar. (115.5)

214. Se por qualquer motivo, o(a) superintendente geral com jurisdição não estiver presente e não designar alguém para o representar na Assembleia Distrital, o(a) superintendente distrital iniciará e presidirá a mesma até que outra deliberação seja tomada pela Assembleia Distrital. (307.5)

215. O(A) superintendente distrital pode preencher vagas que ocorram nas seguintes comissões:
1. Comissão de Auditoria do Distrito;
2. Junta de Credenciais Ministeriais e Junta de Estudos Ministeriais (ou Junta de Ministério);
3. Junta Distrital de Evangelismo ou o(a) diretor(a) distrital de evangelismo;
4. Junta de Propriedades da Igreja;
5. Junta Distrital do DNI;
6. Tribunal Distrital de Apelação;
7. Outras juntas e comissões distritais quando não haja qualquer outra disposição no *Manual* ou por deliberação da Assembleia Distrital (205.25, 229.1, 232.1, 235, 236, 240, 610).

215.1. O(A) superintendente distrital pode designar todos os presidentes, secretários e membros das juntas e comissões distritais quando não haja qualquer outra disposição no *Manual* ou por deliberação da Assembleia Distrital.

215.2. O(A) superintendente distrital, ouvida a Junta Consultiva, designará uma comissão de recomendações que preparará as recomendações para as comissões e cargos, antes da Assembleia Distrital. (203)

216. O(A) superintendente distrital será presidente *ex officio* da Junta Consultiva e da Junta de Credenciais Ministeriais ou da Junta de Ministério (224.2, 230.1).

216.1. O(A) superintendente distrital será membro *ex officio* de todos as comissões e juntas, eleitas e em operação, no distrito em que ele(a) serve. (205.21, 237, 240, 810, 811)

217. O(A) superintendente distrital não deverá criar obrigações financeiras, contar dinheiro ou distribuir fundos para o distrito, salvo quando for autorizado(a) e orientado(a) pela maioria de votos da Junta Consultiva; quando tal ação for tomada, deverá ser anotada de forma apropriada nas atas da Junta Consultiva. Nenhum(a) superintendente distrital ou membro imediato da sua família deve ser autorizado a ter acesso ilimitado às contas financeiras ou bens do distrito sem um controlo interno, claramente definido e escrito, pela Junta Consultiva. A família direta inclui a(o) esposa(o), filhos, irmãos, ou pais. (218, 222-223.2)

218. Todos os atos oficiais do(a) superintendente distrital estarão sujeitos a análise e revisão pela Assembleia Distrital, e serão sujeitos a apelação.

218.1. O(A) superintendente distrital deverá sempre ter em devida consideração a opinião do(a) superintendente geral com jurisdição e da Junta de Superintendentes Gerais no que respeita a arranjos pastorais e outros assuntos relacionados com o cargo de superintendente distrital.

F. O(A) Secretário(a) Distrital

219. O(A) secretário(a) distrital, eleito(a) pela Junta Consultiva, servirá por um período de um a três anos e até que o(a) seu(sua) sucessor(a) seja eleito(a) e empossado(a). (252.22)

219.1. Se por qualquer motivo o(a) secretário(a) distrital deixar de servir, no intervalo das reuniões da Assembleia Distrital, a Junta Consultiva elegerá o(a) seu(sua) sucessor(a), após recomendação do(a) superintendente distrital. (211.7)

219.2. O(A) secretário(a) distrital será membro *ex officio* da Assembleia Distrital. (201)

220. Os deveres do(a) secretário(a) distrital são:

220.1. Registrar corretamente e preservar fielmente todas as atas da Assembleia Distrital.

220.2. Registrar corretamente e preservar todas as estatísticas do distrito.

220.3. Enviar uma compilação de todas as estatísticas ao/à secretário(a) geral, para serem examinadas antes da sua publicação no jornal oficial. (326.6)

220.4. Ter custódia de todos os documentos da Assembleia Distrital e entregá-los prontamente ao/à seu(sua) sucessor(a).

220.5. Conservar e arquivar o jornal oficial completo após cada Assembleia Distrital no escritório do(a) secretário(a) geral. (207.1)

220.6. Fazer tudo o mais que esteja ligado ao seu cargo.

220.7. Encaminhar para a respectiva comissão ou junta estabelecida pela Assembleia todos os assuntos que lhe são dirigidos durante o ano.

221. O(A) secretário(a) distrital poderá ter tantos assistentes quantos a Assembleia Distrital eleger.

G. O(A) Tesoureiro(a) Distrital

222. O(A) tesoureiro(a) distrital, eleito(a) pela Junta Consultiva, servirá por um período de um a três anos e até que o(a) seu(sua) sucessor(a) seja eleito(a) e empossado(a). (225.21)

222.1. Se, por qualquer motivo, o(a) tesoureiro(a) distrital deixar de servir, no intervalo das reuniões da Assembleia Distrital, a Junta Consultiva elegerá um(a)sucessor(a) após recomendação do(a) superintendente distrital. (211.8)

222.2. O(A) tesoureiro(a) distrital será membro *ex officio* da Assembleia Distrital. (201)

223. Os **deveres do(a) tesoureiro(a) distrital** são:

223.1. Receber todo o dinheiro do seu distrito conforme designado pela Assembleia Geral ou pela Assembleia Distrital, ou pela Junta Consultiva, ou conforme for requerido pelas necessidades da Igreja do Nazareno, e desembolsar o mesmo segundo orientação e programa administrativo da Assembleia Distrital e/ou da Junta Consultiva.

223.2. Conservar um registro correto de todo o dinheiro recebido e gasto e apresentar um relatório mensal ao/à superintendente distrital para distribuição à Junta Consultiva, e um relatório anual à Assembleia Distrital, perante a qual ele(a) deve ser responsável.

H. A Junta Consultiva

224. A Junta Consultiva será composta do(a) superintendente distrital, como membro *ex officio*, e de até três ministros ordenados designados e de até três leigos eleitos anualmente ou por termos que não excedam os quatro anos, através de votação por cédula, pela Assembleia Distrital, para servirem até o encerramento da próxima Assembleia Distrital e até que seus sucessores sejam eleitos e empossados. Entretanto, os seus mandatos podem ser escalonados pela eleição anual de uma proporção da junta.

Quando um distrito exceder um total de 5.000 membros, pode eleger um(a) ministro(a) ordenado(a) designado(a) e um(a) leigo(a) adicionais por cada grupo sucessivo de 2.500 membros, ou a porção maior final de 2.500 membros. (205.14)

Esta junta reunir-se-á sempre que necessário e será presidida pelo(a) superintendente distrital ou pelo(a) superintendente geral com jurisdição ou pela pessoa por eles designada. (205.15)

224.1. Uma vaga na Junta Consultiva poderá ser preenchida pelos membros restantes da mesma.

GOVERNO DISTRITAL

224.2. O(A) superintendente distrital será presidente *ex officio* da Junta Consultiva.

224.3. A Junta elegerá de entre os seus membros um(a) secretário(a), que deverá registrar cuidadosamente todas as ações da junta, e prontamente transmiti-las ao/à seu(sua) sucessor(a).

224.4. Os membros leigos da Junta Consultiva serão membros *ex officio* da Assembleia Distrital, da Convenção Distrital do DNI, da Convenção Distrital das MNI, e da Convenção Distrital da JNI. (201, 224)

224.5. Os membros da Junta Consultiva devem abster-se de votar em qualquer assunto em que eles (ou um familiar direto) tenham um interesse pessoal direto ou adquirido que não seja comum a outros membros da Junta. A família direta inclui o cônjuge, filhos, irmãos ou pais.

224.6. Um membro da Junta Consultiva pode ser destituído por dois terços dos votos da mesma quando for determinado pelo(a) superintendente distrital e pela Junta Consultiva que o membro da Junta não está em harmonia com o parágrafo 33, desde que o(a) superintendente distrital consulte primeiro o(a) superintendente geral com jurisdição, que os esforços subsequentes de restauração se revelem infrutíferos e que a aprovação por escrito do(a) superintendente geral com jurisdição seja recebida antes de tal votação. (33)

225. Os **deveres da Junta Consultiva** são:

225.1. Marcar a data do início e do encerramento do ano estatístico, de harmonia com as disposições do parágrafo 116.1.

225.2. Prestar informações ao/à superintendente distrital e consultá-lo(a) no que diz respeito aos ministros e às igrejas locais do distrito. (117.6, 128)

225.3. Designar uma comissão de investigação composta por três ou mais ministros ordenados designados e no mínimo por dois leigos, no caso de serem feitas acusações contra um membro do clero. (606-606.3)

225.4. Escolher uma Junta de Disciplina, no caso de serem feitas acusações contra um membro do clero. (606.5-606.6)

225.5. Desenvolver e rever anualmente um plano escrito abrangente que esteja em consonância com as diretrizes do *Manual* para orientar os seus esforços no sentido de dar uma resposta apropriada, compassiva e informativa aos membros do clero envolvidos em conduta imprópria para um(a) ministro(a), suas famílias e qualquer congregação envolvida. (530.20, 531-531.13)

225.6. Incorporar-se, onde for permitido pela lei civil e quando autorizada pela Assembleia Distrital. Depois da incorporação, conforme acima estabelecido, a Junta Consultiva terá poder, conforme deliberação, para comprar, possuir, vender, permutar, hipotecar/financiar, constituir procurador, penhorar, adquirir por locação financeira e transferir qualquer propriedade, imóvel ou pessoal, conforme seja necessário ou conveniente para realizar as finalidades da corporação. O(A) superintendente distrital e o(a) secretário(a) da Junta Consultiva, ou outras pessoas autorizadas por essa Junta, incorporadas ou não incorporadas, validarão e assinarão todos os documentos, hipotecas/financiamentos, distrate de hipotecas, contratos, e outros documentos legais da Junta Consultiva. (206)

225.7. Quando uma Junta Consultiva tiver adquirido personalidade jurídica (incorporação), os Artigos da Incorporação, estatutos e documentos legais afins estipularão que a corporação será governada pelas disposições do *Manual* da Igreja do Nazareno. Incluirão cláusulas recomendadas pelo(a) superintendente geral com jurisdição para garantir que, em caso de dissolução ou tentativa de saída da Igreja do Nazareno, os ativos da corporação não serão desviados da Igreja do Nazareno. Logo que a corporação tiver sido aprovada pela Junta de Superintendentes Gerais, sob recomendação do(a) superintendente geral com jurisdição, os Artigos de Incorporação propostos serão enviados para o escritório do(a) Secretário(a) Geral para revisão e arquivo e incluirão disposições semelhantes aos do parágrafo 102.4 (225.6)

225.8. Nas áreas onde a lei civil não permitir tal incorporação, a Assembleia Distrital poderá então eleger a Junta Consultiva como procuradora distrital a qual, por deliberação, terá poder para comprar, possuir, vender, permutar, hipotecar/financiar, constituir procurador, penhorar, adquirir por locação financeira e transferir qualquer propriedade móvel ou imóvel, conforme for necessário ou conveniente, para realizar o trabalho no distrito. (102.6, 108.2, 225.6)

225.9. A Junta Consultiva, em áreas onde as igrejas locais possam ser incorporadas, deverá, com o conselho de um(a) advogado(a) competente, providenciar um modelo tipo de estatutos de incorporação adequados para o estado ou estados do seu distrito. Este modelo de estatutos de incorporação deverá incluir sempre as cláusulas estabelecidas nos parágrafos 102-102.5.

225.10. Servir numa função consultiva do(a) superintendente distrital na supervisão de todos os departamentos, juntas e comissões do distrito.

225.11. Para encorajar uma superintendência saudável e um(a) superintendente distrital espiritualmente forte, a Junta Consultiva, ouvido(a) o(a) superintendente geral com jurisdição, deve proporcionar licença sabática para o(a) superintendente distrital durante ou depois de sete anos consecutivos de ministério no distrito. Durante o período sabático, o salário e os benefícios do(a) superintendente distrital continuarão na sua totalidade. O(A) superintendente distrital deve coordenar com a Junta Consultiva o processo de desenvolver uma proposta para a licença sabática incluindo a sua

GOVERNO DISTRITAL

duração, um plano de desenvolvimento pessoal, e um plano sobre quem vai cuidar dos assuntos essenciais durante esse período.

225.12. Apresentar à Junta de Superintendentes Gerais quaisquer planos para a criação de um centro distrital. Tais planos devem ter a aprovação da Junta de Superintendentes Gerais antes da sua implementação. (319)

225.13. Fazer uma recomendação para a concessão de licença inicial, ou renovação de licença para um(a) ministro(a) licenciado(a) servir como pastor(a). (523.2, 524.5)

225.14. Aprovar ou rejeitar pedidos de igrejas locais para trabalharem com ministérios de creches/escolas cristãs (do berço ao secundário). Conforme determinado pelo(a) superintendente distrital e pela Junta Consultiva, pode ser designada uma Comissão Distrital de Creches/Escolas Cristãs (do berço ao secundário). Terá como função recomendar à Junta Consultiva diretrizes, procedimentos e *modus operandi* (modo de atuação) a serem aplicados a creches/escolas cristãs (do berço ao secundário) da igreja local e ajudar a estabelecer, apoiar e fiscalizar tais creches/escolas cristãs (do berço ao secundário). (126, 161, 211.14)

225.15. Aprovar anualmente Centros de Ministério de Compaixão de acordo com diretrizes regionais estabelecidas. Somente os Centros de Ministérios de Compaixão aprovados pelo distrito poderão qualificar-se na categoria de "ofertas missionárias especiais aprovadas" para contribuições específicas nos termos do parágrafo 163.1.

225.16. Aprovar ou rejeitar um pedido da Junta da Igreja local para recomendar que um(a) presbítero ou ministro(a) licenciado(a) (seguindo o programa de estudos para a ordenação ao presbitério) seja chamado(a) como pastor(a) quando tal pessoa é também membro dessa igreja, ou serve como um assistente remunerado (ou não) dessa mesma igreja. Essa decisão será feita ouvido(a) o(a) superintendente distrital. (117, 139.2, 169.8, 211.10)

225.17. Aprovar ou rejeitar um pedido de um membro do clero para conduzir regularmente atividades religiosas independentes que não estejam sob a direção da Igreja do Nazareno, levar a cabo missões independentes ou atividades religiosas não autorizadas, envolver-se com uma igreja independente ou outro grupo religioso ou denominação. A aprovação de qualquer pedido deste tipo deve ser requerida anualmente. (520, 530.13)

225.18. Eleger ou demitir quaisquer assistentes remunerados empregados pelo distrito. (244-244.1)

225.19. Atuar, em consulta com o(a) superintendente distrital, com autoridade para:
- estabelecer orçamentos operacionais distritais e ajustá-los entre assembleias, conforme necessário, e reportá-los à Assembleia Distrital;

- estabelecer metas e responsabilidades financeiras para às igrejas locais apoiarem o ministério distrital;
- publicar no jornal distrital o método usado para determinar todas as metas e responsabilidades financeiras autorizadas e as contribuições a serem pagas; e
- fazer tudo o mais que a Assembleia Distrital possa determinar em áreas de finanças distritais. (32.5, 223.1)

225.20. Proteger todo o património distrital, móvel ou imóvel incluindo o seu direito de propriedade, evitando ser desviado para qualquer uso pessoal ou corporativo que não seja da Igreja do Nazareno. (102.4, 108.5, 206)

225.21. Eleger um(a) tesoureiro(a) distrital para servir por um período de um a três anos e até que o(a) seu(sua) sucessor(a) seja eleito(a) e empossado(a). (222)

225.22. Eleger um(a) secretário(a) distrital, para servir por um período de um a três anos e até que o(a) seu(sua) sucessor(a) seja eleito(a) e empossado(a). (219)

225.23. Verificar o afastamento ou tentativa de afastamento de qualquer igreja local da Igreja do Nazareno com o propósito de implementar a transferência de título de propriedade conforme providenciado no parágrafo 108.2.

225.24. Se for necessário, em conformidade com o parágrafo 205.25, eleger uma Comissão de Auditoria do Distrito para servir até o encerramento da próxima Assembleia Distrital. (205.25)

225.25. Apresentar um relatório anual à Assembleia Distrital resumindo as atividades do trabalho da junta incluindo o número de reuniões convocadas.

225.26. Desenvolver e rever anualmente um procedimento para as igrejas locais que fazem alugueres de bens imóveis ou bens pessoais; ou outros acordos contratuais sobre bens pessoais, linhas de crédito, dívida ou outra obrigação que envolva uma extensão de crédito que não será totalmente paga em menos de um ano. (104)

226. A Junta Consultiva pode conceder transferência de membro a um membro do clero, a um(a) ministro(a) de educação cristã, ou a uma diaconisa, que deseje transferir-se para outro distrito, antes da reunião da Assembleia Distrital da qual a pessoa é membro. Tais transferências podem ser aceites pela Junta Consultiva que recebe, dando às pessoas transferidas plenos direitos e privilégios de membro no distrito que as recebe. A Assembleia Distrital que recebe dará aprovação final a todos os recebimentos de transferência efetuados pela Junta Consultiva, consoante recomendação favorável da Junta de Credenciais Ministeriais ou da Junta de Ministério. (205.9-205.10, 231.9-231.10, 508, 511, 529-529.2)

226.1. A Junta Consultiva pode passar, a pedido, um Certificado de Recomendação a um membro da Assembleia Distrital que deseje unir-se a outra denominação. (815)

227. A Junta Consultiva, com a aprovação do(a) superintendente distrital, pode suspender a licença de uma diaconisa licenciada, quando isso for necessário para o bem da igreja, depois de ouvida a Junta da Igreja local da qual a diaconisa licenciada for membro, e após conceder-lhe uma audiência justa.

228. No caso de um(a) ministro(a) licenciado(a) ou ordenado(a) apresentar credenciais de outra denominação evangélica pedindo adesão à Igreja do Nazareno, no intervalo das reuniões da Assembleia Distrital, as suas credenciais serão examinadas pela Junta Consultiva. Somente com a recomendação favorável da Junta Consultiva será o(a) candidato(a) recebido(a) como membro da igreja local. (129, 524.2, 527)

I. A Junta de Credenciais Ministeriais

229. A Junta de Credenciais Ministeriais será composta de não menos do que cinco ministros ordenados designados, dois dos quais deverão ser o(a) superintendente distrital e o(a) secretário(a) distrital, se for um ministro(a) ordenado(a). Um(a) secretário(a) distrital que seja um(a) leigo(a) serve como membro não-votante da Junta. Os eleitos servirão por um período de quatro anos, e até que seus sucessores sejam eleitos e empossados. Entretanto, os seus mandatos podem ser escalonados pela eleição anual de uma proporção da junta. (205.16)

229.1. Uma vaga ocorrida na Junta de Credenciais Ministeriais, no intervalo das reuniões da Assembleia Distrital, poderá ser preenchida por nomeação do(a) superintendente distrital. (215)

230. Após a eleição da Junta de Credenciais Ministeriais, o(a) superintendente distrital convocará uma reunião da Junta para organização, como segue:

230.1. O(A) superintendente distrital servirá como presidente *ex officio* da junta; entretanto, a pedido dele(a), a Junta poderá eleger um(a) presidente interino(a) para servir como tal até o encerramento da próxima Assembleia Distrital. (216)

230.2. A Junta elegerá, dentre os seus membros, um(a) secretário(a) permanente, que providenciará um sistema adequado de registros, a expensas da Assembleia Distrital, e que será propriedade do distrito. O(A) secretário(a) deverá registrar cuidadosamente todas as ações da Junta, guardar fielmente todos os documentos relevantes e transferir tudo, prontamente, ao seu sucessor.

231. Os deveres da Junta de Credenciais Ministeriais são:

231.1. Examinar e considerar cuidadosamente todas as pessoas devidamente apresentadas à Assembleia Distrital para eleição para a ordem de presbítero, ordem de diácono/diaconisa e licença de ministro(a).

231.2. Examinar e considerar cuidadosamente todas as pessoas que desejem receber um certificado para qualquer tipo de ministério, incluindo todos os candidatos leigos e ministeriais que aspirem ser reconhecidos para ministérios fora da igreja local, e quaisquer outros assuntos especiais estipulados pelo *Manual*.

231.3. Informar-se cuidadosamente sobre cada candidato e fazer qualquer outra investigação que julgue necessário, relacionada à sua experiência pessoal de salvação e de inteira santificação pelo batismo com o Espírito Santo; conhecimento das doutrinas da Bíblia, plena aceitação das doutrinas, do Pacto de Caráter Cristão e do Pacto de Conduta Cristã e do governo da igreja; evidência da graça, dons, qualificações intelectuais, morais e espirituais e aptidão geral para o ministério para o qual o(a) candidato(a) se sente chamado(a).

231.4. Investigar cuidadosamente a conduta de cada candidato(a), procurando identificar se o(a) mesmo(a) está ou não envolvido(a) em, ou se tem um padrão de conduta que, se continuado, seria inconsistente com o ministério pretendido pelo(a) candidato(a).

231.5. Examinar, visando a aprovação de renomeação, qualquer ministro(a) local que tenha sido nomeado(a) como pastor(a) temporário(a), caso ele(a) continue em exercício depois da Assembleia Distrital seguinte à sua nomeação. (523.6)

231.6. Investigar e examinar atentamente a razão por que um ministro(a) ordenado(a) não apresentou o relatório à Assembleia Distrital por dois anos sucessivos e fazer recomendação à Assembleia Distrital quanto à permanência desse nome na Lista de Ministros publicada.

231.7. Investigar informações concernentes a um ministro(a) ordenado(a), que indicam que ele(a) se tornou membro de uma outra igreja ou se uniu ao ministério de outra denominação ou grupo, ou que participa em atividades independentes, sem permissão concedida de forma apropriada, e fazer recomendação à Assembleia Distrital quanto à sua permanência na Lista de Ministros. (114, 530.13)

231.8. Recomendar à Assembleia Distrital a concessão da aposentadoria para qualquer ministro(a) que a requeira e que deseje descontinuar o serviço ministerial ativo por motivos de idade ou incapacidade (205.26, 528)

231.9. Recomendar à Assembleia Distrital, a transferência para outro distrito de membros do clero e de licenciados(as) para cargos ministeriais, incluindo transferências interinas aprovadas pela Junta Consultiva. (205.10, 529-529.2)

231.10. Recomendar à Assembleia Distrital, a recepção, por transferência de outros distritos, de pessoas com credenciais ministeriais, membros do clero e licenciados(as) para cargos ministeriais, incluindo transferências interinas, aprovadas pela Junta Consultiva. (205.9, 529-529.2)

J. A Junta de Estudos Ministeriais

232. A Junta de Estudos Ministeriais será composta de cinco ou mais ministros(as) ordenados(as) designados(as) eleitos(as) pela Assembleia Distrital, para servir por um período de quatro anos e até que os seus sucessores sejam eleitos e empossados. Entretanto, os mandatos podem ser escalonados pela eleição anual de uma proporção da junta. (205.17)

232.1. Vagas que ocorram na Junta de Estudos Ministeriais, no intervalo entre as reuniões da Assembleia Distrital, poderão ser preenchidas por nomeação do(a) superintendente distrital. (215)

232.2. Antes do encerramento da Assembleia Distrital em que a junta é eleita, o(a) superintendente distrital ou o(a) secretário(a) distrital convocará uma reunião de todos os membros da Junta para organização.

233. Os deveres da Junta de Estudos Ministeriais são os seguintes:

233.1. Eleger, dentre os seus membros, um(a) presidente e um(a) ministro(a) ordenado(a) designado(a) como secretário(a). O(A) secretário(a), de acordo com as instruções do *Guia Regional para o Desenvolvimento Ministerial*, recolherá e preservará, como propriedade da Assembleia Distrital, todos os dados relevantes concernentes ao progresso de cada candidato(a) no cumprimento dos requisitos educacionais para ordenação. (233.2, 521.1-521.3)

233.2. Encorajar, aconselhar e orientar todos os candidatos no sentido de completarem um Programa de Estudos validado para a preparação ministerial, de acordo com o *Guia Regional para o Desenvolvimento Ministerial* e em cooperação com o escritório de Educação Global e do Desenvolvimento do Clero, através da respectiva Comissão Consultiva do Programa de Estudos (COSAC, em inglês).

233.3. Formar os candidatos, pelo exemplo e pela conversa, na ética de ser um membro do clero, com atenção específica ao desenvolvimento de práticas que fortaleçam o bem-estar e ajudem a salvaguardar o(a) ministro(a) de se envolver em má conduta, sexual ou outra.

233.4. Relatar todos os dados relevantes concernentes ao progresso educacional de cada candidato(a) à Junta de Credenciais Ministeriais ou à Junta de Ministério, a tempo dessa junta considerar os dados antes da Assembleia Distrital.

233.5. Reconhecer a conclusão de um programa de estudos validado por um(a) candidato(a), de acordo com as provisões do *Guia Regional para o Desenvolvimento Ministerial*, e recomendar à Assembleia Distrital a conclusão do(a) candidato(a) do referido programa.

233.6. Promover e monitorar a participação de membros do clero na aprendizagem ao longo da vida, em cooperação com instituições nazarenas oficialmente reconhecidas como parceiras estratégicas no desenvolvimento do clero. Deve ser dada atenção específica à educação relativa à ética de ser membro do clero, incluindo o desenvolvimento de práticas que fortaleçam o bem-estar e ajudem a salvaguardar o(a) ministro(a) de se envolver em má conduta, sexual ou outra. Os esforços da Junta para promover e prover oportunidades de aprendizagem ao longo da vida devem estar sob a orientação geral do(a) superintendente distrital e sujeitos às provisões do *Guia Regional para o Desenvolvimento Ministerial*. (521.6)

234. A Junta pode definir cursos ou seminários para ajudar ministros licenciados ou outros candidatos a completarem um programa de estudos validado, sujeito às provisões do *Guia Regional para o Desenvolvimento Ministerial*.

234.1. A Junta desempenhará as suas responsabilidades em conformidade com o *Guia Regional para o Desenvolvimento Ministerial* (346.7).

K. A Junta Distrital de Evangelismo ou Diretor(a) Distrital de Evangelismo

235. A Assembleia Distrital pode eleger uma Junta Distrital de Evangelismo ou um(a) diretor(a) distrital de evangelismo. As pessoas eleitas servirão até o encerramento da próxima Assembleia Distrital e até que seus sucessores sejam eleitos e empossados. (205.20)

235.1. Em cooperação com o(a) superintendente distrital, a Junta Distrital de Evangelismo ou o(a) diretor(a) distrital de evangelismo procurará fomentar e alargar a indispensabilidade do evangelismo de santidade, proporcionando oportunidades de treinamento, conduzindo programas especiais e conferências, realçando a necessidade de campanhas na igreja local por evangelistas "chamados por Deus" e por quaisquer outros meios disponíveis, com o fim de produzir um impacto no distrito, tendo como prioridade número um a Grande Comissão de Jesus Cristo no funcionamento do Corpo de Cristo.

L. A Junta de Propriedades da Igreja

236. A Junta de Propriedades da Igreja será composta pelo(a) superintendente distrital que será membro *ex officio* e no mínimo de dois ministros designados e dois membros leigos. Os membros podem ser eleitos pela Assembleia Distrital para servirem por um período de quatro anos ou até que os seus sucessores sejam eleitos e empossados. A Junta Consultiva pode servir como Junta de Propriedades da Igreja, mediante voto favorável da Assembleia Distrital.

237. Os deveres da Junta de Propriedades da Igreja são:

237.1. Fomentar a construção de templos locais e edifícios relacionados com a igreja, dentro dos limites do distrito, em cooperação com a Junta Consultiva.

237.2. Verificar e conservar as escrituras de propriedades da igreja local.

237.3. Considerar as propostas apresentadas por igrejas locais que digam respeito à compra ou venda de bens imóveis ou à construção de edifícios de igreja ou de casas pastorais, e dar o seu parecer sobre as propostas apresentadas. (103-104)

237.4. Aprovar ou rejeitar, conjuntamente com o(a) superintendente distrital, propostas apresentadas por igrejas locais relativas a planos para construir templos e contrair dívidas na compra de propriedades imóveis ou na construção de edifícios. A Junta de Propriedades da Igreja deverá, normalmente, aprovar um pedido de aumento de débito desde que:

1. A igreja local que requer a aprovação para aumentar o débito, tenha pagado totalmente todas as suas contribuições financeiras respeitantes aos dois anos anteriores ao pedido.
2. A quantia total do débito não exceda três vezes a média da quantia levantada para todos os propósitos, respeitante a cada um dos três anos anteriores ao pedido.
3. Que os pormenores da remodelação ou construção planejada tenham sido aprovados pela Junta de Propriedades da Igreja.
4. A quantia em débito e os termos de pagamento não ponham em perigo a vida espiritual da igreja.

A Junta de Propriedades da Igreja só poderá aprovar os pedidos que não satisfaçam estas diretrizes, mediante aprovação do(a) superintendente distrital e da Junta Consultiva. (103-104)

237.5. Fazer tudo o mais que a Assembleia Distrital deliberar acerca das propriedades da igreja local.

M. O Conselho Consultivo Distrital

238. O Conselho Consultivo Distrital será composto pela Junta Consultiva, o(a) presidente da Junta Distrital do DNI, o(a) presidente distrital das MNI, o(a) presidente distrital da JNI, o(a) secretário(a) distrital, e o(a) tesoureiro(a) distrital. Este conselho reunirá quando for necessário e será presidido pelo(a) superintendente distrital ou pelo(a) superintendente geral com jurisdição ou por uma pessoa devidamente designada. (209)

N. O(A) Diretor(a) de Capelania

239. O(A) superintendente distrital pode nomear um(a) diretor(a) de capelania. Em cooperação com o(a) superintendente distrital, o(a) diretor(a) de capelania procurará desenvolver e divulgar o evangelismo de santidade através do ministério especializado de capelania. O(A) diretor(a) incentivará e apoiará o evangelismo através de oportunidade nas indústrias, instituições, esferas de educação e militares. O(A) diretor(a) dará atenção especial a militares nazarenos e a outros membros das forças armadas residentes em instalações militares, apoiando e ajudando pastores localizados perto dessas bases para que tenham impacto para Cristo no pessoal militar e suas famílias, unindo-os à nossa igreja enquanto se acham ao serviço do país. (211.9)

O. A Junta Distrital do Discipulado Nazareno Internacional

240. A Junta Distrital do Discipulado Nazareno Internacional (DNI) será composta pelo(a) superintendente distrital, pelo(a) presidente distrital das MNI, pelo(a) presidente distrital da JNI e pelo presidente distrital da Junta do DNI, os quais formarão a Comissão Executiva; e de, pelo menos, mais três membros adicionais. Os três membros adicionais serão eleitos entre seis candidatos pela Assembleia Distrital ou pela Convenção Distrital do DNI. Os membros serão eleitos para mandatos escalonados de três anos: inicialmente com um(a) sendo eleito(a) para um mandato de três anos, um(a) para um mandato de dois anos e um(a) para um mandato de um ano. Eles servirão até que os seus sucessores sejam eleitos e empossados. Contudo, quando o distrito exceder um número total de membros de 5.000, o número de membros recomendados e eleitos pode ser duplicado e, quando possível, pelo menos quatro dos dez membros da junta deverão ser leigos. As vagas que ocorram na Junta Distrital do DNI, no intervalo entre as sessões da Assembleia Distrital, poderão ser preenchidas por nomeação do(a) superintendente distrital. (215)

Os **deveres da Junta Distrital do DNI** são:

240.1. Reunir-se dentro de uma semana após a data da sua eleição e organizar-se, elegendo um(a) secretário(a), um(a) tesoureiro(a), coordenadores distritais do discipulado dos Ministérios para Adultos, dos Ministérios para Crianças, e de Treinamento Contínuo de Leigos, que serão membros *ex officio* da Junta do DNI. Outros coordenadores distritais, que forem necessários, podem ser propostos pela Comissão Executiva e eleitos pela Junta. (240)

240.2. Ter supervisão de todos os interesses do DNI do distrito.

240.3. Eleger um Conselho de Ministérios para Crianças, cujo(a) presidente será o(a) coordenador(a) distrital do discipulado dos Ministérios para Crianças, e cujos membros serão os coordenadores distritais de: acampamentos para rapazes e meninas, Caravanas, Escolas Bíblicas de Férias, Concurso Bíblico, Igreja Infantil, Lista do Berço e quaisquer outros considerados necessários.

NOTA: Para mais informações sobre os deveres dos conselhos dos Ministérios para Crianças e Adultos, consulte o respectivo guia regional do DNI.

240.4. Eleger um Conselho Distrital dos Ministérios para Adultos, cujo(a) presidente será o(a) coordenador(a) distrital do discipulado dos Ministérios para Adultos, e cujos membros serão os coordenadores distritais de: vida matrimonial e familiar, ministérios para terceira idade, ministérios para adultos solteiros, retiro para leigos, células de estudo bíblico, ministérios para mulheres, ministérios para homens e quaisquer outros considerados necessários.

240.5. Fazer preparativos para uma Convenção Distrital do DNI anual. (240)

240.6. Determinar, ouvido(a) o(a) superintendente distrital, se as eleições dos membros e do(a) presidente da Junta Distrital do DNI serão realizadas na Assembleia Distrital ou na Convenção Distrital do DNI.

240.7. Estimular todos os presidentes locais do DNI e todos os coordenadores do discipulado de ministérios de grupos etários e presidentes da JNI a estarem presentes na Convenção Distrital do DNI e a participarem quando se oferecer oportunidade.

240.8. Organizar o distrito em áreas e nomear os respectivos coordenadores que darão assistência à Junta, e à sua direção para levar avante o trabalho do DNI no distrito.

240.9. Fazer planos e implementar classes de Treinamento Contínuo de Leigos no distrito ou área.

240.10. Prestar assistência ao escritório do DNI da Church of the Nazarene, Inc. e assegurar informações sobre os interesses do DNI distrital e local.

240.11. Recomendar à Junta Consultiva o orçamento anual da Junta Distrital do DNI.

240.12. Ser responsável pelo retiro distrital de leigos. O(A) coordenador(a) distrital do discipulado dos Ministérios para Adultos será membro *ex officio* da Comissão Distrital de Retiro de Leigos.

240.13. Aprovar o relatório do(a) seu(sua) presidente a ser apresentado à Assembleia Distrital.

240.14. Reunir-se tão frequentemente quanto o(a) superintendente distrital ou o(a) presidente da Junta Distrital do DNI acharem necessário, a fim de fazer planos e executar com eficiência as funções da Junta.

241. O(A) Presidente Distrital do DNI. A Assembleia Distrital ou a Convenção do DNI elegerá, dentre dois ou mais nomes apresentados pela Comissão Distrital de Recomendações, o(a) presidente da Junta Distrital do DNI, para servir por um mandato de um ou dois anos. O(A) presidente cessante pode ser reeleito(a) por voto favorável de "sim" ou "não" quando tal votação for recomendada pela Junta Distrital do DNI, com a aprovação do(a) superintendente distrital. Uma vaga no intervalo entre as reuniões da

Assembleia Distrital pode ser preenchida de acordo com as disposições do parágrafo 215. (240.6)

Os **deveres e poderes do(a) presidente Distrital do DNI** são:

241.1. Liderar responsavelmente o DNI no distrito através:
1. Do desenvolvimento de programas de crescimento na matrícula e assistência;
2. Da coordenação de todos os programas relacionados com os Ministérios para Crianças e Ministérios para Adultos;
3. Do trabalho em cooperação com a JNI para coordenar a Escola Dominical/Grupos de Estudo Bíblico/Pequenos Grupos para jovens.

241.2. Ser membro *ex officio* da Assembleia Distrital e da Junta Distrital do DNI.

241.3 Preparar um relatório escrito da Junta Distrital do DNI para o jornal anual da Assembleia.

P. A Juventude Nazarena Internacional Distrital

242. O ministério nazareno para jovens é organizado no distrito sob os auspícios da Juventude Nazarena Internacional (JNI), segundo os Estatutos da Juventude Nazarena Internacional e sob a autoridade do(a) superintendente distrital, da Junta Consultiva e da Assembleia Distrital. A JNI distrital será composta dos membros e grupos locais da JNI do distrito.

242.1. A JNI distrital será organizada de acordo com o Plano de Ministério Distrital da JNI (parágrafos 810.200-810.219), que pode ser adaptado para responder às necessidades de ministério para jovens no distrito (ver parágrafo 810.203) conforme estabelecido nos Estatutos da JNI e no *Manual da Igreja do Nazareno*.

Q. As Missões Nazarenas Internacionais Distritais

243. As Missões Nazarenas Internacionais (MNI) serão compostas das MNI locais que estejam dentro dos limites do distrito. As MNI distritais representarão as MNI Globais nos ministérios distritais. (811)

243.1. As MNI Distritais serão governadas pela Constituição das MNI aprovada pela Convenção Global das MNI e pela Comissão de Ministério Global da Junta Geral. Estará sujeita ao/à superintendente distrital, à Junta Consultiva, à Assembleia Distrital, e ao Conselho Distrital das MNI. (811)

243.2. O(A) presidente das MNI Distritais servirá sem remuneração e será membro *ex officio* da Assembleia Distrital. (201)

R. Assistentes Distritais Remunerados

244. Quando se tornem necessários assistentes remunerados para maior eficiência da administração do distrito, essas pessoas, ministeriais ou leigas, serão recomendadas pelo(a) superintendente distrital, depois de ter recebido a devida aprovação do(a) superintendente geral com jurisdição. Serão eleitas pela Junta Consultiva. O emprego de tais assistentes será por um ano, podendo ser renovado por recomendação do(a) superintendente distrital e com a maioria de votos da Junta Consultiva. (211.16)

244.1. A demissão de tais assistentes antes do término do período de emprego deve ser precedida da recomendação do(a) superintendente distrital e pela maioria de votos da Junta Consultiva. (225.16)

244.2. Os deveres e serviços destes assistentes distritais serão determinados e supervisionados pelo(a) superintendente distrital.

244.3. Após resignação ou rescisão do(a) superintendente distrital, ficará concluído o período de serviço dos assistentes remunerados, a menos que a lei nacional do trabalho estipule de forma diferente. Contudo, um ou mais dos membros da equipe pode permanecer com o consentimento escrito do(a) superintendente geral com jurisdição e da Junta Consultiva, até a assunção de funções pelo(a) novo(a) superintendente. (209.3-209.4)

244.4. O trabalho como assistente distrital remunerado(a) não impede a pessoa de servir em outro cargo distrital, seja por eleição ou por nomeação, tal como(a) secretário(a) ou tesoureiro(a) do distrito. Um(a) assistente distrital remunerado(a) não é elegível para servir na Junta Consultiva.

S. Dissolução de um Distrito

245. Quando parecer claro à Junta de Superintendentes Gerais que um distrito não deve continuar como tal, esse pode ser dissolvido, mediante recomendação da Junta de Superintendentes Gerais, voto favorável de dois terços da Junta Geral da Igreja do Nazareno e por uma declaração oficial da mesma. (200)

245.1. No caso de um distrito ser oficialmente dissolvido, qualquer propriedade da igreja que porventura exista, de modo nenhum será desviada para outros propósitos, mas passará para o controle da Church of the Nazarene, Inc. para uso da denominação em geral, conforme orientação da Assembleia Geral; e os ecônomos que administram as propriedades, ou as corporações criadas para administrar as propriedades do distrito dissolvido, venderão ou disporão das mesmas somente por ordem do agente nomeado pela Church of the Nazarene, Inc. a quem também entregarão os fundos. (108.2, 108.5, 225.6)

III. GOVERNO GERAL

A. Funções e Organização da Assembleia Geral

300. A Assembleia Geral é a autoridade máxima na Igreja do Nazareno, no que diz respeito à formulação da doutrina, legislação e eleições, e está sujeita às disposições da Constituição da Igreja. (25-25.8)

300.1. A Assembleia Geral será presidida pelos superintendentes gerais. (25.5, 307.3)

300.2. A Assembleia Geral elegerá os seus oficiais e organizar-se-á para cumprir a sua ordem de trabalhos. (25.6)

300.3. Regras de Ordem. Sujeitos à legislação aplicável, os Artigos de Incorporação e os Regulamentos de governo no *Manual*, as reuniões e procedimentos da Igreja do Nazareno a nível local, distrital e geral, bem como as comissões da corporação, serão regulados de acordo com as *Regras Parlamentares de Robert Recentemente Revistas* (última edição) para a execução dos procedimentos parlamentares. (34)

B. Os Membros da Assembleia Geral

301. A Assembleia Geral será composta por delegados ministeriais e leigos em igual número de cada distrito Fase 3, sendo que o(a) superintendente distrital servirá como um dos delegados ministeriais ordenados designados, e os restantes delegados ministeriais ordenados designados bem como todos os delegados leigos eleitos pelas assembleias distritais; pelos superintendentes gerais eméritos e aposentados; pelos superintendentes gerais; pelo(a) presidente global das MNI; pelo(a) presidente do conselho global da JNI; pelos oficiais e diretores da Church of the Nazarene, Inc. que têm responsabilidade global e prestam relatório ao plenário da Junta Geral; pelos membros da Junta Geral; pela metade dos presidentes regionais das escolas pertencentes à Junta Internacional de Educação, os quais serão membros votantes, sendo que os da outra metade serão membros sem direito de voto, e que o número e o processo de seleção são determinados pela referida Junta; e por um(a) delegado(a) missionário(a) comissionado(a) pela Junta Geral, representando cada Região, eleito pelos missionários comissionados pela Junta Geral, servindo nessa Região. Na ausência de tal eleição, o(a) representante missionário(a) será eleito(a) pela Comissão das Missões Globais.

301.1. Cada distrito de Fase 3 terá o direito de ser representado na Assembleia Geral como segue: dois ministros ordenados designados e dois leigos até atingir os primeiros 46.000 membros da igreja em plena comunhão, e mais um(a) ministro(a) ordenado(a) designado(a) e um(a) leigo(a) adicionais por grupo subsequente de

45.000 membros em plena comunhão. A expressão "ministro(a) ordenado(a) designado(a)" incluirá presbíteros e diáconos. (Ver a seguinte tabela)

Número de Membros em Plena Comunhão	Número de Delegados
0 a 6.000	4 (2 leigos, 2 ministeriais)
6.001 a 10.000	6 (3 leigos, 3 ministeriais)
10.001 a 15.000	8 (4 leigos, 4 ministeriais)
15.001 a 20.000	10 (5 leigos, 5 ministeriais)
20.001 a 25.000	12 (6 leigos, 6 ministeriais)
25.001 a 30.000	14 (7 leigos, 7 ministeriais)
30.001 a 35.000	16 (8 leigos, 8 ministeriais)
35.001 a 40.000	18 (9 leigos, 9 ministeriais)

(Para cada 5.000 membros acima de 40.000, 1 delegado(a) leigo(a) adicional e 1 delegado(a) ministerial adicional)

301.2. Cada distrito de Fase 2 terá direito aos seguintes delegados à Assembleia Geral: um(a) ministro(a) ordenado(a) designado(a) e um(a) leigo(a). O(A) ministro(a) ordenado(a) designado(a) será o(a) superintendente distrital. Um(a) suplente será eleito(a) para cada delegado(a).

301.3. Um distrito de Fase 1 terá direito a um(a) delegado(a) à Assembleia Geral sem direito a voto. O(A) superintendente distrital será esse delegado(a), desde que ele(a) seja membro desse distrito. Se o(a) superintendente distrital não for membro do distrito, será eleito(a) um(a) delegado(a) suplente que seja membro do distrito.

301.4. O direito que um(a) delegado(a) ministerial designado(a) eleito(a) tem de representar a Assembleia Distrital que o(a) elegeu na Assembleia Geral, cessará se ele(a) transitar para uma nova responsabilidade ministerial noutro distrito, ou se o(a) delegado(a) eleito(a) deixar o ministério ativo designado da Igreja do Nazareno, antes da convocação da Assembleia Geral. Qualquer ministro(a) que tenha oficialmente recebido a designação de "aposentado(a)" por um distrito, não poderá ser nomeado(a) como delegado(a) nem ser apresentado(a) como delegado(a) eleito(a) à Assembleia Geral.

301.5. O direito que um(a) delegado(a) leigo(a) eleito(a) tem de representar a Assembleia Distrital que o(a) elegeu na Assembleia Geral, cessará caso venha a ser membro de alguma igreja local de outro distrito antes da convocação da Assembleia Geral.

C. Data e Lugar da Assembleia Geral

302. A Assembleia Geral reunir-se-á de quatro em quatro anos em data e lugar que forem determinados por uma Comissão da Assembleia Geral composta dos superintendentes gerais e de um número igual de pessoas escolhidas pela Junta de Superintendentes Gerais. A Comissão da Assembleia Geral terá a autoridade, em caso de emergência, de alterar a data e o lugar da reunião da Assembleia Geral.

302.1. A Junta de Superintendentes Gerais, ouvida a Comissão Executiva da Junta Geral, está autorizada a selecionar diferentes locais de reunião simultânea para a Assembleia Geral, quando for apropriado. As votações feitas em tais locais de reunião simultânea serão reconhecidas como votação oficial juntamente com os votos dos delegados do local principal da reunião.

302.2. A Assembleia Geral iniciar-se-á com cultos devocionais e de inspiração. Tomar-se-ão providências para o cumprimento da ordem de trabalhos e outros cultos de inspiração. A Assembleia Geral fixará a data do seu encerramento. (25.3)

D. Reuniões Extraordinárias da Assembleia Geral

303. A Junta de Superintendentes Gerais, ou uma maioria da mesma, com o consentimento escrito de dois terços de todos os superintendentes distritais, terá o poder de convocar uma reunião extraordinária da Assembleia Geral em caso de emergência. A ocasião e local da mesma serão determinados pelos superintendentes gerais e por uma comissão escolhida pela Junta de Superintendentes Gerais.

303.1. Caso seja convocada uma reunião extraordinária da Assembleia Geral, os delegados e suplentes da Assembleia Geral anterior, ou os seus sucessores devidamente eleitos e empossados, servirão como delegados e suplentes nessa reunião extraordinária.

E. Comissão de Preparação da Assembleia Geral

304. O(A) secretário(a) geral, o(a) tesoureiro(a) geral e três pessoas nomeadas pela Junta de Superintendentes Gerais, constituirão a Comissão de Preparação da Assembleia Geral, pelo menos um ano antes da convocação da Assembleia Geral.

304.1. A Comissão de Preparação da Assembleia Geral terá autoridade para organizar todos os detalhes e fazer os contratos necessários para o evento da Assembleia Geral.

304.2. A Comissão de Preparação da Assembleia Geral, juntamente com os superintendentes gerais, preparará um programa para a Assembleia Geral, incluindo ênfases para cada uma das atividades gerais; um culto de Ceia; e outros cultos religiosos, os quais estarão sujeitos à aprovação da Assembleia Geral.

F. Trabalhos da Assembleia Geral

305. As atribuições da Assembleia Geral, definidas no parágrafo 25.8 da Constituição da Igreja, serão:

305.1. Remeter, através da sua Comissão de Referência, todas as resoluções, recomendações, legislação das comissões a implementar, relatórios de comissões especiais e outros documentos, para as comissões legislativas da assembleia, permanentes ou especiais, ou às comissões regionais, para consideração, antes de serem apresentadas à Assembleia. A Comissão de Referência pode apresentar legislação que afete somente uma região específica aos delegados à Assembleia Geral da dita região, para que actuem sobre essa legislação na reunião da Comissão Regional. Mudanças que afetem o *Manual* devem ser tratadas por toda a Assembleia Geral.

305.2. Eleger, por dois terços dos votos dos seus membros votantes e presentes, seis superintendentes gerais, os quais ocuparão os seus cargos até 30 dias após o encerramento da Assembleia Geral seguinte e até que seus sucessores sejam eleitos e empossados;

a. Primeiro, haverá eleição com uma cédula de "sim" ou "não", para os superintendentes gerais que estiverem servindo à data.
b. Quaisquer vagas que existam depois de se completar o processo de votação para todos os superintendentes gerais servindo à data, serão preenchidas mediante sucessivas votações por cédula, até que se completem as eleições.

No caso de alguém inelegível receber votos no primeiro escrutínio, esse nome será retirado da cédula eleitoral e o relatório do primeiro escrutínio deve incluir esta declaração: "Um ou mais nomes foram eliminados por serem inelegíveis para o cargo."

Nenhum(a) presbítero, que em qualquer altura tenha entregado a sua credencial por razões disciplinares, será considerado elegível para o cargo de superintendente geral. Nenhuma pessoa será eleita para o cargo de superintendente geral antes de completar os 35 anos, ou se já tiver atingido 70 anos de idade. (25.4, 307.16, 900.)

305.3. Eleger um(a) superintendente geral para a posição de emérito(a), quando isso for julgado aconselhável, contanto que o(a) superintendente esteja incapacitado(a) ou já lhe tenha sido concedido(a) o estatuto de aposentado(a). Fica aqui subentendido que a eleição para a posição de emérito será vitalícia. (314.1)

305.4. Passar à aposentadoria um(a) superintendente geral que apresente tal solicitação, ou que, no parecer da Assembleia Geral, esteja desqualificado(a) por motivo de incapacidade física, ou por quaisquer outras desqualificações que impeçam essa pessoa de cuidar adequadamente do trabalho da superintendência geral; e contanto que tenha servido no ofício de superintendente geral pelo mínimo de um mandato completo.

Caso um(a) superintendente geral solicite a aposentadoria durante o intervalo entre as Assembleias Gerais, o pedido poderá ser atendido pela Junta Geral na sua reunião regular, sob recomendação da Junta de Superintendentes Gerais. (314.1)

305.5. Fixar uma pensão de aposentadoria adequada para cada superintendente geral aposentado(a).

305.6. Eleger uma Junta Geral de acordo com os parágrafos 332.1-333.4, para servir até o encerramento da Assembleia Geral seguinte e até que seus sucessores sejam eleitos e empossados. (331, 901)

305.7. Eleger um Tribunal Geral de Apelações, composto de cinco ministros ordenados designados, para servirem até o encerramento da Assembleia Geral seguinte e até que seus sucessores sejam eleitos e empossados. A Junta de Superintendentes Gerais elegerá o(a) presidente e o(a) secretário(a). (25.7, 612, 902)

305.8. Fazer o que for preciso, de acordo com as Santas Escrituras e ditado pela sabedoria, que contribua para o bem-estar geral da Igreja do Nazareno e da santa causa de Cristo, nos termos da Constituição da Igreja. (25.8)

G. Os Superintendentes Gerais

306. A função dos superintendentes gerais é proporcionar liderança espiritual apostólica e com visão através de:
- Articulação da missão
- Comunicação da visão
- Ordenação de membros do clero
- Propagação da coerência teológica, e
- Supervisão geral administrativa para a Igreja Geral.

307. Os deveres e poderes dos superintendentes gerais são:

307.1. Manter supervisão geral sobre a Igreja do Nazareno, nos termos da lei e ordem adotadas pela Assembleia Geral.

307.2. Servir como membros *ex officio* da Assembleia Geral. (301)

307.3. Presidir à Assembleia Geral e às reuniões da Junta Geral da Igreja do Nazareno. (300.1, 335.3)

307.4. Exercer o poder discricionário para ordenar, ou nomear outros para ordenar, aqueles que tiverem sido eleitos de forma apropriada para serem presbíteros ou diáconos. (320, 530.5-530.6)

307.5. Presidir a cada Assembleia Distrital conforme calendarizado pela Junta de Superintendentes Gerais. Um(a) superintendente geral pode nomear um(a) presbítero para servir como presidente da mesma. (202, 214)

307.6. O(A) superintendente geral que preside a Assembleia Distrital, o(a) superintendente distrital e a Junta Consultiva, de acordo com os delegados das igrejas locais, nomearão pastores para as igrejas locais que não tenham chamado o(a) seu(sua) pastor(a). (218.1)

307.7. Os superintendentes gerais poderão nomear superintendentes distritais para distritos onde ocorrerem vagas no intervalo das sessões da Assembleia Distrital, depois de consultado o Conselho Consultivo Distrital. Nos termos do parágrafo 208, todos os presbíteros que se qualifiquem são elegíveis para recomendação, incluindo aqueles do próprio distrito. (209, 238)

307.8. No caso de incapacidade temporária de um(a) superintendente distrital em exercício, o(a) superintendente geral com jurisdição, ouvida a Junta Consultiva, pode nomear um(a) presbítero que tenha as qualificações para servir como superintendente distrital interino(a). A questão da incapacidade será determinada pelo(a) superintendente geral com jurisdição e a Junta Consultiva. (209.2)

307.9. O(A) superintendente geral com jurisdição pode recomendar à Junta dos Superintendentes Gerais que um distrito Fase 3 seja declarado em crise. (200.2, 322)

307.10. O(A) superintendente geral com jurisdição pode presidir a reunião anual, ou uma reunião extraordinária de uma igreja local, ou nomear um(a) representante que o faça. (115.5)

307.11. Os superintendentes gerais não poderão ser membros votantes de quaisquer Juntas da Igreja do Nazareno, excetuando a Junta de Superintendentes Gerais, ou a menos que os estatutos de tais Juntas assim o determinem. (307.12)

307.12. Um(a) superintendente geral não poderá desempenhar nenhum outro cargo na Igreja enquanto estiver servindo nessa função. (307.11)

307.13. Todos os atos oficiais dos superintendentes gerais estarão sujeitos a exame e revisão por parte da Assembleia Geral.

307.14. Qualquer ato oficial de um(a) superintendente geral poderá ser anulado pelo voto unânime dos demais membros da Junta de Superintendentes Gerais.

307.15. O cargo de qualquer superintendente geral pode ser declarado vago, por justa causa, através do voto unânime dos demais membros da Junta de Superintendentes Gerais e pelo voto de dois terços dos membros da Junta Geral.

307.16. Os superintendentes gerais, eleitos pela Assembleia Geral, servirão até 30 dias subsequentes ao encerramento da Assembleia Geral seguinte e até que os sucessores sejam eleitos e empossados. (305.2)

H. Superintendentes Gerais Eméritos e Aposentados

314. Todos os superintendentes gerais eméritos e os superintendentes gerais aposentados serão membros *ex officio* da Assembleia Geral. (301)

314.1. Um(a) superintendente geral que tenha sido colocado(a) como aposentado(a) ou eleito(a) para a posição de emérito(a), não será membro da Junta de Superintendentes Gerais. Contudo, no caso de um(a) superintendente geral ativo(a) estar incapacitado(a) por doença, hospitalização ou outra emergência inevitável e precisar ausentar-se de qualquer atribuição, a Junta de Superintendentes

Gerais tem autoridade de chamar para serviço temporário qualquer superintendente geral aposentado(a). (305.3-305.5, 900.1)

I. A Junta de Superintendentes Gerais

315. Os superintendentes gerais organizar-se-ão como Junta, combinarão e designarão entre si o trabalho específico sobre o qual terão jurisdição em particular.

316. Vagas. Caso ocorra uma vaga na Junta de Superintendentes Gerais, durante o período entre as reuniões da Assembleia Geral, a questão de convocar uma eleição para preencher a vaga será decidida pela Junta de Superintendentes Gerais. Após receber a decisão da Junta, o(a) secretário(a) geral notificará imediatamente todos os membros da Junta Geral. Quando convocada uma eleição, os membros da Junta Geral elegerão, por dois terços dos votos, um(a) presbítero da Igreja do Nazareno para preencher a vaga e assumir os deveres de superintendente geral até os 30 dias posteriores ao encerramento da Assembleia Geral seguinte, e até que um(a) sucessor(a) seja eleito(a) e empossado(a). (25.4, 305.2)

316.1. O(A) secretário(a) geral apresentará o resultado da votação à Junta de Superintendentes Gerais, a qual publicará os resultados.

317. Os deveres da Junta de Superintendentes Gerais serão:

317.1. Supervisionar, dirigir e motivar a Igreja Geral, dando especial atenção a assuntos de liderança e teologia para todos os distritos, agências, e ministérios da Igreja do Nazareno global.

317.2. Recomendar mudanças na designação de áreas geográficas sujeitas à aprovação da Junta de Superintendentes Gerais e da Junta Geral e ouvido(a) o(a) diretor(a) das Missões Globais e respectivos diretores administrativos nacionais e diretores regionais.

317.3. Exercer autoridade principalmente no que diz respeito a assuntos de governo e planos eclesiásticos, e aconselhar a Junta Geral, as suas comissões, e todas as Juntas da Igreja do Nazareno em outros assuntos. A Junta de Superintendentes Gerais fará as recomendações que julgar pertinentes à Junta Geral e às comissões. No que se refere à nomeação de missionários, a Junta de Superintendentes Gerais aprovará ou rejeitará todas as recomendações feitas pela Comissão das Missões Globais à Junta Geral.

317.4. Servir como Comissão de Recomendações, em conjunto com a Comissão Executiva da Junta Geral, de modo a trazer um ou mais nomes à Junta Geral para eleição de um(a) secretário(a) geral e de um(a) tesoureiro(a) geral.

317.5. Declarar vago por dois terços dos seus votos, o cargo de secretário(a) geral, tesoureiro(a) geral ou diretor(a) de departamento.

317.6. Preencher vagas que porventura ocorram na lista de membros do Tribunal Geral de Apelações no intervalo entre reuniões da Assembleia Geral, e escolher o(a) presidente e o(a) secretário(a) do tribunal. (305.7, 613, 902)

GOVERNO GERAL

317.7. Preencher vagas que possam ocorrer em qualquer comissão ou comissões especiais, no intervalo entre as Assembleias Gerais ou das reuniões da Junta Geral.

317.8. Designar superintendentes gerais para servirem como conselheiros das instituições de ensino superior afiliadas à Junta Internacional de Educação. (905)

317.9. Organizar, em conjunto com a Educação Global e do Desenvolvimento do Clero, estudos ministeriais para aqueles que estão servindo como ministros, sejam leigos ou credenciados. (521-522)

317.10. Planejar, guardar e melhorar o Fundo de Evangelismo Mundial que é a vital para os projetos da missão global. A Junta de Superintendentes Gerais e a Junta Geral estão autorizados e têm o poder de estabelecer alvos e obrigações para as igrejas locais, destinados ao Fundo de Evangelismo Mundial (32.5, 140, 335.7)

317.11. Aprovar, por escrito, a restauração da credencial a um anterior presbítero ou diácono, conforme solicitado. (531.11, 532.8, 532.13)

318. A Junta de Superintendentes Gerais será a autoridade para a interpretação da lei e da doutrina da Igreja do Nazareno, e do significado e importância das disposições do *Manual*, sujeita à apelação para a Assembleia Geral.

319. A Junta de Superintendentes Gerais apreciará, para aprovação, planos para centros distritais. Esses projetos não serão executados, enquanto não tiverem sido aprovados por escrito pela Junta de Superintendentes Gerais. (225.12)

320. A Junta de Superintendentes Gerais terá poder discricionário na ordenação de pessoas divorciadas. (307.4, 525.3, 526.3)

321. A Junta de Superintendentes Gerais pode declarar vago, com fundamento, o cargo de superintendente distrital de qualquer distrito de Fase 2 ou de Fase 1, com a recomendação do(a) superintendente geral com jurisdição, e pode declarar vago o cargo de superintendente distrital em distritos de Fase 3, mediante a maioria de dois terços de votos do Conselho Consultivo Distrital. (209.1, 239)

322. A Junta dos Superintendentes Gerais pode aprovar que um distrito Fase 3 seja declarado em crise. (200.2, 307.9)

323. Após cada Assembleia Geral, o *Manual* da Igreja do Nazareno revisto tornar-se-á efetivo em todos os idiomas oficiais da denominação, quando a Junta de Superintendentes Gerais anunciar a data oficial do lançamento.

324. A Junta de Superintendentes Gerais terá autoridade para, ao serviço da Igreja do Nazareno, fazer tudo mais que não esteja previsto no *Manual*, de acordo com as ordenanças e com a Constituição da igreja.

J. O(A) Secretário(a) Geral

325. O(A) secretário(a) geral, eleito(a) pela Junta Geral, de acordo com os Estatutos da mesma, servirá até ao encerramento da Assembleia Geral seguinte e até que o(a) seu(sua) sucessor(a) seja eleito(a) e empossado(a), ou até que seja removido(a) de acordo com o parágrafo 317.5. (900.2)

325.1. O(A) secretário(a) geral será membro *ex officio* da Assembleia Geral. (301)

325.2. Se no intervalo entre sessões da Junta Geral vier a ocorrer vaga no cargo de secretário(a) geral, esta será preenchida pela Junta Geral, após recomendação, de acordo com o parágrafo 317.4. (335.19)

325.3. O(A) secretário(a) geral prestará contas à Junta de Superintendentes Gerais e à Junta Geral.

326. Os **deveres do(a) secretário(a) geral** são:

326.1. Servir como(a) secretário(a) *ex officio* da Church of the Nazarene, Inc., da Junta Geral e da Assembleia Geral, lavrar corretamente e guardar todas as atas. (331.2)

326.2. Registrar e preservar as estatísticas gerais da Igreja do Nazareno.

326.3. Guardar todos os documentos pertencentes à Assembleia Geral, e entregá-los ao/à seu/sua sucessor(a).

326.4. Preservar as decisões do Tribunal Geral de Apelações. (615)

326.5. Catalogar e guardar as credenciais ministeriais arquivadas, devolvidas, revogadas e renunciadas, e entregá-las somente mediante ordem apropriada do distrito de que foram recebidas. (531-531.3, 531.8)

326.6. Examinar os quadros estatísticos dos distritos. (220.3)

326.7. Manter o registro das pessoas às quais foi concedida uma licença ministerial distrital.

326.8. Tornar disponível as atas das sessões da Assembleia Geral para os delegados da mesma.

326.9. Disponibilizar a última versão do *Manual*.

326.10. Fazer fielmente tudo quanto seja necessário para o cumprimento dos deveres deste cargo.

327. O(A) secretário(a) geral terá a custódia fiduciária dos documentos legais pertencentes à Igreja Geral.

327.1. O(A) secretário(a) geral está autorizado(a) a compilar o material histórico disponível, concernente à origem e desenvolvimento da denominação, e exercerá a custódia desses registros e materiais.

327.2. O(A) secretário(a) geral conservará um registro de Marcos e Lugares Históricos, segundo o parágrafo 913.

328. O(A) secretário(a) geral, em conjunto com os superintendentes gerais, antes da abertura da Assembleia Geral, providenciará todos os formulários necessários, incluindo as Regras Permanentes e *Manual*, para revisão, e tudo quanto seja necessária para a condução expedita dos trabalhos da Assembleia Geral. As despesas resultantes serão pagas pelo fundo de despesas da Assembleia Geral.

328.1. O(A) secretário(a) geral poderá ter tantos assistentes quantos sejam eleitos pela Assembleia Geral ou, no intervalo das reuniões da Assembleia Geral, o número que for nomeado pela Junta de Superintendentes Gerais.

K. O(A) Tesoureiro(a) Geral

329. O(A) tesoureiro(a) geral, eleito(a) pela Junta Geral de acordo com os Estatutos da mesma, servirá até ao encerramento da Assembleia Geral seguinte e até que o(a) seu(sua) sucessor(a) seja eleito(a) e empossado(a), ou até que seja removido(a) de acordo com o parágrafo 317.5. (900.3)

329.1. O(A) tesoureiro(a) geral será membro *ex officio* da Assembleia Geral. (301)

329.2. O(A) tesoureiro(a) geral prestará contas ao superintendente geral com jurisdição sobre o escritório de Finanças do Centro de Ministérios Global, à Junta de Superintendentes Gerais e à Junta Geral.

330. Os deveres do(a) tesoureiro(a) geral são:

330.1. Ter a custódia dos fundos pertencentes aos interesses gerais da Igreja do Nazareno.

330.2. Receber e pagar os fundos da Comissão Global de Administração e Finanças, da Comissão Global de Educação e Desenvolvimento do Clero, da Comissão das Missões Globais, da Comissão dos Ministérios da Igreja Local, e os demais fundos que pertençam à Junta Geral ou a qualquer dos seus departamentos; o fundo dos superintendentes gerais; o fundo geral de contingência; o fundo de despesas da Assembleia Geral; outros fundos de benevolência da Igreja Geral; os fundos da JNI Global e os fundos das MNI Globais. (331.3)

330.3. Prestar caução, para o cumprimento fiel de funções, por intermédio de uma empresa de finanças acreditada, conforme orientação da Junta Geral.

330.4. Preparar relatórios para as juntas e departamentos, relativos aos seus respectivos fundos e que estejam sob sua custódia.

330.5. Fornecer à Junta Geral um relatório anual de todas as finanças da Igreja do Nazareno, incluindo os investimentos. (335.12)

330.6. Salvaguardar os fundos de anuidades investidos em propriedades imóveis, mediante apólices de seguro apropriadas, e precaver-se contra a caducidade de tais apólices.

L. A Junta Geral

331. The Church of the Nazarene, Inc., é uma associação sem fins lucrativos, registrada segundo as leis do Estado de Missouri, E.U.A. A Junta Geral será composta por membros eleitos, através de cédula, pela Assembleia Geral, de entre um grupo de pessoas propostas segundo os parágrafos 332.1-333.5. A pessoa que for eleita como membro da Junta Geral na qualidade de representante de uma região da igreja, deve residir naquela região, bem como ser membro de uma igreja local naquela região. (305.6, 334)

331.1. Nenhuma pessoa poderá ser eleita membro da Junta Geral, ou permanecer como tal, se for empregada da Church of the Nazarene, Inc., ou de entidades, incluindo as instituições de ensino, que recebem subsídio financeiro da Church of the Nazarene, Inc. Indivíduos oriundos de distritos ou de outras entidades que estejam recebendo fundos operacionais da Igreja Geral são igualmente inelegíveis.

331.2. O(A) secretário(a) geral será o(a) secretário(a) *ex officio* da Church of the Nazarene, Inc., e da Junta Geral.

331.3. O(A) tesoureiro(a) geral será o(a) tesoureiro(a) *ex officio* da Church of the Nazarene, Inc., da Junta Geral e dos departamentos da Church of the Nazarene, Inc. (330.2)

332. As nomeações para a Junta Geral serão feitas como a seguir se descreve:

332.1. Depois de serem eleitos os delegados para a Assembleia Geral, a delegação de cada distrito de Fase 3 reunir-se-á para escolher candidatos para recomendação para a Junta Geral, da seguinte maneira: cada distrito de Fase 3 pode apresentar os nomes de dois ministros ordenados designados e dois leigos. Deve ser considerada a composição multicultural do distrito na seleção dos nomes que serão recomendados. Para as regiões que tenham um Conselho Consultivo Regional, os nomes desses candidatos serão enviados primeiro à Junta Nacional e, posteriormente, ao Conselho Consultivo Regional, o qual poderá reduzir o número dos nomes para três candidatos para cada membro, que a Comissão Regional da Assembleia Geral necessite eleger; depois disto, os nomes devem ser imediatamente enviados para o escritório do(a) secretário(a) geral, a fim de serem colocados em cédulas para apresentação aos delegados de cada região à Assembleia Geral. (205.23)

332.2. Da lista desses candidatos, os delegados de cada região à Assembleia Geral recomendarão à mesma como segue:

Cada região com 100.000 membros em plena comunhão ou menos recomendará um(a) ministro(a) ordenado(a) designado(a) e um leigo; cada região que tenha entre 100.000 e 200.000 membros em plena comunhão recomendará dois ministros ordenados designados, sendo um deles o(a) superintendente distrital e o outro um(a) pastor(a) ou evangelista, e dois leigos; e um(a) leigo(a) e um(a) ministro(a) ordenado(a) designado(a) adicionais para regiões que excedam 200.000 membros em plena comunhão, com as seguintes disposições:

Nas regiões onde o número de membros exceda os 200.000 membros em plena comunhão, um(a) ministro(a) ordenado(a) designado(a) será pastor(a) ou evangelista; outro será um(a) superintendente distrital; e o(a) outro(a) ministro(a) ordenado(a) designado(a) pode estar em qualquer destas categorias.

Nenhum distrito terá direito a mais do que dois representantes na Junta Geral, e nenhuma região terá direito a mais do que seis membros (com a exceção dos representantes institucionais e de membros de MNI e JNI). Sempre que mais de dois candidatos de um distrito recebam votação superior à dos candidatos de outros distritos na região, os candidatos dos outros distritos que tenham recebido o segundo maior número de votos serão propostos como representantes daquela região.

Em cada região aqueles que receberem o maior número de votos, nas suas respectivas categorias, serão nomeados para a Assembleia Geral, por maioria de votos. No caso das regiões maiores, onde seis membros devem ser eleitos, o(a) leigo(a) e o(a) ministro(a) ordenado(a) designado(a) que receberem o segundo maior número de votos serão os nomeados adicionais.

Se um Conselho Consultivo Regional determinar ser provável que a maioria dos delegados eleitos fiquem impedidos de assistir a Assembleia Geral, a votação da Comissão Regional da Assembleia Geral poderá ser realizada por via postal ou electrónica dentro dos seis meses anteriores ao início da Assembleia Geral. O processo específico através do qual deverá ocorrer esta votação postal ou electrónica dos membros da Junta Geral para a Assembleia Geral, será proposto pelo Conselho Consultivo Regional e apresentado ao escritório do(a) secretário(a) geral para aprovação antes da sua implementação. (305.6, 901)

332.3. A Junta Internacional de Educação (IBOE, em inglês) recomendará à Assembleia Geral quatro pessoas das instituições educacionais, dois ministros ordenados designados e dois leigos. A Assembleia Geral elegerá dois representantes à Junta Geral, um deles será ministro(a) ordenado(a) designado(a) e o outro será leigo. (331.1)

332.4. O Conselho Global da JNI proporá à Assembleia Geral o(a) recém-eleito(a) Presidente do Conselho Global da JNI. Caso o(a) recém-eleito(a) Presidente do Conselho Global da JNI não possa servir na Junta Geral, o Conselho Global da JNI proporá um membro do Conselho Global da JNI para servir em seu lugar. (343.4)

332.5. O Conselho Global das MNI proporá um de seus membros para a Assembleia Geral. A Assembleia Geral elegerá um(a) representante para a Junta Geral. (344.3)

332.6. Os coordenadores regionais do DNI e o(a) diretor(a) Global do DNI proporão uma pessoa para a Assembleia Geral. A Assembleia Geral elegerá um(a) representante à Junta Geral.

333. As eleições para a Junta Geral serão realizadas de acordo com as seguintes disposições:

333.1. Cada pessoa proposta pela respectiva região será eleita, através de cédula, pela Assembleia Geral, por maioria de votos "sim".

333.2. De entre as pessoas propostas pela Junta Internacional de Educação, a Assembleia Geral elegerá duas, uma das quais será um(a) ministro(a) ordenado(a) designado(a) e a outra um leigo.

333.3. De entre as pessoas propostas pelo Conselho Global da JNI, a Assembleia Geral elegerá, através de cédula, por uma maioria de votos "sim". (343.4, 903)

333.4. De entre as pessoas propostas pelo Conselho Global das MNI, a Assembleia Geral elegerá, através de cédula, por uma maioria de votos "sim". (344.3, 904)

333.5. De entre as pessoas propostas pelos coordenadores regionais do DNI e o diretor global do DNI, a Assembleia Geral elegerá, através de cédula, por maioria de votos "sim". (332.6)

334. Os membros da Junta Geral exercerão os seus cargos até ao encerramento da Assembleia Geral seguinte e até que os seus sucessores sejam eleitos e empossados. O mandato de um membro da Junta Geral cessará de imediato, se um(a) ministro(a) ficar sem designação, ou se um(a) leigo(a) pedir e receber uma licença de ministro(a) distrital ou caso ocorra alguma das seguintes situações: transferência de membro para uma igreja de outra região; mudança de residência para fora da região que representa; ou alteração da categoria da função ministerial para a qual um(a) ministro(a) tenha sido eleito(a). Essa vaga será preenchida imediatamente. (331)

334.1. Vagas. A Junta de Superintendentes Gerais recomendará duas pessoas elegíveis para preencher uma vaga no quadro de membros da Junta Geral. Os nomes dos recomendados serão enviados ao secretário geral que os submeterá à eleição por maioria de votos do grupo apropriado.

- Representante regional. As Juntas Consultivas dos distritos de Fase 2 e Fase 3 dessa região elegerão o(a) substituto(a), tendo cada Junta direito a um voto.
- Representante educacional. A Junta Geral elegerá o(a) substituto(a).
- Representante da JNI. O Conselho Global da JNI elegerá o(a) substituto(a).

- Representante do DNI. A Junta Geral elegerá o(a) substituto(a).
- Representante das MNI. A Comissão Executiva Global das MNI consultará o(a) superintendente geral com jurisdição. Ele(a) seleccionará um(a) recomendado(a) para preencher a vaga e enviará o nome à Junta de Superintendentes Gerais para aprovação de acordo com o Artigo V. Secção 3.C.6.e. da Constituição das MNI. O Conselho Global das MNI elegerá o(a) substituto(a) por maioria de votos.

(332.3-332.6)

335. Deveres da Junta Geral

A Junta Geral servirá como Junta de Diretores da Church of the Nazarene, Inc., e terá autoridade principal sobre os assuntos de governo e planificação de natureza não-eclesiástica A Junta Geral deverá encorajar e esperar que todas as Juntas nacionais, regionais, distritais e locais cumpram a missão da Igreja do Nazareno, que é a de propagar a santidade cristã, segundo a tradição wesleyana fazendo discípulos à semelhança de Cristo nas nações, e deve facilitar o progresso da Igreja Global em cada nação e/ou região. A Junta Geral avançará com os assuntos financeiros e materiais de todas as comissões da Church of the Nazarene, Inc. de acordo com as instruções que possam ser dadas pela Assembleia Geral. Coordenará, correlacionará e unificará os planos e atividades das diversas comissões que a constituem, para que se estabeleça unidade de orientação em todas as atividades da Church of the Nazarene, Inc. Terá o poder de conduzir auditorias das contas de todos os departamentos e todas as entidades relacionadas com a Church of the Nazarene, Inc., e dirigirá os trabalhos e os assuntos de administração da Church of the Nazarene, Inc. e seus departamentos de todas as entidades legalmente relacionadas com a Church of the Nazarene, Inc. Tais departamentos, e entidades darão a devida consideração ao conselho e às recomendações da Junta Geral.

335.1. A Junta Geral terá o poder de comprar, possuir, ocupar, administrar, hipotecar, vender, transferir e doar, ou de qualquer maneira adquirir, embargar ou dispor tanto de bens móveis como imóveis, vendidos, legados, transmitidos, doados ou de qualquer outra forma recebidos pela Church of the Nazarene, Inc. para qualquer propósito legítimo, e para desempenhar esse propósito; e de pedir ou dar por empréstimo dinheiro na execução dos propósitos legais da Church of the Nazarene, Inc.

335.2. A Junta Geral preencherá uma vaga na Junta de Superintendentes Gerais, de acordo com os parágrafos 316 e 305.2.

335.3. A Junta Geral reunir-se-á antes ou imediatamente depois do encerramento da Assembleia Geral e organizar-se-á elegendo oficiais, comissões e membros para as comissões, conforme disposto nos seus Artigos de Incorporação e estatutos, para servirem durante o quadriénio e até que seus sucessores sejam eleitos e empossados. Os superintendentes gerais presidirão as reuniões da Junta Geral.

335.4. Reuniões. A Junta Geral reunir-se-á em sessão, pelo menos três vezes entre as Assembleias Gerais, na data e local especificado pelos estatutos dessa Junta, ou no horário, datas e lugar unanimemente aceite em qualquer reunião regular ou extraordinária, de forma que se adaptem aos seus melhores interesses e aos interesses das suas comissões.

335.5. Reuniões Extraordinárias da Junta Geral podem ser convocadas pela Junta de Superintendentes Gerais, pelo(a) presidente ou pelo(a) secretário(a).

335.6. Fundo de Evangelismo Mundial. Cada Igreja do Nazareno local é uma parte do esforço global para "fazer discípulos à semelhança de Cristo nas nações." O Fundo de Evangelismo Mundial será usado por toda a denominação para o sustento, manutenção e desenvolvimento da missão geral e atividades com ela relacionadas. O orçamento anual para a Igreja Geral será baseado na projeção das contribuições, na informação dos departamentos e agências da Igreja Geral, e considerando os relatórios financeiros do(a) tesoureiro(a) geral. De tempos em tempos, a Junta Geral determinará a quantia do Fundo de Evangelismo Mundial a ser atribuída a cada departamento e a cada fundo. Quando tais atribuições tiverem sido aprovadas, deverão ser submetidas à Junta de Superintendentes Gerais para análise, sugestões ou emendas, antes da sua aprovação final por parte da Junta Geral.

335.7. Quando o total do Fundo de Evangelismo Mundial para o ano fiscal seguinte for fixado pela Junta Geral, esta e a Junta de Superintendentes Gerais estão autorizadas e têm a faculdade de repartir cotas do Fundo de Evangelismo Mundial pelos vários distritos, de maneira equitativa tanto para com os distritos como para com os interesses gerais. (140, 317.10)

335.8. A Junta Geral terá autoridade para aumentar ou reduzir o montante solicitado por qualquer departamento ou fundo. Assuntos de finanças aprovados pela Assembleia Geral serão comunicados à Junta Geral, que estará autorizada a fazer ajustes proporcionais às condições econômicas existentes, às cotas anuais atribuídas a qualquer instituição ou agência da igreja, em conformidade como o compromisso financeiro total da Igreja Geral.

335.9. A Junta Geral aprovará parcelas do Fundo de Evangelismo Mundial para o Nazarene Theological Seminary (E.U.A.) e para o Nazarene Bible College (E.U.A.) como melhor lhe parecer e de acordo com a disponibilidade de fundos.

335.10. A Junta Geral examinará anualmente e fará as correções apropriadas dos salários e benefícios correspondentes aos superintendentes gerais, no intervalo entre as Assembleias Gerais.

335.11. Relatórios. A Junta Geral, na sua reunião regular, receberá relatórios detalhados das atividades dos departamentos durante o ano anterior, incluindo um relatório financeiro. Cada departamento também apresentará uma proposta de orçamento de despesas para o ano seguinte.

335.12. O(A) tesoureiro(a) geral apresentará anualmente à Junta Geral um relatório financeiro detalhado das receitas e despesas de todos os fundos que tenham estado sob a sua custódia durante o ano anterior, incluindo os fundos recebidos em fideicomisso e investimentos; e ainda um relatório detalhado dos desembolsos previstos, para o ano que se inicia, de fundos que não constem dos orçamentos dos departamentos da Church of the Nazarene, Inc. O(A) tesoureiro(a) geral será responsável perante a Junta Geral pelo fiel desempenho dos seus deveres oficiais. (330.5)

335.13. A Junta Geral reunir-se-á antes ou imediatamente após o encerramento da Assembleia Geral e elegerá um(a) secretário(a) geral e um(a) tesoureiro(a) geral, de acordo com os seus Estatutos, que exercerão os seus cargos até ao encerramento da seguinte Assembleia Geral e até que seus sucessores sejam eleitos e empossados.

335.14. Um assunto da agenda da Junta Geral que apenas afete uma região ou nação será encaminhado, com a aprovação da Comissão Executiva da Junta Geral e da Junta de Superintendentes Gerais, para uma comissão formada pelos membros da Junta Geral da dita região ou nação.

335.15. A Junta Geral estabelecerá a relação entre qualquer comissão autorizada pela Assembleia Geral ou pela Junta Geral com um departamento, ou com toda a junta, e designará as suas tarefas, responsabilidades e orçamento.

335.16. Diretores de Departamento. A Junta Geral da Church of the Nazarene, Inc. elegerá diretores de departamento de acordo com os procedimentos estabelecidos nos Estatutos da Junta Geral e no seu Manual de Governo e Procedimentos, para servirem até ao encerramento da Assembleia Geral seguinte e até que seus sucessores sejam eleitos e empossados, a menos que sejam removidos dos seus cargos. (317.5)

335.17. Os Diretores de Departamentos **serão nomeados de acordo com as seguintes disposições:** Se houver um(a) diretor(a) cessante, a Comissão de Recomendações pode recomendar a eleição por cédula uninominal, ou propor vários nomes. A procura de candidatos adequados para estes cargos será feita por uma comissão de seleção, tal como está previsto nos Estatutos da Junta Geral. Esta comissão apresentará dois ou mais nomes à Comissão de Recomendações, bem como as razões que apoiam a sua recomendação.

A Comissão de Recomendações, composta pelos seis superintendentes gerais e pela Comissão de Pessoal/Recursos Humanos da respectiva comissão da Junta Geral, apresentará um ou mais nomes à Junta Geral para eleição conforme previsto nos Estatutos dessa Junta.

335.18. Salário dos Executivos. A Junta Geral criará e preparará uma "avaliação de desempenho" e um programa de administração de salários que incluirá o(a) diretor(a) do departamento e os diretores de ministérios e diretores de serviços, e definirá uma estrutura salarial que reconheça níveis de responsabilidade e mérito. A Junta Geral reverá e aprovará, anualmente, o salário dos diretores de departamento, e de outros oficiais que sejam autorizados e eleitos pela Junta Geral.

335.19. A Junta Geral, durante o intervalo entre as sessões da Assembleia Geral, e/ou da Junta Geral, após recomendação prevista nos Estatutos da Junta Geral e no parágrafo 317.4, preencherá qualquer vaga que possa ocorrer nos cargos mencionados nos parágrafos 335.13 e 335.16, e em quaisquer outros cargos executivos criados pela Assembleia Geral, pela Junta Geral ou pelas comissões por elas eleitas.

336. A **aposentadoria** de todos os oficiais e diretores descritos nos parágrafos 335.13 e 335.16, bem como os diretores de qualquer das agências contratados pela Church of the Nazarene Inc., ocorrerá por ocasião da reunião da Junta Geral, imediatamente subsequente ao seu septuagésimo aniversário. Quando existirem vagas, estas serão preenchidas de acordo com as normas do *Manual*.

M. Planos de Pensões

337. Haverá uma Junta de Pensões, ou um corpo equivalente autorizado, com responsabilidade fiduciária por cada plano de pensões relacionado com a Igreja. Um plano de pensões pode ser aplicado a nível da organização geral, distrital, multi-distrital, nacional, regional ou multi-regional, conforme as necessidades.

337.1. A Junta Geral estabelecerá e manterá sugestões de diretrizes que sejam relevantes para todos os programas de pensões a nível mundial. A Junta Geral não garante que qualquer plano de aposentação não sofra perdas ou desvalorização. A Junta Geral não garante o pagamento de qualquer quantia que seja ou venha a ser devida a qualquer pessoa, de qualquer plano de pensões; e não será responsável no caso de faltarem fundos em qualquer plano de pensões. (32.5)

337.2. Todos os planos de pensões apresentarão um relatório anual à Junta Geral, através da Junta de Aposentação e Benefícios Internacionais, no formulário e formato requeridos. (32.5)

N. Subsidiárias da Church of the Nazarene, Inc.

338. Corporações subsidiárias de Church of the Nazarene, Inc., serão organizadas e governadas de acordo com os seguintes princípios:
   a. Membro Único O Membro Único de todas as subsidiárias incorporadas nos Estados Unidos da América tem de ser "The Church of the Nazarene, Inc."
   b. Junta de Diretores
      i. Composição: Cada organização determinará o número apropriado de diretores de acordo com as suas necessidades e propósitos. Os mínimos exigidos são:
         1. Um(a) diretor(a) da Junta de Superintendentes Gerais que é membro *ex officio*.
         2. Um alto funcionário da denominação nomeado pela Junta de Superintendentes Gerais.
      ii. Todos os diretores devem ser recomendados pela Junta de Superintendentes Gerais ouvidos os outros diretores da Corporação.
      iii. Todos os diretores devem ser eleitos pela Junta de Superintendentes Gerais agindo em nome do Membro Único. Permanecerão em funções até que seus sucessores sejam eleitos e empossados.
      iv. Remoção: Qualquer diretor(a) pode ser removido(a) com ou sem justa causa, pelo voto da Junta de Superintendentes Gerais, agindo em nome do Membro Único, numa reunião especial convocada para tal fim.
   c. Oficiais e Executivos: o número e os títulos dos oficiais serão determinados por cada entidade de acordo com os seus estatutos.
   d. Reuniões da Corporação:
      i. As reuniões do Membro Único terão lugar na data e local marcados regularmente pelo Membro Único (The Church of the Nazarene, Inc.)
      ii. As reuniões dos diretores terão lugar de acordo com os planos da Corporação.
   e. Executivos da Corporação: São escolhidos e removidos de acordo com os estatutos da subsidiária.
   f. Ano Fiscal: Todas as subsidiárias adotarão um ano fiscal idêntico ao ano fiscal da The Church of the Nazarene, Inc.
   g. Dissolução: Após dissolução da Corporação, todos os seus bens serão transferidos para o Membro Único.
   h. Artigos da Incorporação e Estatutos
      i. As subsidiárias podem ser constituídas por dois terços dos votos da Junta Geral do Membro Único. Os Artigos da Incorporação e os Estatutos estão sujeitos à aprovação da Junta Geral do Membro Único.

ii. Emendas são propostas por dois terços dos votos da Junta de Diretores da Corporação e estão sujeitas à aprovação da Junta Geral do Membro Único.

O. Nazarene Publishing House

339. A missão da Nazarene Publishing House é publicar ou então produzir, comercializar, possuir, licenciar e administrar conteúdos para o benefício da Igreja do Nazareno e outros mercados cristãos consentâneos com a missão da Igreja. De forma a proteger e administrar os bens dos meios de comunicação usados pela Igreja do Nazareno e suas afiliadas, a Igreja do Nazareno confia à Nazarene Publishing House esta responsabilidade fundamental.

P. A Comissão Geral de Ação Cristã

340. Depois da Assembleia Geral, a Junta de Superintendentes Gerais nomeará uma Comissão Geral de Ação Cristã, sendo um dos membros o(a) secretário(a) geral, que apresentará à Junta Geral o relatório do trabalho da comissão.

Os deveres da **Comissão Geral de Ação Cristã** são:

340.1. Preparar e desenvolver informação construtiva sobre assuntos como o álcool, tabaco, narcóticos, jogos de azar e outros assuntos morais e sociais atuais, de acordo com a doutrina da igreja; e disseminar a informação nos meios de comunicação da denominação.

340.2. Dar ênfase à santidade do matrimónio e ao caráter sagrado do lar cristão, e salientar os problemas e males do divórcio. Especialmente, a comissão deve realçar o plano bíblico do matrimónio como pacto para toda a vida, que só deverá ser quebrado com a morte.

340.3. Motivar o povo a servir em posições de liderança em organizações que sirvam a justiça cívica e social.

340.4. Alertar o nosso povo para a observância do Dia do Senhor, bem como contra ordens secretas de juramento obrigatório, diversões que são subversivas à ética cristã, e outras formas de mundanismo.

340.5. Apoiar e motivar cada distrito a criar uma Comissão de Ação Cristã; e fornecer-lhes informação e material sobre questões morais da actualidade, para distribuição nas igrejas locais.

340.6. Fiscalizar assuntos morais de importância nacional e internacional, e apresentar o ponto de vista das Escrituras sobre eles.

Q. Comissão dos Interesses do(a) Evangelista "Chamado(a) por Deus"

341. A Comissão dos Interesses do(a) Evangelista "Chamado(a) por Deus" será composta pelo(a) coordenador(a) de avivamento, que será presidente *ex officio* da Comissão, e por mais quatro evangelistas titulados e um pastor. O(A) Diretor(a) do escritório E.U.A./Canadá, ouvido(a) o(a) coordenador(a) de avivamento apresentará à Junta de Superintendentes Gerais uma lista de nomes propostos para a Comissão, para aprovação e nomeação. A Comissão ou alguém por ela indicado, entrevistará pessoalmente os evangelistas comissionados que foram recomendados pela sua respectiva Assembleia Distrital, para o estatuto de "evangelista efetivo(a)". Examinará também a situação do evangelismo itinerante na Igreja do Nazareno e fará recomendações à comissão apropriada da Junta Geral, quanto a avivamentos e evangelistas. As vagas serão preenchidas mediante nomeação da Junta dos Superintendentes Gerais, a partir de recomendações recebidas do(a) Diretor(a) do escritório E.U.A./Canadá, ouvido(a) o(a) coordenador(a) de avivamento. (317.7, 510.3)

R. Comissão Consultiva Internacional do Programa de Estudos

342. Depois da Assembleia Geral, o(a) diretor(a) da Educação Global e do Desenvolvimento do Clero, ouvidos os coordenadores regionais de educação, proporá uma lista de nomes para servirem na Comissão Consultiva Internacional do Programa de Estudos (ICOSAC). Os recomendados para a comissão poderão incluir representantes dos pastores, do pessoal executivo, da educação e dos leigos. A composição do ICOSAC deverá ser substancialmente representativa da Igreja Global. A Junta dos Superintendentes Gerais nomeará a comissão para servir durante o quadriénio.

A Comissão Consultiva Internacional do Programa de Estudos (ICOSAC) deverá reunir-se no mínimo uma vez de dois em dois anos, num local a ser determinado pelo(a) diretor(a) da Educação Global e do Desenvolvimento do Clero (521.1-521.2, 521.5).

S. A Juventude Nazarena Internacional Global

343. O ministério nazareno para jovens é organizado globalmente sob os auspícios da JNI, segundo os Estatutos da JNI e sob a autoridade do(a) superintendente geral com jurisdição para a JNI e da Junta Geral. A JNI Global será composta de membros, grupos locais e organizações distritais da JNI à volta do mundo. A JNI global é governada pelos Estatutos da JNI e pelo Plano Global de Ministério da JNI aprovados pela Assembleia Geral.

343.1. Haverá uma Convenção Global da JNI quadrienal, que se realizará em data estabelecida pela Junta de Superintendentes Gerais, ouvido o Conselho Global da JNI. A Convenção quadrienal será composta dos membros designados no Plano Global de Ministério da JNI (810).

343.2. A convenção elegerá um(a) presidente do Conselho global da JNI. O(A) vice-presidente do Conselho global da JNI é eleito(a) pelo Conselho Global da JNI na sua primeira reunião durante ou após a Assembleia Geral. O(A) presidente e o(a) vice-presidente do Conselho Global da JNI serão membros *ex officio* do Conselho Global da JNI, e servirão sem remuneração.

343.3. O Conselho Global da JNI será composto pelo(a) presidente, pelo(a) vice-presidente, e um(a) representante de cada região, como designado no Plano Global de Ministério da JNI. O(A) Diretor(a) da Juventude Nazarena Internacional servirá *ex officio* no conselho. O conselho será responsável perante a Junta Geral através da Comissão dos Ministérios da Igreja Local, e perante o(a) superintendente geral com jurisdição para a JNI, e será conduzido sob a autoridade dos Estatutos da JNI e do Plano Global de Ministério da JNI. Os membros do Conselho Global da JNI servirão até ao encerramento da Assembleia Geral subsequente, quando os seus sucessores forem eleitos e empossados. (810)

343.4. A JNI Global será representada na Junta Geral da Igreja do Nazareno por um membro, eleito pela Assembleia Geral, com base na proposta feita pelo Conselho Global da JNI. (332.4, 333.3)

343.5. A JNI Global será representada na Assembleia Geral pelo(a) presidente cessante do Conselho Global da JNI (301).

T. O Conselho Global das Missões Nazarenas Internacionais Global

344. O Conselho Global das Missões Nazarenas Internacionais Globais será composto pelo(a) presidente global, pelo(a) diretor(a) global e pelo número de membros prescritos na Constituição das MNI Globais e eleitos de acordo com a mesma.

344.1. O Conselho Global será governado pela Constituição das MNI. O Conselho Global apresentará um relatório à Comissão dos Ministérios da Igreja Local da Junta Geral. (811)

344.2. Nomeação e Eleição do(a) Diretor(a) Global das MNI. A comissão executiva das MNI e o(a) superintendente geral com jurisdição formarão uma comissão de pesquisa para identificar potenciais candidatos para a posição de diretor(a) global das MNI. Até dois nomes de potenciais candidatos serão apresentados à Comissão dos Ministérios da Igreja Local da Junta Geral.

A Comissão dos Ministérios da Igreja Local da Junta Geral e o(a) superintendente geral com jurisdição considerarão os nomes que lhes forem apresentados e ratificarão até dois nomes para serem eleitos pela Junta de Superintendentes Gerais.

A Junta de Superintendentes Gerais elegerá o(a) diretor(a) global das MNI mediante cédula de votação de entre os nomes submetidos pela Comissão dos Ministérios da Igreja Local da Junta Geral.

O(A) diretor(a) global das MNI será membro *ex officio* do Conselho Global das MNI e membro do corpo de funcionários das Missões Globais.

344.3. As MNI Globais serão representadas na Junta Geral por um membro eleito para este fim pela Assembleia Geral, de entre as pessoas propostas pelo Conselho Global das MNI. (332.5, 333.4)

344.4. Haverá uma Convenção Quadrienal realizada sob a direção do Conselho Global das MNI Globais, imediatamente antes da reunião regular da Assembleia Geral. Esta convenção elegerá o Conselho Global das MNI Globais de acordo com a Constituição. A convenção elegerá um(a) presidente global, que será membro *ex officio* do Conselho Global das MNI Globais. (811)

U. Juntas Nacionais

345. Uma Junta Nacional pode ser criada baseada na recomendação da Junta de Superintendentes Gerais e quando tal seja necessário, para facilitar a missão e a estratégia da igreja nessa nação. Uma Junta Nacional terá o grau de autoridade que lhe for conferida pelo(a) diretor(a) regional, pela(s) Junta(s) Consultiva(s) do(s) distrito(s) de fase 3 (em caso de existir(em), ouvido(s) o(s) superintendente(s) geral(ais) com jurisdição sobre a região, e os distritos dessa nação, para agir em nome da Igreja no cumprimento da estratégia regional. No caso do(a) diretor(a) regional considerar necessário, e tendo consultado o(a) superintendente geral com jurisdição para a região, a Junta poderá organizar-se e registrar-se como entidade legal pública para a Igreja do Nazareno nessa nação. A Junta Nacional poderá ser dissolvida pela Junta de Superintendentes Gerais quando se julgue ser desnecessária para o cumprimento da missão ou não seja um requisito legal.

A lista de membros e a estrutura de cada Junta Nacional serão determinadas pela Junta de Superintendentes Gerais.

Uma cópia dos artigos de organização ou do registro oficial dessa Junta será imediatamente enviada ao/à secretário(a) geral para arquivo. Estes documentos serão mantidos atualizados através do envio de quaisquer alterações ao/à secretário(a) geral, para arquivo. Quaisquer atividades levadas a cabo pela Junta Nacional, relativamente à facilitação da missão e da estratégia da Igreja, serão conduzidas em consonância com o(a) diretor(a) regional. As atas das reuniões anuais e extraordinárias da Junta Nacional serão examinadas pelo Conselho Consultivo Regional, antes de serem remetidas ao/à secretário(a) geral, para revisão e comentário da Junta Geral conforme apropriado. (32.5)

V. A Região

346. Origem e Propósito. Devido ao crescimento da Igreja do Nazareno ao redor do mundo, desenvolveram-se agrupamentos de vários distritos organizados em áreas geográficas identificadas como regiões. Um grupo de distritos, sujeitos ao governo geral da Igreja do Nazareno e que possuam uma consciência de identificação regional e cultural, podem ser organizados como uma região administrativa por ação da Junta Geral e aprovação da Junta de Superintendentes Gerais.

346.1. Governo Regional. Levando em conta a assimetria de organização de algumas regiões, a Junta de Superintendentes Gerais pode, quando achar necessário, e em consulta com o Conselho Consultivo Regional, estruturar regiões administrativas, de acordo com necessidades específicas, problemas potenciais, realidades existentes e antecedentes culturais e educacionais diversificados nas suas respectivas áreas geográficas mundiais. Em tais situações, a Junta de Superintendentes Gerais preparará um regulamento que envolva compromissos inegociáveis, incluindo os nossos *Artigos de Fé*, adesão fiel à doutrina e ao estilo de vida de santidade, e apoio ao amplo esforço de expansão missionária.

346.2. Os deveres **principais das regiões** são:
1. Implementar a missão da Igreja do Nazareno, através da criação de áreas pioneiras, distritos e instituições;
2. Desenvolver uma consciência regional, espírito de comunhão e estratégias para cumprir a Grande Comissão, reunindo periodicamente representantes dos distritos e das instituições, para tempos de planejamento, oração e inspiração;
3. Recomendar pessoas para a Assembleia Geral e para as Convenções Globais, para eleição para a Junta Geral;
4. Conforme estipulado no *Manual* criar e manter escolas e faculdades ou outras instituições;
5. Recrutar e selecionar candidatos a missionários da região, de acordo com o regulamento (346.3);
6. Planejar reuniões do Conselho Consultivo Regional e conferências para a região;
7. Facilitar o desenvolvimento de Juntas Nacionais como estipulado nos parágrafos 345 e 346.3.

346.3. Conselho Consultivo Regional (RAC, em inglês). Uma região pode ter um Conselho Consultivo Regional cujas responsabilidades serão: prestar assistência ao/à diretor(a) regional no desenvolvimento da estratégia para a região; rever e recomendar a aprovação ou rejeição de todas as atas das Juntas Nacionais, antes de enviá-las para o escritório do(a) secretário(a) geral; entrevistar candidatos a missionários, e recomendá-los à Junta Geral para nomeação global, e receber relatórios do(a) diretor(a) regional, coordenadores de estratégia de campo e coordenadores de ministério.

A lista dos membros do RAC será flexível, de modo a ajustar o RAC de acordo com as necessidades, desenvolvimento e requisitos específicos de cada região. O(A) diretor(a) regional recomendará o número de membros do RAC ao/à diretor(a) das Missões Globais e ao/à superintendente geral com jurisdição, para aprovação. Serão membros *ex officio*: o(a) superintendente geral com jurisdição da região, o(a) diretor(a) das Missões Globais e o(a) diretor(a) regional que servirá como presidente. O pessoal que presta contas perante as Missões Globais não será candidato para eleição como membro do RAC, mas poderá servir como pessoal de apoio. Os membros do RAC serão eleitos por cédula pela Comissão Regional, na Assembleia Geral. O RAC preencherá qualquer vaga entre Assembleias Gerais.

O(A) diretor(a) regional, ouvido o RAC, pode reunir uma conferência regional ou conferência de evangelismo para a área, conforme necessário. (32.5)

346.4. O(A) Diretor(a) Regional. Uma região poderá ter um(a) diretor(a) eleito(a) pela Junta de Superintendentes Gerais, ouvido(a) o(a) diretor(a) das Missões Globais, e ratificado pela Junta Geral, para trabalhar nos termos dos regulamentos e práticas da Igreja do Nazareno, dando liderança aos distritos, igrejas e instituições da região, para o cumprimento da missão, estratégias e programas da igreja.

Antes da reeleição de um(a) diretor(a) regional, será realizada uma revisão pelo(a) diretor(a) das Missões Globais e o(a) superintendente geral com jurisdição, ouvido o Conselho Consultivo Regional. Uma revisão positiva constituirá uma aprovação da recomendação para reeleição.

Cada diretor(a) regional será administrativamente responsável perante as Missões Globais e a Junta Geral e, em assuntos de jurisdição, responsável perante a Junta de Superintendentes Gerais.

346.5. O(A) Coordenador(a) da Estratégia de Área. Quando considerado necessário, o(a) diretor(a) regional poderá criar uma estrutura de áreas na região, e recomendar ao/à diretor(a) das Missões Globais a nomeação de coordenadores de estratégia de área de acordo com o *Guia de Operações das Missões Globais*. O(A) coordenador(a) da estratégia de área será responsável perante o(a) diretor(a) regional.

346.6. Comissão Consultiva Regional do Programa de Estudos (RCOSAC, em inglês). A Comissão Consultiva Regional do Programa de Estudos (RCOSAC) será composta pelo(a) coordenador(a) regional de educação, que poderá ser presidente *ex officio* da Comissão, e pelos representantes selecionados ouvido(a) o(a) diretor(a) regional. Os membros da RCOSAC deverão representar todas as partes interessadas na educação ministerial (por exemplo: pastores, administradores, educadores e leigos) para a região.

346.7. Deveres da Comissão Consultiva Regional do Programa de Estudos (RCOSAC, em inglês). Os **deveres principais da Comissão Consultiva Regional do Programa de Estudos** são:

1. Desenvolver o *Guia Regional para o Desenvolvimento Ministerial* descrevendo os padrões mínimos de educação para ordenação na Igreja do Nazareno na sua região. O *guia*

deve refletir os padrões mínimos estabelecidos no *Manual* e elaborados *no Guia Internacional para o Desenvolvimento Ministerial;*
2. Desenvolver procedimentos de validação dos programas de educação ministerial na sua região, a fim de verificar se os programas preenchem os padrões da RCOSAC e da ICOSAC;
3. Colaborar com as instituições de ensino regionais para que interpretem estes padrões nos programas educacionais ministeriais;
4. Rever as sugestões dos programas educacionais ministeriais quanto à sua conformidade com os padrões dos *Guias Regional e Internacional para o Desenvolvimento Ministerial;*
5. Endossar programas de educação ministerial regional à Comissão Consultiva Internacional do Programa de Estudos para adoção e aprovação.

PARTE V

ENSINO SUPERIOR

IGREJA E FACULDADE/UNIVERSIDADE

CONSÓRCIO GLOBAL DE EDUCAÇÃO NAZARENA

JUNTA INTERNACIONAL DE EDUCAÇÃO

ENSINO SUPERIOR

I. Igreja e Faculdade/Universidade

400. Desde as suas origens, a Igreja do Nazareno tem-se devotado ao ensino superior. A igreja provê a faculdade/universidade com estudantes, liderança administrativa e corpo docente, bem como apoio financeiro e espiritual. A faculdade/universidade educa os jovens e muitos dos adultos da Igreja, orienta-os para a maturidade espiritual, enriquece a Igreja e envia ao mundo servos de Cristo que sabem pensar e amam o próximo A faculdade/universidade da Igreja, embora não seja uma congregação local, é parte integrante da Igreja; é uma expressão da Igreja.

A Igreja do Nazareno crê no valor e na dignidade da vida humana e na necessidade de prover um ambiente em que a pessoa possa ser redimida e enriquecida espiritual, intelectual e fisicamente, "santificada e idónea para uso do Senhor e preparada para toda boa obra" (2 Timóteo 2:21). A função principal e as expressões tradicionais da atividade da igreja local — evangelismo, educação religiosa, ministérios de compaixão e cultos de adoração — exemplificam o seu amor a Deus e a sua preocupação com as pessoas.

A nível local, a educação cristã de jovens e adultos nas diversas fases do desenvolvimento humano, intensifica a eficácia do evangelho. As congregações podem integrar nos seus objetivos e funções, programas educacionais para creches/escolas de qualquer ou de todos os níveis, desde o maternal ao ensino secundário. A nível da Igreja Geral, será mantida a prática histórica de prover instituições de ensino superior ou preparação ministerial. Onde quer que estas instituições se situem, funcionarão dentro dos moldes filosóficos e teológicos da Igreja do Nazareno, estabelecidos pela Assembleia Geral e expressos no *Manual*.

400.1. Declaração de Missão Educacional. A educação na Igreja do Nazareno, está enraizada nos postulados bíblicos e teológicos dos movimentos Wesleyano e de santidade; é responsável perante a missão declarada da denominação, e visa orientar aqueles que a utilizam para aceitarem, desenvolverem e exprimirem, em serviço para a igreja e o mundo, um entendimento cristão consistente e coerente da vida social e individual. Para além disto, tais instituições de ensino superior procurarão desenvolver um currículo de qualidade, que evidencie elevado nível acadêmico, e prepare adequadamente os formados para servirem com eficiência nas vocações e profissões que escolhem ou venham a escolher.

400.2. A criação de instituições, que confiram graus acadêmicos, está sujeita à autorização da Assembleia Geral, após recomendação da Junta Internacional de Educação.

Mediante recomendação da Junta Internacional de Educação, a Junta Geral pode autorizar o desenvolvimento ou a alteração da categoria de instituições existentes.

Nenhuma igreja local, conjunto de igrejas, pessoas representando uma igreja local ou um grupo de igrejas podem, em nome da Igreja do Nazareno, estabelecer ou patrocinar uma instituição de ensino de nível secundário ou uma instituição de preparação ministerial, a não ser por recomendação da Junta Internacional de Educação

II. Consórcio Global de Educação Nazarena

401. Haverá um Consórcio Global de Educação Nazarena composto pelo(a) presidente, dirigente, reitor(a) ou diretor(a) ou o(a) representante designado(a) de cada instituição da Junta Internacional de Educação (IBOE, em inglês) da Igreja do Nazareno; pelos coordenadores regionais de educação; pelo(a) diretor(a) da Educação Global e do Desenvolvimento do Clero; pelo(a) diretor(a) das Missões Globais e pelo(a) Superintendente Geral com jurisdição sobre a Junta Internacional de Educação.

III. Junta Internacional de Educação

402. A Junta Internacional de Educação (daqui em diante IBOE, em inglês) será a defensora da Igreja Geral para as instituições educacionais da Igreja do Nazareno e proverá orientação e supervisão como descrito a seguir.

Esta Junta será composta de oito membros eleitos pela Junta Geral, mais os seguintes membros *ex officio*: os dois representantes da área de educação na Junta Geral, o(a) diretor(a) das Missões Globais, o diretor(a) da Educação Global e do Desenvolvimento do Clero. Uma Comissão de Recomendações, composta pelo(a) diretor(a) da Educação Global e do Desenvolvimento do Clero, pelo(a) diretor(a) das Missões Globais, por dois representantes de Educação na Junta Geral e pelos Superintendentes Gerais com jurisdição sobre a IBOE e sobre as Missões Globais apresentará, para eleição para a Junta Geral, oito candidatos aprovados pela Junta de Superintendentes Gerais.

Num esforço para assegurar uma ampla representação de toda a Igreja, a Comissão de Recomendações apresentará os candidatos da seguinte maneira: um(a) coordenador(a) regional de educação; três leigos; dois ministros ordenados designados das regiões das Missões Globais, que não tenham um coordenador(a) de educação; dois candidatos sem atribuições específicas. Nenhuma região das Missões Globais terá mais de um membro eleito na IBOE até que cada região tenha um(a) representante.

Em todo o processo de recomendação e eleição, dar-se-á atenção à indicação de pessoas com perspectiva transcultural e/ou experiência como educadores.

As **funções da IBOE** são:

402.1. Assegurar que as instituições nazarenas de ensino superior da IBOE estão sob o controlo legal das respectivas juntas governativas, cujas constituições e regulamentos deverão sujeitar-se aos artigos de incorporação, e que se acham em harmonia com as diretrizes determinadas pelo *Manual da Igreja do Nazareno* e a IBOE.

402.2. Assegurar que as Juntas diretivas das instituições do IBOE (1) sejam compostas inteiramente de membros (quer eleitos, nomeados ou *ex officio*) que estejam de acordo com os Artigos de Fé, a doutrina da inteira santificação e os pactos da Igreja do Nazareno, como estabelecidos na última versão do *Manual*; (2) tenham não menos de 75% de membros ativos e em plena comunhão na Igreja do Nazareno que não estejam sob disciplina; e (3) tenham um número igual de ministros e leigos, na medida do razoavelmente possível, a menos que de outra forma determinado por organizações ou acreditação e/ou regulamento ou lei do governo local. No caso de uma instituição IBOE ser incapaz de cumprir com um ou mais dos padrões acima enumerados, essa instituição deve reportar essa incapacidade tanto ao/à seu/sua superintendente geral com jurisdição como ao diretor(a) de Educação Global e do Desenvolvimento do Clero.

Espera-se que cada instituição IBOE conduza um processo minucioso de orientação dos seus novos membros da Junta, de modo que todos os membros estejam cientes dos Artigos de Fé, da doutrina da inteira santificação e dos pactos da Igreja do Nazareno, bem como do papel e das obrigações fiduciárias de um membro da Junta.

402.3. Receber fundos que lhe sejam atribuídos para fins educacionais, através de ofertas, heranças e doações; anualmente recomendar a distribuição desses fundos para as instituições educacionais, de acordo com os critérios definidos pela Junta Geral. As instituições não continuarão a receber apoio regular, a menos que os seus padrões educacionais, planos de organização e relatórios financeiros estejam arquivados na IBOE.

402.4. Receber e tratar de modo adequado o relatório anual do(a) diretor(a) da Educação Global e do Desenvolvimento do Clero resumindo as seguintes informações de todas as instituições IBOE: (1) relatório estatístico anual, (2) relatório anual de auditoria, e (3) orçamento anual.

402.5. Recomendar e providenciar apoio e mediação, embora o seu papel seja consultivo em relação às instituições, à Junta de Superintendentes Gerais e à Junta Geral.

402.6. Servir a Igreja em assuntos que digam respeito às instituições educacionais nazarenas, a fim de reforçar os laços entre as instituições e a Igreja em geral.

ENSINO SUPERIOR

402.7. Submeter as suas resoluções e recomendações à comissão apropriada da Junta Geral.

403. Todos os estatutos e constituições das instituições devem incluir um artigo sobre a dissolução e a indicação de que o seu património deverá ser entregue à Igreja do Nazareno para ser usado para serviços educacionais da Igreja.

PARTE VI

MINISTÉRIO E SERVIÇO CRISTÃO

CHAMADA E QUALIFICAÇÕES DO(A) MINISTRO(A)

CATEGORIAS DE MINISTÉRIO

FUNÇÕES DE MINISTÉRIO

EDUCAÇÃO PARA MINISTROS

REGULAMENTOS MINISTERIAIS E CREDENCIAIS

I. CHAMADA E QUALIFICAÇÕES DO(A) MINISTRO(A)

A Comissão Editorial do *Manual* reconhecendo a validade das palavras de abertura do parágrafo 500, tentou usar linguagem que reflita esta singularidade. Contudo, devido à natureza desta seção do *Manual*, os termos "ministro(a)" ou "o(a) ministro(a)" referir-se-ão, por norma, a uma pessoa que tenha credenciais, seja licenciada, ordenada ou comissionada.

500. A Igreja do Nazareno reconhece que todos os crentes são chamados a ministrar a todas as pessoas.

Também afirmamos que Cristo chama alguns homens e mulheres para um ministério específico e público tal como Ele escolheu e ordenou os Seus 12 apóstolos. Quando a igreja, iluminada pelo Espírito Santo, reconhece essa chamada divina, ela confirma e auxilia a entrada da pessoa numa vida inteira de ministério.

501. Teologia das Mulheres no Ministério. A Igreja do Nazareno apoia o direito das mulheres usarem os seus dons espirituais outorgados por Deus na igreja. Afirmamos o direito histórico das mulheres serem eleitas e nomeadas para posições de liderança na Igreja do Nazareno, incluindo as ordens de presbítero e de diácono.

O propósito da obra redentora de Cristo é libertar a criação de Deus da maldição da Queda. Os que estão "em Cristo" são novas criaturas (2 Coríntios 5:17). Nesta comunidade redentora, nenhum ser humano deve ser considerado inferior devido a bases de posição social, raça ou sexo (Gálatas 3:26-28).

Reconhecendo o aparente paradoxo criado pela instrução de Paulo a Timóteo (1 Timóteo 2:11-12) e à igreja em Corinto (1 Coríntios 14:33-34), cremos que a interpretação destas passagens como limitando o papel das mulheres no ministério apresenta sérios conflitos com passagens específicas das Escrituras que recomendam a participação feminina em cargos de liderança espiritual (Joel 2:28-29; Atos 2:17-18; 21:8-9; Romanos 16:1, 3, 7; Filipenses 4:2-3), e viola o espírito e a prática da tradição wesleyana de santidade. Finalmente, ela é incompatível com o caráter de Deus apresentado através das Escrituras, especialmente como revelado na pessoa de Jesus Cristo.

502. Teologia de Ordenação. Embora afirmando o princípio bíblico do sacerdócio universal e o ministério de todos os crentes, a ordenação reflete a crença bíblica de que Deus chama e dá dons a certos homens e mulheres para a liderança ministerial na Igreja. A ordenação é o ato de autenticação e autorização da Igreja que reconhece e confirma a chamada de Deus para a liderança ministerial como mordomos e proclamadores do Evangelho e da Igreja de Jesus Cristo. Consequentemente, a ordenação testifica perante a Igreja universal e o mundo que esse candidato dá testemunho de uma vida exemplar de santidade, possui dons e graças para o ministério

público, tem sede pelo conhecimento, especialmente da Palavra de Deus, e mostra capacidade para comunicar a sã doutrina.
(Atos 13:1-3; 20:28; Romanos 1:1-2; 1 Timóteo 4:11-16; 5:22; 2 Timóteo 1:6-7)

502.1. A Igreja do Nazareno depende grandemente das qualificações espirituais, caráter e modo de vida dos seus ministros. (530.17)

502.2. O(a) ministro(a) do Evangelho na Igreja do Nazareno deve ter paz com Deus mediante nosso Senhor Jesus Cristo, e ser inteiramente santificado(a) pelo batismo com ou do enchimento do Espírito Santo. O(A) ministro(a) deve ter um amor profundo pelos descrentes, crendo que estão a perecer, e que ele(a) é chamado(a) por Deus para lhes proclamar a salvação.

502.3. O(A) ministro(a) deve ser um exemplo para a igreja: pontual, discreto(a), diligente, fervoroso(a), puro(a), compreensivo(a), paciente, gentil, amoroso(a) e verdadeiro(a) pelo poder de Deus (2 Coríntios 6:6-7).

502.4. O(A) ministro(a), semelhantemente, deve ter profunda compreensão da necessidade dos crentes prosseguirem até à perfeição, desenvolvendo as virtudes cristãs na vida prática, para que o seu "amor aumente mais e mais, em pleno conhecimento e toda a percepção" (Filipenses 1:9). A pessoa que ministre na Igreja do Nazareno deve possuir elevado apreço tanto pela salvação como pela ética cristã.

502.5. O(A) ministro(a) deve responder a oportunidades de ser mentor(a) de futuros ministros e de nutrir a chamada para o ministério.

502.6. O(A) ministro(a) deve possuir dons e virtudes para o ministério. Ele ou ela deve ter sede de conhecimento, especialmente da Palavra de Deus, bom senso, boa compreensão e pontos de vista claros sobre a salvação, conforme revelado nas Escrituras. Os santos serão edificados e os pecadores convertidos através do seu ministério. Além disso, o(a) ministro(a) do evangelho na Igreja do Nazareno deve ser um exemplo na oração.

II. CATEGORIAS DE MINISTÉRIO

A. Ministério de Leigos

503. Todos os cristãos devem considerar-se ministros de Cristo e procurar conhecer a vontade de Deus acerca das suas próprias oportunidades de serviço. (500)

503.1. A Igreja do Nazareno reconhece o ministério dos leigos. Reconhece também que o(a) leigo(a) pode servir a Igreja em várias competências. (Efésios 4:11-12). A Igreja reconhece as seguintes categorias de serviço em que uma Assembleia Distrital pode colocar um(a) leigo(a): pastor(a), evangelista, missionário(a), professor(a), administrador(a), capelão/capelã e serviço especial. O treinamento do(a) leigo(a) é normalmente requerido, ou altamente desejado, para cumprir essas categorias (605.3)

503.2. Ministro(a) leigo(a). Qualquer membro da Igreja do Nazareno que se sinta chamado para servir como implantador(a) de igrejas, pastor(a) bivocacional, professor(a), evangelista leigo(a), evangelista de canto leigo(a), ministro(a) de mordomia, ministro(a) da equipe da igreja, ou outro ministério especializado dentro da igreja, mas que no momento não sinta uma chamada especial para se tornar um(a) ministro(a) ordenado(a), pode prosseguir um programa de estudos validado que lhe permita receber um certificado de ministério leigo.

503.3. A Junta da Igreja local, mediante recomendação do pastor, examinará e aprovará inicialmente o(a) ministro(a) leigo(a) quanto à sua experiência pessoal de salvação, envolvimento efetivo nos ministérios da Igreja, e conhecimento da obra da Igreja.

503.4. A Junta da Igreja local poderá emitir para cada candidato(a) a ministro(a) leigo(a) um certificado assinado pelo(a) pastor(a) e pelo(a) secretário(a) da Junta da Igreja.

503.5. O certificado de ministro(a) leigo(a) pode ser renovado anualmente pela Junta da Igreja, mediante recomendação do(a) pastor(a), se o(a) ministro(a) leigo(a) tiver completado pelo menos duas disciplinas do programa educacional para o ministério leigo como delineado pelo Treinamento Contínuo de Leigos. O(a) ministro(a) leigo(a) apresentará um relatório anual à Junta da Igreja.

503.6. A Junta Consultiva pode emitir um certificado de ministro(a) leigo(a), assinado pelo(a) superintendente distrital e pelo(a) secretário(a) da Junta Consultiva, a um(a) ministro(a) leigo(a) servindo sob designação distrital como implantador(a) de igrejas, pastor(a) temporário(a), pastor(a) bivocacional ou outro ministério especializado, depois de completar um programa de estudos validado. O certificado de ministro(a) leigo(a) pode ser renovado anualmente pela Junta Consultiva, mediante recomendação do(a) superintendente distrital.

503.7. O(A) ministro(a) leigo(a) que serve fora da igreja local onde é membro, dependerá da nomeação e supervisão do(a) superintendente distrital e da Junta Consultiva e apresentará um relatório anual a ambos. Quando cessar a designação distrital, o(a) ministro(a) leigo(a) será encaminhado(a) para a igreja local de que é membro, para renovação do certificado e prestação de relatório.

503.8. Depois de completar um programa de estudos validado para o ministério leigo, o(a) ministro(a) leigo(a) prosseguirá um Programa de Estudos especializado de acordo com a sua escolha ministerial através do escritório de Treinamento Contínuo de Leigos.

503.9. Um(a) ministro(a) leigo(a) não poderá administrar os sacramentos do batismo e da Ceia do Senhor, e não poderá oficiar casamentos.

B. O Ministério do Clero

504. A Igreja do Nazareno reconhece apenas uma ordem de ministério de pregação, a de presbítero. Também reconhece que o membro do clero pode servir a Igreja em várias competências (Efésios 4:11-12). A Igreja reconhece as seguintes categorias de serviço, em que uma Assembleia Distrital pode colocar um(a) presbítero, diácono/diaconisa ou um(a) ministro(a) licenciado(a) pelo distrito, quando as circunstâncias o justificarem: pastor(a), evangelista, missionário(a), professor(a), administrador(a), capelão/capelã e serviço especial. O treinamento ministerial e a ordenação são normalmente requeridos, ou muito desejados, para o cumprimento dessas categorias como "ministro(a) designado(a)." O *Guia Regional para o Desenvolvimento Ministerial* proporcionará diretrizes para cada categoria de ministério, que ajudarão as Juntas distritais a identificarem as qualificações necessárias para um(a) ministro(a) designado(a). Apenas ministros designados podem ser membros votantes na Assembleia Distrital.

504.1. Todas as pessoas, designadas para uma função específica, devem apresentar um relatório anual à Assembleia Distrital que as designou.

504.2. Todas as pessoas designadas para uma função específica, podem requerer e obter anualmente um certificado da sua função, assinado pelo(a) superintendente e pelo(a) secretário(a) do distrito que as designou.

504.3. Todas as pessoas designadas para uma função específica de ministério, quando forem declaradas incapacitadas por entidade médica autorizada, podem ser inscritas na lista de ministros como "designado(a) incapacitado(a)."

III. FUNÇÕES DE MINISTÉRIO

505. As funções de ministério são as seguintes:

506. Administrador(a). O(A) administrador(a) é um(a) presbítero ou diácono, eleito(a) pela Assembleia Geral como oficial geral; ou um membro do clero eleito ou contratado para servir na Igreja Geral. Pode ser também um(a) presbítero eleito(a) como superintendente, pela Assembleia Distrital; ou um membro do clero, eleito ou contratado, que tem como sua função principal o serviço de um distrito. Essa pessoa é um(a) ministro(a) designado(a).

507. Capelão/Capelã. O(A) capelão/capelã é um(a) ministro(a) ordenado(a) que se sente divinamente orientado(a) para o ministério especializado da capelania militar, institucional ou industrial. Todos os ministros que desejem servir na capelania deverão ser aprovados pelo seu(sua) superintendente distrital. Um(a) ministro(a) ordenado(a) que serve na capelania como sua missão principal, será um(a) ministro(a) designado(a) e apresentará um relatório anual à Assembleia Distrital, devendo ter em devida consideração o conselho do(a) superintendente distrital e da Junta Consultiva. O(A) capelão/capelã pode receber membros associados na Igreja do Nazareno, por deliberação de uma Igreja do Nazareno oficialmente organizada, administrar sacramentos de acordo com o *Manual*, prestar cuidados pastorais, confortar os tristes, admoestar, encorajar e procurar por todos os meios a conversão de pecadores, a santificação de crentes e a edificação do povo de Deus na santíssima fé. (128, 530.9, 530.13)

508. Diaconisa. Uma mulher que, nos anos anteriores a 1985, tenha sido licenciada ou consagrada como diaconisa, continuará nessa posição. (115.9, 139.15, 503.2-503.9)

509. Educador(a). O(A) educador(a) é um(a) presbítero, diácono/diaconisa ou ministro(a) licenciado(a) pelo distrito devotado(a) a servir na equipe administrativa ou docente de uma das instituições do IBOE da Igreja do Nazareno. Essa pessoa será um(a) educador(a), designado(a) pelo distrito. (400.2, 905)

510. Evangelista. Um(a) evangelista é o(a) presbítero ou ministro(a) licenciado(a) pelo distrito que devota a sua vida a viajar e a pregar o evangelho, e que está autorizado(a) pela igreja a promover avivamentos e a divulgar na terra o evangelho de Jesus Cristo. Uma Assembleia Distrital pode designar ministros para os três níveis de evangelismo itinerante reconhecidos pela Igreja do Nazareno: evangelista registrado(a), evangelista comissionado(a) e evangelista efetivo(a). Um(a) evangelista que dedique tempo ao evangelismo, como sua missão principal, fora da sua igreja local e que não tenha o vínculo de aposentado(a) na igreja ou em qualquer dos seus departamentos ou instituições, será considerado(a) ministro(a) designado(a).

510.1. Um(a) evangelista registrado(a) é um(a) presbítero ou um(a) ministro(a) licenciado(a) pelo distrito que manifestou o desejo de se dedicar ao evangelismo como seu ministério principal. Esse registro será válido por um ano. A renovação, será concedida por deliberação de Assembleias Distritais subsequentes, com base na qualidade e na quantidade de trabalho em evangelismo que tenha sido realizado no ano anterior.

510.2. Um(a) evangelista comissionado(a) é um(a) presbítero que, por dois anos completos, preencheu todos os requisitos de um(a) evangelista registrado(a). A comissão é válida por um ano e pode ser renovada por deliberação de Assembleias Distritais subsequentes, se ele(a) continuar a preencher os requisitos.

510.3. Um(a) evangelista efetivo(a) é um(a) presbítero que cumpriu, por quatro anos completos e consecutivos, imediatamente

MINISTÉRIO E SERVIÇO CRISTÃO 159

anteriores ao requerimento para a situação de evangelista efetivo(a), todos os requisitos de um(a) evangelista comissionado(a), e foi recomendado(a) pela Junta de Credenciais Ministeriais ou pela Junta de Ministério e aprovado(a) pela Comissão para os Interesses do(a) Evangelista "Chamado(a) por Deus", bem como pela Junta de Superintendentes Gerais. Esta designação de ministério continuará em vigor até que o(a) evangelista deixe de cumprir os requisitos de um(a) evangelista comissionado(a), ou até que lhe seja outorgada a designação de aposentado(a). (231.2, 528)

510.4. No caso do(a) evangelista efetivo(a), haverá uma auto-avaliação e revisão regular semelhante ao relacionamento igreja/pastor. Será feita pelo(a) evangelista e pelo(a) superintendente distrital, pelo menos de quatro em quatro anos, após a eleição do(a) evangelista como efetivo(a). O(A) superintendente distrital será responsável pela marcação da data e pela condução da reunião. Esta reunião será marcada de acordo com o(a) evangelista. Finda a revisão, um relatório dos resultados será enviado à Comissão para os Interesses do(a) Evangelista "Chamado(a) por Deus", a fim de avaliar os requisitos necessários para a continuação da aprovação como evangelista efetivo(a). (211.21)

510.5. Um(a) presbítero ou ministro(a) licenciado(a) aposentado(a) que mantenha uma ligação com a Igreja ou qualquer dos seus departamentos, e que deseje realizar uma função ministerial através de campanhas ou reuniões de evangelismo, pode receber um certificado(a) como "aposentado(a) em serviço de evangelismo." Esse certificado, concedido pela Assembleia Distrital após recomendação do(a) superintendente distrital, será válido por um ano, podendo ser renovado por assembleias distritais subsequentes com base no trabalho positivo de evangelismo no ano anterior à Assembleia.

510.6. Um(a) presbítero ou um(a) ministro(a) licenciado(a), desejando entrar no campo evangelístico no intervalo entre Assembleias Distritais, pode ser reconhecido(a) pelo escritório geral de Educação Global e do Desenvolvimento do Clero, após recomendação do(a) superintendente distrital. O registro ou a comissão deverão ser votados pela Assembleia Distrital, após recomendação do(a) superintendente distrital.

510.7. Diretrizes e procedimentos referentes aos certificados de evangelistas encontram-se no *Guia Regional para o Desenvolvimento Ministerial.*

511. Ministro(a) de Educação Cristã. Um membro do clero, dedicado a um cargo ministerial num programa de educação cristã de uma igreja local, pode ser designado(a) como ministro(a) de educação cristã.

511.1. Uma pessoa que, nos anos precedentes a 1985 tenha sido licenciada ou comissionada como ministro(a) de educação cristã, continuará nestas funções. Todavia, as pessoas que desejem começar a dedicar-se à função de ministro(a) de educação cristã, podem completar os requisitos para ordenação para a ordem de diácono, como sua credencial para este ministério.

512. Ministro(a) de Música. Um membro da Igreja do Nazareno que se sinta chamado(a) para o ministério da música pode ser comissionado(a) como ministro(a) de música pelo espaço de um ano, pela Assembleia Distrital, contanto que:
1. tenha sido recomendado(a) para esse trabalho pela Junta da Igreja local de que for membro;
2. dê evidência de graça, dons e competência;
3. tenha tido pelo menos um ano de experiência no ministério da música;
4. tenha pelo menos um ano de estudos vocais com um(a) professor(a) credenciado(a) e esteja seguindo um programa de estudos validado para os ministros de música, ou equivalente, ou já o tenha completado;
5. esteja regularmente envolvido como(a) ministro(a)de música; e
6. tenha sido cuidadosamente examinado(a), sob orientação da Assembleia Distrital do distrito de que fizer parte a igreja de que for membro, considerando as suas qualificações intelectuais e espirituais, e as suas aptidões gerais para esse trabalho. (205.11)

512.1. Apenas as pessoas que mantenham este ministério como sua principal designação e vocação e possuam credenciais ministeriais, serão consideradas ministros designados.

513. Missionário(a). O(A) missionário(a) é um membro do clero ou um(a) leigo(a) que ministra sob a supervisão das Missões Globais. Um(a) missionário(a), que tenha sido nomeado(a) e que possua credenciais ministeriais, será considerado(a) um(a) ministro(a) designado(a).

514. Pastor(a). Um(a) pastor(a) é um(a) presbítero ou ministro(a) licenciado(a) (prosseguindo o programa de estudos para a ordem de presbítero) que, sob a chamada de Deus e de Seu povo, tem a supervisão de uma igreja local. Um(a) pastor(a) de uma igreja local é um(a) ministro(a) designado(a). Para os deveres de um(a) pastor(a), ver parágrafos 124-125.15. (117, 124-125.15, 213, 525.4)

515. O serviço pastoral é o ministério de um(a) pastor(a) numa função de assistente que pode servir em áreas especializadas de ministério reconhecidas e aprovadas pelas agências apropriadas que as governam, licenciam e apoiam. Um membro do clero chamado para qualquer um destes níveis de serviço pastoral em conexão com uma igreja, poderá ser considerado um(a) ministro(a) designado(a).

MINISTÉRIO E SERVIÇO CRISTÃO 161

516. Pastores Temporários. Um(a) superintendente distrital terá o poder de nomear um(a) pastor(a) temporário(a), que servirá sujeito(a) às seguintes regulamentações:
1. Um(a) pastor(a) temporário(a) pode ser um membro do clero nazareno que esteja servindo noutra tarefa, um(a) ministro(a) local ou um(a) ministro(a) leigo(a) da Igreja do Nazareno, um(a) ministro(a) em processo de transferência de outra denominação ou um(a) ministro(a) que pertença a outra denominação.
2. Um(a) pastor(a) temporário(a) será nomeado(a) temporariamente para preencher o púlpito e para prover um ministério espiritual, mas não terá autoridade para administrar os sacramentos ou para solenizar casamentos, a menos que essa autoridade lhe seja conferida em outras bases; esse(a) ministro(a) não desempenhará a função administrativa do(a) pastor(a), exceto no preenchimento de relatórios, a menos que para tal seja autorizado(a) pelo(a) superintendente distrital.
3. Um(a) pastor(a) temporário(a) não será automaticamente transferido para a lista de membros da igreja em que está servindo.
4. Um(a) pastor(a) temporário(a) será membro da Assembleia Distrital sem direito a voto, a menos que tenha esse direito devido a outra função.
5. Um(a) pastor(a) temporário(a) pode ser removido(a) ou substituído(a) em qualquer altura pelo(a) superintendente distrital.

517. Pastor(a) de Congregação Afiliada (PCA). Um(a) presbítero ou ministro(a) licenciado(a) pelo distrito, servindo uma congregação afiliada será um(a) ministro(a) designado(a) e pode ser designado(a) pelo distrito como um(a) "pastor(a) PCA". (100.3)

518. Pastor(a) Interino(a). A Assembleia Distrital pode aprovar um(a) presbítero como interino(a) distrital designado(a) mediante recomendação do(a) superintendente distrital e da Junta Consultiva, e servirá quando for chamado(a) pelo(a) superintendente distrital e a Junta de uma Igreja local. (212.1)

519. Evangelista de Canto. Um(a) evangelista de canto é um membro da Igreja do Nazareno cuja intenção é devotar a maior parte do seu tempo ao ministério de evangelismo através da música. Um(a) evangelista de canto que possua credenciais ministeriais e que esteja envolvido(a) em ministério ativo e tenha o evangelismo como sua tarefa principal e que não se encontre na condição de aposentado(a) na igreja ou qualquer dos seus departamentos ou instituições, será um(a) ministro(a) designado(a).

519.1. Diretrizes e procedimentos para a certificação das tarefas dos evangelistas de canto estão contidos no *Guia Regional para o Desenvolvimento Ministerial*.

520. Serviço Especial. Um membro do clero em serviço ativo para o qual não haja provisão, será nomeado(a) para serviço especial, se tal for aprovado pela Assembleia Distrital, sendo registrado pelo distrito como ministro(a) designado(a). As pessoas designadas para o Serviço Especial precisam manter o relacionamento com a Igreja do Nazareno e enviarão anualmente por escrito para a Junta Consultiva e/ou a Junta de Credenciais Ministeriais, a descrição do andamento da sua relação com a Igreja do Nazareno.

520.1. Um membro do clero, contratado na qualidade de ministro(a) e servindo como funcionário numa organização relacionada com a igreja ou, após avaliação cuidadosa da sua Junta Consultiva e da Assembleia Distrital, aprovado para servir numa instituição educativa, evangelística ou organização missionária que não esteja diretamente relacionada com a igreja, pode ser nomeado(a) para serviço especial, sujeito ao parágrafo 530.13.

520.2. Um membro do clero que esteja entre atribuições por um curto período de tempo ou em licença pode ser nomeado para serviço especial pela Junta Consultiva, mediante recomendação do(a) superintendente distrital.

IV. EDUCAÇÃO PARA MINISTROS

Fundamentos Educacionais para o Ministério Ordenado

521. A educação ministerial é elaborada de modo a auxiliar na preparação de ministros chamados por Deus cujo serviço é vital para a expansão e extensão da mensagem de santidade a novas áreas de oportunidade evangelística. Reconhecemos a importância de uma compreensão clara da nossa missão de "fazer discípulos à semelhança de Cristo nas nações" baseada na comissão de Cristo para a Sua Igreja em Mateus 28:19-20. Boa parte da preparação é de caráter predominantemente teológico e bíblico, orientada para a ordenação no ministério da Igreja do Nazareno.

521.1. A Igreja do Nazareno estabeleceu uma variedade de instituições e programas de ensino em todo o mundo para fornecer as bases educativas para o ministério. Os recursos de algumas áreas globais permitem o desenvolvimento de mais de um programa. Cada estudante deve tirar proveito do programa de estudos validado mais adequado fornecido pela Igreja na sua área do mundo. Quando não for possível, a Igreja utilizará tanta flexibilidade quanto possível para preparar cada pessoa chamada por Deus para o ministério na Igreja, sujeita às provisões do *Guia Regional para o Desenvolvimento Ministerial*. (522.2)

521.2. Quando um(a) ministro(a) licenciado(a) completar satisfatoriamente um programa de estudos validado, a instituição de ensino emitirá um certificado de conclusão para esse(a) ministro(a).

O(A) ministro(a) licenciado(a) apresentará o certificado de conclusão à Junta de Estudos Ministeriais ou Junta de Ministério. (233.4)
521.3. Áreas Curriculares Gerais para Preparação Ministerial.
Embora o currículo seja frequentemente associado apenas a programas acadêmicos e ao seu conteúdo, o conceito é muito mais vasto. O caráter do(a) instrutor(a), o relacionamento dos estudantes com o(a) instrutor(a), o ambiente e as experiências anteriores dos estudantes, aliam-se ao conteúdo do programa para criar a totalidade do currículo. Entretanto, um currículo para preparação ministerial incluirá um conjunto mínimo de disciplinas que assegurarão as bases educativas para o ministério. Diferenças culturais e uma variedade de recursos requererão detalhes diferenciados nas estruturas do currículo. Todavia, todos os programas que visem proporcionar bases educativas para o ministério ordenado, ao procurarem aprovação dos serviços de Educação Global e do Desenvolvimento do Clero, devem dar uma atenção cuidadosa ao conteúdo, competência, caráter e contexto. O propósito de um programa de estudos validado é conter disciplinas que incluam todos os quatro elementos em graus diferentes, que ajudarão os ministros a cumprir a declaração de missão da Igreja do Nazareno como definida pela Junta de Superintendentes Gerais como segue:

"A missão da Igreja do Nazareno é fazer discípulos à semelhança de Cristo nas nações."

"O objetivo principal da Igreja do Nazareno é avançar o Reino de Deus pela preservação e propagação da santidade cristã, como realçado nas Escrituras."

"Os objetivos cruciais da Igreja do Nazareno são 'a santa comunhão cristã, a conversão de pecadores, a inteira santificação dos crentes, a sua edificação em santidade e a simplicidade e o poder espiritual manifestos na Igreja primitiva do Novo Testamento, juntamente com a pregação do Evangelho a toda a criatura'" (19).

Um programa de estudos validado é descrito nas seguintes categorias:
- Conteúdo — O conhecimento do conteúdo do Antigo e do Novo Testamentos, da teologia da fé cristã, da história e missão da Igreja é essencial para o ministério. O conhecimento de como interpretar a Escritura, a doutrina de santidade e as nossas características como wesleyanos, bem como a história e governo da Igreja do Nazareno devem ser incluídos nestas disciplinas.
- Competência — Proficiência em comunicação oral e escrita; administração e liderança; finanças; e pensamento analítico são também essenciais para o ministério. Além disso, devem incluir-se disciplinas que proporcionem aptidões na pregação, cuidado e aconselhamento pastorais, exegese bíblica, adoração, evangelismo efetivo, mordomia bíblica dos

recursos da vida, educação cristã e administração da igreja. A conclusão de um programa de estudos validado exige uma parceria entre a instituição de ensino e uma igreja local, para levar o(a) estudante a práticas ministeriais e ao desenvolvimento de competências.

- Caráter — O crescimento pessoal no caráter, ética, espiritualidade e relacionamento pessoal e familiar é vital para o ministério. Devem incluir-se disciplinas que abordem as áreas de ética cristã, formação espiritual, desenvolvimento humano, a pessoa do(a) ministro(a), e as dinâmicas do casamento e da família.
- Contexto — O(A) ministro(a) deve compreender o contexto tanto histórico como contemporâneo e interpretar a cosmovisão e o ambiente social da cultura em que a Igreja testifica. Disciplinas que abordem questões de antropologia e sociologia, comunicação transcultural, missões e estudos sociais têm de ser incluídas.

521.4. A preparação para o ministério ordenado adquirida em escolas não nazarenas ou não patrocinadas pela Igreja do Nazareno será avaliada pela Junta de Estudos Ministeriais, em conformidade com os requisitos curriculares especificados no *Guia Regional para o Desenvolvimento Ministerial*.

521.5. Todas as disciplinas, requisitos acadêmicos e regulamentos oficiais administrativos estarão no *Guia Regional para o Desenvolvimento Ministerial* desenvolvido pela região/grupo linguístico, em cooperação com os serviços de Educação Global e do Desenvolvimento do Clero. Este *Guia Regional* com as necessárias revisões será confirmado pela Comissão Consultiva Internacional do Programa de Estudos (ICOSAC, em inglês) e aprovado pelos serviços de Educação Global e do Desenvolvimento do Clero, pela Junta Geral e pela Junta de Superintendentes Gerais. O *Guia* estará em harmonia com o *Manual* e com o *Guia Internacional para o Desenvolvimento Ministerial*, produzido pelos serviços da ICOSAC. A ICOSAC será nomeada pela Junta de Superintendentes Gerais. (346.7)

521.6. Uma vez que um(a) ministro(a) tenha cumprido os requisitos de um programa de estudos validado para o ministério, ele ou ela continuará um padrão de aprendizagem ao longo da vida, para enriquecer o ministério para o qual Deus o(a) chamou. Espera-se um mínimo de 20 horas de aprendizagem ao longo da vida por ano ou o equivalente determinado pela região/grupo linguístico e especificado no seu *Guia Regional para o Desenvolvimento Ministerial*. Todos os ministros licenciados ou ordenados designados ou não designados, deverão dar relatório do seu progresso num programa de aprendizagem ao longo da vida, como parte do seu relatório à Assembleia Distrital. Um relatório atualizado do seu programa de aprendizagem ao longo da vida será usado no processo de revisão do relacionamento igreja/pastor(a) e no processo de chamada de um(a) pastor(a). O *Guia Regional* para a região/grupo linguístico conterá os detalhes do processo de atribuição de créditos e prestação de relatório. (233.6)

521.7. Quando um(a) ministro(a) ordenado(a) não cumprir os requisitos da aprendizagem ao longo da vida, por mais de dois anos consecutivos, deverá reunir-se com a Junta de Estudos Ministeriais numa reunião regular. Essa Junta orientará o(a) ministro(a) para que possa completar a aprendizagem ao longo da vida requerida. (117, 133, 124.11, 530.18)

B. Adaptações Culturais dos Fundamentos Educacionais para o Ministério Ordenado

522. A variedade de contextos culturais à volta do mundo faz com que um só currículo seja inadequado para todas as áreas mundiais. Cada região do mundo desenvolverá requisitos curriculares específicos para prover as bases educativas para o ministério, de modo a refletir os recursos e as expectativas daquela área mundial. Será requerida a aprovação da Comissão Consultiva Internacional do Programa de Estudos, da Junta Geral e da Junta de Superintendentes Gerais antes de se implementar um programa regionalmente elaborado. Mesmo dentro das regiões mundiais há diversidade de expectativas culturais e de recursos. Como resultado disso, a sensibilidade cultural e a flexibilidade caracterizarão as provisões regionais para as bases educativas para o ministério, que serão orientadas e supervisionadas pela Junta de Estudos Ministeriais como descrito nos parágrafos 233-234.1. As adaptações culturais do programa de cada região para proporcionar bases educativas para o ministério serão aprovadas pelos serviços da Educação Global e do Desenvolvimento do Clero e pela Comissão Consultiva Internacional do Programa de Estudos, ouvido(a) o(a) coordenador(a) regional de educação. (521.5)

522.1. Um programa de estudos validado, juntamente com os procedimentos necessários relacionados à conclusão para aqueles que procuram uma credencial como presbítero e diácono/diaconisa ou certificação em categorias e funções do ministério, encontram-se no *Guia Regional para o Desenvolvimento Ministerial*.

522.2. Todos os programas de estudo validados serão regidos pelo *Guia Regional para o Desenvolvimento Ministerial*. (521.2-521.3, 521.5)

V. REGULAMENTOS E CREDENCIAIS MINISTERIAIS

A. O(A) Ministro(a) Local

523. Um(a) ministro(a) local é um membro leigo(a) da Igreja do Nazareno, que foi licenciado(a) para o ministério pela Junta da Igreja local, sob orientação do(a) pastor(a) e à medida que se proporcionem oportunidades, preparando-se para a demonstração, o emprego e o desenvolvimento de dons e competência ministeriais. Ele ou ela está a iniciar um processo de aprendizagem ao longo da vida.

523.1. Qualquer membro da Igreja do Nazareno que sinta a chamada de Deus para pregar ou para prosseguir um ministério para toda a vida através da igreja, pode ser licenciado(a) como ministro(a) local, por um ano, pela Junta de uma Igreja local que tenha como pastor(a) um(a) ministro(a) ordenado(a), mediante recomendação do(a) pastor(a); ou pela Junta de uma Igreja local que não tenha como pastor(a) um(a) ministro(a) ordenado(a), se a concessão da licença for recomendada pelo(a) pastor(a) e aprovada pelo(a) superintendente distrital. O(A) candidato(a) deverá ser primeiramente examinado(a) quanto à sua experiência pessoal de salvação, o seu conhecimento das doutrinas bíblicas e das normas da igreja; também deve mostrar que a sua chamada é evidenciada por graça, dons e competência no serviço do Senhor. A igreja local fará uma avaliação adequada dos antecedentes dele(a). Um(a) ministro(a) local apresentará um relatório à igreja local, por ocasião de sua reunião anual. (115.9, 139.12, 211.12)

523.2. A Junta da Igreja concederá a cada ministro(a) local uma licença assinada pelo(a) pastor(a) e pelo(a) secretário(a) da Junta da Igreja. Onde a igreja estiver sob o ministério de alguém que não possua uma licença distrital, essa pessoa pode receber uma licença ministerial local, ou a renovação de tal licença, concedida pela Junta Consultiva, após recomendação do(a) superintendente distrital. (211.12, 225.13)

523.3. A licença de um(a) ministro(a) local poderá ser renovada pela Junta de uma Igreja local que tenha como pastor(a) um(a) presbítero, por recomendação do(a) pastor(a); ou pela Junta de uma Igreja local que não tenha um(a) presbítero como pastor(a), contanto que esta renovação seja recomendada pelo(a) pastor(a) e aprovada pelo(a) superintendente distrital. (139.12, 211.12)

523.4. Os ministros locais deverão seguir um programa de estudos validado para ministros, sob a orientação da Junta de Estudos Ministeriais. A licença local não poderá ser renovada, após dois anos, sem a aprovação escrita do(a) superintendente distrital, se o(a) ministro(a) local não tiver completado pelo menos duas disciplinas de um programa de estudos validado.

523.5. Um(a) ministro(a) local, que tenha servido como tal durante pelo menos um ano inteiro, e tenha sido aprovado(a) nos estudos necessários, pode ser recomendado(a) pela Junta da Igreja à Assembleia Distrital para obter a licença de ministro(a); mas, caso não receba tal licença, continuará na sua posição anterior. (139.12, 521, 524.1)

523.6. Um(a) ministro(a) local, que tiver sido nomeado(a) como pastor(a) temporário(a), deve ser aprovado(a) pela Junta de Credenciais Ministeriais ou pela Junta de Ministério, caso continue o seu trabalho depois da Assembleia Distrital seguinte à sua nomeação. (212, 231.5, 516)

523.7. Um(a) ministro(a) local não será elegível para administrar os sacramentos do batismo e da Ceia do Senhor e não oficiará casamentos. (524.7)

B. O(A) Ministro(a) Licenciado(a)

524. Um(a) ministro(a) licenciado(a) é aquele(a) cuja chamada e dons ministeriais têm sido reconhecidos, formalmente, pela Assembleia Distrital, através da concessão de uma licença ministerial. A licença distrital autoriza e nomeia o(a) ministro(a) para uma esfera mais ampla de serviço, e para maiores direitos e responsabilidades do que os conferidos ao/à ministro(a) local, normalmente como um passo para a ordenação como presbítero ou diácono. A licença ministerial distrital incluirá uma declaração indicando se o(a) ministro(a) se acha em preparação para ordenação como presbítero ou diácono, ou uma licença distrital que não leva à ordenação. (524.7)

524.1. Quando houver membros da Igreja do Nazareno que declarem uma chamada para o ministério por toda a vida, esses podem ser licenciados como ministros pela Assembleia Distrital, contanto que:

1. tenham tido licença de ministro(a) local por um ano completo;
2. tenham completado um quarto de um programa de estudos validado para ministros, e possam demonstrar apreço, compreensão e aplicação do *Manual* e da história da Igreja do Nazareno, e da doutrina de santidade, através da conclusão com êxito de porções relacionadas com um programa de estudos;
3. tenham sido recomendados para tal trabalho pela Junta da Igreja local de que forem membros, e que essa recomendação seja anexada ao Pedido para Licença de ministro(a) pelo Distrito, cuidadosamente preenchido;

4. tenham dado evidência de graça, dons e competência no serviço do Senhor;
5. tenham sido cuidadosamente examinados, sob orientação da Assembleia Distrital de que faz parte a igreja local em que são membros, a respeito das suas aptidões espirituais, intelectuais e outras, para tal trabalho, incluindo verificação dos seus antecedentes conforme apropriado e como determinado pela Junta Consultiva;
6. tenham prometido seguir imediatamente um programa de estudos validado, prescrito para ministros licenciados e candidatos à ordenação;
7. qualquer desqualificação, imposta por uma Assembleia Distrital, tenha sido removida por uma explicação, por escrito, pelo(a) superintendente distrital e pela Junta Consultiva do distrito onde essa desqualificação foi imposta; e, ainda, que a sua relação matrimonial não os tornem inelegíveis para uma licença distrital; e
8. no caso de terem tido um divórcio prévio, a recomendação da Junta de Credenciais Ministeriais ou da Junta de Ministério, juntamente com outros documentos que sirvam de apoio à recomendação, serão entregues à Junta de Superintendentes Gerais, que pode remover esta barreira à obtenção de uma licença.

O(A) ministro(a) deve ter completado o equivalente a um quarto de um programa de estudos validado na Igreja do Nazareno. Exceções a este requisito podem ser feitas pela Junta de Credenciais Ministeriais ou pela Junta de Ministério se o(a) candidato(a) for pastorear uma igreja organizada, e se se achar matriculado(a) num sistema de estudos aprovados, e se o(a) candidato(a) satisfizer anualmente o número mínimo de estudos requeridos pelo *Manual* para a renovação da sua licença, e se o(a) superintendente distrital aprovar esta exceção.

No caso da verificação dos antecedentes revelar má conduta criminal anterior à experiência de salvação, este fato não deverá ser interpretado pela Junta de Credenciais Ministeriais ou pela Junta de Ministério como motivo de exclusão automática do(a) candidato(a) do ministério credenciado, com exceção dos casos previstos no parágrafo 532.9. (139.14, 207.4, 523.5)

524.2. Os ministros licenciados, vindos de outras denominações evangélicas, que desejem unir-se à Igreja do Nazareno, poderão ser licenciados como ministros pela Assembleia Distrital, contanto que apresentem as credenciais que lhes tenham sido outorgadas pela denominação da qual anteriormente eram membros e, desde que:
1. tenham sido aprovados num programa de estudos equivalente a um quarto de um programa de estudos validado na

MINISTÉRIO E SERVIÇO CRISTÃO

Igreja do Nazareno para ministros locais e possam demonstrar apreço, compreensão e aplicação do *Manual* e história da Igreja do Nazareno, e da doutrina de santidade, através da conclusão com êxito dessas partes de um programa de estudos validado;
2. tenham sido recomendados pela Junta de uma Igreja do Nazareno local de que são membros;
3. tenham dado evidência de graça, dons e competência no serviço do Senhor;
4. as suas aptidões espirituais, intelectuais e outras para tal trabalho, tenham sido cuidadosamente examinadas sob a orientação da Assembleia Distrital;
5. tenham prometido seguir imediatamente um programa de estudos validado prescrito para ministros licenciados e candidatos à ordenação;
6. qualquer desqualificação, imposta por uma Assembleia Distrital ou equivalente, tenha sido retirada por uma explicação escrita pelo(a) superintendente distrital, ou equivalente, e pela Junta Consultiva ou equivalente, no distrito onde a desqualificação foi imposta; e desde que o seu relacionamento matrimonial não os torne inelegíveis para uma licença distrital; e
7. no caso em que tenha existido um divórcio prévio, a recomendação da Junta de Credenciais Ministeriais ou da Junta de Ministério, com outros documentos que sirvam de apoio à recomendação, serão entregues à Junta de Superintendentes Gerais, que pode remover esta barreira à obtenção de uma licença. (524.1)

524.3. A licença de um(a) ministro(a) terminará por ocasião do encerramento da Assembleia Distrital seguinte. Poderá ser renovada por voto da Assembleia Distrital, contanto que o(a) candidato(a):
1. apresente à Assembleia Distrital o Requerimento para uma Licença de Ministro(s) Distrital; e
2. tenha completado, com nota mínima de aprovação, pelo menos duas disciplinas de um programa de estudo validado; e
3. tenha sido recomendado para a renovação da licença pela Junta da Igreja da igreja local de que é membro, por indicação do(a) pastor(a).

A Junta de Credenciais Ministeriais ou a Junta de Ministério pode recomendar a renovação de uma licença distrital, quando um(a) candidato(a) não tenha obtido aprovação numa disciplina pertencente a um programa de estudos validado, somente após a sua aprovação da explicação escrita pelo(a) candidato(a), sujeita a quaisquer provisões aplicáveis do *Guia Regional para o Desenvolvimento Ministerial*. A Assembleia Distrital pode, por justa causa e a seu critério, votar contra a recomendação da renovação da licença de um(a) ministro(a).

Ministros licenciados que concluíram um programa de estudos validado e que foram colocados na situação de aposentadoria pela Assembleia Distrital, terão, com a recomendação da Junta Consultiva, a sua licença renovada sem a apresentação de um Pedido de Licença de Ministro(a) Distrital. (205.5)

524.4. Para se qualificarem para ordenação, os candidatos devem concluir um programa de estudos dentro de 10 anos após concessão da primeira licença distrital. Qualquer exceção, devido a circunstâncias insólitas, pode ser concedida pela Junta de Credenciais Ministeriais ou pela Junta de Ministério, sujeita à aprovação do(a) superintendente geral com jurisdição.

Um(a) ministro(a) licenciado(a) que não está almejando a ordenação ou que é desqualificado(a) para a ordenação por não completar um programa de estudos validado dentro do limite de tempo prescrito, poderá receber a renovação da licença de ministro(a) por recomendação da Junta Consultiva e da Junta de Credenciais Ministeriais ou da Junta de Ministério. Essa recomendação está dependente do(a) ministro(a) ter completado um programa de estudos validado ou pelo menos dois cursos de um programa de estudos validado, durante o ano passado.

524.5. No caso de ministros licenciados que estejam servindo como pastores, a recomendação para a renovação da licença de ministro(a) será feita pela Junta Consultiva. No caso de ministros locais que estejam servindo como pastores, a recomendação para renovação da licença de ministro(a) será feita pela Junta Consultiva. (225.13)

524.6. O(A) superintendente geral com jurisdição outorgará a cada ministro(a) licenciado(a) uma licença de ministro(a), assinada pelo superintendente geral com jurisdição, pelo(a) superintendente distrital e pelo(a) secretário(a) distrital.

524.7. Ministros licenciados serão revestidos de autoridade para pregar a Palavra ou usar os seus dons e virtudes em vários ministérios no Corpo de Cristo. Além disso e desde que tenham servido num ministério designado reconhecido pelo Distrito de que são membros ministeriais, os ministros licenciados serão também dotados de autoridade para administrar os sacramentos do batismo e da Ceia do Senhor nas suas próprias congregações, e para oficiar casamentos onde as leis do estado não o proíbam. (124, 124.4, 511-512, 515, 524.8, 525-525.2, 526-526.2, 700, 701, 705)

524.8. Todos os ministros licenciados serão membros ministeriais da Assembleia Distrital do distrito em que está a igreja de que são membros, e apresentarão um relatório anual a essa Assembleia. Os relatórios podem ser submetidos no formulário apropriado do relatório anual ou o Pedido para a Licença de Ministro(a) se for para renovação. (130, 201, 205.4)

524.9. Se um(a) ministro(a) licenciado(a) se une a uma igreja ou denominação que não seja a Igreja do Nazareno, ou se envolva em outro ministério cristão sem aprovação da sua Junta Consultiva ou sem aprovação escrita da Junta de Superintendentes Gerais, ele(a) será imediatamente excluído(a) do ministério e de membro da Igreja do Nazareno. A Assembleia Distrital registrará na ata a seguinte declaração: "Excluído(a) da lista de membros e do ministério da Igreja do Nazareno por se haver unido a outra igreja, denominação, ou ministério." (109, 114)

C. O(A) Diácono/Diaconisa

525. Um(a) diácono/diaconisa é um(a) ministro(a) cuja chamada de Deus para o ministério cristão, dons e competência no serviço do Senhor foram demonstrados e realçados através de treinamento adequado e de experiência, que foi separado(a) para o serviço de Cristo por voto de uma Assembleia Distrital e pelo ato solene de ordenação; e que foi investido(a) de autoridade para desempenhar certas funções no ministério cristão.

525.1. O(a) diácono/diaconisa não testifica de ter recebido uma chamada específica para a pregação. A igreja reconhece, com base nas Escrituras e na experiência, que Deus chama, para ministérios por toda a vida, indivíduos que não receberam uma chamada específica para a pregação, e crê que indivíduos chamados para tais ministérios devem ser reconhecidos e confirmados pela igreja, devem preencher os requisitos e ser-lhes atribuídas responsabilidades estabelecidas pela igreja. Esta é uma ordem permanente de ministério.

525.2. O(a) diácono/diaconisa deve preencher os requisitos da ordem para efeitos de educação, evidenciar os dons e as virtudes apropriados e ser reconhecido(a) e confirmado(a) pela Igreja. O(A) diácono/diaconisa será investido(a) com a autoridade para administrar os sacramentos do batismo e da Ceia do Senhor, e de oficiar casamentos, quando a lei do estado/país não o proibir e, ocasionalmente, conduzir a adoração e pregar. Compreende-se que o Senhor e a igreja podem usar os dons e as virtudes desta pessoa em vários ministérios auxiliares. Como um símbolo do ministério de serviço do Corpo de Cristo, o(a) diácono/diaconisa pode também usar os seus dons fora da Igreja institucional. (124.4, 124.9)

525.3. Um(a) candidato(a) a diácono/diaconisa professa uma chamada de Deus para este ministério. O(A) candidato(a) detém presentemente uma licença distrital, e possuiu uma licença por pelo menos três anos consecutivos, e foi recomendado(a) para renovação da licença distrital pela Junta da Igreja local de que ele(a) é membro, ou pela Junta Consultiva. Para além disso, o(a) candidato(a):

1. cumpriu todos os requisitos da igreja para este ministério,
2. completou com êxito um programa de estudos validado prescrito para ministros licenciados e candidatos à ordenação como diáconos, e
3. foi cuidadosamente considerado(a) e favoravelmente apresentado(a) pela Junta de Credenciais Ministeriais ou pela Junta de Ministério à Assembleia Distrital.

O(A) candidato(a) pode ser eleito(a) para a ordem de diácono/diaconisa por dois terços dos votos da Assembleia Distrital; contanto que ele(a) tenha sido um(a) ministro(a) com um cargo designado por um período de pelo menos três anos. Esses três anos de ministério designado devem acumular-se sem qualquer interrupção que dure mais do que o número total de meses de ministério designado acumulado antes da interrupção. Os três anos também devem ser acumulados sem qualquer interrupção na licença distrital. No caso de designação a tempo parcial, entende-se que deve haver uma extensão dos anos de ministério designado, dependendo do seu nível de envolvimento no ministério da igreja local, e que o seu testemunho e serviço demonstrem que a sua chamada para o ministério é prioritária em relação a todas as outras atividades. Além disso, qualquer desqualificação que possa ter sido imposta por uma Assembleia Distrital deve ser removida, por escrito, pelo(a) superintendente distrital e pela Junta Consultiva do distrito onde a desqualificação foi imposta, antes que o(a) ministro(a) seja elegível para a eleição para a ordem de presbítero. Além disso, a relação matrimonial do(a) candidato(a) deve ser tal que não o(a) torne inelegível para ordenação. (205.7, 320, 521)

525.4. Se, no desempenho do seu ministério, o(a) diácono/diaconisa ordenado sentir a chamada para o ministério da pregação, ele(a) pode ser ordenado(a) presbítero após completar os requisitos necessários para essa credencial e devolver a credencial do diaconato.

D. O(A) Presbítero

526. Um(a) presbítero é um(a) ministro(a) cuja chamada de Deus para pregar, os dons e a utilidade no serviço do Senhor, foram demonstrados e realçados pelo treinamento adequado e pela experiência, e que foi separado(a) para o serviço de Cristo através da Sua igreja pelo voto da Assembleia Distrital e pelo ato solene da ordenação sendo, assim, integralmente investido para desempenhar todas as funções do ministério cristão.

526.1. Reconhecemos apenas uma ordem de ministério de pregação—a de presbítero. Esta é uma ordem permanente na igreja. O(A) presbítero deve conduzir bem a igreja, pregar a Palavra, administrar os sacramentos do batismo e da Ceia do Senhor, e solenizar o matrimónio, tudo em nome de Jesus Cristo e em sujeição a Ele, o grande Cabeça da Igreja. (31, 124.2, 124.4, 124.9)

526.2. A Igreja espera que a pessoa chamada para este ministério oficial seja mordomo da Palavra e se entregue, com toda a energia de uma vida inteira, à sua proclamação.

526.3. Um(a) candidato(a) a presbítero professa uma chamada de Deus para este ministério. O(A) candidato(a) tem presentemente uma licença distrital, e em tempo algum deteve uma licença por não menos que três anos consecutivos, e foi recomendado(a) para renovação da licença distrital pela Junta da Igreja local de que ele ou ela for membro, ou pela Junta Consultiva. Para além disso, o(a) candidato(a):
1. cumpriu todos os requisitos da igreja para este ministério,
2. completou com êxito um programa de estudos validado prescrito para ministros licenciados e candidatos à ordenação como presbíteros, e
3. foi cuidadosamente analisado(a) e favoravelmente apresentado(a) pela Junta de Credenciais Ministeriais ou pela Junta de Ministério à Assembleia Distrital.

O(A) candidato(a) pode ser eleito(a) para a ordem de presbítero por dois terços dos votos da Assembleia Distrital, desde que seja atualmente um(a) ministro(a) designado(a) e tenha servido como ministro(a) designado(a) por não menos de três anos. Os três anos de ministério designado devem ocorrer sem qualquer interrupção que dure mais do que o número total de meses de ministério designado acumulado antes da interrupção. Os três anos também devem ser acumulados sem qualquer interrupção na licença distrital. No caso de designação a tempo parcial, deve ser entendido que deve haver uma extensão dos anos de ministério designado, dependendo do seu nível de envolvimento no ministério da igreja local, e que o seu testemunho e serviço demonstram que a sua chamada para o ministério é primordial a todas as outras atividades. Além disso, qualquer desqualificação que possa ter sido imposta por uma Assembleia Distrital deve ser removida, por escrito, pelo(a) superintendente distrital e pela Junta Consultiva do distrito onde a desqualificação foi imposta, antes que o(a) ministro(a) seja elegível para a eleição para a ordem de presbítero. Além disso, a relação matrimonial do(a) candidato(a) deve ser tal que não o(a) torne inelegível para ordenação. (205.7, 320, 521)

E. O Reconhecimento de Credenciais

527. Os ministros ordenados de outras denominações evangélicas, que desejem unir-se à Igreja do Nazareno e apresentem os seus documentos de ordenação, podem ter a sua ordenação reconhecida pela Assembleia Distrital, após exame satisfatório pela Junta de

Credenciais Ministeriais ou pela Junta de Ministério quanto à sua conduta, experiência pessoal e doutrina, e contanto que:
1. Demonstrem apreço, compreensão e aplicação do *Manual* e da história da Igreja do Nazareno e da doutrina de santidade ao completarem com êxito as porções acima referidas de um programa de estudos validado;
2. Submetam o Questionário para Ordenação/Reconhecimento à Assembleia Distrital, devidamente preenchido;
3. Cumpram todos os requisitos para ordenação como estipulados nos parágrafos 525-525.3 ou 526-526.3; e
4. O(A) candidato(a) esteja presentemente servindo num ministério designado. (205.8, 228, 521, 524.2)

527.1. O(A) superintendente geral com jurisdição outorgará ao/à ministro(a) ordenado(a) assim reconhecido(a) um certificado de reconhecimento assinado pelo(a) superintendente geral com jurisdição, pelo(a) superintendente distrital e pelo(a) secretário(a) distrital. (530.6)

527.2. Quando a credencial de um(a) ministro(a) de outra igreja tiver sido devidamente reconhecida, a credencial expedida por essa igreja ser-lhe-á devolvida com a seguinte anotação escrita ou carimbada no verso do documento:

Aprovado(a) pela Assembleia Distrital de (inserir nome do distrito) da Igreja do Nazareno, neste (inserir dia) dia de (inserir mês) , (inserir ano) , como base para novas credenciais.

_____ , Superintendente Geral
_____ , Superintendente Distrital
_____ , Secretário(a) Distrital

F. O(A) Ministro(a) Aposentado(a)

528. Um(a) ministro(a) aposentado(a) é aquele(a) que tenha sido colocado(a) na condição de aposentado(a) pela Assembleia Distrital de que ele ou ela é membro ministerial, mediante recomendação da Junta de Credenciais Ministeriais ou da Junta de Ministério. Qualquer mudança na relação deve ser aprovada pela Assembleia Distrital, por recomendação da Junta de Credenciais Ministeriais ou da Junta de Ministério.

528.1. A aposentadoria não significará cessação compulsória dos labores ministeriais, nem privará o indivíduo de ser membro da Assembleia Distrital. Um(a) ministro(a) que tenha servido na capacidade de ministro(a) "designado(a)" no momento em que pede a aposentadoria ou quando atinge a idade normal da aposentadoria manterá a relação de "aposentado(a) designado(a)". Um(a) ministro(a) "aposentado(a) designado(a)" é um membro da Assembleia Distrital. Contudo um(a) ministro(a) na condição de "não designado(a)" em qualquer das situações descritas anteriormente, manterá a relação de ministro(a) "aposentado(a) não designado(a)". Um(a) ministro(a) "aposentado(a) não designado(a)" não é membro da Assembleia Distrital. (201, 530.9)

528.2. Ministros aposentados (designados ou não-designados) continuam obrigados a prestarem relatório anualmente para a Assembleia Distrital. No caso de ministros aposentados serem incapazes de apresentarem um relatório devido a limitações fora do seu controlo, a Assembleia Distrital pode, sob recomendação da Junta de Credenciais Ministeriais ou da Junta de Ministério, atribuir o estatuto de "isento" a tais ministros, com isso cumprindo perpetuamente a obrigação do relatório anual. (530.9)

G. A Transferência de Ministros

529. Quando um membro do clero desejar transferir-se para outro distrito, a transferência do membro ministerial pode ser dada pelo voto da Assembleia Distrital ou, no intervalo entre Assembleias, pela Junta Consultiva do distrito onde ele ou ela é membro ministerial. Essa transferência pode ser recebida pela Junta Consultiva no intervalo das reuniões da Assembleia Distrital, concedendo a esse(a) ministro(a) plenos direitos e privilégios de membro do distrito em que é recebido(a), dependendo da aprovação final da Junta de Credenciais Ministeriais e da Assembleia Distrital. (205.9-205.10, 226, 231.9-231.10)

529.1. A transferência de um(a) ministro(a) licenciado(a) será válida apenas quando um registro detalhado das suas notas num programa de estudos validado para ministros licenciados, devidamente certificado pelo(a) secretário(a) da Junta de Estudos Ministeriais da Assembleia Distrital emissora, for enviado ao/à secretário(a) da Junta de Estudos Ministeriais do distrito receptor. O(A) secretário(a) da Junta de Estudos Ministeriais do distrito receptor notificará o(a) seu(sua) secretário(a) distrital que foi recebido o registro das notas escolares do(a) licenciado(a). O(A) ministro(a) assim transferido(a) fará todas as diligências, para que seja prestado o relatório das suas notas no programa de estudos ao distrito que o(a) recebe. (233.1-233.2)

529.2. A Assembleia Distrital receptora comunicará o recebimento da transferência desse membro à Assembleia Distrital emissora. Enquanto a transferência não for recebida pelo voto da Assembleia Distrital a que é endereçada, a pessoa assim transferida será membro da Assembleia Distrital emissora. Essa transferência só é válida até ao encerramento da próxima Assembleia Distrital a que é endereçada, e que ocorra depois da data de emissão dessa transferência. (205.9, 226, 231.10)

H. Regulamentos Gerais

530. As seguintes **definições** são as de termos relacionados com os regulamentos gerais para os ministros da Igreja do Nazareno:

Membros do Clero — Presbíteros, diáconos e ministros licenciados. (524, 525,526)
Laicado — Membros da Igreja do Nazareno que não sejam do clero.
Ativo — Um membro do clero desempenhando uma função designada.
Designado(a) — A situação de um membro do clero que está ativo em uma das funções mencionadas nos parágrafos 505-520.
Não Designado(a) — A situação de um membro do clero em pleno gozo dos seus direitos, mas que, de momento, não está ativo em uma das funções mencionadas nos parágrafos 505-520.
Aposentado(a) Designado(a) — A situação de um membro do clero aposentado que estava designado na altura em que pediu a aposentadoria.
Aposentado(a) Não Designado(a) — A situação de um membro do clero aposentado que não estava designado na altura em que pediu a aposentadoria.
Lista de Ministros — A lista de ministros distritais, licenciados e ordenados, que estão em situação regular como membros do clero e que não arquivaram a sua credencial.
Pleno Gozo dos Seus Direitos — A situação de um membro do clero que não tem qualquer acusação pendente, ou que não está, no momento, sob disciplina.
Removido — Ação tomada por uma Assembleia Distrital para excluir da Lista de Ministros os nomes dos membros do clero que arquivaram, renunciaram ou entregaram a sua credencial ou tiveram a sua credencial suspensa ou revogada.
Disciplinado — A situação de um membro do clero que foi destituído, completamente ou em parte, dos direitos, privilégios e responsabilidades de um membro do clero, por ação disciplinar.
Suspensão — Uma série de ações disciplinares, excluindo a entrega da credencial, através das quais o(a) ministro(a) é temporariamente destituído(a) dos direitos, privilégios e responsabilidades de um membro do clero, até que as condições de reintegração sejam satisfeitas.
Excluído — Situação de um membro do clero que resignou a sua credencial ou que a mesma lhe tenha sido revogada e que foi removido da lista de membros da Igreja do Nazareno.
Credencial Arquivada — Situação da credencial de um membro do clero em pleno gozo dos seus direitos que, por causa de inatividade no ministério, prescindiu dos direitos, privilégios e responsabilidades de um membro do clero, arquiva a sua credencial junto do(a) secretário(a) geral. Uma pessoa que tenha arquivado a sua credencial continua a ser membro do clero e pode ter restabelecidos os direitos, privilégios e responsabilidades de um membro do clero de acordo com o parágrafo 531.10. (531, 531.1)

MINISTÉRIO E SERVIÇO CRISTÃO

Credencial Entregue — Situação da credencial de um membro do clero que, por má conduta, acusações, confissões, resultado da ação de uma Junta de Disciplina ou por ação voluntária, por qualquer razão que não seja inatividade no ministério, foi destituído dos direitos, privilégios e responsabilidades de um membro do clero. A pessoa cuja credencial foi entregue, é um membro do clero sob disciplina. Os direitos, privilégios e responsabilidades de um membro do clero podem ser-lhe restabelecidos mediante restauração dos plenos direitos e devolução da credencial.

Credencial Renunciada — Situação da credencial de um membro do clero que renuncia os seus direitos, privilégios e responsabilidades de ser um membro do clero. Um membro do clero que não está em pleno gozo dos seus direitos pode renunciar a sua credencial apenas mediante a aprovação da Junta Consultiva. Após a renúncia da credencial, o membro do clero torna-se membro leigo da igreja, a menos que escolha unir-se à lista de membros ou ao ministério de uma igreja que não seja a Igreja do Nazareno. (114, 530.10, 531.2, 531.6)

Credencial Revogada — Situação da credencial de um membro do clero que foi excluído do ministério e de membro da Igreja do Nazareno pela ação iniciada pela Junta de Credenciais Ministeriais ou pela Junta de Ministério.

Devolução da Credencial — Ação que acompanha o restabelecimento dos direitos, privilégios e responsabilidades de um membro do clero, a um(a) ministro(a) cuja credencial tenha sido arquivada, suspensa, entregue, renunciada ou revogada.

Restauração — Processo de ajudar um(a) ministro(a) destituído(a), voluntariamente ou não, dos direitos, privilégios e responsabilidades de um membro do clero, seu cônjuge e família na restauração da saúde e integridade. Os esforços para a restauração devem ser empreendidos independentemente do processo para determinar se a devolução da credencial a um(a) ministro(a) é apropriada e aconselhável.

Reintegração — Concessão dos direitos, privilégios e responsabilidades de um membro do clero a um(a) ministro(a), cuja credencial foi arquivada, suspensa, entregue, renunciada, ou revogada, e que passa da situação de restauração à do pleno gozo dos direitos com todas as aprovações.

Acusação — Documento escrito e assinado por, pelo menos, dois membros da Igreja do Nazareno, acusando um membro da Igreja do Nazareno de conduta que, se provada, levará o membro a ser sujeito a disciplina nos termos do *Manual*.

Conhecimento — Apreensão de fatos pelo exercício dos sentidos da própria pessoa.

Informação — Fatos apreendidos a partir de outrem.

Crença — Uma conclusão alcançada de boa fé, baseada em conhecimento e informação.

Comissão de Investigação — Uma comissão nomeada de acordo com o *Manual* para obter informação respeitante à alegada má conduta ou suspeição.

Formulação de Acusação — Um documento escrito descrevendo, especificamente, a conduta de um membro da Igreja do Nazareno que, se provada, constituirá base para disciplina, nos termos do *Manual*.

530.1. No caso de um membro do clero realizar regularmente atividades eclesiásticas independentes com outro grupo religioso, sem a aprovação por escrito da Junta Consultiva, do distrito de que é membro ministerial, e sem a aprovação por escrito, quando requerida, da Junta de Superintendentes Gerais, ele(a) será sujeito(a) a disciplina. (530.13, 530.14, 606.1)

530.2. Um membro do clero mostrará sempre o devido respeito pelo conselho conjunto do(a) superintendente distrital e da Junta Consultiva. (128)

530.3. Qualquer reivindicação de participação, por parte de um membro do clero e/ou seus dependentes, em qualquer plano ou fundo que a igreja possa agora ter ou vir a ter para a assistência ou o apoio aos seus ministros idosos ou incapacitados, será baseada exclusivamente no serviço ativo, regular, prestado pelo(a) ministro(a), como pastor(a) ou evangelista designados(as), ou em outra função reconhecida e ratificada pela Assembleia Distrital. Esta regra excluirá de tal participação todos aqueles que prestem serviço a tempo parcial e ocasional. 8207.4, 337)

530.4. Um(a) ministro(a) licenciado(a) designado(a) em serviço ativo como pastor(a), ou pastor(a) assistente de uma Igreja do Nazareno, será membro votante da Assembleia Distrital. (201)

530.5. O(A) candidato(a) eleito(a) para a ordem de presbítero ou de diácono/diaconisa será ordenado(a) através da imposição das mãos pelo(a) superintendente geral e ministros ordenados, com os exercícios religiosos apropriados, sob a direção do(a) superintendente geral que preside. (307.4)

530.6. O(A) superintendente geral com jurisdição outorgará à pessoa assim ordenada um certificado de ordenação assinado pelo(a) superintendente geral com jurisdição, pelo(a) superintendente distrital e pelo(a) secretário(a) distrital. (527.1)

530.7. No caso do certificado de ordenação de um(a) presbítero ou diácono/diaconisa tiver sido perdido, danificado ou destruído, pode ser emitido um duplicado do certificado, mediante recomendação da Junta Consultiva. Essa recomendação será feita diretamente ao/à superintendente geral com jurisdição e mediante a autoridade dessa aprovação, um duplicado do certificado será emitido pelo(a) secretário(a) geral. No verso do certificado deve ser identificado o número original juntamente com a palavra DUPLICADO. Se o(a) superintendente geral, o(a) superintendente distrital ou o(a) secretário(a) distrital que assinaram o documento original não estiverem disponíveis, o(a) superintendente geral com jurisdição, o(a) superintendente distrital e o(a) secretário(a) distrital do distrito requisitante do duplicado, assinarão o certificado. No verso deste certificado, lavrar-se-á esta afirmação manuscrita e/ou impressa, assinada pelo(a) superintendente geral com jurisdição, pelo(a) superintendente distrital e pelo(a) secretário(a) distrital.

Este certificado é concedido em substituição do certificado original de ordenação dado a (inserir nome), no dia (inserir dia) de (inserir mês) de (inserir ano) A.D. pela (inserir nome da organização que ordena o indivíduo), que nessa data (inserir *ele* ou *ela*) foi ordenado(a) e cujo certificado de ordenação original foi assinado por (inserir nome de superintendente geral), (inserir nome do(a) superintendente distrital) e (inserir nome do(a) secretário(a) distrital).

O certificado original foi (inserir um: *perdido, danificado, destruído*).

_____, Superintendente Geral
_____, Superintendente Distrital
_____, Secretário(a) Distrital

530.8. Todos os membros do clero (designados e não designados) serão membros ativos numa Igreja do Nazareno local onde serão fiéis na assistência, nos dízimos e na participação dos ministérios da igreja. Exceções a este requisito podem ser concedidas somente com a aprovação da Junta Consultiva. Qualquer membro do clero que não for membro ativo de uma Igreja do Nazareno local no distrito onde mantém a sua credencial e a quem não tenha sido concedida uma exceção, está sujeito a disciplina pela ação da Junta Consultiva. (131, 530.10)

530.9. Todos os presbíteros e diáconos serão membros ministeriais da Assembleia Distrital do distrito de que são membros locais, e à qual prestarão relatório anualmente. Qualquer presbítero ou diácono/diaconisa que por dois anos consecutivos não tenha apresentado o relatório à sua Assembleia Distrital, quer pessoalmente, quer por escrito, se a Assembleia Distrital assim deliberar por votação, deixará de ser membro da mesma. (130, 201, 205.4, 528.1)

530.10. Qualquer membro do clero que se una a uma igreja ou denominação que não seja a Igreja do Nazareno, ou a outro ministério cristão, deixará de ser membro da Igreja do Nazareno a menos que ele(a) obtenha aprovação da Junta Consultiva do distrito de que é membro ministerial. A Assembleia Distrital registrará na ata a seguinte declaração: "Excluído(a) do ministério da Igreja do Nazareno e removido da lista de membros por se ter unido a outra igreja, denominação, ou ministério." (109, 114)

530.11. Qualquer membro do clero que se afaste ou seja excluído como membro da igreja local, quando ele ou ela não esteja em pleno gozo dos seus direitos, poderá unir-se de novo à Igreja do Nazareno apenas com o consentimento da Junta Consultiva do distrito de que ele ou ela se afastou ou foi excluído como membro. A Junta Consultiva pode dar o seu consentimento desde que o(a) antigo(a) ministro(a) permaneça como um membro leigo(a) da igreja ou, com a aprovação do(a) superintendente distrital e do(a) superintendente geral com jurisdição, que o(a) antigo(a) ministro(a) seja readmitido(a) como membro do clero sob disciplina, tendo afirmado a sua disposição de participar ativa e consistentemente no processo de restauração. (531.6)

530.12. Um(a) presbítero ou diácono/diaconisa cujo nome tenha sido removido da Lista de Ministros de uma Assembleia Distrital e que não tenha apresentado a sua credencial não será reconhecido em qualquer outro distrito sem ter obtido o consentimento escrito da Assembleia Distrital de cuja Lista de Ministros o seu nome foi removido, a não ser que uma transferência de jurisdição tenha sido completada conforme 532.12. A Junta Consultiva pode agir sobre um pedido de transferência de jurisdição entre Assembleias. (530.11, 532.12)

530.13. Um membro do clero tem de ter a aprovação anual escrita da Junta Consultiva para fazer o seguinte:
1. dirigir regularmente atividades eclesiásticas independentes que não estejam sob a direção da Igreja do Nazareno, ou
2. exercer missões independentes ou atividades eclesiásticas não autorizadas, ou ligar-se ao quadro de funcionários de uma igreja independente ou de outro grupo religioso, ministério cristão ou denominação.

Se um membro do clero não cumprir estes requisitos, ele(a) poderá, sob recomendação de dois terços dos votos de todos os membros da Junta de Credenciais Ministeriais ou da Junta de Ministério e por ação da Assembleia Distrital, ser excluído de membro e ministério da Igreja do Nazareno. A determinação final quanto a uma atividade específica constituir ou não "uma missão independente" ou "uma atividade eclesiástica não autorizada" pertencerá à Junta de Superintendentes Gerais. (114-114.1, 524.9)

530.14. Antes de conceder aprovação a um membro do clero para participar em atividades eclesiásticas independentes, em mais do que um distrito, ou em um distrito diferente daquele no qual o(a) ministro(a) é membro ministerial, a Junta Consultiva deve pedir a aprovação escrita da Junta de Superintendentes Gerais. A Junta de Superintendentes Gerais terá de notificar as respectivas Juntas Consultivas de que está pendente um pedido para tal aprovação.

530.15. Um(a) ministro(a) designado(a) pode começar uma igreja local quando autorizado a fazê-lo pelo(a) superintendente distrital ou pelo(a) superintendente geral com jurisdição. Os relatórios oficiais da organização serão enviados para o escritório do(a) secretário(a) geral pelo(a) superintendente distrital, para serem arquivados. (100, 211.1)

530.16. Ser membro de uma Assembleia deve ocorrer em virtude de ser pastor(a) ou outro(a) ministro(a) com uma designação ministerial, que esteja servindo ativamente e mantenha esse vínculo como a sua vocação principal numa das funções ministeriais designadas, tal como se encontram definidas nos parágrafos 505-520.

530.17. A informação revelada a um(a) ministro(a) no decurso de um aconselhamento ou direção espiritual deve ser guardada com a maior confidencialidade possível, e não deverá ser divulgada sem o consentimento esclarecido da pessoa, exceto quando exigido por lei.

Sempre que, e logo que possível, o(a) ministro(a) deve revelar as circunstâncias em que a confidencialidade pode ser violada:
1. Quando exista ameaça clara e real de prejuízo para o(a) próprio(a) ou para outros.
2. Quando exista a suspeita de abuso ou negligência cometidos a um(a) menor, pessoa deficiente, idoso(a) ou outra pessoa vulnerável como definido pela lei local. Não é responsabilidade do relator determinar a veracidade do relatório ou investigar o contexto do mesmo, mas somente relatar a suspeita às autoridades competentes. Um(a) menor é definido(a) como qualquer pessoa abaixo de 18 anos, a menos que a maioridade seja atingida mais tarde, conforme legislação própria de um estado ou de um país.
3. Em casos legais quando estiver sob ordem judicial para prover evidência. Os ministros devem guardar registros seguros mínimos do conteúdo das sessões, incluindo um registro das revelações feitas e do consentimento esclarecido recebido.

O conhecimento, que resulte do contato profissional, pode ser usado no ensino, escrita, pregações, ou outras apresentações públicas somente quando são tomadas medidas para salvaguardar completamente tanto a identidade do indivíduo como a confidencialidade das revelações.

Ao aconselhar um(a) menor, se um(a) ministro(a) descobrir que há uma ameaça séria ao bem-estar do(a) menor e que a comunicação de informação confidencial, a um(a) progenitor(a) ou tutor(a) legal, é essencial para a saúde e bem-estar do(a) menor, o(a) ministro(a) deve revelar a informação necessária para proteger a saúde e o bem-estar do(a) menor.

530.18. Espera-se que todos os presbíteros e diáconos estejam envolvidos na aprendizagem ao longo da vida, completando 20 horas de aprendizagem ao longo da vida ou equivalente, por ano, a serem administrados pela Junta de Estudos Ministeriais. (521.6)

530.19. Um(a) ministro(a) poderá solenizar o casamento somente àqueles que se têm preparado com aconselhamento cuidadoso e que tenham uma base bíblica para o matrimónio.

O matrimónio bíblico existe somente num relacionamento envolvendo um homem e uma mulher. (31, 124.9)

530.20. Cada distrito deve ter e rever anualmente um plano escrito abrangente, que guie os seus esforços em providenciar uma resposta oportuna, compassiva e informada aos membros do clero envolvidos em conduta imprópria de um(a) ministro(a), a suas famílias ou a qualquer congregação envolvida. O plano distrital deverá estar em harmonia com as diretrizes do *Manual* e incluir uma cláusula para organizar e manter um registro dos fatos e circunstâncias da mudança de estatuto de qualquer ministro(a) que deixe de ter os direitos, privilégios e responsabilidades de um membro do clero. Esse registro deverá incluir toda a correspondência e atos oficiais relacionados com o estatuto do membro do clero em questão e os nomes e data de nomeação das pessoas selecionadas para a equipe de restauração, tal como previsto no parágrafo 532.1. (225.5)

530.21. Separação ou Divórcio. Dentro de 48 horas após ter sido formalizada uma petição inicial de divórcio, término legal de um casamento, ou separação legal de um(a) ministro(a), ou dentro de 48 horas de separação física do(a) ministro(a) e do seu cônjuge, com o propósito de descontinuar a coabitação física, o(a) ministro(a) deverá *(a)* contatar o(a) superintendente distrital, informando-o(a) da atitude tomada; *(b)* concordar em se reunir com o(a) superintendente distrital e com um membro da Junta Consultiva, em lugar e hora conveniente a todos ou, se isso for impossível, em lugar e hora indicados pelo(a) superintendente distrital; e, *(c)* esclarecer (na reunião a que se refere a linha "b") as circunstâncias da atitude tomada, explicar o conflito marital e explanar as bases bíblicas que justifiquem a razão por que deve ser permitido que o membro do clero em causa continue a servir como membro do clero em pleno gozo dos seus direitos. Se um membro do clero não cumprir as linhas acima indicadas, este incumprimento será causa para disciplina. Todos os ministros ativos, aposentados, designados ou não, estão sujeitos a estas cláusulas, e têm de mostrar devido respeito pelo conselho consensual do(a) superintendente distrital e da Junta Consultiva. Nenhum(a) ministro(a) ativo(a) ou designado(a) pode continuar em qualquer posição clerical sem o voto afirmativo da Junta Consultiva.

I. Arquivo, Suspensão, Renúncia ou Revogação de uma Credencial Ministerial

531. O(A) secretário(a) geral está autorizado(a) a receber e a guardar em segurança as credenciais de um membro do clero em pleno gozo dos seus direitos que, devido a inatividade no ministério por um período de tempo, deseje arquivá-las. Na altura de arquivar a credencial, a Junta Consultiva do distrito do qual o(a) ministro(a) é membro terá de garantir ao/à secretário(a) geral que a credencial não está sendo arquivada com o propósito de evitar disciplina. O arquivamento da credencial não impedirá que um membro do clero seja sujeito a disciplina. Membros de clero que arquivem as suas credenciais enviando-as ao/à secretário(a) geral podem tê-las restabelecidas. (531.10)

531.1. Um membro do clero em pleno gozo dos seus direitos, a quem não tenha sido concedido o estatuto de aposentado e que tenha permanecido não-designado por quatro anos consecutivos ou mais, é considerado como alguém que está participando mais como membro do clero e requere-se que arquive a sua credencial. A Junta de Credenciais Ministeriais ou a Junta de Ministério deve informar a Assembleia Distrital de que "a credencial de (o(a) presbítero ou diácono/diaconisa em questão) foi arquivada pela Junta de Credenciais Ministeriais ou pela Junta de Ministério". Esta ação deve ser considerada não-prejudicial ao caráter. A pessoa que arquiva pode ter a sua credencial restabelecida. (531.10)

531.2. Quando um(a) ministro(a) ordenado(a) em pleno gozo dos seus direitos cessar um ministério designado, para prosseguir uma chamada ou vocação diferente de um membro do clero na Igreja do Nazareno, ele ou ela pode renunciar os direitos, privilégios e responsabilidades de um membro do clero. A Assembleia Distrital de que ele(a) é membro, deverá receber a credencial e colocá-la ao cuidado do(a) secretário(a) geral. O registro nas atas distritais mostrará que o indivíduo "foi excluído da Lista de Ministros, tendo renunciado à sua ordem". Um membro do clero que assim renuncie pode ter a sua credencial devolvida. (531.11)

531.3. Quando um(a) ministro(a) ordenado(a) não aposentado(a) deixar o serviço ativo como membro do clero e assumir um vínculo secular de tempo integral, após um período de dois anos, poderá ser-lhe requerido pela Junta de Credenciais Ministeriais ou pela Junta de Ministério a renúncia de ser um membro do clero ou que arquive a sua credencial junto do(a) secretário(a) geral. Este período de dois anos começará na Assembleia Distrital imediatamente após ter cessado a sua atividade como membro do clero. A Junta de Credenciais Ministeriais ou a Junta de Ministério notificará a Assembleia Distrital da sua ação. Esta ação será considerada não prejudicial ao caráter.

531.4. Os direitos, privilégios e responsabilidades de um membro do clero podem ser suspensos e o seu nome removido da Lista de Ministros se ele(a) mudar a sua residência do endereço do registro sem fornecer um novo endereço de registro à Junta de Credenciais Ministeriais ou à Junta de Ministério dentro de um ano, ou se ele ou ela não entregar o relatório anual como requerido nos parágrafos 524.8 e 530.9. Essa ação de suspensão será da responsabilidade da Junta de Credenciais Ministeriais ou da Junta de Ministério.

531.5. Um membro do clero que receber uma Carta de Recomendação da sua igreja local e não se uniu a outra Igreja do Nazareno até ao momento da próxima Assembleia Distrital, ou que declarar por escrito que ele(a) se afastou da Igreja do Nazareno, ou que se uniu a outra denominação como membro ou ministro(a) e que não renunciou a sua credencial ministerial, pode ser excluído do ministério da Igreja do Nazareno por ordem da Assembleia Distrital sob recomendação da Junta de Credenciais Ministeriais ou da Junta de Ministério, e seu nome ser excluído da Lista de Ministros e da lista de membros da Igreja local. (113.1, 815)

531.6. Um membro do clero que não esteja em pleno gozo dos seus direitos pode renunciar a sua credencial, apenas por recomendação da Junta Consultiva. (532)

531.7. Um membro do clero pode ser excluído do ministério da Igreja do Nazareno nos termos dos parágrafos 531.5 e 532.10, ou através de ação disciplinar, de acordo com os parágrafos 606-609.

531.8. Quando um(a) presbítero ou diácono/diaconisa tiver sido excluído, a credencial do membro do clero será enviada ao/à secretário(a) geral para ser catalogada e preservada, conforme deliberação da Assembleia Distrital do distrito onde o(a) presbítero ou o(a) diácono/diaconisa era membro na altura em que foi excluído(a). (326.5)

531.9. Pastores, Juntas de Igrejas locais e outros que decidem sobre designações na igreja, não envolverão um membro do clero que não esteja em pleno gozo dos seus direitos, em qualquer posição de confiança ou autoridade, tais como: direção de louvor, ensino numa classe de Escola Dominical, direção de um estudo bíblico ou pequeno grupo, até que seja restaurado o seu pleno direito. Exceções a esta proibição requerem a aprovação escrita tanto do(a) superintendente do distrito, a que o(a) ministro(a) pertencia, quando foi privado(a) dos direitos, privilégios e responsabilidades de um membro do clero, como do(a) superintendente geral com jurisdição desse distrito. (532.4)

531.10. Restabelecimento de uma Credencial Arquivada. Quando um(a) presbítero ou diácono/diaconisa em pleno gozo dos seus direitos arquivar a sua credencial, esse documento poderá ser devolvido ao/à presbítero ou diácono/diaconisa por ordem da Assembleia Distrital competente, em qualquer ocasião posterior em que o(a) presbítero ou diácono/diaconisa se ache em pleno gozo dos seus direitos, desde que a devolução da sua credencial tenha sido recomendada pelo(a) superintendente distrital e pela Junta Consultiva. Entre Assembleias Distritais, uma Junta Consultiva poderá votar para aprovar a devolução de uma credencial arquivada a um(a) ministro(a).

531.11. Restabelecimento de uma Credencial Renunciada ou Revogada. Um(a) presbítero ou diácono/diaconisa que, enquanto(a) ministro(a)em pleno gozo dos seus direitos renunciou a sua ordem de ministério, ou cuja credencial foi revogada por se unir a outra igreja, denominação ou ministério, pode ter a sua credencial devolvida pela Assembleia Distrital depois de entregar o Questionário para Ordenação/Reconhecimento, reafirmando os votos de ministério, ser examinado e obter recomendação favorável da Junta de Credenciais Ministeriais ou da Junta de Ministério, com a aprovação prévia do(a) superintendente distrital e do(a) superintendente geral com jurisdição. (531.2)

531.12. O certificado de ordenação de um(a) ministro(a) falecido(a), cuja credencial foi arquivada e que estava em pleno gozo dos direitos por altura da sua morte, pode ser entregue à família do(a) ministro(a) mediante pedido escrito ao/à secretário(a) geral e aprovação do(a) superintendente do distrito onde o documento foi registrado.

J. Restauração de Membros do Clero

532. A Igreja do Nazareno reconhece a sua responsabilidade em estender esperança e cura da graça redentora e renovadora de Deus a qualquer um dos seus ministros que, por entrega da credencial, voluntária ou de outra forma, tenha sido privado dos direitos, privilégios e responsabilidades de um membro do clero devido a conduta imprópria para um(a) ministro(a). A igreja também reconhece a sua obrigação de convidar para a abrangência do amor e cuidado de Deus, o cônjuge e a família, a congregação e a comunidade do ministro. Por essa razão, o processo que leva à restauração do(a) ministro(a) ao pleno gozo dos seus direitos deve ser conduzido em dois passos distintos:

1. Restauração. Sem levar em consideração a gravidade da má conduta do(a) ministro(a), a probabilidade do seu eventual retorno ao serviço ministerial ou a sua receptividade inicial à graça e ao oferecimento de ajuda estendida, a restauração do bem-estar do(a) ministro(a) (espiritual ou de outra dimensão) e do seu cônjuge e família deve ser procurada pelo distrito de forma diligente, em oração e fidelidade, de acordo com os parágrafos 532.1-532.7. Essa restauração deve ser o alvo singular deste passo.

2. Restabelecimento. A restauração do(a) ministro(a) ao pleno gozo dos seus direitos e a recomendação para a devolução da sua credencial devem ser consideradas num processo separado e posterior aos esforços da procura da restauração da saúde e bem-estar do(a) ministro(a), seu cônjuge e família. (532.6-532.13).

532.1. Nomeação de Uma Equipe de Restauração. Quando a má conduta de um membro do clero se torna evidente, uma resposta oportuna de intervenção apropriada e compassiva é crucial para o bem do(a) ministro(a), seu cônjuge e família, a congregação e a comunidade. Uma vez que raramente se antecipam tais situações, um elemento importante do plano de resposta do distrito para facilitar a restauração é a selecção prévia e a preparação de pessoas qualificadas, tanto do clero como leigos. Estas pessoas devem ser nomeadas pelo(a) superintendente distrital ouvida a Junta Consultiva. Quando surgirem situações de má conduta de um membro do clero, essas pessoas, agindo como uma equipe de restauração, devem ser mobilizadas pelo(a) superintendente distrital tão depressa quanto possível e de acordo com o plano do distrito. Uma equipe de restauração assim constituída não deve ser composta por menos de três pessoas. (211.20, 225.5, 532)

532.2. Deveres de uma Equipe de Restauração. Uma equipe de restauração é responsável por facilitar a recuperação da saúde e bem-estar de um(a) ministro(a), do seu cônjuge e família; não tem a responsabilidade, nem a autoridade para determinar se os direitos, privilégios e responsabilidades de um membro do clero devem ser restabelecidos ao/à ministro(a). Até onde a situação permitir, os deveres de uma equipe de restauração incluem:

1. oferecer cuidado ao cônjuge e família do(a) ministro(a) como também ao/à ministro(a);
2. esclarecer o(a) ministro(a) e seu cônjuge sobre o processo e o propósito da restauração;
3. coordenar os esforços combinados do(a) ministro(a), distrito e qualquer congregação envolvida, no desenvolvimento de um plano para lidar com as necessidades financeiras, habitacionais, médicas, emocionais, espirituais e outras que normalmente surgem, com urgência, em situações onde a má conduta se torna evidente;
4. implementar o plano aprovado pelo distrito, incluindo a apresentação regular de relatório dos seus esforços e da situação do progresso do(a) ministro(a), seu cônjuge e família na recuperação da saúde e bem-estar;
5. compartilhar com o(a) ministro(a) e seu cônjuge, com o(a) superintendente distrital e com a Junta distrital apropriada, quando o seu trabalho estiver próximo do final ou tenha progredido até onde se pode esperar;

6. enviar a sua recomendação à Junta de Credenciais Ministeriais ou à Junta de Ministério ou à comissão responsável nomeada, para que seja considerado o restabelecimento dos direitos, privilégios e responsabilidades de um membro do clero, mediante solicitação feita pelo(a) ministro(a). (532.8)

532.3. No caso de um(a) ministro(a) sob disciplina ser ou se tornar indiferente ao processo de restauração, deve ser feito um esforço diligente para aprofundar a restauração do cônjuge e família do(a) ministro(a), enquanto se procura ativamente envolver ou envolver novamente o(a) ministro(a) neste processo. Após análise dos esforços de restauração e com a devida consideração pelo bem-estar do cônjuge e da família do(a) ministro(a), o(a) superintendente distrital pode suspender, concluir ou redirecionar de alguma forma os esforços de restauração. No caso de um distrito não nomear uma equipe de restauração, ou a equipe de restauração nomeada não assumir as suas responsabilidades no período de 180 dias a partir da data em que o(a) ministro(a) foi colocado sob disciplina, o(a) referido(a) ministro(a) pode requerer à Junta de Superintendentes Gerais que transfira para outro distrito a responsabilidade de facilitar os esforços para a sua restauração e agir na sua posterior solicitação, se houver, para a restauração ao pleno gozo dos direitos, privilégios e responsabilidades de um membro do clero. Esta opção também está disponível para o(a)ministro(a) em questão, caso o distrito falhe em responder a sua solicitação para restauração do pleno gozo de seus direitos. (532-532.2, 532.4-532.13)

532.4. Um membro do clero que não esteja em pleno gozo dos seus direitos não ocupará qualquer posição de confiança ou autoridade na igreja ou na adoração, tais como: pregar, dirigir o louvor, ensinar uma classe de Escola Dominical, orientar um estudo bíblico ou pequeno grupo. O(A) ministro(a) só poderá servir nestas atribuições ou numa outra função ministerial com recomendação favorável da equipe de restauração nomeada pelo distrito e atribuída ao/à ministro(a), bem assim o consentimento da Junta Consultiva, da Junta de Credenciais Ministeriais ou da Junta de Ministério, do(a) superintendente distrital e do(a) superintendente geral com jurisdição. Uma recomendação favorável indica uma determinação de que a pessoa, o seu cônjuge e a família fizeram progresso suficiente no processo de restauração, para garantir uma vez mais que a pessoa pode servir numa posição de confiança ou autoridade. A aprovação para servir numa posição de confiança ou autoridade pode ser concedida, com ou sem restrições, e pode ser removida pelo(a) superintendente distrital ouvida a equipe de restauração. (606.1-606.2, 606.5, 606.11-606.12)

532.5. Após solicitação pelo(a) ministro(a) sob disciplina que lhe seja restaurado o pleno gozo dos direitos como estipulado no parágrafo 532.6, a equipe de restauração pode recomendar ao/à superintendente distrital e à Junta distrital apropriada ou à comissão nomeada, que a solicitação seja analisada nos termos do parágrafo 532.8; ou que o(a) ministro(a) continue o processo de restauração por um período de tempo adicional e especificado antes de nova solicitação.

No caso da equipe de restauração ter concluído os seus esforços e o(a) ministro(a) sob disciplina não solicitar a restauração do pleno gozo de direitos, este(a) deverá permanecer sob disciplina a não ser que se tome uma deliberação: 1) excluir o(a) ministro(a) da lista de membros e ministério da Igreja do Nazareno; ou 2) conceder aprovação ao/à ministro(a) para renunciar a sua credencial e tornar-se um membro leigo(a) da igreja. Em situações de renúncia de credencial por um(a) ministro(a) que está sob disciplina, onde há evidência de restauração substancial e sustentável, deve dar-se atenção cuidada para reconhecer e celebrar tal progresso. (531.5, 532.10)

532.6. Solicitação para Restauração do Pleno Gozo de Direitos. Um(a) ministro(a) que foi destituído(a) dos direitos, privilégios e responsabilidades de um membro do clero pode solicitar a restauração do pleno gozo de direitos e a devolução da sua credencial sujeitando-se às exigências de qualificação do parágrafo 540.7. Tal solicitação deve ser enviada para o(a) superintendente distrital pelo menos seis meses antes da próxima reunião da Assembleia Distrital e deve estar de acordo com o plano aprovado pelo distrito. O(A) superintendente distrital acusará a recepção da solicitação no prazo de 30 dias.

532.7. Um(a) ministro(a) pode solicitar a restauração do pleno gozo de direitos e a devolução da sua credencial, contanto que a equipe de restauração que lhe foi atribuída apoie favoravelmente tal solicitação e possa atestar que o(a) ministro(a) tem participado ativa e consistentemente por, pelo menos, dois anos no processo de restauração sob sua supervisão. Um(a) ministro(a) que, em seu próprio entender, se empenhou para participar ativa e consistentemente por, pelo menos, quatro anos em tal processo de restauração, pode solicitar a restauração do pleno gozo de direitos com ou sem o apoio favorável de tal solicitação por parte da equipe de restauração.

Quando um(a) ministro(a) sob disciplina tiver procurado a restauração desde o começo, o tempo mínimo exigido antes da solicitação para restauração do pleno gozo de direitos, deverá começar tão cedo quanto a primeira reunião oficial do(a) ministro(a) com a equipe de restauração, ou 60 dias depois da primeira data em que a equipe de restauração lhe foi atribuída. Nos casos em que o(a) ministro(a) adia ou interrompe a sua participação no processo de restauração, o(a) superintendente distrital, ouvida a equipe de restauração, determinará se o tempo mínimo exigido, antes de solicitar a restauração do pleno gozo de direitos, foi satisfeito. (530, 532.3)

532.8. Resposta a uma Solicitação para Restauração do Pleno Gozo de Direitos. A Junta de Credenciais Ministeriais ou a Junta de Ministério, ou uma comissão da mesma nomeada pelo(a) superintendente distrital, deverá analisar qualquer solicitação para restauração do pleno gozo de direitos recebida pelo(a) superintendente distrital e:

1. verificar se o pedido é válido, tendo cumprido todas as condições para a apresentação;
2. solicitar e avaliar a recomendação da equipe de restauração;
3. entrevistar o(a) ministro(a) que solicita a restauração do pleno gozo de direitos e quaisquer outras pessoas que considere apropriado entrevistar;
4. decidir se recomenda que os direitos, privilégios e responsabilidades de um membro do clero sejam restaurados ao/à ministro(a) e a sua credencial devolvida.

Quando uma solicitação for enviada com, pelo menos 180 dias antes da próxima Assembleia Distrital agendada, a análise da mesma deverá estar concluída e uma recomendação feita para o(a) superintendente distrital antes dessa Assembleia Distrital. Uma recomendação para restabelecer os direitos, privilégios e responsabilidades de membro do clero a um(a) ministro(a), cuja credencial foi entregue devido a má conduta sexual, deverá exigir dois terços de votos favoráveis da Junta Consultiva. A recomendação deve ser enviada à Junta de Superintendentes Gerais dentro de um ano, a partir da data da solicitação mais recente do(a) ministro(a) para restauração do pleno gozo de direitos. Exceções a quaisquer formas especificadas neste parágrafo devem ter primeiro a aprovação por escrito do(a) superintendente geral com jurisdição. (532.2, 532.3, 532.6, 532.7, 532.13)

532.9. Um indivíduo culpado de má conduta sexual envolvendo menores não deve ser restaurado ao pleno gozo dos seus direitos como um membro do clero, ou ter permissão de possuir qualquer credencial ministerial, servir em qualquer posição de responsabilidade ou ministério com menores, ou ser eleito ou nomeado para qualquer função de liderança na igreja local. Um(a) menor é definido como qualquer pessoa abaixo de 18 anos, a menos que a maioridade seja atingida mais tarde conforme legislação própria de um estado ou de um país. (139.30, 600, 606.1-606.2, 606.5, 606.11-606.12, 916)

532.10. A Junta de Credenciais Ministeriais ou a Junta de Ministério ou uma comissão da mesma, tendo considerado uma solicitação para restauração do pleno gozo de direitos enviada dentro

do prazo estabelecido, pode recomendar ao/à superintendente distrital e às Juntas Distritais apropriadas qualquer um dos seguintes:
1. que o(a) ministro(a) a ser restaurado(a) ao pleno gozo de direitos tenha a sua credencial devolvida;
2. que o(a) ministro(a) continue no processo de restauração por um período de tempo especificado, antes de solicitar novamente a restauração do pleno gozo de direitos;
3. que o período de restauração seja estendido e o plano revisto (tais como um novo envolvimento ministerial monitorizado, a designação de uma nova equipe de restauração ou a consideração de preocupações pessoais, matrimoniais ou familiares);
4. que o(a) ministro(a) continue sob disciplina;
5. que o(a) ministro(a) não seja restaurado(a) ao pleno gozo de direitos, mas que a evidência de restauração seja adequadamente reconhecida e celebrada, e seja dada permissão para o(a) ministro(a) renunciar a sua credencial;
6. que o(a) ministro(a) seja excluído(a) da lista de membros e ministério da Igreja do Nazareno. (531.5, 532.7, 532.13)

532.11. Se duas solicitações para o restabelecimento do(a) ministro(a) sob disciplina forem negadas, a Junta de Superintendentes Gerais poderá conceder um pedido de transferência de jurisdição, em cooperação com o distrito receptor. Se um terceiro pedido de restauração ministerial e restabelecimento dos direitos, privilégios e responsabilidades de um membro do clero for negado, o(a) ministro(a) pode tornar-se leigo(a), mediante aprovação da Junta Consultiva. (530.13, 531.6, 532.12)

532.12. Transferência de Jurisdição. Uma transferência de jurisdição para qualquer ministro(a) cuja credencial tenha sido arquivada ou que não esteja em pleno gozo dos seus direitos pode ser concedida mediante aprovação do(a) superintendente distrital e da Junta Consultiva, tanto do distrito que transfere como do que recebe. Uma vez completada a transferência de jurisdição, o distrito receptor tem autoridade para agir, a seu critério, em quaisquer assuntos de credenciais, incluindo todos os aspectos do processo de restauração. Um distrito que receba transferência de jurisdição para um(a) ministro(a) que não esteja em pleno gozo dos seus direitos não é obrigado(a) a conceder o restabelecimento de credenciais. (532.2, 532.8, 532.10, 532.13)

532.13. Restabelecimento dos Direitos, Privilégios e Responsabilidades de um Membro do Clero. Um membro do clero, que tenha perdido o gozo dos seus plenos direitos e cuja solicitação para restauração dos mesmos resultou numa recomendação para restabelecimento dos direitos, privilégios e responsabilidades de um membro do clero, pode ser restaurado e ter a sua credencial devolvida somente pelo processo seguinte:

1. aprovação do(a) superintendente distrital;
2. aprovação da Junta de Credenciais Ministeriais ou da Junta de Ministério;
3. aprovação com dois terços de votos da Junta Consultiva;
4. aprovação da Junta de Superintendentes Gerais; e
5. aprovação da Assembleia Distrital competente. (606.1-606.2, 606.5, 606.11-606.12)

PARTE VII

ADMINISTRAÇÃO JUDICIAL

INVESTIGAÇÃO DE POSSÍVEL MÁ
CONDUTA E DISCIPLINA DA IGREJA

RESPOSTA A POSSÍVEL MÁ CONDUTA

RESPOSTA A MÁ CONDUTA DE UMA PESSOA
EM POSIÇÃO DE CONFIANÇA OU AUTORIDADE

DISCIPLINA CONTESTADA DE UM(A) LEIGO(A)

DISCIPLINA CONTESTADA
DE UM MEMBRO DO CLERO

REGRAS DE PROCEDIMENTO

TRIBUNAL DISTRITAL DE APELAÇÕES

TRIBUNAL REGIONAL DE APELAÇÕES

TRIBUNAL GERAL DE APELAÇÕES

GARANTIA DE DIREITOS

I. INVESTIGAÇÃO DE POSSÍVEL MÁ CONDUTA E DISCIPLINA DA IGREJA

600. Os objetivos da disciplina da igreja são manter a integridade da igreja, proteger do mal o(a) inocente, garantir a eficácia do testemunho da igreja, avisar e corrigir o(a) negligente, trazer o(a) culpado(a) à salvação, reabilitar o(a) culpado(a), fazer voltar ao serviço efetivo os que são reabilitados e guardar a reputação e os recursos da igreja. Os membros da igreja que transgridam o Pacto de Caráter Cristão ou o Pacto de Conduta Cristã, ou que voluntária e continuamente violem os seus votos como membros, devem ser tratados com benignidade, ainda que com firmeza, em conformidade com a gravidade das suas ofensas. Sendo a santidade de coração e de vida o padrão do Novo Testamento, a Igreja do Nazareno insiste que haja um ministério puro e requer daqueles que possuem as credenciais de um membro do clero que sejam ortodoxos quanto à doutrina e santos quanto à vida. Assim, o propósito da disciplina não é punitivo ou retributivo, mas pretende alcançar estes objetivos. A determinação de gozo de direitos e relação contínua com a igreja é, também, uma função do processo disciplinar.

II. RESPOSTA A POSSÍVEL MÁ CONDUTA

601. Quando uma pessoa com autoridade para reagir, toma conhecimento de uma informação, que uma pessoa prudente acreditaria ser confiável, então deve reagir. Além disso, deve também reagir, quando a informação pode levar uma pessoa prudente a acreditar, que provavelmente adviria algum dano à igreja, a potenciais vítimas ou a qualquer outra pessoa, por causa da má conduta de alguém em posição de confiança ou de autoridade dentro de igreja.

601.1. Quando uma pessoa, que não tem autoridade para reagir pela igreja, toma conhecimento de uma informação, que uma pessoa prudente consideraria confiável e que levaria uma pessoa prudente a acreditar que a má conduta de alguém em posição de confiança ou autoridade pode ocorrer na igreja, a pessoa que detém a informação deverá comunicá-la ao/à representante da igreja com autoridade para reagir.

601.2. A pessoa com autoridade para reagir é definida pela posição na igreja do indivíduo ou indivíduos que possam estar envolvidos na má conduta, como segue:

Pessoa Implicada	Pessoa com Autoridade para Responder
Não membro	Pastor(a) da igreja local onde ocorreu a conduta em questão.

# ADMINISTRAÇÃO JUDICIAL

Leigo(a)	Pastor(a) da igreja onde o(a) leigo(a) é membro.
Membro do clero	Superintendente do distrito (em conjunto com a Junta Consultiva) em que a pessoa implicada é membro ou o(a) pastor(a) da igreja local onde a pessoa é membro da equipe pastoral.
Superintendente distrital	Superintendente geral com jurisdição
Diretor(a) Regional	Superintendente geral com jurisdição
Coordenador(a) de Estratégia de Campo	Superintendente geral com jurisdição
Não definido doutra maneira	Secretário(a) geral

A pessoa com autoridade para reagir deve também informar em tempo oportuno a liderança a nível do distrito, da área, da região e global, ou todas elas, acerca das acusações. A pessoa com autoridade para reagir pode recrutar ajuda de outros para qualquer apuramento de fatos ou reações.

601.3. Se não foi feita qualquer acusação, o propósito de uma investigação será determinar se é ou não necessária ação para evitar danos ou para reduzir o impacto de danos que tenham sido previamente causados. Nenhuma investigação será continuada, a não ser que uma acusação tenha sido apresentada, nas circunstâncias em que uma pessoa prudente acreditaria que nenhuma outra ação seria necessária para evitar dano ou para reduzir o impacto do dano. Fatos revelados durante uma investigação podem tornar-se a base para uma acusação.

III. RESPOSTA A MÁ CONDUTA POR UMA PESSOA EM POSIÇÃO DE CONFIANÇA OU AUTORIDADE

602. Sempre que uma pessoa, com autoridade para reagir, souber de fatos que indiquem que pessoas inocentes foram prejudicadas pela má conduta de alguém em posição de confiança ou de autoridade, deve ser tomada uma decisão para levar a Igreja a agir adequadamente. Uma reação apropriada tentará evitar qualquer dano adicional às vítimas da má conduta, procurará ser responsável pelas necessidades das vítimas, do(a) acusado(a) e de outros que

sofrem as consequências dessa má conduta. Um cuidado especial deve ser prestado às necessidades do cônjuge e da família do(a) acusado(a). A reação deve também abranger as necessidades da igreja local, do distrito e da igreja geral, no que diz respeito a relações públicas, proteção do risco de responsabilização e salvaguarda da integridade da Igreja.

Os que respondem pela Igreja devem compreender que o que dizem e fazem pode ter consequências perante as leis civis. O dever da Igreja de reagir, baseia-se na preocupação cristã. Ninguém tem autoridade para aceitar responsabilidade financeira por uma igreja local sem a ação da Junta da Igreja, ou por um distrito sem que tenha havido uma deliberação da Junta Consultiva. Qualquer pessoa que não tenha a certeza quanto à reação apropriada a tomar, deve procurar o conselho de profissionais competentes.

602.1. Na igreja local compete à Junta da Igreja elaborar uma resposta para qualquer crise que possa surgir; contudo, poderá ser necessário responder antes de ser possível realizar uma reunião da junta. É sábio que cada igreja local tenha um plano de resposta de emergência.

602.2. Em cada distrito a responsabilidade principal em responder a uma crise pertence à Junta Consultiva; porém, pode ser necessário reagir antes de ser possível uma reunião da Junta. É sábio que o distrito adote um plano de resposta de emergência. O plano pode incluir a nomeação pela Junta Consultiva de uma equipe de resposta, composta por pessoas com qualificações especiais, tais como conselheiros, assistentes sociais, pessoas treinadas em comunicação e outras familiarizadas com a lei aplicável.

603. Resolução do Conflito e Reconciliação na Igreja. Desacordos fazem parte da vida, até mesmo na igreja. Porém, quando esses desacordos se transformam num conflito que divide as congregações ou quebra a comunhão na igreja, um processo informal de discernimento deve preceder qualquer processo formal de resolução. Seja informal ou formal, o objetivo deve ser a resolução e a reconciliação.

603.1. Processo informal: Quando surge um conflito na igreja, é necessário ter um período de discernimento e conselho com o desejo de viver em paz com todas as pessoas. Todas as partes envolvidas são encorajadas a levar o assunto ao Senhor em oração e, na realidade, todo o processo precisa ser envolto em oração. Os indivíduos em conflito devem aproximar-se em humildade, com a esperança de reconciliação.

603.2. Processo formal: se o processo acima descrito falhar, os indivíduos podem decidir enveredar para o processo formal de reconciliação. O assunto deve ser arbitrado por um grupo representativo de pessoas maduras e imparciais da igreja. Se é entendido que há culpa, este grupo pode recomendar a ação apropriada nos termos do parágrafo 604.

604. Resolução de Questões Disciplinares por Mútuo Acordo. O processo disciplinar descrito neste *Manual* tem a intenção de proporcionar um processo apropriado para resolver alegações de má conduta, quando essas alegações são contestadas pelo(a) acusado(a). Em muitas situações é conveniente resolver questões disciplinares por mútuo acordo. Encoraja-se que se façam esforços para resolver questões disciplinares por mútuo acordo sempre que seja possível.

604.1. Qualquer questão, dentro da jurisdição da Junta Local de Disciplina, pode ser resolvida por mútuo acordo escrito entre a pessoa acusada e o(a) pastor(a), se for aprovado pela Junta da Igreja e pelo(a) superintendente distrital. Os termos desse mútuo acordo terão o mesmo efeito que uma ação por uma Junta Local de Disciplina.

604.2. Qualquer questão, dentro da jurisdição da Junta Distrital de Disciplina, pode ser resolvida por mútuo acordo escrito entre a pessoa acusada e o(a) superintendente distrital, se o acordo for aprovado pela Junta Consultiva e pelo(a) superintendente geral com jurisdição. Os termos desse mútuo acordo terão os mesmos efeitos de uma ação pela Junta Distrital de Disciplina.

IV. DISCIPLINA CONTESTADA DE UM(A) LEIGO(A)

605. Se um membro leigo(a) é acusado(a) de conduta não-cristã, essa acusação será feita por escrito e assinada por não menos de dois membros que tenham assistido fielmente aos cultos da igreja, pelo menos durante seis meses. O(A) pastor(a) nomeará uma comissão de investigação constituída por três membros da igreja local, com a aprovação do(a) superintendente distrital. A comissão fará um relatório escrito acerca do resultado da sua investigação. Esse relatório deverá ser assinado pela maioria e apresentado à Junta da Igreja. Depois da investigação e em conformidade com a mesma, quaisquer dois membros da igreja local, em pleno gozo dos seus direitos, poderão assinar as acusações contra o(a) acusado(a) e apresentar as mesmas à Junta da Igreja. Então, a Junta da Igreja, com a aprovação do(a) superintendente distrital, nomeará uma Junta Local de Disciplina composta por cinco membros, que não tenham preconceitos sobre o caso e sejam capazes de ouvir e de resolver o mesmo de forma justa e imparcial. Se, na opinião do(a) superintendente distrital, é impraticável selecionar cinco membros da igreja local, devido ao tamanho da igreja, à natureza das alegações ou à posição de influência do(a) acusado(a), o(a) superintendente distrital poderá, após consultar o(a) pastor(a), nomear cinco leigos de outras igrejas no mesmo distrito para constituírem a Junta de

Disciplina. Esta Junta convocará uma audiência logo que possível, e esclarecerá os assuntos em questão. Depois de ouvido o depoimento das testemunhas e de serem consideradas as evidências, a Junta de Disciplina, conforme os fatos, absolverá o(a) acusado(a) ou aplicará a disciplina. A deliberação deve ser unânime. A disciplina poderá tomar a forma de repreensão, suspensão ou expulsão do membro da igreja local. (125.8)

605.1. Um recurso da deliberação de uma Junta Local de Disciplina poderá ser feito para o Tribunal Distrital de Apelações, dentro de 30 dias, tanto pelo(a) acusado(a) como pela Junta da Igreja.

605.2. Quando um(a) leigo(a) for excluído(a) de membro da igreja local por uma Junta Local de Disciplina, este(a) poderá voltar a unir-se à Igreja do Nazareno no mesmo distrito, apenas com a aprovação da Junta Consultiva. Se tal consentimento for dado, ele ou ela será recebido(a) como membro da dita igreja local, usando o formulário aprovado para a recepção de membros de igreja. (21, 28-33, 114.1-114.4, 704)

605.3 Os leigos que atuam em cargos de liderança são tidos em alto conceito. Na eventualidade de uma má conduta o impacto é muitas vezes bastante grave. Um indivíduo culpado de má conduta sexual envolvendo menores de idade, não deve ser autorizado a servir em qualquer cargo de responsabilidade ou ministério com menores, ou ser eleito ou nomeado para qualquer função de liderança na igreja local. Um menor é definido como qualquer pessoa abaixo de 18 anos, a menos que a maioridade seja atingida mais tarde, conforme legislação própria de um estado ou de um país. (503.1)

V. DISCIPLINA CONTESTADA DE UM MEMBRO DO CLERO

606. A perpetuidade e a eficácia da Igreja do Nazareno dependem largamente das qualificações espirituais, do caráter e do modo de vida dos membros do seu clero. Membros do clero aspiram a uma chamada do Alto e servem como indivíduos ungidos sobre os quais está colocada a confiança da igreja. Aceitaram a sua chamada sabendo que as pessoas a quem ministram esperarão deles padrões pessoais nobres. Por causa das elevadas expectativas a que ficam assim sujeitos, os membros do clero e seus ministérios são particularmente vulneráveis a acusações de má conduta. Portanto, cabe aos membros usarem os seguintes procedimentos com sabedoria bíblica e maturidade próprias do povo de Deus.

606.1. Se um membro do clero for acusado de conduta imprópria para um(a) ministro(a), tais acusações serão feitas por escrito e assinadas por, pelo menos, dois membros da Igreja do Nazareno que estejam, na altura, em pleno gozo dos seus direitos.

ADMINISTRAÇÃO JUDICIAL

Se um membro do clero for acusado de promover doutrinas que não estejam em harmonia com a declaração doutrinária da Igreja do Nazareno, tais acusações serão feitas por escrito e assinadas por, pelo menos, dois presbíteros da Igreja do Nazareno que estejam, na altura, em pleno gozo dos seus direitos.

A acusação escrita deve ser apresentada ao/à superintendente distrital, o(a) qual a remeterá para a Junta Consultiva do distrito onde o(a) acusado(a) é membro ministerial. Esta acusação passará a fazer parte do registro do caso. Logo que exequível, por qualquer método que permita a notificação efetiva, a Junta Consultiva notificará por escrito o(a) acusado(a) de que foram apresentadas acusações. Quando a notificação efetiva não for possível, ela pode ser feita da forma habitualmente utilizada para notificações legais nessa localidade. O(A) acusado(a) e o(a) seu/sua defensor(a) têm o direito de examinar as acusações e de receber uma cópia escrita das mesmas, imediatamente após o seu pedido. (532.4, 532.9, 532.13)

606.2. A assinatura de uma pessoa numa acusação a um membro do clero constitui por parte de quem assina a afirmação de que, conforme o seu melhor conhecimento, informação e crença baseados numa razoável investigação, a acusação está bem fundamentada. (532.4, 532.13)

606.3. Quando uma acusação escrita, de conduta imprópria de um(a) ministro(a), for entregue ao/à superintendente distrital e apresentada à Junta Consultiva, esta nomeará uma comissão de três ou mais ministros ordenados designados e, pelo menos dois leigos conforme a Junta Consultiva julgar apropriado, para investigar os fatos e circunstâncias envolvidos e apresentar um relatório escrito e assinado pela maioria da comissão, dos resultados da investigação.

Quando for apresentada uma acusação por escrito relacionada com a promoção de doutrinas que não estejam em harmonia com a declaração doutrinária da Igreja do Nazareno, a Junta Consultiva ou o(a) acusado(a) podem requerer uma revisão por uma Comissão Teológica Regional para avaliar a acusação, a fim de proporcionar discernimento e clareza quanto ao seu mérito. Esta Comissão Teológica Regional será nomeada pela Junta de Superintendentes Gerais e será composta por três teólogos de universidades/seminários regionais e dois pastores ordenados designados em pleno gozo dos seus direitos.

Se, depois de considerar o relatório da Comissão Teológica, e parecer que há fundamentos prováveis para acusações, a Junta Consultiva nomeará uma Comissão de Investigação composta por três ou mais ministros ordenados designados e não menos de dois leigos, conforme a Junta Consultiva considere adequado, para investigar os fatos e circunstâncias envolvidos e relatar as suas conclusões por escrito e assinadas pela maioria da comissão.

Se, depois de analisar o relatório da Comissão de Investigação, se verificar que há possível base para acusações, essas serão feitas e assinadas por dois ministros ordenados do distrito no qual o(a) acusado(a) tem a sua credencial ministerial. A Junta Consultiva notificará o(a) acusado(a), tão breve quanto possível, por meio de um aviso escrito. Quando isso não for possível, o aviso será feito na forma usual para entrega de notificações legais nessa localidade. O(A) acusado(a) e o(a) seu(sua) defensor(a) terão o direito de examinar as acusações e especificações, e de receber uma cópia das mesmas, logo que as requeiram. Nenhum(a) acusado(a) terá de responder a acusações de que não foi informado(a) como aqui se estabelece. (225.3)

606.4. Se, após investigação parecer que uma acusação contra um membro do clero não tem base factual e foi feita de má fé, a apresentação de tal acusação pode ser base para ação disciplinar contra aqueles que assinaram a acusação.

606.5. Quando uma acusação for apresentada, a Junta Consultiva nomeará cinco ministros ordenados designados e pelo menos dois leigos, conforme for mais aconselhável, para ouvirem o caso e esclarecerem a questão; essas pessoas assim nomeadas constituirão uma Junta Distrital de Disciplina para realizar a audiência e tratar do caso segundo as leis da igreja. Nenhum(a) superintendente distrital servirá como acusador(a) ou como auxiliar do(a) acusador(a) no julgamento de um(a) ministro(a) ordenado(a) ou ministro(a) licenciado(a). Essa Junta de Disciplina terá o poder de vindicar e absolver o(a) acusado(a) em conexão com as ditas acusações, ou de administrar a disciplina apropriada à ofensa. Essa disciplina poderá contribuir para a correção desejada que leva à salvação e à reabilitação da parte culpada. A disciplina pode incluir arrependimento, confissão, restituição, suspensão, recomendação para remoção da credencial, expulsão do ministério e/ou de membro da igreja, repreensão pública ou privada, ou qualquer outra disciplina que seja apropriada, incluindo suspensão ou adiamento de disciplina durante um período de prova. (225.4, 532.4, 532.13, 606.11-606.12)

606.6. Se o(a) acusado(a) ou a Junta Consultiva assim o pedirem, a Junta de Disciplina será uma Junta Regional de Disciplina. A Junta Regional para cada caso será nomeada pelo(a) superintendente geral com jurisdição no distrito onde for membro o(a) ministro(a) acusado(a).

606.7. Fica previsto que, em nenhum caso, será aplicada ação disciplinar contra um(a) missionário(a), por um distrito de Fase 1.

606.8. A deliberação de uma Junta de Disciplina será unânime, escrita e assinada por todos os seus membros, e incluirá o veredito de "culpado(a)" ou "inocente" quanto a cada uma das acusações e especificações.

606.9. Qualquer audiência por uma Junta de Disciplina conforme aqui prescrito, será sempre levada a efeito dentro dos limites do distrito onde as acusações forem feitas, num local designado pela Junta que deverá ouvir as acusações.

606.10. O procedimento, em qualquer audiência, será em conformidade com as Regras de Procedimento adiante estabelecidas. (225.3-225.4, 524.9, 530.13, 609)

606.11. Quando um(a) ministro(a) for acusado(a) de conduta imprópria com a sua posição e admitir a culpa, ou confessar a culpa sem ter sido acusado(a), a Junta Consultiva pode aplicar qualquer das disciplinas estipuladas no parágrafo 606.5. (532.4, 532.13)

606.12. Quando um(a) ministro(a) for acusado(a) de conduta imprópria com a sua posição, e admitir a culpa ou confessar a culpa antes de enfrentar a Junta de Disciplina, a Junta Consultiva pode aplicar qualquer das disciplinas estipuladas no parágrafo 606.5. (532.4, 532.13)

607. Depois da deliberação de uma Junta de Disciplina, o(a) acusado(a), a Junta Consultiva ou aqueles que assinaram as acusações terão o direito de apelar para o Tribunal Regional de Apelações. O apelo terá início dentro de 30 dias após tal deliberação, e o tribunal analisará todo o processo e todas as medidas que tenham sido tomadas. Caso o tribunal descubra qualquer erro substancial, prejudicial aos direitos de qualquer pessoa, corrigirá tal erro ordenando uma nova audiência, a ser realizada de modo a tratar justamente a parte adversamente afetada pelo processo ou deliberações anteriores.

608. Quando a deliberação de uma Junta de Disciplina for adversa ao/à ministro(a) acusado(a) e levar à suspensão do ministério ou ao cancelamento da credencial, o(a) ministro(a) suspenderá imediatamente todas as suas atividades ministeriais; e, caso se recuse a fazê-lo, perderá o direito de apelar com base nessa razão.

608.1. Quando a deliberação de uma Junta de Disciplina aplicar a suspensão ou o cancelamento da credencial e o(a) ministro(a) acusado(a) desejar apelar, ele ou ela apresentará a sua credencial de ministro(a) ao/à secretário(a) do tribunal para o qual apela, na altura em que a apelação é feita, ficando o seu direito de apelar condicionado ao cumprimento deste requisito. Quando essa credencial for assim apresentada, será guardada em segurança pelo(a) dito(a) secretário(a) até à conclusão do caso, e então a mesma será enviada ao/à secretário(a) geral ou devolvida ao/à ministro(a), conforme o tribunal ordenar.

608.2. Os apelos para o Tribunal Geral de Apelações podem ser feitos pelo(a) acusado(a) ou pela Junta de Disciplina a partir de vereditos pronunciados por um Tribunal Regional de Apelações. Tais apelos seguirão as mesmas regras e procedimentos, como outros apelos apresentados ao Tribunal Geral de Apelações.

VI. REGRAS DE PROCEDIMENTO

609. O Tribunal Geral de Apelações adotará Regras de Procedimento uniformes que regulem todos os trâmites legais das juntas de disciplina e tribunais de apelação. Uma vez adotadas e publicadas tais regras, constituirão a autoridade final em todos os trâmites judiciais. As Regras de Procedimento impressas serão fornecidas pelo(a) secretário(a) geral. Alterações ou emendas a tais regras podem ser feitas pelo Tribunal Geral de Apelações em qualquer altura; e quando forem adotadas e publicadas, serão efetivas e oficiais em todos os casos. Quaisquer medidas que daí por diante forem tomadas em qualquer processo, estarão em conformidade com essas alterações ou emendas. (606.1)

VII. TRIBUNAL DISTRITAL DE APELAÇÕES

610. Cada distrito organizado terá um Tribunal Distrital de Apelações, que será composto por dois leigos e três ministros ordenados designados, incluindo o(a) superintendente distrital, eleitos pela Assembleia Distrital, de acordo com o parágrafo 205.22. Esse tribunal ouvirá apelos de membros da igreja a respeito de qualquer ação das Juntas locais de disciplina. A apelação deve ser feita por escrito, dentro de 30 dias depois da mencionada ação, ou depois do apelante ter tido conhecimento da mesma. Esta comunicação será entregue ao Tribunal Distrital de Apelações ou a um dos seus membros, e cópia da referida comunicação será entregue ao/à pastor(a) da igreja local e ao/à secretário(a) da Junta da Igreja envolvida. (205.22)

610.1. O Tribunal Distrital de Apelações terá jurisdição para ouvir e decidir todas as apelações de leigos ou igrejas, provenientes da ação de uma Junta de Disciplina nomeada para disciplinar um(a) leigo(a).

VIII. TRIBUNAL REGIONAL DE APELAÇÕES

611. Haverá um Tribunal Regional de Apelações para cada região. Cada Tribunal Regional de Apelações consistirá de cinco ou mais ministros ordenados designados, eleitos pela Junta de Superintendentes Gerais a seguir a cada Assembleia Geral. Quaisquer vagas neste tribunal serão preenchidas pela Junta de Superintendentes Gerais. As Regras de Procedimento serão as mesmas tanto para o Tribunal Regional de Apelações como para o Tribunal Geral de Apelações, encontradas quer no *Manual* da igreja como no *Manual Judicial*. Um quórum de cinco será exigido para apelações encaminhadas para o tribunal.

IX. TRIBUNAL GERAL DE APELAÇÕES

612. A Assembleia Geral elegerá cinco ministros ordenados designados para servirem como membros do Tribunal Geral de Apelações, durante cada novo quadriênio, ou até que os seus sucessores sejam eleitos e empossados. Este tribunal terá a seguinte jurisdição:

612.1. Ouvir e resolver todos os apelos da ação ou deliberação de qualquer Junta Distrital de Disciplina ou Tribunal Regional de Apelações. Quando o tribunal chegar a uma decisão sobre tais apelos, essa decisão será oficial e final. (305.7)

613. As vagas que possam existir no Tribunal Geral de Apelações, durante o intervalo entre as sessões da Assembleia Geral, serão preenchidas por nomeação da Junta de Superintendentes Gerais. (317.6)

614. As despesas diárias e autorizadas aos membros do Tribunal Geral de Apelações serão as mesmas que as dos membros da Junta Geral da igreja, quando os membros do tribunal estiverem ocupados em trabalhos oficiais do tribunal e, portanto, o pagamento das despesas será feito pelo(a) tesoureiro(a) geral.

615. O(A) secretário(a) geral exercerá a custódia de todos os registros permanentes e das deliberações do Tribunal Geral de Apelações. (326.4)

X. GARANTIA DE DIREITOS

616. Não pode ser negado ou indevidamente adiado o direito a uma audiência correta e imparcial de acusações que tenham sido feitas contra um(a) ministro(a) ou um(a) leigo(a). As acusações por escrito serão sujeitas a uma audiência prévia, a fim de que o(a) inocente possa ser absolvido(a) e o(a) culpado(a) disciplinado(a). A todo(a) acusado(a) se concederá o pressuposto de que é inocente, até que se prove ser culpado(a). Quanto a cada acusação e especificação, o(a) acusador(a) terá o encargo de provar a culpa com uma certeza moral, e para além de qualquer dúvida razoável.

616.1. A despesa de preparação dos autos de um processo contra um(a) ministro(a), incluindo uma transcrição completa de todos os depoimentos apresentados no julgamento, com o propósito de apelar para o Tribunal Geral de Apelações, será paga pelo distrito onde as audiências tiverem sido realizadas e as ações disciplinares executadas. Todo(a) ministro(a) que apelar terá o direito de apresentar argumentos orais assim como escritos, para corroborar o seu apelo, mas o(a) acusado(a) pode renunciar por escrito a tal direito.

A despesa de preparação dos autos de um processo contra um(a) leigo(a), incluindo uma transcrição completa de todos os depoimentos apresentados no julgamento, com o propósito de apelar ao Tribunal Distrital de Apelações, será paga pela igreja local do distrito onde as audiências tiverem sido realizadas e as ações disciplinares executadas. Todo(a) leigo(a) que apelar terá o direito de apresentar argumentos orais assim como escritos, para corroborar o seu apelo, mas o(a) acusado(a) pode renunciar por escrito a tal direito.

616.2. O tribunal supremo de apelação para um(a) ministro(a) é o Tribunal Geral de Apelações, e o tribunal supremo de apelação para um(a) leigo(a) é o Tribunal Distrital de Apelações.

616.3. Um(a) ministro(a) ou leigo(a) que seja acusado(a) de má conduta ou qualquer outra violação das disposições do *Manual* da igreja, e contra qual existam acusações pendentes, terá o direito de se encontrar face a face com os seus acusadores e de fazer a acareação das testemunhas de acusação.

616.4. O depoimento de qualquer testemunha perante uma Junta de Disciplina não será recebido ou considerado como evidência, a menos que seja feito sob juramento ou afirmação solene.

616.5. Um(a) ministro(a) ou leigo(a) que seja apresentado(a) perante uma Junta de Disciplina para responder a acusações, terá sempre o direito de ser representado(a) por um(a) defensor(a) da sua própria escolha, contanto que tal defensor(a) seja membro em pleno gozo de seus direitos na Igreja do Nazareno. Qualquer membro em plena comunhão de uma igreja regularmente organizada, contra quem não houver acusações por escrito, será considerado em pleno gozo de seus direitos.

616.6. Não se requererá que um(a) ministro(a) ou leigo(a) responda por acusações resultantes de qualquer ato ocorrido cinco anos ou mais antes de ser feita tal acusação; e não será considerada nenhuma evidência em qualquer audiência, respeitante a um assunto que tenha ocorrido cinco anos ou mais antes de ser feita a acusação. Entretanto, se a pessoa agravada por tal ato tiver menos de 18 anos de idade ou for mentalmente inábil para fazer a acusação ou apresentar queixa, esses períodos de cinco anos não começarão a ser contados até que a pessoa atinja os 18 anos ou se torne mentalmente capaz. No caso de abuso sexual de um menor, não haverá qualquer limite de tempo. Um menor é definido como qualquer pessoa abaixo de 18 anos, a menos que a maioridade seja atingida mais tarde conforme a legislação própria de um estado ou de um país.

Se um(a) ministro(a) for achado(a) culpado(a) de um delito grave por um tribunal com jurisdição competente, ele ou ela deve entregar a sua credencial ao/à superintendente distrital. A pedido de tal ministro(a), e se a Junta de Disciplina não tiver sido previamente envolvida no caso, a Junta Consultiva investigará as circunstâncias da condenação e poderá restaurar a credencial se julgar isso apropriado.

616.7. Nenhum(a) ministro(a) ou leigo(a) será submetido duas vezes a juízo pela mesma ofensa. Porém não será considerado um juízo duplo sobre a mesma ofensa no caso em que, no decurso de audiências e nos processos de um tribunal de apelações, se descubram erros irreversíveis cometidos no processo original por uma Junta de Disciplina.

PARTE VIII

SACRAMENTOS E RITUAIS

Nota: De forma a editar ou adicionar qualquer ponto na seção dos Sacramentos e Rituais do *Manual*, é exigida ação da Assembleia Geral.

CEIA DO SENHOR

BATISMO

DEDICAÇÃO DE BEBÊS E CRIANÇAS

RECEPÇÃO DE MEMBROS

MATRIMÓNIO

OFÍCIO FÚNEBRE

POSSE DE OFICIAIS

ORGANIZAÇÃO DE UMA IGREJA LOCAL

DEDICAÇÃO DE TEMPLOS

I. SACRAMENTOS

700. CEIA DO SENHOR

A administração da Ceia do Senhor pode ser iniciada com um sermão adequado e com a leitura de 1 Coríntios 11:23-29, Lucas 22:14-20, ou outra passagem bíblica apropriada. Então, o(a) ministro(a) fará o seguinte convite:

A Ceia da Comunhão, instituída por nosso Senhor e Salvador Jesus Cristo, é um sacramento que proclama a Sua vida, os Seus sofrimentos, a Sua morte sacrificial e ressurreição, e a esperança da Sua segunda vinda. Aponta para a morte do Senhor até à Sua volta.

A Ceia é um meio da graça em que Cristo está presente pelo Espírito. É para ser recebida em reverente apreço e gratidão pela obra de Cristo.

Todos quantos estão verdadeiramente arrependidos, abandonaram os seus pecados e crêem em Cristo para a salvação, são convidados a participar na morte e ressurreição de Cristo. Nós chegamos à mesa para sermos renovados em vida e salvação e para sermos feitos um pelo Espírito.

Em unidade com a Igreja, confessamos a nossa fé: Cristo morreu, Cristo ressuscitou, Cristo virá novamente. E assim oramos:

O(A) ministro(a) pode fazer uma oração de confissão e súplica, concluindo com a seguinte oração de consagração:

Santo Deus,

Reunimo-nos à Tua mesa, em nome de Teu Filho, Jesus Cristo, que por Teu Espírito foi ungido para pregar boas novas aos pobres, proclamar libertação aos cativos, libertar os oprimidos. Cristo curou os enfermos, alimentou os famintos, comeu com os pecadores e estabeleceu a nova aliança para perdão de pecados. Vivemos na esperança da Sua segunda vinda.

Na noite em que Ele foi traído, tomou o pão, deu graças, partiu-o, deu-o aos Seus discípulos e disse: "Tomai, comei; este é meu corpo que é dado por vós. Fazei isto em memória de mim."

(Lucas 22:19)

Do mesmo modo, no final da ceia, Ele tomou o cálice, e tendo dado graças, deu-o aos Seus discípulos e disse: "Bebei dele todos, este é o meu sangue, da nova aliança, derramado por vós e por muitos para o perdão de pecados. Fazei isto em memória de mim."

(Mateus 26:27-29)

E assim, reunimo-nos como o Corpo de Cristo para nos oferecermos a Ti em louvor e ação de graças. Derrama o Teu Espírito Santo sobre nós e sobre estas Tuas dádivas. Faze-as ser para nós, pelo poder do Teu Espírito, o corpo e o sangue de Cristo, para que possamos ser para o mundo o Corpo de Cristo, redimido pelo Seu sangue.

Pelo teu Espírito, faz-nos um em Cristo, um com os outros e um no ministério de Cristo para todo o mundo, até que Cristo venha em vitória final. Em nome do Pai, e do Filho e do Espírito Santo, Amém.

E agora, como Cristo, nosso Salvador, nos ensinou, vamos orar:

(Aqui a congregação faz a oração do Pai Nosso)

Pai nosso, que estás nos céus, santificado seja o Teu nome; venha o Teu reino, seja feita a Tua vontade, assim na terra como no céu; o pão nosso de cada dia nos dá hoje; e perdoa-nos as nossas dívidas, assim como nós perdoamos aos nossos devedores; e não nos induzas à tentação; mas livra-nos do mal. Porque Teu é o reino e o poder, e a glória, para sempre. Amém.

Antes de participar do pão, o(a) ministro(a) dirá:

O corpo de nosso Senhor Jesus Cristo, partido por vós, vos conserve inculpáveis, para a vida eterna. Comei, lembrando que Cristo morreu por vós e sede agradecidos.

Antes de participar do cálice, o(a) ministro(a) dirá:

O sangue de nosso Senhor Jesus Cristo, derramado por vós, vos conserve inculpáveis, para a vida eterna. Bebei, lembrando que Cristo morreu por vós, e sede agradecidos.

Depois de todos terem participado, o(a) ministro(a) pode fazer uma oração final, de ação de graças e compromisso. (124.4, 524.7, 525.2, 526.1)

Nota: Apenas vinho não fermentado deverá ser usado no sacramento da Ceia do Senhor.

701. Batismo de Crentes

Caríssimos: O batismo cristão é um sacramento que significa a participação pela fé na morte e ressurreição de Jesus Cristo e a inclusão no Seu Corpo, a Igreja. É um meio da graça que proclama Jesus Cristo como Senhor e Salvador.

O apóstolo Paulo declara que todos quantos são batizados em Cristo Jesus são batizados na Sua morte. Somos sepultados com Ele através do batismo, para que, como Cristo foi ressuscitado dentre os mortos, nós também sejamos ressuscitados para andarmos em novidade de vida. Assim como fomos unidos com Ele na Sua morte, também o seremos na Sua ressurreição.

A fé cristã, na qual agora vindes para serdes batizados, é afirmada no Credo Apostólico, como confessamos:

O(A) ministro(a) conduz a congregação na afirmação da confissão de fé.

"Cremos em Deus Pai, Todo-Poderoso, Criador do céu e da terra;

"E em Jesus Cristo, Seu unigénito Filho, nosso Senhor; o qual foi concebido pelo Espírito Santo, nasceu da Virgem Maria, padeceu sob Pôncio Pilatos, foi crucificado, morto e sepultado; desceu ao inferno; ao terceiro dia ressuscitou dos mortos; subiu ao céu e está sentado à direita de Deus Pai, Todo-Poderoso; donde há-de vir para julgar os vivos e os mortos.

"Cremos no Espírito Santo, na santa Igreja de Jesus Cristo, na comunhão dos santos, no perdão dos pecados, na ressurreição do corpo e na vida eterna."

Queres ser batizado nesta fé?

Resposta: Eu quero.

Reconheces Jesus Cristo como teu Salvador e Senhor, e crês que Ele te salva?

Resposta: Pela fé, eu reconheço.

Como membro da Igreja de Jesus Cristo, segui-lO-ás todos os dias da tua vida, crescendo na graça e no amor de Deus e ao próximo?

Resposta: Com a ajuda de Deus, eu o farei.

O(A) ministro(a), mencionando o nome completo da pessoa e usando a forma preferida de batismo—por aspersão, afusão ou imersão—, dirá:

(<u>Inserir o nome</u>), eu te batizo em nome do Pai, e do Filho e do Espírito Santo. Amém.

702. BATISMO DE CRIANÇAS

Quando as testemunhas/padrinhos se apresentem com a(s) criança(s), o(a) ministro(a) dirá:

Caríssimos: O sacramento do batismo é o sinal e selo da nova aliança da graça. É um meio da graça e significa para esta criança que Deus a aceita dentro da comunidade da fé cristã, com base na graça preveniente. Isso antecipa a sua confissão pessoal de fé em Jesus Cristo.

A fé cristã, para a qual trazem agora esta criança para ser batizada, é afirmada no Credo Apostólico, que agora confessamos:

O(A) ministro(a) conduz a congregação na afirmação da confissão de fé.

"Cremos em Deus Pai, Todo-Poderoso, Criador do céu e da terra;

"E em Jesus Cristo, Seu unigénito Filho, nosso Senhor; o qual foi concebido pelo Espírito Santo, nasceu da Virgem Maria, padeceu sob Pôncio Pilatos, foi crucificado, morto e sepultado; desceu ao inferno; ao terceiro dia ressuscitou dos mortos; subiu ao céu e está sentado à direita de Deus Pai, Todo-Poderoso; donde há-de vir para julgar os vivos e os mortos.

"Cremos no Espírito Santo, na santa Igreja de Jesus Cristo, na comunhão dos santos, no perdão dos pecados, na ressurreição do corpo e na vida eterna."

Queres que esta criança seja batizada nesta fé?

Resposta: Eu quero.

Ao apresentar esta criança para o batismo, não somente testemunhais a vossa fé na religião cristã, mas também o propósito de guiá-la, desde tenra idade, a um conhecimento de Cristo como Salvador. Por conseguinte, será vosso dever ensinar-lhe, tão cedo quanto lhe for possível aprender, a natureza e o propósito deste santo sacramento; cuidar da sua educação, para que ela não se desvie; dirigir a sua mente infantil para as Sagradas Escrituras, e os seus pés para o santuário; afastá-la de hábitos e companheiros maus; e, tanto quanto depender de vós, criá-la na doutrina e admoestação do Senhor.

Procurareis fazer isto com a ajuda de Deus? Se assim é, respondam: "Sim, procurarei fazê-lo."

O(A) ministro(a) pode, então, pedir aos pais ou tutores que dêem nome à criança; seguidamente batizá-la-á, repetindo o seu nome completo, e dizendo:

(Inserir nome), eu te batizo em nome do Pai, e do Filho e do Espírito Santo. Amém.

Pastor(a): O batismo também significa aceitação desta criança na comunidade da fé cristã. Pergunto agora a vós, congregação: Consagrar-vos-eis, como Corpo de Cristo, para apoiar e encorajar estes pais/tutores no seu esforço de cumprirem as suas responsabilidades para com esta criança, e auxiliareis nutrindo o seu crescimento em maturidade espiritual?

Resposta: Assim faremos.

Então o(a) ministro(a) poderá fazer a seguinte oração, ou usar uma oração de improviso.

Pai Celestial, pedimos-Te humildemente que tomes esta criança ao Teu cuidado. Enriquece-a abundantemente com a Tua graça celestial, guia-a com segurança através dos perigos da infância, livra-a das tentações da juventude, leva-a a um conhecimento pessoal de Cristo como Salvador, ajuda-a a crescer em sabedoria, em estatura e em favor diante de Deus e dos homens, e a perseverar até ao fim. Sustenta os seus pais/tutores com o Teu cuidado, para que através de conselhos sábios e de um exemplo santo, possam desempenhar fielmente as suas responsabilidades para com esta criança e para Contigo. Em nome de Jesus Cristo, nosso Senhor. Amém.

II. RITUAIS

703. DEDICAÇÃO DE BEBÉS OU CRIANÇAS

Quando os pais/tutores se apresentarem com a(s) criança(s) o(a) ministro(a) dirá:

"Trouxeram-lhe então algumas crianças, para que lhes impusesse as mãos, e orasse; mas os discípulos os repreendiam. Jesus, porém, disse: Deixai os pequeninos, não os impeçais de vir a mim, porque dos tais é o reino dos céus" (Mateus 19:13-14).

Ao apresentar esta criança para dedicação, não somente demonstrais a vossa fé na religião cristã, mas também o desejo de que ela possa cedo conhecer e seguir a vontade de Deus, viver e morrer cristãmente, e alcançar a bem-aventurança eterna.

A fim de alcançar este alvo sagrado, é vosso dever como pais/tutores, ensinar-lhe desde cedo o temor do Senhor; cuidar da sua educação, para que ela não se desvie; dirigir a sua mente infantil para as Sagradas Escrituras, e os seus pés para o santuário; afastá-la de hábitos e companheiros maus; e, tanto quanto depender de vós, criá-la na doutrina e admoestação do Senhor.

Procurareis fazer isto com a ajuda de Deus? Se assim é, respondam: "Sim, procurarei fazê-lo."

Pastor(a): Pergunto agora a vós, congregação: Consagrar-vos-eis, como Corpo de Cristo, para apoiar e a encorajar estes pais/tutores no seu esforço de cumprirem as suas responsabilidades para com esta criança, e auxiliareis nutrindo o seu crescimento em maturidade espiritual?

Resposta: Assim faremos.

Pastor(a): Amado Pai Celestial, aqui, neste momento, dedicamos a Ti (inserir nome) em nome do Pai, e do Filho, e do Espírito Santo. Amém.

> Então o(a) ministro(a) poderá fazer a seguinte oração, ou usar uma oração espontânea.

Pai Celestial, pedimos-Te humildemente que tomes esta criança ao Teu cuidado. Enriquece-a abundantemente com a Tua graça celestial, guia-a com segurança através dos perigos da infância, livra-a das tentações da juventude, leva-a a um conhecimento pessoal de Cristo como Salvador, ajuda-a a crescer em sabedoria, em estatura e em favor diante de Deus e dos homens, e a perseverar até ao fim. Sustenta os seus pais/tutores com o Teu cuidado, para que através de conselhos sábios e de um exemplo santo, possam desempenhar fielmente as suas responsabilidades para com esta criança e para Contigo. Em nome de Jesus Cristo, nosso Senhor. Amém.

704. RECEPÇÃO DE MEMBROS

Espera-se que os membros prospectivos tenham professado a fé cristã e sido instruídos na doutrina e práticas da Igreja do Nazareno. Podem ir à frente e ficar diante da congregação e o(a) pastor(a) se lhes dirigirá, dizendo:

Caríssimos: Os privilégios e bênçãos que gozamos, quando estamos em comunhão com a Igreja de Jesus Cristo, são sagrados e preciosos. Existe nela tão santa comunhão, cuidado e conselho como não podem ser conhecidos fora da família de Deus.

Há o piedoso cuidado dos pastores, com os ensinamentos da Palavra e a inspiração da adoração congregacional. E há a cooperação no serviço, realizando aquilo que de outra forma seria impossível.

Hoje afirmamos novamente a Declaração de Fé Convencionada da Igreja do Nazareno:

Cremos que há um só Deus—o Pai, Filho e Espírito Santo.

Cremos que as Escrituras do Antigo e do Novo Testamentos, dadas por inspiração plenária, contêm toda a verdade necessária à fé e à vida cristã.

Cremos que todo o ser humano nasce com uma natureza corrompida e é, portanto, inclinado para o mal, e isto continuamente.

Cremos que aquele que continua impenitente até ao fim ficará irremediável e eternamente perdido.

Cremos que a expiação mediante Jesus Cristo é para toda a raça humana; e que aquele que se arrepende e n'Ele crê é justificado, regenerado e salvo do domínio do pecado.

Cremos que os crentes, depois da regeneração, deverão ser inteiramente santificados pela fé no Senhor Jesus Cristo.

Cremos que o Espírito Santo testifica do novo nascimento e também da inteira santificação dos crentes.

Cremos que o nosso Senhor voltará, os mortos serão ressuscitados e se realizará o juízo final.

(Manual parágrafo 20.1-20.8).

Crês nestas verdades, de todo o coração? Se crês, responde: "Creio."

Reconheces Jesus Cristo como teu Senhor e Salvador, e crês que Ele te salva agora?

Resposta: Pela fé, eu reconheço.

Desejando unir-te com a Igreja do Nazareno, comprometes-te a amar o Senhor teu Deus de todo o coração, alma, mente e forças, e ao teu próximo como a ti mesmo, como está expresso pelos Pactos de Caráter e de Conduta Cristãos? Comprometes-te com a missão de Deus, como está expresso na doutrina, comunhão e obra da Igreja do Nazareno? Apoiarás os ensinos da Igreja do Nazareno e procurarás, com a ajuda de Deus, crescer na compreensão e prática dos mesmos, de forma a realçar o testemunho da igreja? Procurarás por todos os meios glorificar a Deus, através de um andar humilde, conversação e serviço santos; contribuindo devotadamente com os teus recursos; e pela participação fiel nos meios da graça? Seguirás a Jesus Cristo todos os dias da tua vida, abstendo-te de todo o mal, e procurando fervorosamente o aperfeiçoamento da santidade de coração e de vida, no temor do Senhor?

Resposta: Eu o farei.

O(A) ministro(a) então dirá à(s) pessoa(s):

Eu te recebo na Igreja do Nazareno e na comunhão desta congregação local com os seus benefícios e responsabilidades. Possa o grande Cabeça da Igreja abençoar-te, guardar-te e capacitar-te para seres fiel em toda a boa obra, para que a tua vida e testemunho possam ser eficientes no cuidado dos pobres e oprimidos e no levar outros a Cristo.

705. MATRIMÓNIO

Reconhecendo os vários contextos globais e culturais quanto ao casamento, a Igreja do Nazareno sugere os seguintes princípios:
- Equidade entre marido e mulher
- Relacionamento de aliança refletindo o relacionamento de aliança entre Cristo e a Sua Igreja
- Uso de linguagem que é legal e culturalmente apropriada. Este ritual não elimina ou substitui os requisitos legais de cada país.

A cerimônia seguinte é oferecida como um recurso.

No dia e hora marcados para a solenização do matrimónio, as pessoas a serem unidas em casamento — tendo cumprido os requisitos legais do país e depois de terem recebido aconselhamento e orientação apropriados do(a) ministro(a) — apresentar-se-ão juntos diante deste(a) e o(a) ministro(a) se dirigirá à congregação nos seguintes termos:

CARÍSSIMOS: Estamos aqui reunidos na presença de Deus e destas testemunhas, para unir (nome do noivo) e (nome da noiva) pelo santo matrimónio, estado honroso instituído por Deus na inocência do Éden, simbolizando a união mística entre Cristo e a Sua Igreja. Nosso Senhor Jesus Cristo adornou e santificou este santo estado com a Sua presença e o Seu primeiro milagre realizado em Caná da Galileia; e o escritor de Hebreus o recomendou como sendo digno de honra entre todas as pessoas. Portanto, não deve ser contraído imprudentemente, mas reverente e discretamente, e no temor de Deus.

É para serem unidas neste santo estado que estas pessoas estão aqui presentes.

Dirigindo-se aos nubentes, o(a) ministro(a) dirá:

(inserir nome) e (inserir nome), eu requeiro e exorto a ambos, perante Deus, que se lembrem que o compromisso assumido pelo matrimónio é de carácter permanente. Deus estabeleceu o casamento com o propósito que dure a vida inteira, e que só a morte venha a separar-vos.

Se os votos agora trocados entre vós forem guardados sem violação, e se procurardes conhecer e fazer sempre a vontade de Deus, as vossas vidas serão abençoadas com a Sua presença e o vosso lar terá a Sua paz.

Após a admoestação, o(a) ministro(a) dirá ao homem:

(inserir nome), queres receber esta mulher por tua esposa, para viverem juntos, segundo os mandamentos de Deus, no santo estado do matrimónio? Queres amá-la, consolá-la, honrá-la e guardá-la, tanto na enfermidade como na saúde; e, renunciando a todas as outras, conservar-te somente para ela, enquanto ambos viverem?

Resposta: Sim.

Então o(a) ministro(a) dirá à mulher:

(inserir nome), queres receber este homem por teu marido, para viverem juntos, segundo os mandamentos de Deus, no santo estado do matrimónio? Queres amá-lo, consolá-lo, honrá-lo e guardá-lo, tanto na enfermidade como na saúde; e, renunciando a todos os outros, conservar-te somente para ele, enquanto ambos viverem?

Resposta: Sim.

Então o(a) ministro(a) perguntará:

Pais da noiva e do noivo (membros da família, e/ou membros da família de Deus) dão a vossa bênção a esta união?

Resposta (pelos pais da noiva e do noivo, membros da família, e/ou membros da família de Deus): Sim, damos.

Olhando um para o outro, e unindo as mãos direitas, o casal trocará os seguintes votos.

O noivo repetirá com o(a) ministro(a):

Eu, (inserir nome), recebo a ti, (inserir nome), por minha esposa, para ter-te e conservar-te de hoje em diante, na alegria ou na tristeza, em riqueza ou na pobreza, enferma ou com saúde, para amar-te e querer-te até que a morte nos separe, de acordo com a santa vontade de Deus; para isso empenho a minha honra.

A noiva repetirá com o(a) ministro(a):

Eu, (inserir nome), recebo a ti, (inserir nome), por meu marido, para ter-te e conservar-te de hoje em diante, na alegria ou na tristeza, em riqueza ou na pobreza, enfermo ou com saúde, para amar-te e querer-te até que a morte nos separe, de acordo com a santa vontade de Deus; para isso empenho a minha honra.

Caso se deseje, a cerimônia das alianças pode ser inserida neste ponto. O(A) ministro(a) toma as alianças e dá a da noiva ao noivo para que este a coloque no dedo anelar da mão esquerda da noiva. e o noivo, segurando a aliança colocada, repete com o(a) ministro(a):

Dou-te esta aliança como prova do meu amor e penhor da minha constante fidelidade.

Repita esta parte da cerimônia, dando à noiva uma aliança ao noivo.

Então o casal se ajoelha enquanto o(a) ministro(a) faz uma oração espontânea, ou a oração seguinte:

Eterno Deus, Criador e Conservador de toda a humanidade, Doador de toda a graça espiritual e Autor da vida eterna, derrama a Tua bênção sobre estes Teus servos, (nome do noivo) e (nome da noiva) que abençoamos em Teu nome; para que possam guardar os votos e as promessas que acabam de fazer um ao outro, e possam sempre permanecer juntos em amor e paz, mediante Jesus Cristo, nosso Senhor. Amém.

Então o(a) ministro(a) dirá:
Porquanto este homem e esta mulher consentiram ambos no santo matrimónio e o testificaram na presença de Deus e desta congregação, e o confirmaram pela união das mãos, eu os declaro marido e mulher, em nome do Pai, e do Filho, e do Espírito Santo. Aqueles que Deus ajuntou, que ninguém os separe. Amém.

O(A) ministro(a) acrescentará então esta bênção:

Deus, o Pai, o Filho e o Espírito Santo, vos abençoe, conserve e guarde; e o Senhor contemple favoravelmente o vosso lar com a Sua misericórdia, e vos encha de toda a bênção e graça espiritual. Que assim vivais juntos nesta vida, para que no mundo futuro possais ter a vida eterna.

O(A) ministro(a) pode encerrar a cerimônia com uma oração espontânea ou invocação da bênção, ou ambos. (524.7, 525.2, 526.1, 530.19)

SACRAMENTOS E RITUAIS

706. OFÍCIO FÚNEBRE

Caríssimos: Estamos congregados para render o nosso último tributo de respeito ao que era mortal no nosso(a) querido(a) amigo(a). A vós membros da família, que chorais a perda, manifestamos especialmente o nosso profundo e sincero pesar. Que possamos repartir convosco o conforto oferecido pela Palavra de Deus para uma ocasião como esta:

"Não se turbe o vosso coração: credes em Deus, crede também em mim. Na casa de meu Pai há muitas moradas. Se assim não fora, eu vo-lo teria dito. Pois vou preparar-vos lugar. E quando eu for, e vos preparar lugar, voltarei e vos receberei para mim mesmo, para que onde eu estou estejais vós também" (João 14:1-3).

"Disse-lhe Jesus: Eu sou a ressurreição e a vida. Quem crê em mim, ainda que morra, viverá; e todo o que vive e crê em mim, não morrerá, eternamente" (João 11:25-26).

Invocação (nas palavras do(a) ministro(a) ou nas seguintes):

Deus Todo-Poderoso, nosso Pai Celestial, viemos a este santuário de tristeza, reconhecendo a nossa completa dependência de Ti. Sabemos que nos amas, e que podes transformar até a sombra da morte na luz da manhã. Ajuda-nos agora a esperar em Ti com corações reverentes e submissos.

Tu és o nosso Refúgio e Fortaleza, ó Deus— Socorro bem presente na angústia. Concede-nos a Tua abundante misericórdia. Que aqueles que hoje estão chorando, encontrem conforto e o bálsamo sustentador da Tua graça. Apresentamos humildemente estas petições, em nome de nosso Senhor Jesus Cristo. Amém.

Um hino ou cântico especial

Leitura das Escrituras:

"Bendito o Deus Pai de nosso Senhor Jesus Cristo que, segundo a sua muita misericórdia, nos regenerou para uma viva esperança mediante a ressurreição de Jesus Cristo dentre os mortos, para uma herança incorruptível, sem mácula, e que se não pode murchar, reservada nos céus para vós outros, que sois guardados pelo poder de Deus, mediante a fé, para a salvação preparada para revelar-se no último tempo. Nisso exultais, embora, no presente, por breve tempo, se necessário, sejais contristados por várias provações, para que o valor da vossa fé, uma vez confirmado, muito mais precioso que o ouro perecível, mesmo apurado por fogo, redunde em louvor, glória e honra na revelação de Jesus Cristo, a quem, não havendo visto, amais; no qual, não vendo agora, mas crendo, exultais com alegria indizível e cheia de glória, obtendo o fim da vossa fé, a salvação das vossas almas" (1 Pedro 1:3-9).

(Outras passagens que podem ser usadas: Mateus 5:3-4, 6, 8; Salmos 27:3-5, 11, 13-14; 46:1-6, 10-11.)

Mensagem
Um hino ou cântico especial
Oração de encerramento

* * *

No túmulo:

Quando o povo se tiver reunido, o(a) ministro(a) pode ler algumas das seguintes passagens, ou todas elas:

"Porque eu sei que o meu Redentor vive, e por fim se levantará sobre a terra. Depois, revestido este meu corpo da minha pele, em minha carne verei a Deus. Vê-lo-ei por mim mesmo, os meus olhos o verão, e não outros; de saudade me desfalece o coração dentro de mim." (Jó 19:25-27).

"Eis que vos digo um mistério: Nem todos dormiremos, mas transformados seremos todos, num momento, num abrir e fechar de olhos, ao ressoar da última trombeta. A trombeta soará, os mortos ressuscitarão incorruptíveis, e nós seremos transformados (..) Então se cumprirá a palavra que está escrita: Tragada foi a morte pela vitória. Onde está, ó morte, a tua vitória? Onde está, ó morte, o teu aguilhão? O aguilhão da morte é o pecado, e a força do pecado é a lei. Graças a Deus que nos dá a vitória por intermédio de nosso Senhor Jesus Cristo.

Portanto, meus amados irmãos, sede firmes, inabaláveis, e sempre abundantes na obra do Senhor, sabendo que, no Senhor, o vosso trabalho não é vão" (1 Coríntios 15: 51-52, 54-58).

"Então ouvi uma voz do céu, dizendo: Escreve: Bem-aventurados os mortos que desde agora morrem no Senhor. Sim, diz o Espírito, para que descansem das suas fadigas, pois as suas obras os acompanham." (Apocalipse 14:13).

Então o(a) ministro(a) lerá uma das seguintes declarações:

Para um Crente:

Posto que o espírito de nosso(a) querido(a) amigo(a) voltou para Deus que o deu, carinhosamente entregamos o corpo à sepultura, na firme confiança e inabalável esperança da ressurreição dos mortos e da vida no mundo futuro, mediante nosso Senhor Jesus Cristo, que nos dará novos corpos conforme o Seu glorioso corpo. "Bem-aventurados os mortos que morrem no Senhor."

Para um Não-Crente:

Posto que o nosso ente querido que partiu voltou ao pó, carinhosamente entregamos o corpo à sepultura, na certeza de que Deus é justo e misericordioso e fará o que é correto. Nós, que ficamos, dedicamo-nos a adorar e a amar a Deus, partilhando a esperança segura e certa da vida eterna.

Para uma Criança:

Na firme e certa esperança da ressurreição para a vida eterna mediante o nosso Senhor Jesus Cristo, carinhosamente entregamos à sepultura o corpo desta criança. E da mesma forma como Jesus, durante a Sua vida terrena, tomou as crianças nos Seus braços e as abençoou, cremos que Ele recebeu esta tenra vida nos Seus amorosos braços. Jesus disse: "delas é o reino dos céus."

Oração:

Pai Celestial, Deus de toda a misericórdia, olhamos para Ti, neste momento de tristeza e separação. Conforta estes queridos cujos corações estão pesados e tristes. Sê com eles; sustenta-os e guia-os nos dias futuros. Permite, Senhor, que eles Te possam amar e servir e obter a plenitude das Tuas promessas no mundo vindouro.

"Ora, o Deus de paz, que tornou a trazer dentre os mortos a Jesus, nosso Senhor, o grande Pastor das ovelhas, pelo sangue da eterna aliança, vos aperfeiçoe em todo bem, para cumprirdes a sua vontade, operando em vós o que é agradável diante dele, por Jesus Cristo, a quem seja a glória para todo o sempre. Amém" (Hebreus 13:20-21).

707. POSSE DE OFICIAIS

Depois de ser cantado um hino apropriado, o(a) secretário(a) lerá os nomes e cargos dos oficiais a serem empossados. Estes poderão vir à frente e colocar-se de pé diante do altar da igreja, de frente para o(a) ministro(a). Devem ser providenciados cartões de compromisso para cada um deles. Então o(a) ministro(a) dirá:

Reconhecendo o método de Deus, de separar certos obreiros para áreas específicas de serviço cristão, chegamos ao momento de posse destes oficiais (e/ou professores) que foram adequadamente escolhidos para servir na nossa igreja durante o ano que se inicia. Consideremos as instruções de Deus para nós, encontradas na Sua Santa Palavra:

"Rogo-vos, pois, irmãos, pelas misericórdias de Deus, que apresenteis os vossos corpos por sacrifício vivo, santo e agradável a Deus, que é o vosso culto racional. E não vos conformeis com este século, mas transformai-vos pela renovação da vossa mente, para que experimenteis qual seja a boa, agradável e perfeita vontade de Deus." (Romanos 12:1-2).

"Procura apresentar-te a Deus, aprovado, como obreiro que não tem de que se envergonhar, que maneja bem a palavra da verdade" (2 Timóteo 2:15).

"Habite ricamente em vós a palavra de Cristo; instruí-vos e aconselhai-vos mutuamente em toda a sabedoria, louvando a Deus com salmos e hinos e cânticos espirituais, com gratidão, em vossos corações" (Colossenses 3:16).

"Mas aquele que está sendo instruído na palavra faça participante de todas as coisas boas aquele que o instrui" (Gálatas 6:6).

Chegamos agora a este momento importante quando vós, que estais de pé diante do altar, devereis tomar sobre vós a tarefa de cuidar dos assuntos da igreja e das Missões Nazarenas Internacionais (MNI), Juventude Nazarena Internacional (JNI) e do Discipulado Nazareno Internacional (DNI). Que possais encarar as funções que agora assumis como oportunidades especiais de serviço para o nosso Senhor, e possais encontrar alegria e bênção espiritual na execução de vossos respectivos deveres.

A vossa tarefa não é leve, pois o progresso da igreja e o destino de almas estão nas vossas mãos. O desenvolvimento do caráter cristão é vossa responsabilidade, e a condução de perdidos a Jesus Cristo é o vosso mais elevado objetivo. Possa Deus conceder-vos sabedoria e forças para executardes a Sua obra, para a Sua glória.

Recebestes um cartão de compromisso. Vamos lê-lo em uníssono e, enquanto o lemos, façamo-lo um instrumento de dedicação pessoal.

COMPROMISSO DE OBREIRO(A)

Correspondendo à confiança em mim colocada pela igreja, ao me escolher para o cargo do qual tomo posse nesta hora, eu me comprometo a:

Manter um padrão elevado de conduta e exemplos cristãos, em harmonia com os ideais e padrões da Igreja do Nazareno.

Cultivar a minha experiência cristã, separando todos os dias um período de tempo definido para oração e leitura da Bíblia.

Estar presente na Escola Dominical, nos cultos dominicais realizados pela manhã e à noite, e nas reuniões de oração da igreja, realizadas a meio da semana, a menos que haja um impedimento insuperável.

Participar fielmente de todas as reuniões adequadamente convocadas das várias juntas, conselhos ou comissões para os quais tenho sido ou serei nomeado/eleito.

Notificar o meu líder máximo se eu não puder estar presente no tempo determinado, ou não puder desempenhar as minhas responsabilidades neste cargo.

Ler amplamente as publicações denominacionais e outros livros e literatura que possam ser úteis para o desempenho dos deveres do meu cargo.

Aperfeiçoar-me e aos meus talentos, participando em cursos de Treinamento Contínuo para o Leigo, quando tiver oportunidade.

Aplicar todos os esforços para levar pessoas a Jesus Cristo, manifestando um vivo interesse no bem-estar espiritual dos outros, assistindo e apoiando todas as reuniões evangelísticas da igreja.

> Então o(a) ministro(a) fará uma oração apropriada e poderá ser cantado um hino especial de dedicação, depois do que ele(a) dirá:

Tendo dedicado os vossos corações e as vossas mãos à tarefa de levar por diante a obra desta igreja através das vossas atribuições específicas, eu agora vos emposso nos respectivos cargos para os quais fostes eleitos ou nomeados. Sois agora uma parte integrante da estrutura organizacional e da liderança desta igreja. Que possais, por exemplo, por preceito e por serviço diligente, ser obreiros eficientes na vinha do Senhor.

> O(A) ministro(a) pedirá à congregação para se pôr de pé, e a ela se dirigirá nos seguintes termos:

Ouvistes as promessas e o compromisso feitos pelos vossos líderes eclesiásticos para o próximo ano. Eu agora vos ordeno a que, como congregação, sejais leais em apoiá-los. As responsabilidades que hoje colocamos sobre eles são pesadas, e necessitarão da vossa ajuda e orações. Que sempre sejais compreensivos acerca dos seus problemas, e tolerantes acerca das suas possíveis fraquezas. Que alegremente possais prestar-lhes assistência quando fordes solicitados, de forma que, trabalhando juntos, a nossa igreja possa ser um instrumento eficiente para ganhar perdidos para Cristo.

> Então o(a) ministro(a) poderá fazer uma oração final, ou levar a congregação a repetir em uníssono a oração do Pai Nosso.

708. A ORGANIZAÇÃO DE UMA IGREJA LOCAL

Superintendente Distrital: Amados em Cristo, estamos reunidos neste dia do Senhor com o propósito de organizar oficialmente a Igreja do Nazareno (nome). Verdadeiramente, já são igreja, mas hoje a vida desta congregação eleva-se a um novo patamar ao abraçarem os direitos, privilégios e responsabilidades de uma congregação organizada, de acordo com a Constituição e Governo da Igreja do Nazareno.

Em nome da família global de nazarenos, felicito-vos pela vossa visão, vossa fé, e vosso diligente labor, enquanto trabalharam juntos, lado a lado, com o mesmo propósito, para ser uma comunidade de fé, que vive como uma expressão autêntica do Reino de Deus neste mundo. Por este ato de organização, declaram a vossa intenção de compartilhar com a família global de nazarenos o cumprimento da nossa missão comum: "Fazer discípulos à semelhança de Cristo nas nações."

Três valores fundamentais guiam-nos nesta missão:

Somos um povo cristão. Alinhamos com os cristãos de toda a parte na afirmação do histórico credo trinitário, e valorizamos profundamente a nossa herança particular na tradição de santidade wesleyana. Temos a Bíblia como a nossa fonte principal de verdade dado que proclama Cristo a nós, e "todas as coisas necessárias para nossa salvação."

Somos um povo de santidade. Cremos que a graça de Deus provê não apenas o perdão de pecados mas também a purificação do nosso coração pela fé. Por este ato gracioso do Espírito Santo, somos santificados e capacitados para viver uma vida à semelhança de Cristo neste mundo.

Somos um povo com uma missão. Cremos que Deus nos chama para participarmos na missão de reconciliação do Reino. Fazemos isso através da pregação do evangelho, por atos de compaixão e justiça, e fazendo discípulos segundo o padrão de Jesus.

Superintendente Distrital para o(a) pastor(a): Pastor(a), queira apresentar aqueles que serão membros fundadores da Igreja do Nazareno (nome).

Pastor(a): (nome do superintendente distrital), é minha honra apresentar-lhe os membros fundadores desta congregação. Eu apresento-os como irmãos e irmãs em Cristo que estão comprometidos com a nossa missão comum de membros da Igreja do Nazareno.

O(A) pastor(a) lê o nome e apresenta cada membro ou família.

Superintendente Distrital: Irmãos e irmãs, peço-vos agora que reafirmem os vossos votos de membros.

Reconheceis Jesus Cristo como vosso Senhor e Salvador, e que Ele vos salva?

Resposta: Por fé, reconhecemos.

Afirmais a Declaração de Fé Convencionada da Igreja do Nazareno?

Resposta: Sim.

Prometeis dedicar-vos à comunhão e à obra de Deus em conexão com a Igreja do Nazareno, como estabelecido no Pacto de Caráter e de Conduta Cristã da Igreja do Nazareno? Procurareis por todos os meios glorificar a Deus, através de um andar humilde, conversação sadia e santo serviço; contribuindo devotadamente segundo as vossas posses; assistindo fielmente aos meios da graça; e, abstendo-vos de todo o mal, procurareis fervorosamente o aperfeiçoamento da santidade de coração e de vida, no temor do Senhor?

Resposta: Sim.

Superintendente Distrital: Portanto, pela autoridade que me é conferida como superintendente do distrito (nome) da Igreja do Nazareno, eu declaro agora a organização oficial da Igreja do Nazareno (nome). Bem-vindos à família global de congregações nazarenas. Possa o Senhor na Sua infinita misericórdia equipar-vos diariamente com todas as boas dádivas para que possais fazer a Sua vontade. E que a paz de Cristo seja convosco.

709. DEDICAÇÃO DE TEMPLOS

Ministro(a): Tendo alcançado a prosperidade conferida pela mão do Senhor, e tendo sido capacitados pela Sua graça e força para terminar este edifício para a glória do Seu nome, apresentamo-nos agora na presença de Deus para dedicar esta construção ao serviço do Seu Reino.

Para glória de Deus, nosso Pai, de Quem procede toda a boa dádiva e todo o dom perfeito; para honra de Jesus Cristo, nosso Senhor e Salvador; e para louvor do Espírito Santo, Fonte de luz, vida e poder— nosso Santificador,

Congregação: Nós agora, com alegria e gratidão, humildemente dedicamos este edifício.

Ministro(a): Em memória de todos os que amaram e serviram esta igreja, estabelecendo a herança que agora gozamos, e que hoje fazem parte da Igreja Triunfante,

Congregação: Agradecidos dedicamos este edifício (templo, edifício de educação, salão social, etc.).

Ministro(a): Para adoração mediante oração e canto, para a pregação da Palavra, para o ensino das Escrituras e para comunhão dos santos,

Congregação: Solenemente dedicamos esta casa de Deus.

Ministro(a): Para consolo dos que choram; para fortalecimento dos fracos; para socorro dos que são tentados; e para comunicação de esperança e coragem a todos os que entrarem neste recinto,

Congregação: Dedicamos este lugar de comunhão e oração.

Ministro(a): Para transmissão das boas novas de salvação do pecado; para difusão da santidade bíblica;

para transmissão da instrução em justiça; e para o serviço a nossos semelhantes,

Congregação: Reverentemente dedicamos este edifício.

Uníssono: Nós, como cooperadores de Deus, unimos agora as mãos e corações e nos dedicamos de novo aos elevados e santos propósitos a que este edifício foi consagrado. Empenhamos a nossa devoção leal, a nossa mordomia fiel e o nosso serviço diligente para que neste lugar o nome do Senhor seja glorificado, e o Seu reino progrida; em Nome de Jesus Cristo nosso Senhor. Amém.

PARTE IX

CONSTITUIÇÕES AUXILIARES

JUVENTUDE NAZARENA INTERNACIONAL (JNI)

MISSÕES NAZARENAS INTERNACIONAIS (MNI)

DISCIPULADO NAZARENO INTERNACIONAL (DNI)

I. JUVENTUDE NAZARENA INTERNACIONAL

810. Constituição da Juventude Nazarena Internacional

"Ninguém despreze a tua mocidade; mas sê o exemplo dos fiéis, na palavra, no trato, no amor, no espírito, na fé, na pureza." 1 Timóteo 4:12 (ARC)

810.1 A Nossa Missão

A missão da Juventude Nazarena Internacional (JNI) é chamar a nossa geração para uma vida dinâmica em Cristo.

810.2 Nossos Membros

A participação na Juventude Nazarena Internacional inclui todas as pessoas que participam do ministério jovem nazareno que optam por abraçar a nossa visão e os nossos valores estabelecidos.

810.3 A Nossa Visão

A Igreja do Nazareno acredita que os jovens são uma parte integrante da Igreja. A Juventude Nazarena Internacional existe para levar os jovens a um relacionamento duradouro com Jesus Cristo e facilitar o seu crescimento como discípulos para o serviço cristão.

810.4 Os Nossos Valores

1. Valorizamos os ***Jovens...*** importantes no reino de Deus.
2. Valorizamos a ***Bíblia...*** a verdade imutável de Deus para as nossas vidas.
3. Valorizamos a ***Oração...*** comunicação interativa vital com o nosso Pai celestial.
4. Valorizamos a ***Igreja...*** uma comunidade de fé e santidade global, diversificada em cultura, mas uma em Cristo.
5. Valorizamos a ***Adoração...*** encontros com um Deus íntimo, que transformam a vida.
6. Valorizamos o **Discipulado...** um estilo de vida para se tornar semelhante a Cristo.
7. Valorizamos a **Comunidade...** construindo relacionamentos que ajudam a unir-nos entre nós e a Deus.

8. Valorizamos o *Ministério*... estendendo a graça de Deus ao nosso mundo.
9. Valorizamos o *Testemunho*... compartilhando o amor de Deus em palavras e ações.
10. Valorizamos a *Santidade*... uma obra da graça por onde Deus, através da ação do Seu Espírito Santo, nos permite viver uma vida que representa Cristo em quem somos e em tudo o que fazemos.

Esses valores são dimensões importantes da vida santa e devem ser refletidos na vida e no ministério da JNI em todos os níveis da igreja. (Consulte os Artigos de Fé no *Manual* da Igreja do Nazareno para obter mais informações sobre esses valores.) Ao refletir esses valores, reconhecemos as seguintes diretrizes.

810.5 As Nossas Diretrizes

1. *A JNI existe para a juventude.*
   A Juventude Nazarena Internacional existe para atrair, equipar e capacitar os jovens para servir no reino de Deus e facilitar a sua integração na Igreja do Nazareno.
2. *A JNI centra-se em Cristo.*
   Cristo é central em quem somos, a Palavra de Deus é a nossa fonte credível para tudo o que fazemos, e a santidade é o padrão para a nossa vida.
3. *A JNI é construída sobre o ministério relacional para a juventude na igreja local.*
   Na Igreja local, o ministério efetivo para os jovens é fundamental para a saúde e a vitalidade da JNI. Os relacionamentos e o ministério encarnacional formam a base para o ministério da juventude nazarena, orientando os jovens para a maturidade espiritual em Cristo.
4. *A JNI desenvolve e orienta jovens líderes.*
   A JNI oferece oportunidades a líderes emergentes para desenvolver e utilizar os seus dons dentro de um ambiente de encorajamento e apoio, que certifica que haja uma liderança forte para a Igreja do Nazareno. O treinamento de liderança, a responsabilização e os mecanismos de avaliação e modificação do ministério são funções vitais da JNI.
5. *A JNI é competente para liderar.*
   Um ministério relevante da juventude exige que a responsabilidade pelas decisões ministeriais e organizacionais resida com a liderança da JNI e os órgãos governamentais competentes em todos os níveis. A noção de pertença e propriedade, a paixão pelo serviço

e contribuição na tomada de decisões são ingredientes essenciais para o empoderamento dos jovens através da JNI.
6. *A JNI abraça a unidade e a diversidade em Cristo.*
A JNI está empenhada em compreender e celebrar as diferenças e a diversidade em linguagem, cor, raça, cultura, classe socioeconômica e gênero. As nossas diferenças não diminuem a unidade, mas aumentam o nosso potencial e eficácia. Compartilhar as boas novas de Jesus Cristo de maneiras culturalmente relevantes deve ser sempre uma prioridade elevada.
7. *A JNI cria redes e parcerias.*
Um clima de cooperação caracteriza os nossos relacionamentos em todos os níveis da JNI. Criar contatos dentro da igreja aumenta o desenvolvimento e a mobilização dos jovens para o serviço; A JNI participa ativamente de tais esforços cooperativos.

810.6 O Nosso Quadro Ministerial

A Constituição da Juventude Nazarena Internacional fornece os fundamentos para organizar, planejar e implementar o ministério dos jovens em todos os níveis da Igreja do Nazareno. Os modelos de padrão de plano ministerial estabelecem que os grupos locais, distritais e regionais da JNI sejam encorajados a adaptar-se em resposta às necessidades do ministério para jovens na sua própria situação ministerial. Os planos ministeriais em todos os níveis devem ser consistentes com a Constituição da JNI e com o *Manual* da Igreja do Nazareno.

810.7 Revisões

A Constituição da JNI pode ser emendada através de resoluções aprovadas pela Convenção Global da JNI, de acordo com o Plano do Ministério Global.

A. MODELO DE PLANO PARA O MINISTÉRIO LOCAL

Ministérios

810.100 Evangelismo

A JNI desenvolve e implementa uma variedade de ministérios ativos e eventos especiais para alcançar os jovens para Cristo.

810.101 Discipulado

A JNI desenvolve e implementa uma variedade de ministérios ativos e eventos especiais para educar e desafiar os jovens a crescer como discípulos de Cristo, em devoção pessoal, culto, comunhão, ministério e levar outros a Cristo.

810.102 Desenvolvimento da Liderança

A JNI desenvolve e implementa uma variedade de ministérios ativos e eventos especiais para orientar e equipar os jovens para serem líderes para Cristo e a Sua igreja.

Revisões

810.103 Provisão

1. Este modelo de plano para o ministério local, apresenta um formato padrão para a organização, função e liderança da JNI ao nível local. Um grupo local da JNI pode adaptar o plano em resposta às necessidades locais do ministério para jovens, de acordo com a Constituição da Juventude Nazarena Internacional e o *Manual* da Igreja do Nazareno.
2. Qualquer área não abrangida por este plano ministerial está sob a autoridade do Conselho local da JNI.

810.104 Processo

1. O Conselho da JNI estabelece e divulga o processo de adaptação e revisão do plano do ministério local e deve aprovar propostas de revisões antes de serem trazidas para a reunião anual da JNI.
2. As propostas de revisões para o plano do ministério local devem ser distribuídas aos membros da JNI antes da reunião anual da JNI.
3. As revisões devem ser aprovadas por uma votação de dois terços de todos os membros da JNI presentes e votantes na reunião anual da JNI e estão sujeitas à aprovação da Junta da Igreja.
4. Todas as mudanças no plano do ministério local entrarão em vigor em até 30 dias após a reunião anual da JNI. O plano revisto deve ser publicado por escrito antes de entrar em vigor.

Composição e Foco do Ministério

810.105 Composição e Prestação de Contas

1. Os membros da JNI local são aqueles que se afiliam a um grupo da JNI para participar dos seus ministérios e juntar-se ao grupo local.
2. A JNI local mantém uma lista precisa de todos os membros ativos.

3. A JNI local deve prestar contas aos seus membros, à Junta da Igreja local e ao/à pastor(a).
4. A JNI local presta relatório à Junta da Igreja, mensalmente, e à reunião anual da igreja.

810.106 O Foco do Ministério

1. O foco tradicional do ministério da JNI local é para os jovens de 12 anos ou mais, os estudantes universitários e os jovens adultos. Um conselho local da JNI pode modificar o foco do ministério, conforme achar conveniente, com a aprovação do(a) pastor(a) e da Junta da Igreja local.
2. Para fins de representação e programação, o conselho local da JNI estabelece divisões de idade em resposta às necessidades locais do ministério para jovens.

Liderança

810.107 Oficiais

1. Os oficiais da JNI local são um(a) presidente e até três pessoas eleitas pela reunião anual da JNI, com responsabilidades de ministério atribuídas de acordo com as necessidades da igreja local. Esses oficiais servem no Comitê Executivo.
2. Os oficiais locais da JNI devem ser membros da igreja local em cuja JNI servem, ser ativos no ministério local da juventude e ser líderes no exemplo e serviço.
3. Nas igrejas que não têm uma JNI organizada (nenhum conselho local da JNI), o(a) pastor(a), com a aprovação da Junta da Igreja, pode nomear o(a) presidente da JNI para que a igreja possa começar a alcançar jovens para Cristo e responder às suas necessidades de crescimento espiritual.

810.108 Eleições

1. Os oficiais são eleitos anualmente pelos membros da JNI local na reunião anual e servem até que os seus sucessores sejam eleitos e assumam as suas funções ministeriais.
2. Um Comitê de Recomendações, indica os oficiais da JNI. Um Comitê de Recomendações é nomeado pelo(a) pastor(a) e é composto por membros da JNI, bem como pelo(a) pastor(a) e pelo(a) presidente da JNI. Todos os indicados devem ser aprovados pelo(a) pastor(a) e a Junta da Igreja. As pessoas nomeadas para presidente da JNI local devem ter alcançado o seu 15° aniversário no momento da sua eleição.
3. Os oficiais são eleitos por voto majoritário dos membros da JNI presentes na reunião anual da JNI. Quando há apenas um(a) candidato(a) para um cargo, uma votação "sim" ou "não" é usada, com aprovação por voto de dois terços. Somente aqueles

que também são membros da Igreja do Nazareno local podem votar para o(a) presidente.
4. Um(a) oficial em exercício pode ser reeleito(a) por uma votação de "sim" ou "não" quando esse voto é recomendado pelo Conselho da JNI à Comissão de Recomendações, aprovado pelo(a) pastor(a) e Junta da Igreja, e aprovado por voto de dois terços na reunião anual da JNI.
5. Uma vaga ocorre quando um(a) oficial se torna membro de outra igreja, renuncia ou é retirado(a) do cargo por dois terços do voto do Conselho devido à negligência de deveres ou conduta inadequada. Caso haja vaga entre os oficiais, o Conselho da JNI preenche a vaga por votos de dois terços, se houver um(a) candidato(a) ou, por voto majoritário, se forem dois ou mais recomendados. Se a vaga ocorrer no cargo de presidente da JNI, o(a) pastor(a), o(a) pastor(a) dos jovens ou o(a) designado(a) dele(a) preside a reunião para eleição.

810.109 Responsabilidades

1. As responsabilidades do(a) presidente da JNI incluem:
    a. Presidir o Conselho da JNI para lançar uma visão para o ministério de jovens na igreja.
    b. Facilitar o desenvolvimento do ministério para jovens e trabalhar com o Conselho da JNI para definir o foco do ministério em resposta às necessidades dos seus jovens.
    c. Servir na Junta da Igreja e apresentar-lhe um relatório mensal. Uma Junta da Igreja local pode estabelecer antes da eleição anual uma idade mínima para que o(a) presidente da JNI sirva nessa Junta; se o(a) presidente for mais jovem, a representação alternativa e da JNI na Junta da Igreja pode ser nomeada pelo Conselho da JNI, sujeito à aprovação da Junta.
    d. Apresentar um relatório anual do ministério e finanças à reunião anual da igreja.
    e. Recomendar o orçamento da JNI local, conforme aprovado pelo Conselho, à Junta da Igreja.
    f. Servir como membro *ex officio* da Direção do Discipulado Nazareno Internacional para coordenar a Escola Dominical/Estudos Bíblicos/ Pequenos Grupos para os jovens e na igreja.
    g. Trabalhar com o(a) presidente das Missões Nazarenas Internacionais (MNI) no desenvolvimento de uma ênfase da missão para jovens.
    h. Servir como delegado(a) na Convenção Distrital da JNI e Assembleia Distrital. Caso o(a) presidente não possa participar, um(a) representante eleito(a) pelo Conselho da JNI e

aprovado pelo(a) pastor(a) e Junta da Igreja pode apresentar uma representação alternativa.
2. As responsabilidades dos outros oficiais da JNI incluem:
   a. Desenvolver e designar líderes para os diversos ministérios locais da JNI.
   b. Ser modelos e guias espirituais para os jovens dentro e fora da igreja.
   c. Definir e atribuir títulos e responsabilidades do ministério para jovens em resposta às necessidades da igreja local.
   d. Distribuir as seguintes responsabilidades para garantir prestação de contas e eficácia:
      (1) Manter um registro correto de todas as reuniões do Conselho da JNI e lidar com todas as questões da correspondência para a JNI local.
      (2) Desembolsar, receber e manter registros dos fundos da JNI de acordo com as normas da Junta da Igreja.
      (3) Compilar um relatório financeiro anual de todas as verbas levantadas e desembolsadas para ser apresentado na reunião anual da igreja.
      (4) Trabalhar com o(a) presidente da JNI para criar um orçamento anual para apresentar ao Conselho e à Junta da Igreja para aprovação.
   e. Cooperar com o(a) presidente de todas as formas possíveis para facilitar o ministério local da JNI.
   f. Exercer outros ministérios conforme designado pelo Conselho da JNI.

810.110 Cargos Remunerados

1. Quando um(a) pastor(a) dos jovens é empregado(a) numa igreja, o(a) pastor(a), em consulta com a Junta da Igreja e o Conselho da JNI, atribui a responsabilidade da JNI a esse(a) pastor(a). Nesse caso, o(a) pastor(a) dos jovens desempenha algumas das funções que de outra forma seriam designadas para um(a) presidente local da JNI. No entanto, a importância do(a) presidente da JNI permanece, em providenciar liderança, apoio e representação leiga, vitais para o ministério local para jovens. O(a) pastor(a), o(a) pastor(a) dos jovens e o Conselho da JNI trabalham em conjunto para definir os papéis e responsabilidades das duas posições e como elas trabalham juntas em benefício do ministério de jovens da igreja.
2. Um(a) pastor(a) dos jovens não pode servir como(a) presidente da JNI.
3. O(a) pastor(a) dos jovens, serve como *ex officio* no Conselho da JNI, no Comitê Executivo e na Comitê de Recomendações da JNI.

4. O(a) pastor(a) dos jovens pode servir como designado(a) pelo(a) pastor(a) para as responsabilidades relacionadas com a JNI.
5. Se uma igreja tem vários funcionários remunerados que ministram para faixa-etárias específicas dentro da JNI, ela pode desenvolver oficiais para cada divisão etária sob a liderança dos funcionários e determinar entre esses oficiais como a JNI deve ser representada na Junta da Igreja.

Conselho

810.111 Composição

1. O Conselho Local da JNI é composto pelos oficiais da JNI, outros membros eleitos ou nomeados como membros gerais da juventude e líderes do ministério, conforme considerado necessário, e o(a) pastor(a) e/ou pastor(a) dos jovens, que lançam coletivamente a visão para o ministério local da juventude.
2. Os membros do Conselho da JNI devem ser membros da Juventude Nazarena Internacional local. O ser membro da igreja local é fortemente encorajado e os membros do Conselho da JNI devem tornar-se membros da igreja.

810.112 Eleições

1. Um Comitê de Recomendações da JNI indica membros locais da JNI para serem eleitos para o Conselho da JNI.
2. Os membros da JNI então elegem os membros do Conselho da JNI dentre as recomendações apresentadas por voto majoritário na reunião anual da JNI.
3. Uma vaga ocorre quando um membro do Conselho se torna membro de outra JNI local, renuncia ou é retirado do cargo por voto de dois terços do Conselho devido a negligência de deveres ou conduta inadequada. Caso haja vaga entre os oficiais do Conselho, o Conselho da JNI preenche a vaga por voto de dois terços, se houver um candidato, ou por voto majoritário, se forem dois ou mais propostos.
4. Se uma igreja tem menos de sete membros da JNI, o(a) pastor(a) pode nomear os membros do Conselho da JNI para que o ministério para os jovens possa ser desenvolvido e eles sejam alcançados para Cristo.

810.113 Responsabilidades

1. O Conselho da JNI é responsável por planejar e organizar o ministério total da juventude dentro da igreja local e, através dos seus oficiais e diretores, inicia e dirige ministérios e atividades para alcançar os jovens para Cristo e responder às suas necessidades de crescimento espiritual, em harmonia com a liderança da igreja local.

2. O Conselho da JNI define o foco ministerial da JNI local, para responder às necessidades locais do ministério para jovens e desenvolve e atribui títulos e descrições de cargos aos diretores do ministério.
3. O Conselho da JNI dá liderança à área da juventude da Escola Dominical / Estudo Bíblico / Pequenos Grupos, ao promover o crescimento da matrícula e participação dos jovens, ao recomendar e providenciar treinamento para os professores e líderes de jovens da Escola Dominical / Estudo Bíblico / Pequenos Grupos e ao recomendar currículo e recursos para serem usados em cooperação com a Direção do Discipulado Nazareno Internacional.
4. O Conselho da JNI coopera com o Conselho Distrital da JNI na promoção dos ministérios distritais, regionais e globais da JNI para os jovens da igreja.
5. O Conselho da JNI estabelece e comunica o processo de apresentação de revisões ao plano do ministério local.

810.114 Comissões

1. O Comitê Executivo da JNI é composto por oficiais eleitos da JNI e pelo(a) pastor(a) ou pastor(a) dos jovens. O Comitê Executivo pode conduzir os assuntos do Conselho da JNI quando necessário. Todas as ações do Comitê Executivo são comunicadas aos membros restantes do Conselho e estão sujeitas à aprovação dele na reunião seguinte.
2. O Conselho da JNI pode estabelecer comissões de ministérios específicos ou divisão etária em resposta às necessidades do ministério para jovens.

810.115 Cargos Remunerados

1. O(a) pastor(a) designa as responsabilidades de um(a) pastor(a) dos jovens, em consulta com a Junta da Igreja e o Conselho da JNI.
2. O Conselho da JNI e o(a) pastor(a) dos jovens trabalham em cooperação e harmonia entre si.
3. Se uma igreja tem vários funcionários remunerados que ministram para faixa etárias específicas dentro da JNI, ela pode desenvolver conselhos ou comissões da JNI para cada uma dessas divisões sob a liderança dos funcionários. A igreja pode decidir se um conselho de coordenação para os vários grupos deve ser usado.

Reuniões

810.116 Reuniões Locais da JNI

1. Uma variedade de reuniões locais da JNI, ajudam a proporcionar um ministério efetivo aos jovens.
2. O grupo local da JNI participa de reuniões distritais, regionais e globais da JNI que melhoram o ministério para jovens na igreja.

810.117 Reuniões do Conselho da JNI

1. O Conselho da JNI reúne-se regularmente para cumprir a missão e a visão da JNI.
2. As reuniões do conselho podem ser programadas ou convocadas pelo(a) presidente ou pelo(a) pastor(a).

810.118 Reunião Anual

1. A reunião anual da JNI local é realizada dentro de 60 dias da Convenção Distrital da JNI e em harmonia com o *Manual* da Igreja do Nazareno.
2. Os oficiais da JNI e os membros do conselho e delegados à Convenção Distrital da JNI são eleitos na reunião anual da JNI.
3. O plano de ministério local da JNI pode ser revisto por dois terços da votação na reunião anual da JNI.

B. MODELO DE PLANO PARA O MINISTÉRIO DISTRITAL

Ministérios

810.200 Evangelismo

A JNI distrital desenvolve e implementa uma variedade de ministérios ativos e eventos especiais para alcançar os jovens para Cristo.

810.201 Discipulado

A JNI distrital desenvolve e implementa uma variedade de ministérios ativos e eventos especiais para educar e desafiar os jovens a crescer como discípulos de Cristo, em devoção pessoal, culto, comunhão, ministério e levar outros a Cristo.

810.202 Desenvolvimento da Liderança

A JNI distrital desenvolve e implementa uma variedade de ministérios ativos e eventos especiais para orientar e equipar os jovens para serem líderes para Cristo e a Sua igreja.

Revisões

810.203 Provisão

1. Este plano de ministério distrital, apresenta um formato padrão para a organização, função e liderança da JNI a nível distrital. A JNI distrital pode adaptar e rever o plano em resposta às necessidades do ministério para jovens no distrito, de acordo com a Constituição da Juventude Nazarena Internacional e o *Manual* da Igreja do Nazareno.
2. Qualquer área não abrangida por este plano ministerial está sob a autoridade do Conselho Distrital da JNI.

810.204 Processo

1. O Conselho Distrital da JNI estabelece e divulga o processo de adaptação e revisão do plano de ministério distrital e deve aprovar propostas de revisões antes de serem trazidas para a Convenção Distrital da JNI.
2. As revisões propostas para o plano de ministério distrital devem ser distribuídas por escrito aos grupos locais da JNI antes da Convenção Distrital da JNI.
3. As revisões devem ser aprovadas por um voto de dois terços de todos os delegados e membros presentes e votantes na Convenção Distrital da JNI e estão sujeitas à aprovação do(a) superintendente distrital e da Junta Consultiva.
4. Todas as mudanças no plano do ministério distrital entrarão em vigor até 60 dias após a Convenção. O documento revisto deve ser distribuído por escrito antes de entrar em vigor.

Composição e Foco do Ministério

810.205 Composição e Prestação de Contas

1. Todos os grupos locais da JNI e membros da JNI dentro dos limites de um distrito formam a Juventude Nazarena Internacional distrital.
2. A JNI distrital, deve prestar contas aos seus membros, ao(à) superintendente distrital e à Junta Consultiva.
3. A JNI distrital reporta anualmente à Convenção Distrital da JNI e à Assembleia Distrital através do(a) presidente distrital da JNI.

810.206 O Foco do Ministério

1. O foco tradicional do ministério da JNI distrital é para os jovens de 12 anos ou mais, os estudantes universitários e os jovens adultos. Um Conselho Distrital da JNI pode modificar o foco do ministério, como achar conveniente, com a aprovação do(a) superintendente distrital e da Junta Consultiva.

2. Para fins de representação e programação, o Conselho Distrital da JNI estabelece divisões etárias de acordo com as necessidades do ministério para jovens no distrito.

Liderança

810.207 Oficiais

1. Os oficiais do distrito da JNI são o(a) presidente, o(a) vice-presidente, o(a) secretário(a) e o(a) tesoureiro(a).
2. Os oficiais distritais da JNI devem ser membros de uma Igreja do Nazareno local dentro dos limites do distrito no momento da sua eleição, estar ativos no ministério de jovens local e distrital e serem vistos como líderes no exemplo e ministério.
3. Os oficiais distritais da JNI servem sem remuneração. As verbas para as despesas administrativas dos oficiais distritais da JNI são atribuídas como parte do orçamento distrital da JNI.
4. Se um distrito ainda não tiver uma JNI organizada (nenhuma Convenção Distrital da JNI), o(a) superintendente distrital pode nomear um(a) presidente distrital da JNI para que as igrejas locais possam ser auxiliadas a alcançar jovens para Cristo e responder às suas necessidades de crescimento espiritual.

810.208 Eleições

1. Os oficiais distritais da JNI são eleitos pela Convenção Distrital da JNI para servir por um período de um ano, desde o final da Convenção até que os seus sucessores sejam eleitos e assumam os seus papéis no ministério. Por indicação do Comitê de Recomendações Distrital da JNI e com a aprovação do(a) superintendente distrital, um(a) oficial pode ser eleito(a) por um período de dois anos.
2. Um Comitê de Recomendações Distrital da JNI recomenda os oficiais da JNI distrital. O Comitê de Recomendações é nomeado pelo Conselho Distrital da JNI e é composto por pelo menos quatro membros distritais da JNI, e também inclui o(a) superintendente distrital e o(a) presidente distrital da JNI. Todos os indicados devem ser aprovados pelo Conselho Distrital da JNI e pelo(a) superintendente distrital.
3. Os oficiais são eleitos por cédula de voto majoritário na Convenção anual da JNI. Quando há apenas um(a) candidato(a) para um cargo, usa-se uma votação de "sim" ou "não", com aprovação por voto de dois terços. Caso seja recomendado pelo Comitê de Recomendações, a Convenção pode votar para permitir que o Conselho Distrital da JNI nomeie o(a) secretário(a) e o(a) tesoureiro(a) distrital da JNI.
4. Um(a) oficial em exercício pode ser reeleito(a) por uma votação de "sim" ou "não" quando essa votação é recomendada pelo

Conselho Distrital da JNI, com a aprovação do(a) superintendente distrital e aprovada por dois terços dos votos da Convenção Distrital da JNI.
5. Uma vaga ocorre quando um(a) oficial se torna membro de outra igreja, renuncia ou é retirado do cargo por dois terços do voto do Conselho devido à negligência de deveres ou conduta inadequada. Caso haja vaga no cargo da presidência distrital da JNI, o(a) vice-presidente assume as responsabilidades do(a) presidente até à próxima Convenção Distrital da JNI. Caso haja vaga entre os outros oficiais, o Conselho da JNI preenche a vaga por votos de dois terços, se houver um(a) candidato(a) ou, por voto majoritário, se houver dois ou mais recomendados.

810.209 Responsabilidades

1. As responsabilidades da presidência da JNI distrital incluem:
   a. Providenciar liderança e direção à JNI distrital, trabalhar em cooperação com a JNI e a liderança distrital.
   b. Presidir ao Conselho Distrital da JNI para lançar uma visão para o ministério para jovens no distrito.
   c. Facilitar o desenvolvimento do ministério para jovens no distrito e trabalhar com o Conselho Distrital da JNI para definir o foco do ministério distrital da JNI de acordo com as necessidades.
   d. Presidir à Convenção Distrital da JNI.
   e. Incentivar o desenvolvimento do ministério da JNI em cada igreja local dentro do distrito.
   f. Representar os interesses da JNI em todos os conselhos e comissões distritais competentes.
   g. Apresentar um relatório anual à Convenção Distrital da JNI e à Assembleia Distrital.
   h. Apresentar um orçamento anual à Junta Consultiva (ou órgão distrital adequado) e à Convenção Distrital da JNI para aprovação.
   i. Servir como delegado(a) *ex officio* à Assembleia Distrital.
   j. Servir como delegado(a) à Convenção Global da JNI. Se o(a) presidente não puder comparecer, um(a) representante eleito(a) pelo Conselho Distrital da JNI e aprovado(a) pelo(a) superintendente distrital e pela Junta Consultiva pode providenciar uma representação alternativa.
   k. Servir como membro do Conselho Regional da JNI, se assim for designado(a) pelo plano ministerial da região.
2. As responsabilidades da vice-presidência incluem:
   a. Cooperar com a presidência de todas as formas possíveis para realizar um ministério efetivo para os jovens no distrito.
   b. Realizar os deveres da presidência na sua ausência.

c. Executar os deveres designados pelo Conselho e Convenção Distritais da JNI.
   d. Em caso de vaga no cargo de presidente distrital da JNI, cumprir as funções do(a) presidente até que um(a) sucessor(a) seja eleito(a) e instalado(a).
3. As responsabilidades da secretaria incluem:
   a. Manter um registro correto de todos os procedimentos do Conselho Distrital da JNI, do Comitê Executivo e da Convenção Distrital da JNI.
   b. Atender a todos os assuntos da correspondência para a JNI distrital.
   c. Notificar o Escritório Global da JNI e presidente da JNI regional dos nomes e endereços dos vários diretores de ministérios da JNI o mais rápido possível após a eleição.
   c. Executar os deveres designados pelo Conselho e Convenção Distritais da JNI.
4. As responsabilidades da tesouraria incluem:
   a. Pagar, receber e manter registros dos fundos distritais da JNI.
   b. Compilar um relatório financeiro anual de todos os fundos levantados e desembolsados para apresentar na Convenção anual da JNI Distrital.
   c. Trabalhar com a presidência para criar um orçamento anual para apresentar aos órgãos competentes.
5. Outras responsabilidades podem ser atribuídas aos oficiais de acordo com as necessidades distritais do ministério para jovens.

810.210 Cargos Remunerados

1. Quando um distrito emprega um(a) pastor(a) dos jovens, o(a) superintendente distrital, em consulta com a Junta Consultiva e o Conselho Distrital da JNI, atribui a responsabilidade da JNI distrital ao/à pastor(a) dos jovens do distrito. Nesse caso, o(a) pastor(a) dos jovens desempenha algumas das funções que de outra forma seriam designadas para um(a) presidente distrital da JNI. No entanto, a importância do(a) presidente distrital da JNI permanece em providenciar adicionalmente liderança, apoio e representação ao ministério distrital para jovens. O Conselho Distrital da JNI e o(a) superintendente distrital trabalham juntos para definir os papéis e responsabilidades das duas posições e como elas trabalham em conjunto para o benefício do ministério distrital para jovens.
2. Um(a) pastor(a) dos jovens não pode servir como(a) presidente da JNI.
3. O(a) pastor(a) dos jovens, serve como membro *ex officio* no Conselho Distrital da JNI, no Comitê Executivo e no Comitê de Recomendações Distrital da JNI.

4. O(a) pastor(a) distrital dos jovens, pode atuar como designado(a) pelo(a) superintendente distrital para as responsabilidades relacionadas com a JNI.

Conselho

810.211 Composição

1. O Conselho Distrital da JNI é composto pelos oficiais da JNI distrital, outros membros da juventude geral eleitos ou nomeados e líderes ministeriais, conforme o que for considerado necessário pelo Conselho e o(a) superintendente distrital e / ou pastor(a) distrital dos jovens.
2. Somente os membros da JNI que são membros da Igreja do Nazareno no distrito podem servir como membros distritais do Conselho da JNI.

810.212 Eleições

1. O Comitê de Recomendações Distrital da JNI, recomenda membros distritais da JNI para serem eleitos para o Conselho Distrital da JNI.
2. A Convenção Distrital da JNI então elege os membros do Conselho Distrital da JNI dentre as candidaturas apresentadas por voto majoritário.
3. Uma vaga ocorre quando um membro do Conselho se torna membro em outro distrito, renuncia ou é retirado do cargo pelo Conselho por votação de dois terços devido a negligência de deveres ou conduta inadequada. Caso haja vaga entre os oficiais do Conselho, o Conselho Distrital da JNI preenche a vaga por voto de dois terços, se houver um(a) candidato(a), ou por voto majoritário, se forem dois ou mais indicados.
4. O Comitê de Recomendações pode autorizar o Conselho Distrital da JNI a nomear os diretores do ministério distrital.

810.213 Responsabilidades

1. O Conselho Distrital da JNI é responsável por planejar e organizar o ministério total da juventude dentro do distrito e, através dos seus oficiais e diretores, iniciar e dirigir ministérios e atividades para alcançar os jovens para Cristo e responder às suas necessidades de crescimento espiritual, em harmonia com a liderança distrital.
2. O Conselho Distrital da JNI define o foco do ministério da JNI distrital em resposta às necessidades do ministério distrital para jovens e desenvolve e atribui títulos e responsabilidades aos diretores dos ministérios distritais da JNI.
3. O Conselho Distrital da JNI incentiva e equipa as igrejas locais em todo o distrito para um ministério efetivo para jovens.

JUVENTUDE NAZARENA INTERNACIONAL (JNI)

4. O Conselho Distrital da JNI lidera a área da juventude da Escola Dominical / Estudo Bíblico / Pequenos Grupos do distrito, ao promover o crescimento da matrícula e frequência dos jovens e ao fornecer treinamento para os professores e líderes da Escola Dominical / Estudo Bíblico / Pequenos Grupos de jovens em cooperação com a Direção Distrital do Discipulado Nazareno Internacional.
5. O Conselho Distrital da JNI promove ministérios e programas regionais e globais da JNI para os grupos locais da JNI.
6. O Conselho Distrital da JNI faz recomendações à Convenção Distrital da JNI relativas ao ministério da JNI. A Convenção pode rever essas recomendações antes da sua adoção.
7. O Conselho Distrital da JNI estabelece e comunica o processo de alteração do plano do ministério distrital.

810.214 Comissões

1. O Comitê Executivo da JNI é composto pelos oficiais eleitos da JNI distrital e pelo(a) superintendente distrital e / ou pastor(a) distrital dos jovens. Se o(a) secretário(a) e o(a) tesoureiro(a) forem nomeados membros do Conselho, este poderá eleger por voto majoritário dois outros membros do Conselho Distrital da JNI para atuar no Comitê Executivo. Todas as ações do Comitê Executivo são comunicadas aos membros restantes do Conselho e estão sujeitas à aprovação dele na reunião seguinte.
2. O Conselho Distrital da JNI pode estabelecer comissões de ministérios específicos ou divisão etária em resposta às necessidades do ministério para jovens.

810.215 Área da JNI

1. Em cooperação com a liderança distrital, o Conselho Distrital da JNI pode autorizar a organização de várias áreas dentro da estrutura distrital existente para a liderança da JNI, a fim de coordenar e maximizar o ministério da JNI em todo o distrito.
2. Um Conselho de área da JNI pode ser criado para ter responsabilidade por ministérios e atividades específicas nela.
3. Um(a) presidente ou representante de cada área pode servir no Conselho Distrital da JNI, se assim for especificado pela Convenção Distrital da JNI.

810.216 Cargos Remunerados

1. O(a) superintendente distrital designa as responsabilidades de um(a) pastor(a) distrital dos jovens, em consulta com a Junta Consultiva e o Conselho Distrital da JNI.
2. O Conselho Distrital da JNI e o(a) pastor(a) dos jovens trabalham em cooperação e harmonia entre si.

Reuniões

810.217 Reuniões Distritais da JNI

1. Uma variedade de reuniões distritais da JNI ajudam a providenciar um ministério efetivo aos jovens.
2. A JNI Distrital também encoraja e melhora o ministério da JNI local, reunindo-se com os grupos locais da JNI em todo o distrito para lhes levar recursos para o ministério efetivo.
3. A JNI distrital participa em reuniões regionais e globais da JNI que melhoram ainda mais o ministério para os jovens em todo o distrito.

810.218 Reuniões Distritais do Conselho da JNI

1. O Conselho da JNI reúne-se regularmente para cumprir a missão e a visão da JNI distrital.
2. As reuniões do Conselho podem ser programadas ou convocadas pelo(a) presidente distrital da JNI ou pelo(a) superintendente distrital.

810.219 Convenção Distrital da JNI

1. A Convenção Anual da JNI Distrital prevê sessões e programas inspiradores para promover o ministério para jovens em todo o distrito. Os relatórios são recebidos, a liderança é eleita e qualquer assunto legislativo pertencente ao trabalho da JNI é tratado na Convenção. Os delegados à Convenção Global da JNI também são eleitos de acordo com o Plano do Ministério Global da JNI.
2. O Conselho Distrital da JNI organiza e supervisiona a Convenção Distrital da JNI, em cooperação com o(a) superintendente distrital. A Convenção reúne-se numa data e local designados pelo Conselho Distrital da JNI, com a aprovação do(a) superintendente distrital e no prazo de noventa dias da Assembleia Distrital.
3. A Convenção Distrital da JNI é composta pelos membros do Conselho Distrital da JNI, o(a) superintendente distrital, pastores locais, outros ministros ordenados designados do distrito que participam do ministério da JNI e delegados locais da JNI.
4. Todos os delegados locais da JNI à Convenção da JNI Distrital devem ser membros da Igreja do Nazareno que representam.
5. O número de delegados locais da JNI para cada igreja é determinado pelos números de membros no Relatório Pastoral local mais recente antes da Assembleia Distrital. A liderança distrital da JNI incentiva as igrejas locais a tomar providências adequadas para as despesas dos delegados que participam da Convenção Distrital da JNI.

6. A delegação da JNI local à Convenção Distrital da JNI para igrejas com 30 ou menos membros da JNI consiste em:
   a. O(a) pastor(a) e pastor(a) dos jovens ou qualquer pessoal pastoral remunerado em tempo integral que participe do ministério da JNI;
   b. O(a) recém-eleito(a) presidente da JNI local;
   c. Até quatro delegados eleitos, com pelo menos metade deles fazendo parte do foco ministerial da JNI estabelecido pelo distrito.
   d. As igrejas locais podem acrescentar um delegado adicional para cada 30 membros da JNI sucessivos e / ou parte principal final desses 30 membros (ou seja, 16-29 membros). Pelo menos metade dos delegados adicionais devem estar também dentro do foco ministerial da JNI estabelecido pelo distrito.
7. O(a) pastor(a) de qualquer igreja local ou director(a) de um Centro de Ministério Nazareno de Compaixão aprovado(a) que não tenha uma JNI organizada pode nomear um(a) delegado(a).

Número de membros	Número de delegados*	Número de membros	Número de delegados*
5-45	4	136-165	8
46-75	5	166-195	9
76-105	6	196-225	10
106–135	7	226-255	11

* O número de delegados eleitos de uma JNI local não inclui delegados *ex officio* (presidente da JNI, pastor(a), pastor(a) dos jovens, membros do Conselho Distrital da JNI de uma igreja local, etc.).

C. MODELO DE PLANO PARA O MINISTÉRIO REGIONAL

Ministérios

810.300 Evangelismo

A JNI regional desenvolve e implementa uma variedade de ministérios ativos e eventos especiais para alcançar os jovens para Cristo.

810.301 Discipulado

A JNI regional desenvolve e implementa uma variedade de ministérios ativos e eventos especiais para educar e desafiar os jovens a crescer como discípulos de Cristo, em devoção pessoal, culto, comunhão, ministério e levar outros a Cristo.

810.302 Desenvolvimento da Liderança

A JNI regional desenvolve e implementa uma variedade de ministérios ativos e eventos especiais para orientar e equipar os jovens para serem líderes para Cristo e a Sua igreja.

Revisões

810.303 Provisão

1. O modelo do plano do ministério regional apresenta um formato padrão para a organização, função e liderança da JNI a nível regional. A JNI regional pode adaptar e rever o plano em resposta às necessidades do ministério para jovens na Região, consistente com a Constituição da Juventude Nazarena Internacional e o *Manual* da Igreja do Nazareno.
2. Qualquer área não abrangida por este plano ministerial está sob a autoridade do Conselho Regional da JNI.

810.304 Processo

1. O Conselho Regional da JNI, em cooperação com a Região, estabelece e divulga o processo de adaptação e revisão do plano ministerial regional e deve aprovar as revisões propostas antes de serem trazidas para o Comitê Regional (caucus) da JNI.
2. As revisões propostas para o plano ministerial regional devem ser distribuídas por escrito aos conselhos distritais da JNI antes do Comitê Regional da JNI na Convenção Global da JNI.
3. As revisões devem ser aprovadas por votação de dois terços de todos os delegados e membros presentes e votantes no Comitê Regional (caucus) da JNI e estão sujeitos à aprovação do(a) Diretor(a) Regional e do Conselho Consultivo Regional (quando aplicável).
4. Todas as mudanças no plano do ministério regional entrarão em vigor no prazo de 90 dias após a Convenção Global da JNI. O documento revisto deve ser distribuído por escrito antes de entrar em vigor.

Composição e Foco do Ministério

810.305 Composição e Prestação de Contas

1. Todos os grupos locais da JNI, os ministérios distritais da JNI e os membros da JNI dentro dos limites de uma Região formam a Juventude Nazarena Internacional da mesma.

JUVENTUDE NAZARENA INTERNACIONAL (JNI) 259

2. A JNI regional presta contas aos seus membros, ao/à Diretor(a) Regional, ao/à Diretor(a) Global da JNI, Conselho Regional da JNI e ao Conselho Global da JNI
3. A JNI regional presta relatórios anualmente ao Conselho Global da JNI.

810.306 O Foco do Ministério

1. O foco tradicional do ministério da JNI regional é para os jovens de 12 anos ou mais, os estudantes universitários e os jovens adultos. Um Conselho Regional da JNI pode modificar o foco do ministério, como achar conveniente, com a aprovação dos distritos da região e do(a) Diretor(a) Regional.
2. Para fins de representação e programação, o Conselho Regional da JNI pode estabelecer divisões etárias de acordo com as necessidades do ministério para jovens na Região.

Liderança

810.307 Oficiais

1. Os oficiais do Conselho Regional da JNI são o(a) presidente, o(a) vice-presidente e o(a) secretário(a). Esses oficiais e o(a) Coordenador(a) Regional da Juventude atuam como Comissão Executiva.
2. Os oficiais regionais da JNI devem residir e ser membros da Igreja do Nazareno dentro dos limites da Região no momento da sua eleição, ser ativos no ministério da juventude e ser vistos como líderes no exemplo e ministério.
3. Os oficiais distritais da JNI servem sem remuneração. As verbas para as despesas administrativas dos oficiais regionais da JNI é atribuído como parte dos fundos regionais.

810.308 Eleições

1. Os oficiais regionais da JNI são eleitos pelo Comitê Regional (caucus) da JNI numa reunião especial durante a Convenção Global da JNI. Os oficiais regionais servem desde o encerramento da Convenção Global da JNI até ao encerramento da Convenção Global da JNI seguinte.
2. Um Comitê de Recomendações Regional da JNI recomenda os oficiais da JNI regional. O Comitê de Recomendações é nomeado pelo Conselho Regional da JNI e é composto por pelo menos quatro membros regionais da JNI, incluindo o(a) presidente regional da JNI e o(a) Diretor(a) Regional. Pelo menos dois nomes são submetidos à Comissão Regional (caucus) da JNI para cada cargo. O Conselho Regional da JNI e o(a) Diretor(a) Regional devem aprovar todos os candidatos.

3. Um(a) presidente regional da JNI em exercício que esteja habilitado(a) para ser eleito(a) para outro mandato pode ser reeleito(a) por voto "sim" ou "não", quando tal eleição é recomendada pelo Conselho Regional da JNI, aprovada pelo(a) Diretor(a) Regional, e aprovada por dois terços do voto por cédula do Comitê Regional (caucus) da JNI durante a Convenção Global da JNI.
4. Uma vaga ocorre quando um(a) oficial se torna membro de uma igreja fora da região, renuncia ou é retirado do cargo por dois terços do voto do Conselho Regional da JNI devido a negligência de deveres ou conduta inadequada. Caso haja vaga entre os oficiais, o Conselho Regional da JNI preenche a vaga por voto de dois terços, se houver um candidato, ou por voto da maioria, se forem dois ou mais candidatos. No caso de uma vaga no cargo de presidente regional da JNI, a Região elege um(a) novo(a) presidente de acordo com o Plano do Ministério Global da JNI.

810.309 Responsabilidades

1. As responsabilidades do(a) presidente regional da JNI incluem:
    a. Providenciar liderança e direção à JNI regional, trabalhar em cooperação com a liderança global e regional da JNI.
    b. Presidir ao Conselho Regional da JNI para lançar uma visão para o ministério para os jovens na Região.
    c. Facilitar o desenvolvimento do ministério para os jovens na Região e trabalhar com o Conselho Regional da JNI para definir o foco do ministério regional da JNI de acordo com as necessidades.
    d. Presidir à Comissão Regional (caucus) da JNI durante a Convenção Global da JNI.
    e. Incentivar o desenvolvimento do ministério da JNI em cada distrito e campo dentro da Região.
    f. Representar os interesses da JNI regional em conselhos e comissões regionais competentes.
    g. Apresentar um relatório anual ao Conselho Regional da JNI, ao/à Diretor(a) Regional e à Junta Consultiva Regional (quando aplicável) e o Conselho Global da JNI.
    h. Recomendar um orçamento anual ao Conselho Regional da JNI e ao Escritório Regional.
    j. Servir como delegado(a) à Convenção Global da JNI.
    j. Servir de ligação entre a JNI regional e as instituições nazarenas de ensino superior na Região para promover a comunicação, a cooperação e a parceria ministerial.
2. As responsabilidades dos oficiais regionais da JNI incluem:
    a. Desenvolver e designar líderes para diversos ministérios regionais da JNI.

b. Definir e atribuir títulos e responsabilidades do ministério para jovens de acordo com as necessidades regionais.
c. Distribuir as seguintes responsabilidades para garantir prestação de contas e eficácia:
   (1) Manter um registro correto de todas as reuniões da Junta da JNI e lidar com todas as questões de correspondência para a JNI regional.
   (2) Pagar, receber e manter registros dos fundos regionais da JNI, de acordo com o Conselho Global da JNI, Junta Geral e normas do escritório regional.
   (3) Ajudar o(a) presidente a elaborar um relatório financeiro anual de todos os recursos levantados e despendidos para enviar ao Conselho Global da JNI e outros órgãos apropriados.
   (4) Trabalhar com o(a) presidente para criar um orçamento anual para apresentar ao Conselho Regional da JNI e ao/à Diretor(a) Regional para aprovação.
   (5) Notificar o Escritório Global da JNI e o escritório regional dos nomes e endereços dos vários oficiais regionais e diretores de ministérios da JNI o mais rápido possível após eleição ou nomeação.
d. Cooperar com o(a) presidente de todas as formas possíveis para facilitar o ministério regional para jovens.
e. Realizar outros ministérios conforme designado pelo Conselho Regional da JNI ou pelo Comitê Regional (caucus) da JNI.

810.310 Cargos Remunerados

1. Quando uma região emprega um(a) Coordenador(a) Regional da Juventude, o(a) Diretor(a) Regional, em consulta com a Junta Consultiva Regional e o Conselho Regional da JNI, atribui a responsabilidade da JNI regional ao/à Coordenador(a) Regional da Juventude. Nesse caso, o(a) Coordenador(a) Regional da Juventude pode desempenhar algumas das funções que de outra forma seriam designadas para um(a) presidente regional da JNI. No entanto, a importância do(a) presidente regional da JNI permanece, ao proporcionar liderança, apoio e representação adicionais para o ministério regional para jovens. O Conselho Regional da JNI e o(a) Diretor(a) Regional trabalham em conjunto para definir os papéis e responsabilidades das duas posições e como elas funcionam em conjunto para o benefício do ministério regional para jovens.
2. Um(a) Coordenador(a) Regional da Juventude não pode servir como(a) presidente regional da JNI.

3. O(a) Coordenador(a) Regional da Juventude serve como membro *ex officio* no Conselho Regional da JNI, no Comitê Executivo e no Comitê Regional de Recomendações da JNI.
4. O(a) Coordenador(a) Regional da Juventude pode atuar como designado(a) pelo(a) Diretor(a) Regional para as responsabilidades relacionadas com a JNI.

Conselho

810.311 Composição

1. O Conselho Regional da JNI é composto pelos oficiais da JNI regional, outros membros eleitos ou nomeados de jovens em geral, líderes ministeriais considerados necessários pelo conselho, o(a) Diretor(a) Regional e o(a) Coordenador(a) Regional da Juventude.
2. Somente os membros da JNI, que são membros da Igreja do Nazareno na Região, podem servir como membros do Conselho Regional da JNI.
3. Quando aplicável, representantes de faculdades ou universidades nazarenas responsáveis pelo ministério compartilhado com a JNI regional também podem servir no Conselho Regional da JNI.

810.312 Eleições

1. Um Comitê Regional de Recomendações da JNI recomenda membros regionais da JNI para serem candidatos para o Conselho Regional da JNI.
2. O Comitê Regional (caucus) da JNI na Convenção Global da JNI então elege por voto majoritário os membros do Conselho Regional da JNI das candidaturas apresentadas. O Comitê Regional (caucus) da JNI pode autorizar o Conselho Regional da JNI a nomear diretores do ministério regional.
3. Uma vaga ocorre quando um membro do conselho se torna membro de uma igreja fora da Região, renuncia ou é retirado do cargo por voto de maioria de dois terços do conselho devido a negligência de deveres ou conduta inadequada. Caso haja vaga entre os oficiais do Conselho eleitos ou nomeados pelo conselho, o Conselho da JNI Regional preencherá a vaga por voto de dois terços, se houver um(a) candidato(a), ou por voto da maioria, se forem dois ou mais recomendados. Se ocorrer uma vaga entre os membros que representam um distrito da região, a vaga é preenchida de acordo com o plano ministerial desse distrito.

810.313 Responsabilidades

1. O Conselho Regional da JNI é responsável por planejar e organizar o ministério total para os jovens dentro da Região e, através dos seus oficiais e diretores, inicia e dirige ministérios e atividades para alcançar os jovens para Cristo e responder às suas necessidades de crescimento espiritual, em harmonia com a liderança regional.
2. O Conselho Regional da JNI define o foco do ministério da JNI regional em resposta às necessidades regionais do ministério para jovens e desenvolve e atribui títulos e responsabilidades aos diretores regionais do ministério da JNI.
3. O Conselho Regional da JNI incentiva e equipa os distritos de toda a região a um ministério efetivo para jovens.
4. O Conselho Regional da JNI dá liderança à área da juventude da Escola Dominical/Estudos Bíblicos/Pequenos Grupos da Região, ao promover o crescimento da matrícula e da frequência dos jovens e ao proporcionar formação para os professores e líderes de Escola Dominical/Ensino bíblico/Pequenos Grupos para jovens em cooperação com o Discipulado Nazareno Internacional.
5. O Conselho Regional da JNI promove os ministérios e programas globais da JNI para membros regionais.
6. O Conselho Regional da JNI dirige as despesas dos fundos fornecidos à Região através de eventos e parcerias da JNI.
7. O Conselho Regional da JNI faz recomendações à Comissão Regional (caucus) da JNI à Convenção Global da JNI sobre o ministério da JNI. O Conselho também indica até duas pessoas para servir a Região como membros do Comitê das Resoluções na Convenção Global da JNI, de acordo com o Plano do Ministério Global.
8. O Conselho Regional da JNI trabalha em consulta com o(a) Diretor(a) Regional para selecionar um(a) representante para servir no Conselho Global da JNI.
9. O Conselho Regional da JNI estabelece e comunica o processo de alteração do Plano Ministerial Regional.

810.314 Comitês

1. O Comitê Executivo da JNI é composto pelos oficiais regionais eleitos da JNI e pelo(a) Diretor(a) Regional e/ou pelo(a) Coordenador(a) Regional da Juventude. O Comitê Executivo pode conduzir os assuntos do Conselho Regional da JNI quando for inviável ou impossível convocar todo o Conselho. Todas as ações do Comitê Executivo, são comunicadas aos membros restantes do Conselho e estão sujeitas à aprovação dele na reunião seguinte.

2. O Conselho Regional da JNI pode estabelecer comissões para ministérios específicos em resposta às necessidades do ministério para jovens.
3. Nos países onde há vários distritos, uma Região pode organizar a liderança nacional da JNI para coordenar e facilitar o ministério para jovens nesse país.

810.315 A JNI do Campo

1. Quando aplicável e em cooperação com a liderança regional da igreja, o Conselho Regional da JNI pode organizar-se para a liderança da JNI nos vários campos dentro da estrutura existente de uma Região, a fim de coordenar e maximizar o ministério da JNI na mesma.
2. Um Conselho de Campo da JNI pode ser criado para ter responsabilidade por ministérios e atividades específicas no Campo.
3. Um(a) representante de cada Campo pode servir no Conselho Regional da JNI, se assim for especificado pelo Comitê Regional (caucus).

810.316 Cargos Remunerados

1. O(a) Diretor(a) Regional designa as responsabilidades de um(a) Coordenador(a) Regional da Juventude, em consulta com o Conselho Consultivo Regional e o Conselho Regional da JNI.
2. O Conselho Regional da JNI e o(a) Coordenador(a) Regional da Juventude trabalham em cooperação e harmonia entre si.

Reuniões

810.317 Reuniões Regionais da JNI

1. Uma variedade de encontros regionais da JNI, ajudam a proporcionar um ministério efetivo para os jovens da Região.
2. A JNI regional também encoraja e melhora o ministério distrital da JNI ao reunir-se com os grupos distritais da JNI em toda a Região para dar recursos para um ministério efetivo.
3. A JNI regional participa nas reuniões globais da JNI que melhoram o ministério de jovens efetivo em toda a Região.

810.318 Reuniões do Conselho Regional da JNI

1. O Conselho Regional da JNI reúne-se regularmente para cumprir a missão e a visão da JNI regional.
2. As reuniões do Conselho podem ser programadas ou convocadas pelo(a) presidente regional da JNI, Diretor(a) Regional, Coordenador Regional da Juventude ou o(a) Diretor(a) Global da JNI.

810.319 Comissão Regional (caucus) da JNI

1. Um Comitê Regional (caucus) da JNI é convocado durante a Convenção Global da JNI. Esse comitê providencia sessões e programas inspiradores para promover o ministério para jovens em toda a Região. Os relatórios são recebidos, a liderança é eleita e qualquer assunto legislativo pertencente ao trabalho da JNI na Região é tratado nesse comitê.
2. O Conselho Regional da JNI, em cooperação com o(a) Diretor(a) Global da JNI, organiza e supervisiona o Comitê Regional (caucus) da JNI.
3. O Comitê Regional (caucus) da JNI é composto pelos membros do Conselho Regional da JNI, o(a) Diretor(a) Regional e/ou o(a) Coordenador(a) Regional da Juventude, e os delegados da Região à Convenção Global da JNI, que são eleitos, de acordo com o Plano do Ministério Global.
4. O Comitê (caucus) reúne-se durante a Convenção Global da JNI numa data e local designados pelo(a) Diretor(a) Global da JNI. Quando aprovado pelo Conselho Regional da JNI, o(a) Diretor(a) Regional e o Conselho Global da JNI, um Comitê (caucus) pode ser convocado por meio postal ou eletrônico dentro de seis meses antes da Convenção Global da JNI para tratar de assuntos regionais da JNI quando as circunstâncias proibirem a maioria dos delegados eleitos de participar da Convenção Global da JNI.

D. MODELO DE PLANO PARA O MINISTÉRIO GLOBAL

Ministérios

810.400 Evangelismo

A Juventude Nazarena Internacional, a nível global desenvolve e implementa vários ministérios ativos e eventos especiais para alcançar jovens para Cristo.

810.401 Discipulado

A Juventude Nazarena Internacional a nível global desenvolve e implementa uma variedade de ministérios ativos e eventos especiais para educar e desafiar os jovens a crescer como discípulos de Cristo, em devoção pessoal, culto, comunhão, ministério e levar outros a Cristo.

810.402 Desenvolvimento da Liderança

A Juventude Nazarena Internacional a nível global desenvolve e implementa uma variedade de ministérios ativos e eventos especiais para orientar e equipar os jovens para serem líderes para Cristo e a Sua igreja.

Revisões

810.403 Provisão

1. A Constituição da Juventude Nazarena Internacional e o Plano do Ministério Global fornecem a estrutura para a organização, a função e a liderança da JNI a nível global. A Convenção Global da JNI pode rever a Constituição da JNI e o Plano do Ministério Global em resposta às necessidades do ministério para jovens ao redor do mundo através de resoluções apresentadas. Todas as emendas ao Plano do Ministério Global devem ser consistentes com a Constituição da JNI e o *Manual* da Igreja do Nazareno.
2. Qualquer área não abrangida pela Constituição da JNI ou pelo Plano do Ministério Global está sob a autoridade do Conselho Global da JNI e do(a) Diretor(a) da JNI.

810.404 Processo

1. O Conselho Global da JNI, em cooperação com o(a) Diretor(a) da JNI, estabelece e divulga o processo de alteração do Plano do Ministério Global e da Constituição da Juventude Nazarena Internacional através de resoluções apresentadas.
2. Qualquer Conselho Distrital da JNI, Conselho Regional da JNI, o Conselho Global da JNI ou, pelo menos, seis delegados patrocinadores da Convenção Global da JNI podem enviar essas resoluções. As resoluções devem ser apresentadas de forma adequada e recebidas até o prazo estabelecido.
3. O escritório da JNI deve receber todas as resoluções pelo menos 30 dias antes da reunião anual do Conselho Global da JNI no ano da Convenção Global da JNI.
4. As resoluções devem ser distribuídas por escrito aos delegados da Convenção Global da JNI antes da Convenção Global da JNI.
5. As resoluções são consideradas primeiro pelo Conselho Global da JNI e por um Comitê de Resoluções da Convenção Global da JNI, composta por dois delegados da JNI designados por cada Região pelo Conselho Regional da JNI. As resoluções que recebem um voto majoritário de qualquer dos órgãos para recomendar a sua aprovação são então consideradas pela Convenção.
6. As resoluções devem ser aprovadas por um voto de dois terços de todos os delegados presentes e votantes na Convenção Global da JNI.

7. Todas as mudanças aprovadas na Constituição da Juventude Nazarena Internacional e no Plano do Ministério Global entrarão em vigor no prazo de 90 dias após a Convenção Global da JNI. O documento revisto deve ser distribuído por escrito antes de entrar em vigor.

Composição e Foco do Ministério

810.405 Composição e Prestação de Contas

1. Todos os grupos locais da JNI, ministérios distritais, de área e regionais da JNI e os seus membros constituem a Juventude Nazarena Internacional.
2. A JNI global deve prestar contas aos membros da JNI, ao/à Superintendente Geral com jurisdição da JNI, ao/à Diretor(a) Global das Missões, à Junta Geral e à Junta de Superintendentes Gerais.
3. A JNI global reporta anualmente à Junta Geral, à Convenção Global da JNI e à Assembleia Geral da Igreja do Nazareno.
4. O(a) Diretor(a) da JNI é responsável pela coordenação e supervisão geral para o desenvolvimento do ministério para jovens para a Igreja do Nazareno através da Juventude Nazarena Internacional.
5. Os escritórios da JNI em todo o mundo trabalham em conjunto com o Conselho Global da JNI para a implementação efetiva do ministério para jovens para a Igreja do Nazareno.

810.406 O Foco do Ministério

1. O foco ministerial da Juventude Nazarena Internacional é para os jovens de 12 anos ou mais, os estudantes universitários e os jovens adultos. Os conselhos regionais, de área, distritais e locais da JNI podem modificar o foco do ministério, como acharem conveniente, de acordo com o plano do ministério para esse nível.
2. Para fins de representação e programação, a Juventude Nazarena Internacional estabelece três divisões - jovens adolescentes (11-14), jovens seniores (15-18) e jovens adultos/universitários.

Liderança

810.407 Oficiais

1. Os oficiais eleitos da JNI global são o(a) Presidente do Conselho e o(a) Vice-Presidente.
2. Ninguém é elegível para a eleição como Presidente do Conselho Global da JNI se for empregado(a) da Igreja do Nazareno, Inc., ou de entidades, incluindo instituições educacionais, que recebem subsídio financeiro da Igreja do Nazareno, Inc. Indiví-

duos de distritos ou outras entidades que recebem fundos operacionais da igreja geral também não são elegíveis.
3. Os oficiais globais da JNI devem ser membros da JNI e da Igreja do Nazareno, estar ativos no ministério para jovens, ser líderes no exemplo e ministério pessoais e ser membros do Conselho Global da JNI.
4. Os oficiais globais da JNI servem sem remuneração. As verbas para as despesas administrativas, dos oficiais globais da JNI são atribuídas como parte dos fundos da JNI.
5. Um(a) oficial global da JNI pode servir na sua posição não mais do que um termo integral.

810.408 Eleições

1. O(A) Presidente do Conselho Global da JNI é eleito(a) por voto da maioria na Convenção Global da JNI e servirá até o encerramento da Assembleia Geral seguinte ou até que o(a) seu/sua sucessor(a) seja eleito(a).
2. Cada Região indica um nome para presidente do Conselho Global da JNI, na reunião do Comitê Regional (caucus) da JNI durante a Convenção Global da JNI.
3. O(A) Vice-Presidente da JNI Global é eleito(a) pelo Conselho Global da JNI na sua primeira reunião durante ou após a Assembleia Geral e servirá até ao encerramento da Assembleia Geral seguinte ou até que o(a) seu/sua sucessor(a) seja eleito(a).
4. Uma vaga ocorre no cargo de Presidente ou Vice-Presidente Global da JNI quando ele(a) renuncia ao cargo ou é removido(a) dele por dois terços do voto do Conselho Global da JNI devido a negligência de deveres ou a conduta inadequada. No caso de uma vaga entre os oficiais globais da JNI, o Conselho Global da JNI elegerá o(a) substituto(a).

810.409 Responsabilidades

1. As responsabilidades do(a) Presidente do Conselho Global da JNI incluem:
    a. Presidir às reuniões da Convenção Global da JNI e às reuniões do Conselho Global da JNI.
    b. Representar a JNI como membro da Junta Geral e como delegado(a) à Assembleia Geral.
    c. Executar os deveres designados pelo Conselho e Convenção Globais da JNI.
2. As responsabilidades do Vice-Presidente Global da JNI incluem:
    a. Cooperar com o(a) Presidente do Conselho Global da JNI de todas as formas possíveis para realizar um ministério para jovens efetivo a nível mundial.

b. Assegurar que registros precisos de todos os procedimentos da Convenção Global da JNI e de todas as reuniões do Conselho Global da JNI são mantidos para envio à Junta Geral.
c. Presidir ao Conselho Global da JNI, ao providenciar representação alternativa em qualquer junta ou conselho, e cumprir quaisquer deveres designados na ausência do(a) Presidente do Conselho Global da JNI.
d. Executar os deveres designados pelo Conselho e Convenção Globais da JNI.

810.410 Cargos Remunerados

1. O(A) Superintendente Geral com jurisdição pela JNI e a Junta Geral atribuem a responsabilidade da JNI global ao/à Diretor(a) da JNI. O(A) Diretor(a) da JNI está sujeito(a) à supervisão da Junta de Superintendentes Gerais.
2. A Junta de Superintendentes Gerais elege o(a) Diretor(a) da JNI de acordo com os procedimentos eleitorais da Junta Geral.
3. Se uma vaga ocorrer na posição, esta é preenchida de acordo com a seguinte sequência:
   a. O(A) Superintendente Geral com jurisdição indica o(a) Diretor(a) da JNI, em consulta com o Conselho Global da JNI e a Junta de Superintendentes Gerais.
   b. Uma cédula é então apresentada ao Conselho Global da JNI para aprovação por voto majoritário e está sujeita aos procedimentos de eleição da Junta Geral.
4. Após a indicação do(a) Superintendente Geral com jurisdição pela JNI, um(a) Diretor(a) da JNI em exercício é aprovado(a) por maioria do Conselho Global da JNI na primeira reunião agendada após a Assembleia Geral e está sujeito(a) aos procedimentos eleitorais da Junta Geral.
5. O(A) Diretor(a) da JNI não pode servir como um oficial global eleito da JNI.
6. O(A) Diretor(a) da JNI serve como membro *ex officio* no Conselho Global da JNI, no Comitê Executivo, em todos os conselhos regionais e em outras comissões globais da JNI, conforme seja nomeado(a).

Conselho

810.411 Composição

1. O Conselho Global da JNI é composto pelo(a) Diretor(a) da JNI, o(a) Presidente Global da JNI e um(a) representante de cada Região mundial, que é selecionado(a) de acordo com o Plano de Ministério adotado por cada Região.

2. Outras pessoas designadas, conforme consideradas necessárias pelo Conselho Global da JNI, podem ser nomeadas para servir como membros sem direito a voto no Conselho.
3. Todos os membros do Conselho Global da JNI devem ser membros da JNI e da Igreja do Nazareno.

810.412 Responsabilidades

1. O Conselho Global da JNI, em colaboração com o(a) Diretor(a) da JNI e a equipe da JNI, estabelece procedimentos para a JNI global e dá orientação e apoio ao desenvolvimento de recursos do ministério para jovens para todos os níveis da JNI, sujeito à aprovação do(a) Superintendente Geral com jurisdição pela a JNI e da Junta Geral. O ministério da JNI é elaborado para alcançar os jovens para Cristo e responder às suas necessidades de crescimento espiritual; ele é facilitado através do(a) Diretor(a) da JNI e da liderança da JNI em todo o mundo.
2. O Conselho Global da JNI providencia um fórum para o apoio e o desenvolvimento de programas, eventos e recursos efetivos para o ministério para jovens a nível regional, consistente com a missão e a visão da JNI.
3. O Conselho Global da JNI providencia uma via para a representação dos membros regionais, de área, distritais e locais da JNI nos membros do Conselho da equipa da JNI. Os membros do Conselho também representam a JNI global ao iniciar contacto com a sua Região, campos, distritos e igrejas locais em nome do Conselho Global da JNI e do Escritório Global da JNI.
4. O Conselho Global da JNI auxilia no planejamento e administração da Convenção Global da JNI.
5. O Conselho Global da JNI contribui para a área da juventude da Escola Dominical/Estudos Bíblicos/Pequenos Grupos, ajuda a promover o crescimento da matrícula e da frequência dos jovens e treina os professores e líderes de escolas dominicais, estudos bíblicos e grupos pequenos em todo o mundo, em cooperação com o Discipulado Nazareno Internacional.
6. O Conselho Global da JNI analisa o orçamento anual e os gastos do escritório da JNI providenciados através da Junta Geral.
7. O Conselho Global da JNI dirige e analisa a despesa de fundos providenciados através de eventos e parcerias da JNI sujeitos à aprovação do(a) Superintendente Geral com jurisdição.

810.413 Comissões

1. O Comitê Executivo é composto pelos oficiais eleitos da JNI Global e pelo(a) Diretor(a) da JNI. O Comitê Executivo pode conduzir os assuntos do Conselho Global da JNI quando for inviável ou impossível convocar todo o Conselho. Todas as ações

do Comitê Executivo são comunicadas aos membros restantes do Conselho e estão sujeitas à aprovação dele na reunião seguinte.
2. O Conselho Global da JNI pode estabelecer comissões específicas do ministério, conforme necessário, para o avanço do seu trabalho.

810.414 Cargos Remunerados

1. O(A) Diretor(a) da JNI está sujeito(a) à supervisão do(a) Diretor(a) das Missões Globais e da Junta de Superintendentes Gerais. O Conselho Global da JNI pode recomendar revisões a esses deveres ao/à Superintendente Geral com jurisdição pela JNI.
2. O(A) Diretor(a) da JNI, em consulta com o Conselho Global da JNI, designa as responsabilidades de cargos remunerados do Escritório Global da JNI. O Conselho Global da JNI e o pessoal global do Escritório da JNI trabalham em cooperação e harmonia entre si.
3. O(A) Diretor(a) da JNI não pode servir como(a) Presidente do Conselho Global da JNI.

Reuniões

810.415 Reuniões Globais da JNI

1. Para fornecer um ministério efetivo para os jovens, o ministério global da JNI pode envolver uma variedade de encontros para adoração, ensino, treinamento, comunhão e evangelismo. A liderança global da JNI trabalha em conjunto com as lideranças regionais, de área, distritais e locais da JNI para planejar o ministério globalmente, relacionado a grupos específicos e orientado para múltiplas regiões, para que o ministério para os jovens na Igreja do Nazareno seja mais efetivo.
2. Os líderes e funcionários globais da JNI estão ativamente envolvidos com a JNI a todos os níveis como um recurso para o ministério efetivo.

810.416 Reuniões do Conselho Global da JNI

1. O Conselho Global da JNI reúne-se anualmente para promover a missão e visão da JNI. A reunião é agendada em conexão com a reunião anual da Junta Geral.
2. Os oficiais globais da JNI ou o(a) Diretor(a) da JNI podem convocar reuniões especiais, conforme necessário, em consulta com o(a) Superintendente Geral com jurisdição pela JNI.

810.417 Convenção Global da JNI

1. Uma Convenção Global da JNI provê sessões inspiradoras para promover o ministério para os jovens em todo o mundo. Os relatórios são recebidos e qualquer assunto legislativo pertencente ao trabalho da JNI é tratado na Convenção Global da JNI.
2. A Junta de Superintendentes Gerais estabelece o comprimento da Convenção e a altura em que se realiza, com base nas recomendações do Conselho Global da JNI à Comissão de Preparação da Assembleia Geral. Os oficiais globais da JNI e o(a) Diretor(a) da JNI supervisionam a Convenção, com o apoio do Conselho Global da JNI.
3. Todos os delegados da Convenção Global da JNI devem ser membros da Igreja do Nazareno e Juventude Nazarena Internacional e com 12 anos de idade ou mais no momento da Convenção Global da JNI. Além disso, cada delegado(a) distrital da JNI deve ser membro e residir no distrito que ele(a) representa no momento da Convenção.
4. A Convenção Global da JNI é composta pelo Conselho Global da JNI, o(a) Diretor(a) da JNI, oficiais regionais executivos devidamente eleitos (não mais de três), os coordenadores regionais, de área, nacionais e distritais da juventude, e delegados distritais da JNI da seguinte forma:
   a. Distritos com 1.000 ou menos membros da JNI podem enviar os seguintes delegados:
      (1) O(A) Presidente Distrital da JNI em exercício no momento da Convenção Global da JNI;
      (2) Um(a) delegado(a) ministerial ativo(a) na liderança da JNI que é um(a) presbítero, diácono(a) ou ministro(a) com licença distrital. designado(a);
      (3) Um(a) delegado(a) leigo(a) com mais de 23 anos no momento da Convenção Global da JNI que atua na liderança da JNI; e
      (4) Um(a) delegado(a) dos jovens com idade entre 12 e 23 no momento da Convenção Global da JNI que está ativo(a) na JNI.
   b. Além disso, um distrito pode enviar um(a) delegado(a) ministerial adicional, um(a) delegado(a) leigo(a) e um(a) delegado(a) dos jovens entre os 12 e 23 anos no momento da Convenção Global da JNI por cada 1.500 membros sucessivos da JNI e/ou a maior parte final de 1.500 membros (751-1.499 membros).
   c. O tamanho da delegação distrital baseia-se no relatório de membros da JNI distrital à Assembleia Distrital no ano civil imediatamente anterior à Convenção Global da JNI.
   d. Todos os delegados distritais devem ser eleitos por cédula por voto majoritário numa sessão da Convenção Distrital

da JNI dentro de 18 meses da Convenção Global da JNI ou dentro de 24 meses em áreas onde os vistos de viagem ou preparativos extensivos são necessários. Os delegados suplentes podem ser eleitos após os delegados eleitos numa outra cédula das restantes nomeações por maioria relativa, com o primeiro suplente, o segundo suplente, o terceiro suplente etc., designados pelo número de votos recebidos. Os delegados e suplentes devem ser eleitos até 31 de março do ano da Convenção Global da JNI.

   e. O(A) Presidente do Corpo Estudantil de cada universidade ou seminário teológico nazareno, também pode servir como delegado(a), representando a parceria da JNI com a sua instituição. Caso ele(a) não possa servir ou participar, um(a) representante selecionado(a) pelo corpo estudantil pode fornecer uma representação suplente.

5. No caso de distritos sem uma JNI organizada (nenhuma Convenção Distrital da JNI), a representação à Convenção Global da JNI pode ser composta por um(a) delegado(a) com idade para ser membro da JNI, escolhido(a) pela Assembleia Distrital. Se um(a) delegado(a) se retirar antes da Convenção, a Junta Consultiva pode nomear um(a) delegado(a) qualificado(a).
6. O padrão da Convenção Global da JNI está configurado para permitir que todos os delegados devidamente eleitos participem da votação da Convenção Global da JNI. Esta votação será realizada através dos procedimentos de votação estabelecidos pelo Comitê dos Assuntos da Convenção.
7. Uma reunião da Comissão Regional (caucus) é realizada durante a Convenção Global da JNI e é composta pelo Conselho Regional da JNI, o(a) Director(a) Regional e o(a) Coordenador(a) Regional da Juventude e os delegados distritais da JNI eleitos dessa região.

Número de membros	Número de delegados*	Número de membros	Número de delegados*
4-1750	3	4751-6250	12
1751-3250	6	6251-7750	15
3251-4750	9	7751-9250	18

* O número de delegados eleitos de uma JNI distrital não inclui os delegados *ex officio* (presidente distrital da JNI, presidentes e coordenadores regionais da JNI e oficiais globais, etc.).

II. MISSÕES NAZARENAS INTERNACIONAIS (MNI)

811. Constituição das Missões Nazarenas Internacionais

Artigo I. Nome

O nome desta organização será Missões Nazarenas Internacionais (MNI) da Igreja do Nazareno.

Artigo II. Propósito

O propósito desta organização será mobilizar a Igreja do Nazareno em missões através da 1) oração, 2) ofertas, 3) educação e 4) envolvimento de crianças e jovens.

Artigo III. Estrutura

Seção 1. Local

As Missões Nazarenas Internacionais (MNI) locais, devem ser uma organização da igreja local e devem trabalhar cooperativamente com o(a) pastor(a), a Igreja e a Junta da Igreja, através do conselho das MNI locais.

Seção 2. Distrito

Os líderes que constituem o conselho distrital das MNI devem trabalhar cooperativamente com o(a) superintendente distrital, Junta Consultiva e outros líderes relacionados com o distrito.

Todas as organizações das MNI locais dentro dos limites de um distrito constituirão as MNI distrital.

Seção 3. Global

Os líderes que constituem o conselho global das MNI devem trabalhar em cooperação com o Escritório de Missões Globais, o Comitê dos Ministérios da Igreja Local da Junta Geral, e o(a) superintendente geral com jurisdição.

Todas as organizações distritais e locais das MNI constituirão as MNI global.

Artigo IV. Membros das MNI

Seção 1. Membros

Qualquer pessoa que seja membro da Igreja do Nazareno e apoie os propósitos das Missões Nazarenas Internacionais (MNI) será um membro das MNI na igreja local.

Votação e cargos serão limitados aos membros que tenham 15 anos de idade ou mais, exceto em grupos de crianças e jovens.

A menos que seja declarado de outra forma nesta constituição, a referência a "membros" significa membros das MNI que sejam membros da igreja.

Seção 2. Membros Associados

Qualquer pessoa que não seja membro da Igreja do Nazareno e apoie o propósito das MNI será um membro associado das MNI.

Artigo V. Conselhos e Oficiais

Seção 1. Conselho Local

A. Propósito o Conselho Local promoverá o propósito das MNI de mobilizar a Igreja do Nazareno em missões através da 1) oração, 2) ofertas, 3) educação e 4) envolvimento de crianças e jovens.
B. Composição
   1. O Conselho Local das MNI será composto de um(a) presidente e do número de oficiais e/ou membros do conselho, conforme acordado pelo(a) presidente e o(a) pastor(a) titular de acordo com as necessidades e o tamanho da igreja.
   2. Um Conselho Local pode ter um Comitê Executivo composto pelo(a) presidente, o(a) pastor(a) titular (ex officio) e dois ou mais membros adicionais, conforme determinado pelo conselho local das MNI.
   3. Membros adicionais do conselho poderão ser responsáveis por áreas específicas das MNI, incluindo, mas não limitadas a oração, ofertas, educação e envolvimento de crianças e jovens.
   4. Um membro do conselho poderá ocupar mais de um cargo, mas terá apenas um voto.
   5. Qualquer membro do Conselho Distrital das MNI será um membro ex officio do Conselho Local, com a aprovação do Conselho Local.
C. Recomendações, Eleições, Nomeações e Vagas o Conselho Local pode determinar a necessidade do uso de um Comitê de Recomendações, além da Comissão de Recomendações da igreja, como parte do processo de identificação de candidatos aptos às eleições para o conselho local. Se um Comitê de Recomendações for usado, então a Comissão de Recomendações será nomeada pelo(a) presidente, em acordo com o Conselho Local.
   1. Presidente
      a. O Conselho Local em exercício no final do ano eclesiástico pode recomendar nomes a um Comitê de Recomendações que pode apresentar um ou mais

nomes para a eleição ao cargo de presidente, sujeito à aprovação da Junta da Igreja.
   b. O(a) presidente será eleito(a) ou reeleito(a) por voto majoritário, através de cédula, dos membros presentes e votantes, para um mandato de serviço de um ou dois anos eclesiásticos ou até que um(a) sucessor(a) seja nomeado(a). O Conselho das MNI e o(a) pastor(a) devem recomendar a duração do termo de serviço. Um(a) presidente em exercício pode ser reeleito(a) por voto de sim/não quando tal eleição for recomendada pelo conselho local e aprovada pelo(a) pastor(a), em harmonia com a Junta da Igreja.
   c. Em alternativa, numa igreja que ainda não tenha sido organizada, ou tenha sido organizada há menos de 5 anos ou que tenha menos do que 35 membros na sua lista, o(a) presidente pode ser indicado(a) pelo(a) pastor(a), em harmonia e com aprovação da Junta da Igreja.
2. Conselho
   a. Mediante recomendação do(a) presidente em exercício, em harmonia com o(a) pastor(a) titular, um Conselho Local, exceto pelo(a) presidente, pode ser eleito por maioria simples de votos dos membros das MNI ou pela reunião anual da igreja, ou nomeado pelo(a) presidente e o(a) pastor(a), com a aprovação da Junta da Igreja.
   b. O mandato de serviço será de um ou dois anos, ou até que os seus sucessores sejam eleitos ou nomeados, por recomendação do Conselho Local das MNI ou, na sua ausência, pela Junta da Igreja e o(a) pastor(a).
   c. Estes líderes começarão a servir no primeiro dia do ano eclesiástico após a eleição.
   d. Se a igreja tiver um(a) tesoureiro(a) único(a) responsável pelos fundos da igreja, incluindo os fundos das MNI, essa pessoa deverá ser o(a) tesoureiro(a) das MNI e membro ex officio do conselho local das MNI, com todos os direitos e privilégios, a menos que seja especificado de outra forma pelo conselho local.
3. Delegados à Convenção Distrital
   a. Delegados e suplentes deverão ser eleitos por cédula na reunião anual, por maioria simples de votos.
   b. Se uma eleição não for possível ou viável, a eleição poderá ser feita pelo conselho local, ou, em sua ausência, pela Junta da Igreja, por maioria simples de votos. Consultar o Artigo VI, Seção 3.A.3. para determinar o número de delegados.
4. Vagas

a. Presidente: O Conselho Local pode apresentar nomes à Junta da Igreja, que recomendará um ou mais candidatos. A eleição será por cédula, com um voto majoritário dos membros das MNI, numa reunião convocada de acordo com as provisões do Manual. Em alternativa, onde não houver um conselho das MNI, a Junta da Igreja deverá preencher qualquer vaga por eleição por voto majoritário.
b. Outros membros do conselho: O Conselho das MNI, ou na sua ausência, a Junta da Igreja, deverá preencher qualquer vaga, por nomeação.

D. Deveres dos Membros do Conselho
  1. Presidente
     a. Dirige e facilita o trabalho das MNI na igreja local.
     b. Preside todas as reuniões regulares e extraordinárias das MNI.
     c. Delega responsabilidades aos membros do conselho, conforme seja necessário, periodicamente.
     d. Serve como um membro ex officio da Junta da Igreja, da Junta do Discipulado Nazareno Internacional, da Convenção Distrital das MNI e da Assembleia Distrital.
     e. Outras responsabilidades conforme listadas na descrição do cargo.
     f. Caso o cônjuge do(a) presidente local for um membro da Junta da Igreja local, ou o cônjuge for o(a) pastor(a) da igreja, se o(a) presidente local escolher não servir na Junta da Igreja local, um(a) representante das MNI, determinado(a) pelo conselho, é autorizado(a) a servir na Junta da Igreja no lugar do(a) presidente, com todos os direitos e privilégios.
  2. Comissão Executiva:
     a. Trata dos assuntos entre as reuniões do conselho.

Seção 2. Conselho Distrital

A. Propósito
O Conselho Distrital promoverá o propósito das MNI de mobilizar a Igreja do Nazareno em missões em 1) oração, 2) ofertas, 3) educação e 4) envolvimento de crianças e jovens.

B. Composição
  1. Nos distritos Fase 3, o conselho terá quatro oficiais: um(a) presidente, um(a) vice-presidente, um(a) secretário(a) e um(a) tesoureiro(a) (oficiais das MNI), mais três ou mais membros, de acordo com as necessidades e tamanho do distrito.
  2. Um membro do conselho poderá ocupar mais de um cargo, mas terá apenas um voto.

3. O Comitê Executivo será composto pelo(a) presidente e outros oficiais das MNI. Se desejável, pelo menos três outros membros do conselho poderão ser eleitos ou nomeados pelo conselho distrital para servirem no Comitê Executivo por um período de serviço de um ano de convenção ou até que os seus sucessores sejam eleitos. O(a) superintendente distrital será um membro ex officio do Comitê Executivo.
4. Para distritos pioneiros, Fases 1 e 2, consultar a Seção 2.C.3. a seguir.

C. Recomendações, Eleições, Nomeações e Vagas
 1. Nomeações: O conselho será nomeado por um comitê de pelo menos cinco (5) membros das MNI. Todos os nomeados serão membros das MNI de uma Igreja do Nazareno local, no distrito onde eles servirão.
    a. O Comitê Executivo distrital nomeará a comissão de recomendações e determinará o número de membros do conselho a serem eleitos.
    b. O(a) superintendente distrital servirá como presidente do comitê para a recomendação do(a) presidente distrital. Mediante aprovação do(a) superintendente distrital, o(a) presidente distrital das MNI pode servir como presidente do Comitê de Recomendações para as outras recomendações.
 2. Eleições: O(a) presidente e pelo menos três membros adicionais devem ser eleitos por cédula na convenção anual do distrito. Os três membros adicionais serão vice-presidente, secretário(a) e tesoureiro(a). O termo de serviço será de um ou dois anos de convenção, conforme determinado pelo conselho das MNI, com a aprovação do(a) superintendente distrital, ou até que os seus sucessores sejam eleitos. No caso da eleição de um(a) novo(a) presidente, este(a) tomará posse dentro dos 30 dias após a realização da convenção distrital. Um ano de convenção será desde o encerramento da convenção distrital até o encerramento da próxima convenção distrital. Estes quatro membros do conselho formarão o Comitê Executivo. Outros três ou mais membros do conselho poderão ser eleitos ou nomeados pelo conselho distrital para servir no Comitê Executivo.
    a. Presidente
       1) O Comitê de Recomendações apresentará um ou mais nomes para o cargo de presidente, exceto quando o Conselho Distrital recomendar uma cédula de sim ou não para um(a) presidente em exercício para mais um mandato.
       2) Candidatos em exercício podem ser reeleitos por uma cédula de sim/não quando tal eleição for

recomendada pelo Conselho Distrital e aprovada pelo(a) superintendente distrital. Um(a) candidato(a) em exercício sendo reeleito(a) por uma cédula de "sim" ou "não" deverá receber dois terços dos votos dos membros presentes e votantes.

3) O(A) presidente será eleito(a) por um voto de dois terços dos membros presentes e votantes, no caso de um só nome ser apresentado para o cargo de presidente, ou por maioria de votos quando houver pelo menos dois candidatos recomendados. O termo de serviço será de um ou dois anos de convenção, ou até que um(a) sucessor(a) tenha sido eleito(a). O Conselho Distrital das MNI e o(a) superintendente distrital recomendarão a duração do termo de serviço.

b. Na fusão de dois distritos, os dois presidentes distritais em exercício podem servir como co-presidentes. Os co-presidentes poderão continuar sendo eleitos pela Convenção Distrital, até que seja determinado pelo comitê executivo distrital, em conjunção com a Junta Consultiva, que é preferível eleger-se apenas um(a) presidente distrital. Os co-presidentes liderarão por consenso. Em caso de desacordos que não possam ser resolvidos, o assunto será resolvido por voto do comitê executivo distrital. Apenas um(a) co-presidente representará as MNI distrital na Assembleia Distrital, comissões distritais e na Convenção Global das MNI, e isso será determinado pelo comitê executivo distrital. O(A) vice-presidente será eleito(a) por cédula em uma das seguintes formas:

1) O Comitê de Recomendações apresentará um ou mais nomes para o cargo de vice-presidente, exceto quando o conselho distrital, com a aprovação do(a) superintendente distrital, recomenda um voto de sim/não para um(a) candidato(a) em exercício concorrendo à reeleição; ou

2) Para o conselho como um todo, com as posições específicas do conselho a serem determinadas pelo mesmo.

3) Num distrito onde haja co-presidentes, não há necessidade de um(a) vice-presidente.

c. O(A) secretário(a) e o(a) tesoureiro(a) devem ser eleitos por cédula, da seguinte forma:

1) O Comitê de Recomendações apresentará um ou mais nomes para os cargos de secretário(a) e tesoureiro(a), exceto quando o Conselho Distrital, com a

aprovação do(a) superintendente distrital, recomenda um voto de sim ou não para um(a) candidato(a) em exercício concorrendo à reeleição, ou
2) Se o distrito tiver um(a) tesoureiro(a) único(a) responsável pelos fundos do distrito, incluindo fundos das MNI, essa pessoa deverá ser a(o) tesoureira(o) das MNI como um membro ex officio do Conselho Distrital das MNI, com todos os direitos e privilégios, a menos que seja especificado de outra forma pelo conselho distrital.

d. Membros adicionais do conselho: Outros membros do conselho, além do(a) presidente, vice-presidente, secretário(a) e tesoureiro(a), podem ser eleitos por cédula para um ou mais anos de convenção, com as responsabilidades a serem determinadas pelo conselho. O Comitê de Recomendações e o(a) superintendente distrital recomendarão a duração dos termos de serviço em um ou dois anos de convenção. Em alternativa, outros membros do conselho podem ser nomeados pelo Comitê Executivo ou pelo Conselho Distrital, com todos os direitos e privilégios.

e. A nomeação de um(a) representante dos jovens pode ser solicitada pela Juventude Nazarena Internacional distrital (JNI).
   1. Distritos Pioneiros, Fases 1 e 2: Nos distritos pioneiros, Fases 1 e 2 um(a) presidente distrital das MNI poderá ser eleito(a) pela Convenção Distrital das MNI ou, caso não haja tal convenção, o(a) superintendente distrital nomeará um(a) presidente distrital das MNI que promoverá o propósito das MNI no distrito. O(A) presidente poderá servir sozinho(a) ou poderá consultar o(a) superintendente distrital para a nomeação de outros membros do distrito para assistirem o(a) presidente, servindo no conselho das MNI.
   2. Vagas

a. Presidente: O Comitê Executivo recomendará um ou mais nomes. A eleição será por cédula, com um voto majoritário do Conselho Distrital presente e votante. A pessoa eleita servirá até o encerramento da próxima convenção distrital ou até que um(a) sucessor(a) seja eleito(a).

b. Outros membros do conselho: O Comitê Executivo ou o conselho distrital preencherá qualquer vaga por nomeação. Os membros do conselho recém-nomeados

servirão até o encerramento da próxima Convenção Distrital ou até que os seus sucessores sejam eleitos.
   c. Tesoureiro(a) único(a): Se um distrito tiver um(a) tesoureiro(a) único(a), servindo como o(a) tesoureiro(a) das MNI, essa vaga será preenchida pela Junta Consultiva.
D. Deveres dos Membros do Conselho
   1. Presidente
      a. Dirige e facilita o conselho distrital para assegurar a realização do propósito das MNI no distrito.
      b. Preside todas as reuniões do conselho distrital, do Comitê Executivo e da Convenção Distrital.
      c. Prepara um orçamento anual para ser aprovado pela Junta Consultiva.
      d. Apresenta anualmente um relatório por escrito à convenção distrital das MNI e ao representante regional do Conselho Global das MNI; e, onde aplicável, ao coordenador regional das MNI para as regiões das Missões Globais.
      e. Delega responsabilidades aos outros membros do conselho, conforme seja necessário, periodicamente.
      f. Serve como membro ex officio do Conselho Consultivo Distrital referido no Manual, parágrafo 238.
      g. Desempenha outras responsabilidades conforme listadas na descrição do cargo.
   2. Vice-Presidente
      a. Desempenha todas as responsabilidades do(a) presidente quando este(a) estiver ausente.
      b. Serve em outras áreas, conforme designado pelo Conselho Distrital das MNI.
      c. Desempenha outras responsabilidades inseridas na descrição do cargo ou que sejam designadas pelo(a) presidente distrital, conforme seja necessário, periodicamente.
   3. Secretário(a)
      a. Registra todas as atas de todas as reuniões de trabalho.
      b. Fornece apoio e assistência quando solicitados pelo(a) presidente, para:
         1) Enviar anualmente os formulários aos presidentes das MNI locais para preencherem os relatórios.
         2) Compilar os registros estatísticos e apresentar um relatório anual ao(a) presidente do distrito, Diretor(a) das MNI global, representante do Conselho Global, e, onde aplicável, ao/á coordenador(a) regional das MNI para as regiões das Missões Globais.
      c. Desempenha outras responsabilidades, conforme escritas na descrição do cargo ou que tenham sido

designadas pelo(a) presidente distrital, conforme solicitado, periodicamente.
4. Tesoureiro(a)
   a. Mantém contabilidade correta de todos os fundos recebidos e dos gastos.
   b. Envia os fundos aos tesoureiros designados, no prazo estabelecido.
   c. Fornece relatórios regulares detalhados ao conselho distrital e prepara um relatório anual para a convenção distrital.
   d. Organiza com as pessoas adequadas do distrito uma auditoria anual dos livros da tesouraria das MNI distrital.
   e. Desempenha outras responsabilidades, conforme escritas na descrição do cargo ou que tenham sido designadas pelo(a) presidente distrital, conforme solicitado, periodicamente.
5. Comissão Executiva
   a. Nomeia membros adicionais para o Conselho Distrital e, conforme a necessidade, preenche as vagas no conselho.
   b. Trata dos assuntos entre as reuniões do conselho.
   c. Recomenda um ou mais nomes se uma vaga para presidente ocorrer entre as convenções anuais.
6. Outros Membros do Conselho
   a. Desempenham responsabilidades conforme solicitado pelo(a) presidente distrital e pelo Conselho Distrital.

Seção 3. Conselho Global

A. Propósito

O Conselho Global das MNI promoverá o propósito das MNI, de mobilizar a Igreja do Nazareno em missões, através da 1) oração, 2) ofertas, 3) educação e 4) envolvimento de crianças e jovens por toda a denominação, utilizando a rede das regiões, áreas, distritos e igrejas locais dentro da denominação.

B. Composição
   1. O Conselho Global das MNI será composto pelo(a) presidente das MNI global, o(a) Diretor(a) das MNI global, um(a) representante de cada região na Igreja do Nazareno e o(a) Diretor(a) das Missões Globais.
   2. O Comitê Executivo Global das MNI será composto pelo(a) presidente global das MNI l, o(a) Diretor(a) global das MNI, o(a) vice-presidente global das MNI, o(a) secretário(a) global das MNI, outro membro do conselho e o(a) Diretor(a) das Missões Globais.

C. Recomendações, Eleições e Vagas
   1. Recomendação e Eleição do(a) Diretor(a) Global das MNI

MISSÕES NAZARENAS INTERNACIONAIS (MNI) 283

    a. O Comitê Executivo Global das MNI e o(a) Superintendente Geral com jurisdição formarão um comitê para identificar potenciais candidatos ao cargo de Diretor(a) Global das MNI. Até dois nomes de potenciais candidatos serão apresentados à Comissão dos Ministérios da Igreja Local da Junta Geral.
    b. A Comissão dos Ministérios da Igreja Local da Junta Geral juntamente com o(a) Superintendente Geral com jurisdição considerarão os nomes apresentados e ratificarão até dois nomes para eleição pela Junta de Superintendentes Gerais.
    c. A Junta de Superintendentes Gerais elegerá o(a) Diretor(a) Global das MNI por cédula dentre os nomes apresentados pela Comissão dos Ministérios da Igreja Local da Junta Geral.

2. Recomendação e Eleição do(a) Presidente Global das MNI
    a. O Comitê de Recomendações deve ser composto de 6 a 8 pessoas e presidida pelo(a) Diretor(a) Global das MNI. O comitê será composto tanto por membros do conselho como não membros, representantes globais das MNI, e será nomeada pelo Comitê Executivo.
    b. O comitê apresentará um ou mais nomes para a eleição do(a) presidente global. Os indicados deverão ser aprovados pela Junta de Superintendentes Gerais. Os candidatos não poderão ser funcionários da Junta Geral.
    c. Desses candidatos, a Convenção Global das MNI elegerá um(a) presidente global das MNI por voto majoritário, através de cédula, quando houver dois ou mais candidatos a presidente, ou por dois terços dos votos quando houver apenas um(a) candidato(a).
    d. O(A) presidente global servirá durante um mandato de quatro anos, a partir do encerramento da Assembleia Geral, até o encerramento da Assembleia Geral seguinte, ou até que um(a) sucessor(a) seja eleito(a).
    e. O(A) presidente global será limitado(a) a três mandatos completos de serviço. Um termo de serviço será de um quadriénio. Se uma pessoa é eleita para preencher uma vaga no cargo de presidente global, essa pessoa também é elegível para servir três termos completos.

3. Recomendação e Eleição dos Membros do Conselho Global
    a. Cada Conselho Distrital das MNI pode apresentar um ou dois nomes ao Escritório Global das MNI a partir da sua Região como representante regional para a cédula de nomeações.
        1) Estas pessoas deverão ser moradoras e membros da Igreja do Nazareno da região que irão representar.

2) Esta disposição não se aplica a uma pessoa cuja residência se encontre próxima de uma fronteira regional do local da igreja onde a pessoa é membro.
3) Os funcionários da Junta Geral não são elegíveis para serem recomendados.
  b. Desses nomes da cédula de recomendações, a Comissão Regional (caucus) na Convenção Global das MNI escolherá, através de cédula, dois candidatos. Os dois com o maior número de votos serão declarados os candidatos, no entanto, os dois candidatos não deverão ser do mesmo distrito. Se isso acontecer, a pessoa com o segundo maior número de votos é substituída pela pessoa com o próximo maior número de votos de um outro distrito.
  c. A Comissão Regional (caucus) deve então eleger uma pessoa por maioria de votos para representar a Região no conselho global.
  d. Os membros do conselho servirão por um mandato de quatro anos, a partir do encerramento da Assembleia Geral, até o encerramento da próxima Assembleia Geral, ou até que os seus sucessores sejam eleitos.
  e. O termo de serviço será limitado a três mandatos consecutivos. Um termo será de um quadriênio (quatro anos). Se uma pessoa for eleita para preencher uma vaga de membro do Conselho Global, essa pessoa também será elegível para servir três termos completos consecutivos. Uma pessoa pode ser eleita para servir de novo após um intervalo de pelo menos um mandato completo.
4. Recomendação e Eleição do Comitê Executivo Global das MNI
  a. O Conselho Global das MNI deve, na sua primeira reunião, a qual pode ser antes do encerramento da Assembleia Geral, recomendar e eleger um(a) vice-presidente, um(a) secretário(a) e um membro adicional para o Comitê Executivo Global das MNI.
  b. A eleição será por cédula por maioria de votos dos membros presentes e votantes.
5. Recomendação e Eleição do(a) Representante das MNI à Junta Geral
  a. Conselho Global das MNI nomeará um membro do conselho para representar a MNI na Junta Geral da Igreja do Nazareno.
  b. A Assembleia Geral elegerá o representante das MNI por voto majoritário, por cédula.
6. Vagas
  a. Se ocorrer uma vaga no cargo de presidente global das MNI entre convenções globais das MNI, um(a) novo(a)

presidente global será eleito(a) por dois terços dos votos do Conselho Global, dentre candidatos selecionados pelo Comitê Executivo em consulta com o(a) superintendente geral com jurisdição. Esta pessoa exercerá as funções de presidente global até o encerramento da próxima Assembleia Geral. A questão de convocar uma eleição para preencher a vaga será decidida pelo conselho global, em consulta com o(a) superintendente geral com jurisdição.

b. Se ocorrer uma vaga no Comitê Executivo Global das MNI, entre Convenções Globais das MNI, o Conselho Global nomeará uma ou mais pessoas. A vaga será preenchida por voto majoritário, por cédula do Conselho Global das MNI.

c. Se ocorrer uma vaga no Conselho Global das MNI entre Convenções Globais, cada Comitê Executivo Distrital na região em questão será solicitada a recomendar um(a) candidato(a) da região para o Comitê Executivo Global das MNI. Desses nomes, o Comitê Executivo Global apresentará dois nomes como candidatos. A vaga deve então ser preenchida por maioria de votos pelos presidentes distritais das MNI na região. A questão de convocar uma eleição para preencher a vaga será decidida pelo Comitê Executivo Global das MNI em consulta com o(a) superintendente geral com jurisdição. Se o(a) presidente Global das MNI e o(a) Diretor(a) Global das MNI, em consulta com o(a) superintendente geral com jurisdição, o(a) Diretor(a) regional, e o(a) coordenador(a) regional das MNI, determinarem que é mais adequado proceder com uma nomeação, esta pode ser feita pelo Comitê Executivo Global das MNI. O(A) presidente Global das MNI e o(a) Diretor(a) Global das MNI, consultarão com o(a) Diretor(a) regional e o(a) coordenador(a) regional das MNI para identificar o(s) candidato(s) a serem considerados pelo comitê executivo Global das MNI.

d. Se ocorrer uma vaga no cargo de Diretor(a) Global das MNI, o mesmo processo será seguido para a recomendação e eleição do(a) Diretor(a) Global (ver Artigo V. Seção 3.C.1.).

e. Se ocorrer uma vaga para o(a) representante das MNI à Junta Geral, o Comitê Executivo Global das MNI apresentará um(a) candidato(a) após consulta com o(a) superintendente geral com jurisdição e a aprovação da Junta de Superintendentes Gerais. O Conselho Global

das MNI elegerá o(a) representante à Junta Geral por um voto majoritário.
D. Responsabilidades
1. Presidente Global
   a. Preside às reuniões do Conselho Global, do Comitê Executivo Global e à Convenção Global das MNI.
   b. Serve como membro ex officio da Assembleia Geral.
   c. Designa responsabilidades aos outros membros do conselho, conforme solicitado, periodicamente.
   d. Desempenha outras responsabilidades conforme escritas na descrição do cargo.
2. Vice-Presidente:
   a. Desempenha as responsabilidades do(a) presidente na ausência deste(a).
   b. Desempenha outros deveres conforme escritos na descrição do cargo ou as que possam ser designadas pelo(a) presidente global, conforme solicitado, periodicamente.
3. Comissão Executiva: Trata dos assuntos entre as reuniões do conselho.
4. Membro do Conselho Global
   a. Coopera com o(a) presidente global das MNI, o(a) Diretor(a) Global das MNI e o(a) coordenador(a) regional das MNI na promoção dos propósitos da MNI.
   b. Envia um relatório do trabalho das MNI na região a cada reunião do Conselho Global das MNI.
   c. Age de acordo a qualquer legislação aprovada pela Assembleia Geral relevante à representação regional.
   d. Desempenha outras responsabilidades conforme escritas na descrição do cargo ou conforme possa ser designado pelo(a) presidente global, periodicamente.
5. Diretor(a) Global
   a. Serve como o(a) oficial executivo(a) das MNI.
   b. Promove os interesses da missão das MNI através dos distritos ao redor do mundo, em cooperação com o Conselho Global.
   c. Interpreta o Guia e a Constituição da MNI.
   d. Dirige os funcionários e os negócios do Escritório Global das MNI.
   e. Serve como editor-chefe de todas as publicações das MNI.
   f. Faz um relatório financeiro e estatístico anual ao Conselho Global, à Comissão de Ministérios da Igreja Local e à Junta Geral.
   g. Com o(a) presidente global, dirige a organização e o programa da convenção global, em colaboração com o Conselho Global.

h. Prepara o relatório à Convenção Global, tanto financeiro quanto estatístico, com uma versão condensada através do Escritório do(a) Secretário(a) Geral para a Assembleia Geral.
i. Serve como um membro ex officio da Assembleia Geral.
j. Desempenha outras responsabilidades conforme escrito na descrição do cargo.

Artigo VI. Reuniões Seção 1. Reuniões e Comunicações Eletrônicas

A. Reuniões
Todas as convenções, conselhos, comissões e subcomissões e grupos de trabalho das MNI estão autorizadas a reunirem-se por conferência telefônica ou através de outros meios de comunicações eletrônicas, se todos os membros se puderem ouvir uns aos outros simultaneamente e participar da reunião.

B. Comunicações
A menos que os membros indiquem de forma diferente, todas as comunicações estipuladas por esta Constituição podem ser enviadas eletronicamente.

Seção 2. Atividades e Reuniões Locais

A. Atividades Permanentes
  1. Realizar-se-ão atividades regulares contínuas de missões para informar, inspirar e orar sobre a missão todos os meses.
  2. As atividades podem tomar a forma de reuniões, cultos missionários, oradores missionários, lições missionárias, atividades e eventos missionários, momentos missionários, ênfase das MNI, etc.
  3. O(A) pastor(a), o(a) presidente das MNI e o conselho devem trabalhar cooperativamente no planejamento tanto da educação sobre missões como atividades que envolvam a igreja local em missões.
  4. Em congregações e missões tipo-igreja, o(a) líder da congregação nomeado(a) pelo distrito é encorajado(a) a assegurar educação sobre missões e envolvimento da congregação local.

B. Reunião Anual
  1. A reunião anual será realizada o mais tardar 30 dias antes da Convenção Distrital.
  2. A votação e eleição para o conselho local serão limitadas aos membros das MNI que tenham idade igual ou superior a 15 anos.

C. Reuniões do Conselho

O Conselho Local reunir-se-á pelo menos quatro vezes durante o ano para planejar, dar relatórios, avaliar, informar, inspirar e conduzir o trabalho da organização local. Além disso, reuniões especiais poderão ser convocadas pelo(a) presidente. A maioria dos membros do conselho constituirá um quórum.

Seção 3. Reuniões Distritais

A. Convenção
   1. Haverá uma convenção distrital anual para dar relatórios, orar, informar, inspirar, apresentar planos e conduzir os assuntos referentes à organização.
   2. A data e local da convenção serão decididos pelo conselho distrital, em consulta com o(a) superintendente distrital.
   3. Membros da Convenção Distrital
      a. Somente membros do respectivo distrito serão elegíveis para servir como ex officio ou delegados eleitos.
      b. Membros ex officio à convenção serão o Conselho Distrital das MNI, o(a) superintendente distrital, todos os ministros designados e ministros associados assalariados em tempo integral em igrejas locais; membros leigos da Junta Consultiva, presidentes locais das MNI cessantes e os recém-eleitos ou vice-presidentes recém-eleitos, caso o(a) presidente não possa assistir; membro do Conselho Global das MNI; ministros aposentados designados; missionários aposentados; missionários em divulgação missionária; missionários nomeados; e qualquer ex-presidente distrital que continua como membro no distrito.
      c. Delegados eleitos de cada igreja local ou missão tipo-igreja serão membros das MNI (15 anos de idade ou mais). O número máximo de delegados eleitos será baseado na seguinte fórmula: dois delegados de cada MNI local de 25 membros ou menos, e um delegado adicional para cada 25 membros adicionais ou a maior parte dele. O número de membros deve basear-se na lista de membros da MNI relatada na reunião anual da MNI local quando as eleições acontecem.
   4. Os delegados presentes constituirão o quórum.
B. Conselho

O Conselho Distrital reunir-se-á pelo menos duas vezes durante o ano para tratar assuntos no intervalo entre as convenções distritais anuais. Além disso, reuniões especiais podem ser convocadas pelo(a) presidente. A maioria dos membros do conselho constituirá um quórum.

MISSÕES NAZARENAS INTERNACIONAIS (MNI)

Seção 4. Reuniões Globais

A. Convenção

1. Haverá uma Convenção Global das Missões Nazarenas Internacionais imediatamente antes da Assembleia Geral para relatar, orar, informar, inspirar, apresentar planos, e conduzir os assuntos relacionados com a organização. A maioria dos delegados inscritos constituirá um quórum.
2. A data e o local da convenção serão decididos pelo Conselho Global, em consulta com o(a) superintendente geral com jurisdição. O Conselho Global aprovará todos os locais oficiais.
3. Membros da Convenção Global
   a. Membros ex officio da Convenção Global serão membros do Conselho Global; coordenadores regionais das MNI, presidentes das MNI distrital, independentemente da situação organizacional do distrito, ou no evento do(a) presidente distrital não poder assistir, o(a) vice-presidente distrital pode ser permitido(a) representar esse distrito, com todos os direitos e privilégios.
   b. Os delegados e suplentes à Convenção Global serão eleitos por cédula numa convenção distrital. Os suplentes podem ser eleitos numa cédula separada ou, por recomendação do conselho distrital, na mesma cédula dos delegados. Os delegados e suplentes podem ser eleitos através de cédula, por maioria simples de votos com aprovação por dois terços da convenção distrital, mediante recomendação do conselho distrital. (Consultar 3.c. para determinar o número de delegados e ocasião da eleição).
   c. Delegados eleitos à Convenção Global das MNI serão baseados na seguinte fórmula: dois delegados de cada distrito Fases 3 e 2 com 1.000 ou menos membros da MNI, excluindo associados, e um delegado adicional para cada 700 membros ou a maior parte desses. O número de membros deve basear-se na lista de membros das MNI relatada na convenção distrital quando as eleições acontecem. A Comissão de Recomendações Distrital das MNI recomendará os delegados. (Consulte o Manual parágrafo 200.2 para definição das fases distritais.) O Conselho Distrital das MNI determinará o número de suplentes que a convenção distrital deverá eleger.
   d. Um(a) delegado(a) missionário(a) global para cada região das Missões Globais de 50 ou menos missionários globais, ou dois delegados missionários globais para cada região com 51 ou mais missionários globais serão

recomendados e eleitos de entre e pelos missionários globais comissionados servindo naquela região, por cédula, emitida pelo escritório do(a) Diretor(a) Global das MNI. A primeira cédula será uma cédula de recomendação para determinar pelo menos dois nomes para eleição por voto majoritário.

 e. Os delegados deverão ser eleitos por meio de cédula pela convenção distrital com pelo menos 16 meses de antecedência da Convenção Global ou 24 meses em áreas onde são necessários vistos de viagem ou outros preparativos extraordinários.

 f. Qualquer delegado(a) eleito(a) deve residir, no momento da Convenção Global, no distrito onde ele(a) era membro no momento da eleição. Se algum(a) delegado(a) eleito(a) se mudar para fora desse distrito, o privilégio de representar o antigo distrito é perdido. Esta disposição não se aplica a qualquer pessoa cuja residência fica logo após a fronteira distrital do local da igreja onde ele(a) é membro.

 g. No caso em que o(a) presidente distrital, o(a) vice-presidente distrital, o(a) delegado(a) eleito(a), o(a) suplente eleito(a), ou delegados suplentes designados sejam incapazes de participar da Convenção Global e este fato for identificado após a última Convenção Distrital antes da Convenção Global, então delegados suplentes poderão ser nomeados pelo Conselho Distrital das MNI, ou no caso de não haver um conselho distrital das MNI, o(a) presidente desta com a aprovação do(a) superintendente distrital.

B. Reuniões do Conselho

O Conselho Global das MNI reunir-se-á anualmente durante o quadriênio para tratar de assuntos relacionados com a organização. A maioria dos membros do conselho em exercício constituirá um quórum.

Artigo VII. Fundos

Seção 1. Arrecadados por Igrejas Locais

A. Fundo de Evangelismo Mundial
1. Todos os recursos levantados para o Fundo de Evangelismo Mundial (FEM) devem ser enviados para o(a) tesoureiro(a) geral.
2. O Fundo de Evangelismo Mundial é baseado na seguinte fórmula: cada igreja deve contribuir com 5,5% das suas receitas.

3. As igrejas podem levantar fundos para o FEM de várias maneiras, tais como Promessas de Fé, Ofertas de Páscoa e Ações de Graças, ofertas regulares para o FEM, ofertas de Oração e Jejum.

B. Ofertas Especiais de Missão Aprovada
1. Devem ser dadas oportunidades de contribuir para ofertas especiais de missão aprovada, para além da oferta do FEM.
2. Ofertas especiais de missão aprovada adicionais podem ser aprovadas e autorizadas pelo pessoal competente apropriados no Centro Global de Ministério Nazareno.
3. O Conselho Global das MNI autorizará todas as ofertas especiais de missões aprovadas que são promovidas e arrecadadas por meio das MNI a nível global.

C. Fundos Exclusivos
Nenhuma parte do Fundo de Evangelismo Mundial ou ofertas especiais de missões aprovadas, levantadas pela igreja local ou distrital, será usada para quaisquer objetivos locais ou distritais, ou para outras causas além das missões nazarenas.

D. Despesas Locais
A igreja local deverá assegurar um orçamento compatível para a operação das MNI na igreja local, incluindo consideração para o reembolso das despesas da liderança local.

Seção 2. Levantados pelos Distritos

A Junta Consultiva assegurará que um orçamento compatível exista para a operação distrital das MNI, incluindo consideração para o reembolso das despesas da liderança distrital.

Seção 3. Remuneração

O ministério das MNI será um serviço de amor à igreja. Não haverá remunerações pagas aos dirigentes eleitos, em qualquer nível: local, distrital ou global, com exceção do(a) Diretor(a) Global, que é empregado(a) pela Church of the Nazarene, Inc.

Uma remuneração adequada será providenciada pelas despesas dos membros do conselho em todos os níveis local, distrital e global.

Artigo VIII. Normas e Procedimentos

O Conselho Global das MNI estabelecerá normas e procedimentos adicionais para as MNI que estarão contidos no Guia das MNI, juntamente com a Constituição das MNI.

Artigo IX. Autoridade Parlamentar

As regras contidas na edição atual das Regras de Ordem de Robert Recentemente Revistas ou Atualizadas, quando não estiverem em conflito com a lei vigente, o Estatuto Social da Igreja do

Nazareno, a Constituição das MNI, e quaisquer outras regras de ordem que as MNI possam adotar, devem governar a organização.

Artigo X. Emendas

A Constituição das MNI pode ser emendada por dois terços de votos favoráveis dos membros presentes e votantes na Convenção Global das Missões Nazarenas Internacionais.

III. DISCIPULADO NAZARENO INTERNACIONAL (DNI)

812. ESTATUTOS do Discipulado Nazareno Internacional (DNI)

ARTIGO I – NOME

O nome desta organização será Discipulado Nazareno Internacional (DNI)

ARTIGO II – MISSÃO, PROPÓSITO E PRINCÍPIOS FUNDAMENTAIS

SEÇÃO 1. Declaração da Missão

A missão do Discipulado Nazareno Internacional (DNI) é cumprir a Grande Comissão para com as crianças, jovens e adultos na preparação para uma jornada ao longo da vida no ser e fazer discípulos à semelhança de Cristo nas nações.

SEÇÃO 2. Propósito

O propósito do DNI é ajudar as igrejas locais a:

a. Alcançar pessoas não cristãs para Jesus;

b. Desenvolver novos cristãos na sua fé em Cristo;

c. Caminhar com os cristãos para uma vida totalmente entregue, de coração limpo, frutífera e cheia do Espírito.

SEÇÃO 3. Princípios Fundamentais

O DNI promove os cinco seguintes Princípios Fundamentais que são essenciais para o processo do discipulado:

a. Oração Fervorosa

b. Evangelismo Apaixonado

c. Aprendizagem Bíblica Abrangente

d. Mentoria e Capacitação Intencionais

e. Relacionamentos Autênticos

Estes Princípios Fundamentais, promovidos e exemplificados em cada região, área, distrito e igreja local, desenvolverão discípulos semelhantes a Cristo de todas as idades e em todas as culturas.

1) Princípio 1 do DNI: Oração Fervorosa

A oração é uma parte essencial do discipulado. Na sua forma mais pura, a oração é comunicar com e responder a Deus. A oração foi expressamente exemplificada por Jesus, que ensinou os Seus discípulos a orar. Eles foram instruídos a ensinar cada geração seguinte de discípulos a orar. As Escrituras revelam que a oração intencional e consistente nutre e desenvolve os nossos relacionamentos com Deus e com os outros, permitindo-nos ver e experimentar as atividades de Deus através da Sua graça preveniente, salvadora e santificadora.

A oração é a base sobre a qual todos os outros esforços ministeriais são construídos. Ao orarmos, Deus inspira-nos a estarmos ativamente envolvidos no mundo. Através da oração, participamos no poder transformador do Espírito Santo, tanto para conosco como para o próximo.

A oração guia-nos para o sucesso espiritual. Ao aprofundar o nosso relacionamento com Deus através da oração, experimentamos a orientação do Espírito Santo e encontramos maiores medidas de crescimento e direção espiritual. Através da oração intencional, específica e consistente, o Corpo de Cristo torna-se os olhos, as mãos e os pés do Salvador.

2) Princípio 2 do DNI: Evangelismo Apaixonado

O amor compassivo e redentor de Deus é fundamental para o discipulado e é a motivação apropriada para o evangelismo cristão. O alcance compassivo revela o amor de Deus pela humanidade. Deus está continuamente estendendo a mão para preparar o coração das pessoas para receber a salvação. É o cuidado de um(a) discípulo(a) pelos não crentes, tanto de forma local como global, que apresenta um rosto e uma mão da graça e do amor de Deus. Portanto, o relacionamento autêntico e amoroso de um(a) discípulo(a) para com os não crentes é essencial para comunicar a beleza da graça e salvação de Deus.

A evangelização é a chamada de todos os discípulos. Todos os discípulos, ao viver fielmente e ao amar como Jesus, devem envolver-se em nutrir relacionamentos genuínos com os outros. Através da ação da oração e da compaixão de um(a) discípulo(a), Deus está estendendo a mão e preparando corações para receber a salvação. Quando os discípulos estão num relacionamento com os incrédulos, eles obedecem à ordem de Jesus de ir a toda a criação para proclamar as Boas Novas (Marcos 16:15).

3) Princípio 3 do DNI: Aprendizagem Bíblica Abrangente

Jesus estabeleceu uma prioridade elevada ao ensinar os Seus discípulos com base nas Escrituras. Foi o conhecimento das Escrituras aliado às Suas instruções que moldaram o conhecimento dos discípulos sobre Deus e a obra do Espírito Santo.

Aprender as Escrituras, através do estudo individual e em grupo, ajuda os discípulos a tornarem-se mais semelhantes a Cristo. Quando estudamos a Palavra de Deus, que é ativa e viva, descobrimos quem é Deus, como Deus ama e como devemos amar os outros. Ao fazê-lo, permitimos que Deus fale conosco, nos molde e nos santifique.

Conhecer a Palavra de Deus é essencial para o discipulado cristão. Estar ativamente envolvido no estudo sistemático e na aplicação da Palavra de Deus é um catalisador para a transformação e crescimento espiritual. À medida que crescemos e aprendemos, começamos a entender e a obedecer totalmente à missão de Deus para que os Seus discípulos fossem e alcançassem os não cristãos com o amor de Deus. Quando permitimos que a Palavra de Deus nos transforme, mostramos aos outros a importância de aprender a Palavra de Deus.

4) Princípio 4 do DNI: Mentoria e Capacitação Intencionais

O método de discipulado de Jesus era através da mentoria e capacitação pessoais de um grupo de indivíduos escolhidos. Foram esses métodos que ajudaram o cristianismo a crescer e a transformar a sociedade.

Ser mentor de e capacitar alguém é um processo de discipulado que apresenta os novos crentes a Jesus e revela como seguí-Lo pessoal e plenamente. A mentoria é uma maneira amorosa de ensinar acerca da prestação de contas e apresentar os não-crentes ao pleno conhecimento de Cristo. Todos os discípulos são desafiados a crescer e a tornarem-se semelhantes a Cristo quando cada discípulo(a) está a dar e a receber mentoria.

Para nos tornarmos tudo o que Deus nos criou para sermos como discípulos de Cristo, precisamos estar dispostos a crescer e a ajudar os outros a crescer como Jesus fez. Portanto, mentorear e equipar outros na jornada do discipulado é essencial para o crescimento e maturidade cristãos.

5) Princípio 5 do DNI: Relacionamentos Autênticos

Da mesma forma que Jesus reuniu companheiros de viagem ao Seu redor, nós, Seus discípulos, somos chamados a caminhar juntos como membros do Corpo de Cristo. Todos os que estão comprometidos com a Grande Comissão devem estar envolvidos em relacionamentos que honrem Deus e edifiquem o Corpo de Cristo.

O cerne da nossa fé e vida é amar a Deus e amar os outros. Quando sabemos que somos amados incondicionalmente por Deus e amados incondicionalmente pelos outros, o resultado é a unidade no Corpo de Cristo. Este amor incondicional não conhece limites culturais, geracionais ou estruturais. Este amor incondicional só é possível através da operação do Espírito Santo.

Quando nos preocupamos profundamente uns com os outros, descobrimos quão rica é a nossa identidade em Cristo e o resultado é o crescimento espiritual. Esses relacionamentos de amor nos ajudam a trilhar o caminho da santidade porque recebemos encorajamento e correção de forma amorosa. Esses relacionamentos capacitados pelo Espírito são necessários à medida que apoiamos uns aos outros a viver uma vida totalmente entregue e cheia do Espírito.

SEÇÃO 4. Missão Global

À medida que vivemos os princípios centrais do DNI no dia a dia, nos ministérios da igreja local e nas práticas e comportamentos de cada nazareno, cumprimos a missão de fazer discípulos à semelhança de Cristo nas nações. Reconhecemos que o discipulado será diferente à medida que a cultura moldar as nossas metodologias, mas a nossa missão global, propósito e princípios fundamentais permanecem os mesmos. Para descobrir as expressões regionais desses princípios fundamentais, bem como mais informações sobre o DNI, consulte os artigos abaixo e os seus manuais regionais do DNI.

ARTIGO III. LISTA DE CUIDADO E RESPONSABILIDADE DNI (LCR)

SEÇÃO 1. Cada igreja local deve esforçar-se para alcançar todas as pessoas não salvas na comunidade. Para atingir este objetivo, o ministério DNI da igreja local deve criar e manter uma Lista de Cuidado e Responsabilidade (LCR) atualizada. Uma LCR deve incluir o nome e informações de contato/acompanhamento de cada pessoa que frequenta regularmente qualquer um dos seus ministérios do DNI e qualquer indivíduo que a igreja local tenha encontrado através de ministérios de evangelismo ou de discipulado relacional. Quando uma pessoa for adicionada à LCR, a igreja local deve procurar ministrar-lhe ativamente em nome de Jesus, ao trazê-la para a comunhão da igreja local.

A LCR deve ser dividida entre os ministérios ativos do DNI de toda a igreja de forma a incluir todos aqueles contidos na lista. Os professores/líderes de cada ministério devem facilitar o cuidado regular e a conexão entre a congregação local e os membros da LCR.

A LCR deve tornar-se uma lista de oração ativa para a igreja através dos seus ministérios regulares do DNI. Ela deve levar a igreja local a construir relacionamentos centrados em Cristo com todas as pessoas da lista. A LCR destina-se a proporcionar prestação de contas relacional para o Corpo de Cristo na sua responsabilidade na comunidade.

O número total de todos os indivíduos na LCR deve ser relatado no Relatório Anual do(a) Pastor(a). A LCR inclui todas as faixas etárias e todos os ministérios do DNI. (Para uma descrição completa dos vários ministérios do DNI, consulte o seu guia regional.)

SEÇÃO 2. Os seguintes grupos de pessoas devem ser incluídos na LCR. Uma pessoa pode participar em mais de um grupo. Neste caso os representantes do LCR asseguram a prestação de contas e o discipulado dessa pessoa.

a. Escola Dominical/Estudos Bíblicos/Pequenos Grupos/ Grupos no lar: Todos aqueles que frequentam regularmente pequenos grupos regulares de qualquer tipo na igreja devem ser incluídos na LCR.

b. Discipulado/Mentoria Individual: Qualquer indivíduo que é discipulado ou tem por mentor alguém da igreja deve ser incluído na LCR.

c. Ministérios de Evangelismo online: Qualquer indivíduo que visite a igreja de forma online deve fazer parte de uma LCR online.

d. Vínculo Local: Qualquer pessoa relacionada com uma igreja local que seja, física ou vocacionalmente, incapaz de participar de um ministério regular do DNI deve ser listada na LCR.

e. Casa de Repouso/Centro de Recuperação/Centro de Prestação de Cuidados de Saúde, etc.: Qualquer residente confinado(a) a um desses centros que esteja relacionado(a) a uma igreja local deve ser incluído(a) na LCR.

f. Creches/Escolas: Qualquer grupo de alunos numa creche/escola nazarena (do nascimento ao ensino secundário) patrocinada/operada por uma Igreja do Nazareno local.

g. Alunos: Quando os alunos, que fazem parte da igreja, saem para fins educacionais, o papel da igreja local não termina. Esses alunos devem continuar na LCR. A igreja que envia, deve acompanhar regularmente o estudante com cuidado amoroso.

h. Centros de Desenvolvimento Infantil (CDC): Patrocinados/ operados por uma Igreja do Nazareno local.

SEÇÃO 3. Revisão/Remoção de Nomes

A LCR deve ser revista e atualizada trimestralmente pela direção local do DNI em consulta com o(a) pastor(a).

A responsabilidade de cuidar de uma pessoa ou família da LCR pode ser transferida de um grupo ministerial do DNI para outro com a aprovação da direção local do DNI.

A remoção de nomes da LCR principal da igreja só deve ser feita com a aprovação do(a) pastor(a) quando uma pessoa:

a. Se mudar para outra cidade.

b. Se transferir para outra igreja.

c. Pedir especificamente que o seu nome seja removido.

d. Não participou durante um ano e foi fielmente ministrada por um(a) líder apropriado(a) do DNI (com a exceção das linhas d., e., e g. da SEÇÃO 2).

ARTIGO IV. FREQUÊNCIA NO DNI

O propósito de contar e relatar a frequência do DNI na igreja local é ajudar a medir a eficácia do esforço dessa igreja em fazer discípulos semelhantes a Cristo, cumprindo o propósito do DNI. Todos os esforços do DNI devem levar os perdidos à fé em Jesus, os novos cristãos a serem firmados na sua fé em Cristo e os crentes a experimentar a plenitude do Espírito, amadurecendo na graça e tornando-se em discípulos que fazem novos discípulos. Portanto, as medidas de frequência do DNI, devem refletir este propósito desejado.

A frequência no DNI inclui todos os ministérios do DNI. Estes ministérios serão contados semanalmente pela igreja local de acordo com as diretrizes listadas abaixo e na SEÇÃO 1 do Artigo III, acima.

O escritório regional do DNI deverá obter relatórios da LCR e da frequência do DNI de cada distrito para compilar anualmente um relatório preciso do crescimento do DNI dentro da denominação.

SEÇÃO 1. Definições e Relatórios

A frequência de todos os grupos do Ministério de Discipulado deve ser definida como pessoas empenhadas no envolvimento com a Bíblia e a aplicação dos princípios bíblicos para o propósito da semelhança de Cristo.

a. A frequência no DNI deve considerar:

1) O número das pessoas com as quais a igreja local está envolvida ao longo da sua jornada de discipulado. Neste caso, cada indivíduo é contado apenas uma vez. Esse número permite que a igreja avalie a eficácia (crescimento ou declínio) no alcance de novas pessoas da sua comunidade.

2) Quantos "momentos" de discipulado ocorrem durante uma determinada semana/mês? Com o propósito do DNI de caminhar com cada indivíduo numa experiência mais profunda com Deus em direção à santidade, os crentes podem participar de várias atividades do DNI durante qualquer período de tempo. O propósito deste número é ver o efeito total do esforço do discipulado de uma igreja local. As pessoas, nesta categoria, podem ser contadas

mais de uma vez, pois podem participar em mais de uma reunião por semana.

b. Os números de frequência de todos os grupos de ministérios de discipulado devem ser relatados regularmente à junta da igreja local e no Relatório Anual do(a) Pastor(a).

c. A Direção Distrital do DNI, em consulta com o(a) superintendente distrital, determinará a frequência do relatório (mensal, trimestral ou anual). Todos os relatórios serão enviados ao distrito.

ARTIGO V. DIREÇÃO LOCAL DNI

SEÇÃO 1. As responsabilidades da direção local do DNI são definidas no *Manual* 155-155.10 e incluem:

a. Trabalhar com o(a) pastor(a) e a junta da igreja local para desenvolver/organizar uma Direção do DNI.

b. Trabalhar com o(a) pastor(a) para desenvolver e implementar um plano estratégico para o discipulado na igreja local que esteja alinhado com as estratégias/objetivos da igreja e em harmonia com a visão do distrito e a missão da Igreja do Nazareno.

c. Pesquisar, criar, desenvolver e, finalmente, aprovar um currículo consistente com a teologia e missão da Igreja do Nazareno.

d. Coordenar com a JNI e as MNI o desenvolvimento de programas de treinamento para:

1) Ministérios de Oração na igreja local.

2) Evangelismo compassivo para atender às necessidades reais da comunidade e ajudar as pessoas na sua fé em Jesus.

3) Aprendizagem bíblica abrangente para incluir treinamento de professores e envolvimento bíblico de toda a congregação.

4) Mentoria e Capacitação Intencionais. Num esforço para desenvolver liderança entre os membros da igreja, deve continuar-se a orientar e a capacitar obreiros envolvidos em ministérios de todas as faixas etárias.

5) Relacionamentos Autênticos. Uma vez que o mundo reconhecerá os discípulos de Cristo pelo nosso amor (João 13:35), desenvolver relacionamentos centrados em Cristo na igreja local será uma prioridade para os ministérios do DNI.

e. Avaliar e relatar na reunião anual da igreja os atuais ministérios/projetos de educação e discipulado da igreja local, articulando de forma clara os seus resultados.

ARTIGO VI. Organização e Liderança do Ministério de DNI

SEÇÃO 1. Quando uma igreja local oferece Escola Dominical para todas as idades, o programa da Escola Dominical deve ser dividido em classes para crianças e jovens com base na idade ou ano escolar. Para adultos, as classes devem ser determinadas por estações da vida, interesses comuns, missão, tópico etc. Quando apropriado, também podem ser consideradas classes intergeracionais.

SEÇÃO 2. Outros ministérios do DNI, como pequenos grupos, discipulado/mentoria individual, podem durar um determinado período de tempo com intervalos entre a formação de novos grupos.

SEÇÃO 3. Quando o número de classes nas faixas etárias de crianças, jovens ou adultos aumenta, deve dar-se atenção à organização por faixa etária com um(a) supervisor(a) nomeado(a) pela direção local do DNI em consulta com o(a) pastor(a).

SEÇÃO 4. Os deveres do(a) supervisor(a) do departamento serão determinados pela direção local do DNI em consulta com o(a) pastor(a). As responsabilidades sugeridas estão listadas nos guias regionais do DNI.

ARTIGO VII. PROFESSORES E LÍDERES DOS MINISTÉRIOS DO DNI

SEÇÃO 1. Os professores e líderes dos Ministérios do DNI devem ser nomeados anualmente de acordo com o *Manual* 155.8.

SEÇÃO 2. A Direção do DNI, em consulta com o(a) pastor(a), pode declarar vago o cargo de qualquer oficial ou professor/líder em casos de doutrina comprovadamente infundada, conduta imprudente ou negligência do dever. Essa prestação de contas em amor, tanto para com o indivíduo como para a congregação como um todo, é vital e necessária para o discipulado saudável no Corpo de Cristo.

SEÇÃO 3. Todos os professores/líderes e substitutos devem ser pessoas de oração, envolvidas na Palavra e, intencionalmente, serem e fazerem discípulos semelhantes a Cristo.

ARTIGO VIII. RESPONSABILIDADES DOS LÍDERES DOS MINISTÉRIOS DNI

SEÇÃO 1. O(a) presidente local do DNI será eleito(a) a cada ano de acordo com o *Manual* 115.10-115.11 e 137. Os deveres do(a) Presidente do DNI serão:

DISCIPULADO NAZARENO INTERNACIONAL (DNI) 301

a. Coordenar o DNI sob a supervisão do(a) pastor(a).
b. Planejar reuniões regulares para os líderes dos ministérios do DNI.
c. Oferecer oportunidades de treinamento para os líderes locais atuais e futuros do DNI.
d. Avaliar, desenvolver e implementar anualmente, juntamente com a Direção do DNI, uma estratégia de discipulado para garantir que todos os participantes da igreja local e os da LR sejam encorajados e apoiados na sua jornada, desde o momento em que não tinham fé, até que receberam uma fé nova e cresceram para uma fé madura, de discípulo(a) para ser um(a) discipulador(a).
e. Relatar regularmente as estatísticas locais do DNI à zona, distrito ou escritório de área designado.
f. Encorajar a participação nas funções do DNI locais, zona, distrito, área, regional e global.

SEÇÃO 2. Os deveres dos coordenadores de discipulado de diferentes faixas-etárias estão descritos no *Manual* 157.1-157.9 e 158.2.

SEÇÃO 3. A Direção do DNI elegerá uma pessoa para manter os seus registros. Esta deve manter um registro preciso da LCR, participação, visitantes e outras estatísticas que possam ser exigidas de todos os ministérios do DNI.

SEÇÃO 4. Quando apropriado, a Direção do DNI elegerá um(a) tesoureiro(a) para manter uma contabilidade exata de todos os fundos arrecadados pelos ministérios do DNI e autorizar o reembolso de acordo com a indicação da Direção. Um relatório mensal deverá ser apresentado à Direção do DNI ou Presidente do DNI (caso a igreja não tenha uma Direção) e ao/à pastor(a).

SEÇÃO 5. Todos os currículos e outros recursos usados nos ministérios do DNI devem ser aprovados pela direção do mesmo, ou pelo(a) presidente do DNI (se a igreja não tiver uma Direção) e pelo(a) pastor(a).

ARTIGO IX. ADMINISTRAÇÃO E SUPERVISÃO DO DNI

SEÇÃO 1. O DNI está sob os cuidados do(a) pastor(a), deve prestar contas à junta da igreja local, e está sob a supervisão geral da Direção do DNI e da liderança imediata do(a) Presidente do DNI e dos coordenadores do ministério. A Direção do DNI deve assegurar-se que a igreja local está protegendo os seus jovens e crianças (veja o parágrafo 139.30 do *Manual*).

SEÇÃO 2. Se uma igreja contratou alguém para supervisionar as responsabilidades do DNI, como um(a) Diretor(a) de Educação Cristã, e deseja que essa pessoa cumpra as responsabilidades do(a) Presidente do DNI, a igreja deve eleger outro(a) leigo(a) para representar o DNI na junta da igreja local como um membro votante. Incentivamos que sejam feitos todos os esforços possíveis para treinar e fornecer recursos a líderes leigos locais para a liderança no DNI.

SEÇÃO 3. Quando um(a) pastor(a)/líder/coordenador(a) do ministério de crianças, jovens ou adultos é empregado(a) por uma igreja, o(a) pastor, em consulta com a junta da igreja, a Direção do DNI e/ou o Conselho da JNI, designa a responsabilidade pelas crianças, ou ministérios de adultos para o(a) funcionário(a) do nível etário. Nesse caso, o membro da equipe que atende aos ministérios de crianças, jovens ou adultos realiza algumas das tarefas designadas a um(a) coordenador(a) local dos Ministérios para Crianças (MC), presidente da JNI ou coordenador(a) dos Ministérios para Adultos (MA). No entanto, a responsabilidade do(a) coordenador(a) local dos MC, presidente da JNI ou coordenador(a) dos MA continua sendo a de fornecer liderança leiga vital, apoio e representação para os ministérios de grupos etários locais. O(A) pastor(a) e o membro da equipe do ministério de grupo etário deverão consultar a Direção do DNI e o Conselho da JNI para definir os papéis e responsabilidades dos três cargos leigos.

ARTIGO X. CONVENÇÕES E ELEIÇÕES NO DNI

SEÇÃO 1. Convenção Distrital do DNI

É importante que cada distrito planeje uma Convenção Distrital do DNI anualmente para inspirar, motivar, treinar e falar sobre os relatórios e eleições. Promover ministérios de evangelismo e discipulado deve ser destaque em cada convenção.

a. Os membros ex officio da Convenção Distrital do DNI serão: o(a) Superintendente Distrital; todos os pastores, ministros ordenados designados, ministros licenciados distritais designados, ministros designados aposentados, associados em tempo integral; presidente distrital do DNI; coordenadores distritais dos MC e dos MA; presidente distrital da JNI; presidente distrital das MNI; todos os presidentes locais do DNI, coordenadores locais de discipulado, presidentes locais da JNI; membros eleitos da Direção Distrital do DNI; membros leigos da Junta Consultiva; quaisquer professores nazarenos de educação cristã em tempo integral que sejam membros naquele distrito; e oficiais de área, regionais e globais do DNI.

b. Além dos delegados listados acima, cada igreja local deverá eleger, na reunião anual, delegados adicionais do DNI para a convenção. Este número será 25 por cento do número de oficiais, professores e líderes dos ministérios locais do DNI. Caso os delegados eleitos não possam comparecer à convenção, os delegados suplentes serão designados na ordem dos votos recebidos.

c. A Direção Distrital do DNI nomeará um comitê de indicação para selecionar o dobro do número de indicados para os cargos eleitos de presidente distrital do DNI e os três membros eleitos da Direção Distrital do DNI, que serão eleitos por maioria de votos na Convenção Distrital do DNI. Esses nomeados devem ser membros da Igreja do Nazareno, devem estar ativamente envolvidos num ou mais ministérios do DNI, e devem ser selecionados entre os vários ministérios de discipulado, incluindo, mas não limitado a crianças, jovens e adultos.

d. O(A) Presidente Distrital do DNI, três membros eleitos da direção distrital do DNI e os delegados à Convenção Global do DNI serão eleitos de acordo com o parágrafo 241 do Manual.

SEÇÃO 2. Convenção Global do DNI

Em conjunto com cada Assembleia Geral, o DNI deverá realizar uma Convenção Global com delegados num ou mais locais ao redor do mundo. Os delegados eleitos (e convidados) devem reunir-se com o propósito de inspirar, motivar e treinar para capacitar e enriquecer o envolvimento no cumprimento da missão e propósito do DNI globalmente.

A Convenção Global também incluirá fóruns regionais (presenciais ou *online*) compostos pelo Conselho Regional do DNI, o(a) Diretor(a) Regional, o(a) coordenador(a) regional do DNI e os delegados distritais eleitos e *ex officio* do DNI daquela região. Os fóruns incluirão nas suas agendas a eleição de um(a) candidato(a) para consideração para servir como representante do DNI na Junta Geral. O Conselho Global do DNI e o(a) Diretor(a) do DNI Global irão selecionar um nome dentre os seis nomes indicados regionalmente e enviarão esse nome à Assembleia Geral para aprovação (*Manual* 332.6).

a. Os delegados ex officio à Convenção Global do DNI serão: superintendentes distritais, presidentes distritais do DNI, coordenadores distritais eleitos dos ministérios de discipulado específicos; coordenadores regionais do DNI, coordenadores de área do DNI, outros coordenadores regionais do ministério de discipulado; e diretores e funcionários do escritório global do DNI. Além disso, os professores de educação cristã de faculdades, universidades e seminários nazarenos podem participar como delegados.

b. Além dos delegados ex officio, cada distrito deve eleger quatro delegados adicionais ou um número equivalente a dez por cento das igrejas organizadas no distrito, o que for maior.

c. Devem ser seguidas as seguintes diretrizes nas eleições para os delegados da Convenção Global do DNI:

1) O Comitê de Nomeação será composto pelo(a) Superintendente Distrital, o(a) Presidente Distrital do DNI e por pelo menos três outras pessoas indicadas pela Direção Distrital do DNI. Eles selecionarão três vezes o número de candidatos a serem eleitos.

2) A Convenção Distrital do DNI elegerá um número de delegados e suplentes representando os vários ministérios do DNI (incluindo professores/líderes de jovens). Os eleitos devem ser pessoas que estejam presentes e ativamente envolvidas na respectiva área da qual foram eleitos. O número de suplentes eleitos deve incluir suplentes para dirigentes distritais ex officio. Não devem ser eleitas pessoas que servirão como delegadas à Convenção Global das Missões Nazarenas Internacionais ou à Convenção Global da Juventude Nazarena Internacional, porque as três convenções acontecem simultaneamente.

3) Os delegados serão eleitos por cédula (é aceitável a votação eletrônica segura quando a votação presencial não for possível) na Convenção Distrital do DNI dentro de 16 meses antes da reunião da Assembleia Geral ou dentro de 24 meses em áreas onde os vistos de viagem ou outros preparativos sejam necessários.

4) Sempre que possível, deve ser eleito um número igual de leigos e clérigos – 50 por cento de leigos e 50 por cento de ministros designados, presbíteros, diáconos ou ministros licenciados. Quando o número total for ímpar, o(a) representante extra deverá ser leigo(a).

5) Os líderes distritais do DNI eleitos antes e ocupando cargos no momento da Convenção Global serão os membros ex officio da convenção.

6) A maioria relativa de votos será suficiente para a eleição.

7) Se algum(a) delegado(a) eleito(a) não puder comparecer à Convenção Global do DNI, os delegados suplentes serão designados na ordem de votos recebidos. Se os delegados e os suplentes eleitos não puderem comparecer, o(a) Superintendente Distrital, a Junta Consultiva e o(a)

Presidente Distrital do DNI estão autorizados a preencher essas vagas.

8) Na convocação da Convenção Global do DNI, cada delegado(a) deve residir e ser membro de uma Igreja do Nazareno local no distrito que ele(a) foi eleito(a) para representar.

9) Os distritos que podem apoiar financeiramente a participação dos delegados das MNI, da JNI e do DNI nas convenções globais devem ter como objetivo fornecer um apoio justo para todos os delegados presentes.

10) Se a eleição dos delegados para a Convenção Global do DNI não ocorrer na Convenção Distrital do DNI, os delegados podem ser eleitos na Assembleia Distrital ou por outro método aprovado pelo(a) Diretor(a) Global do DNI e pelo escritório regional.

SEÇÃO 3. Eleição do(a) Diretor(a) Global do DNI

O(A) Diretor(a) Global do DNI é eleito(a) de acordo com o Manual de Normas da Junta Geral (JG - Seção 5.6), que declara:

a. O(A) superintendente geral com jurisdição, em consulta com o Conselho Global do DNI e a Junta de Superintendentes Gerais (JSG), tem autoridade de nomeação para preencher uma vaga no cargo de Diretor(a) Global do DNI.

b. O(A) superintendente geral com jurisdição e o Conselho Global do DNI atuam como comitê de seleção para considerar a indicação de candidatos.

c. O comitê de seleção envia uma cédula com até dois nomes ao Comitê dos Ministérios da Igreja Local da Junta Geral.

d. O Comitê dos Ministérios da Igreja Local da Junta Geral ratifica a cédula por dois terços de votos se a cédula consistir numa pessoa ou por maioria de votos se a cédula consistir em mais de uma pessoa.

e. O(A) superintendente geral com jurisdição elege o(a) Diretor(a) Global do DNI a partir da votação.

ARTIGO XI. CONSELHO GLOBAL DO DNI

SEÇÃO 1. Objetivo

O Conselho Global existe para orientar, facilitar e promover a missão do DNI trabalhando com os líderes regionais, de área, distritais e locais do DNI na conexão de estratégias globais para fazer discípulos de forma eficaz.

SEÇÃO 2. Composição

a. O Conselho Global do DNI deverá reunir-se pelo menos uma vez por ano, presencialmente ou online, e é composta pelo(a) coordenador(a) regional do DNI de cada região, das Missões Globais e pelo (a) Diretor(a) Global do DNI, que preside a reunião. O(a) Representante da Junta Geral do DNI deve ser convidado(a) a participar de reuniões selecionadas ao longo do ano.

b. Os coordenadores regionais do DNI devem ser nomeados pelo(a) respectivo(a) Diretor(a) Regional em consulta com o(a) Diretor(a) Global do DNI.

SEÇÃO 3. Os deveres dos coordenadores regionais do DNI serão:

a. Representar e defender os propósitos do DNI na sua região.

b. Fornecer visão e inspiração relacionadas à implementação de estratégias e recursos consistentes com a visão global e regional para a Igreja.

c. Pesquisar, criar, desenvolver e coordenar iniciativas de treinamento para o desenvolvimento intencional da liderança do discipulado para o avanço regional, da área e distrital da Igreja, conectando todos os ministérios da Igreja à tarefa de fazer discípulos semelhantes a Cristo que reproduzam discípulos semelhantes a Cristo.

d. Participar e apresentar um relatório na reunião anual do Conselho Global do DNI.

e. Levar ao Conselho Global do DNI o(s) nome(s) da(s) pessoa(s) selecionada(s), pelo seu fórum regional, para ser o(a) representante do DNI na Junta Geral. O Conselho apresentará um nome à Assembleia Geral para eleição como representante do DNI na Junta Geral (Manual 332.6).

ARTIGO XII. EMENDAS DO DNI

Estes estatutos podem ser alterados por maioria de votos dos membros da Junta Geral presentes e votantes.

PARTE X

FORMULÁRIOS

A IGREJA LOCAL

A ASSEMBLEIA DISTRITAL

TERMOS DE ACUSAÇÃO

FORMULÁRIOS

I. A IGREJA LOCAL

NOTA: Os formulários seguintes podem ser preparados e usados pela igreja local conforme necessário.

813. Licença de Ministro(a) Local

CERTIFICAMOS que ____ está licenciado(a) como Ministro(a) Local da Igreja do Nazareno pelo período de um ano, contanto que o seu espírito e a sua prática sejam dignos do Evangelho de Cristo, e que os seus ensinos correspondam às doutrinas estabelecidas nas Escrituras Sagradas e sustentadas pela referida igreja.

Por Ordem da Junta da Igreja do Nazareno em _____.
Concedida em (cidade), a (dia) de (mês), (ano).
_____, Presidente
_____, Secretário(a)

814. Recomendação à Assembleia Distrital

(Formulário a ser preenchido anualmente para ministros licenciados do distrito. Pode ser lado para diferentes recomendações. Por favor, maque apenas um item em cada grupo. Marque a junta que emitirá esta recomendação.)

(Marque a Junta apropriada)
- ☐ A Junta da Igreja de _____ (inserir nome da igreja)
- ☐ A Junta Consultiva (*Manual* 225.13) do Distrito _____ (inserir o nome do distrito)

Esta Junta recomenda _____ (inserir nome da pessoa) à (marque uma):
- ☐ Junta de Credenciais Ministeriais
- ☐ Assembleia Distrital

Para:
- ☐ **Licença Distrital de Ministro(a)**
- ☐ **Renovação de Licença Distrital de Ministro(a)**

Com a seguinte função ministerial (marque apenas uma da lista embaixo, que está por ordem alfabética das abreviaturas das funções em inglês)

- ☐ **CED — Ministro(a) de Educação Cristã** (empregados numa capacidade ministerial num programa de educação cristã de uma igreja local)
- ☐ **DA-FT — Designação Distrital - Tempo Integral** (eleito(a) ou empregado(a) a tempo integral por um distrito como ministério principal)

- ☐ **DA-PT — Designação Distrital - Tempo Parcial** (eleito(a) ou empregado(a) a tempo parcial por um distrito como ministério principal)
- ☐ **EDU — Educação** (empregado(a) para servir no corpo administrativo ou docente de uma das instituições educativas da Igreja do Nazareno)
- ☐ **EVR — Evangelista, Registrado(a)** (devota a sua vida a viajar e a pregar o Evangelho como o seu ministério principal, a promover avivamentos e a divulgar o Evangelho em todo o mundo)
- ☐ **GA – Designação Global, Missionário(a)** (nomeado(a) pela Junta Geral, através da Comissão das Missões Globais, para ministrar em nome da igreja)
- ☐ **GA – Designação Global, Outro** (eleito(a) ou empregado(a) para servir na Igreja Geral)
- ☐ **PAC – Pastor(a), Congregação Afiliada** (pastor(a) que lidera uma congregação afiliada designada pelo distrito)
- ☐ **PAS — Pastor(a)** (prosseguindo o programa de estudos para a ordem de presbítero, pode ser chamado(a) ou designado(a))
- ☐ **PSV-FT — Serviço Pastoral de Tempo Integral** (pastor(a) assistente, a tempo integral, ligado(a) a uma igreja)
- ☐ **PSV-PT— Serviço Pastoral de Tempo Parcial** (pastor(a) assistente, a tempo parcial, ligado (a) uma igreja)
- ☐ **SER — Evangelista de Canto Registrado(a)** (devota a maior parte do seu tempo ao ministério de evangelismo através da música, como sua tarefa principal)
- ☐ **SPC — Serviço Especial/Interdenominacional** (serviço ativo para o qual não haja provisão, aprovado pela Assembleia Distrital após recomendação da Junta Consultiva. É requerido que as pessoas designadas como SPC mantenham um relacionamento com a Igreja do Nazareno e que submetam à Junta Consultiva, anualmente e por escrito, a natureza da sua ligação contínua com a Igreja do Nazareno.)
- ☐ **STU — Estudante** (inscrito(a) num programa de estudos validado)
- ☐ **U — Não Designado(a)**

NOTA: Por favor marque tanto uma recomendação para licença como uma recomendação para a certificação da função ministerial do indivíduo.

Rever os requisitos que um(a) candidato(a) para a licença distrital precisa cumprir para que tal licença lhe seja concedida ou renovada (*Manual* 524-524.9).

*Se uma função ministerial de PSV-FT ou PSV-PT, remunerada ou não, for recomendada para o ano seguinte, confirme se foi recebida a aprovação escrita do superintendente distrital. (139.27, 169.1-169.2).

☐ Sim ☐ Não

_____

Se for indicada uma designação que não seja a de STU ou U, descreva o foco ministerial do(a) candidato(a) ao servir na função ministerial recomendada.

_____
_____

Certificamos que _____ (inserir o nome) cumpriu todos os requisitos para tal pedido.

Por voto da Junta em _____ (inserir a data), e pela recepção de uma carta de permissão do(a) superintendente distrital, em _____ (inserir a data).

_____, Presidente
_____, Secretário(a)

815. Certificado de Recomendação

Certificamos que _____ (inserir o nome) é membro da Igreja do Nazareno em _____ (inserir o local) e é por este meio recomendado(a) à confiança cristã daqueles a quem este certificado for apresentado.

_____, Pastor(a)
_____, Data

NOTA: Quando for passado um certificado de recomendação, a qualidade de membro do(a) interessado(a) termina imediatamente na igreja local que expedir o certificado. (113.1)

816. Carta de Despedida

Certificamos que _____ (inserir o nome) foi até esta data membro da Igreja do Nazareno em _____ (inserir o nome do local) e que, a seu pedido, lhe é outorgada esta carta de despedida.

_____, Pastor(a)
_____, Data

NOTA: A qualidade de membro termina imediatamente depois de outorgada uma carta de despedida. (114.2)

817. Transferência de Membros

Certificamos que _____ (inserir o nome) é membro da Igreja do Nazareno em _____ (inserir o nome do local) e que, a seu pedido, lhe é, por este meio, outorgada transferência para a Igreja do Nazareno em _____ (inserir o nome do local) no distrito de _____ (inserir o nome).

Quando a recepção desta transferência for confirmada pela igreja local receptora, cessará a qualidade de membro nesta igreja local.

_____, Pastor(a)

_____, Endereço
_____, Data

NOTA: Uma transferência é válida apenas por três meses. (113)

818. Aviso de Recepção de Transferência

Certificamos que _____ (inserir o nome) foi recebido(a) na lista de membros da Igreja do Nazareno em _____ (inserir o local) em _____ (inserir data completa).

_____, Pastor(a)
_____, Endereço
_____, Data

II. A ASSEMBLEIA DISTRITAL

819. Formulários oficiais para o distrito podem ser requisitados ao/à secretário(a) geral, 17001 Prairie Star Parkway, Lenexa, KS 66220, E.U.A.

III. TERMOS DE ACUSAÇÃO

Seção 1. No Julgamento de um Membro da Igreja

Seção 2. No Julgamento de um Ministro(a) Ordenado(a)

Seção 3. No Julgamento de um Ministro(a) Licenciado(a)

820. Os Termos de Acusação podem ser requisitados ao/à secretário(a) Geral, 17001 Prairie Star Parkway, Lenexa, KS 66220, E.U.A.

PARTE XI

APÊNDICES

OFICIAIS GERAIS

JUNTAS ADMINISTRATIVAS, CONSELHOS E
INSTITUIÇÕES EDUCACIONAIS

REGULAMENTOS ADMINISTRATIVOS

ASSUNTOS MORAIS E SOCIAIS CONTEMPORÂNEOS

APÊNDICE

I. OFICIAIS GERAIS

900 Superintendentes Gerais
David A. Busic
Gustavo A. Crocker
Filimão M. Chambo
Carla D. Sunberg
T. Scott Daniels
Christian D. Sarmiento

900.1. Superintendentes Gerais Eméritos e Aposentados
Donald D. Owens, Emérito
Jim L. Bond, Emérito
W. Talmadge Johnson, Emérito
James H. Diehl, Emérito
Nina G. Gunter, Emérita
Jesse C. Middendorf, Emérito
Jerry D. Porter, Emérito
J.K. Warrick, Emérito
Eugénio R. Duarte, Emérito
David W. Graves, Emérito

900.2. Secretário Geral
Gary W. Hartke

900.3. Tesoureiro Geral
Keith B. Cox

IGREJA DO NAZARENO
CENTRO DE MINISTÉRIO GLOBAL
17001 PRAIRIE STAR PARKWAY
LENEXA, KS 66220, E.U.A.

II. JUNTAS ADMINISTRATIVAS, CONSELHOS E INSTITUIÇÕES EDUCACIONAIS

901.1. Junta Geral

MEMBROS POR REGIÕES DA IGREJA

Ministros	Leigos
Região de África	
Ansenio Manjate	Benjamin Langa
Dance Mathebula	Loreto Sepeng
Sipho Ncongwane	Daniel Sithole
Região da Ásia-Pacífico	
Min-Gyoo Shin	Emily Bolinas
Peter Kui Yekip	Wallace White Kintak
Região do Canadá	
C. Dale Thistle	Rose Graham
Região Central dos EUA	
Timothy Kellerman	Cheryl Seymour
Região Central Leste dos EUA	
Samuel Barber	Larry Hammond
Região Leste do EUA	
Olivia Metcalf	Wavny Toussaint
Região da Eurásia	
Peter Paul George	Wouter Boor
Carl McCann	Mangesh Jadhav
Dennis Mohn	Udaya Kumar
Região Mesoamérica	
Sirlene Bustos	Rosa Delia Ayala
Miguel Angel Ceballos	Josue Jimenez Gonzalez
Elimelec Juantá	Ellier Moises Lucas Mejía
Região Central Norte dos EUA	
Steven Hoffman	Greg Hephner
Região Noroeste dos EUA	
Virgil Askren	Joel K. Pearsall
Região da América do Sul	
Marcelo Correa	Galdina de Souza Arrais
Adalberto Herrera	David Lara Ascorbe
Elio Ribero Tomaz	Gerson Rueda
Região Central Sul dos EUA	
Rick Harvey	Cheryl Crouch
Região Sudeste dos EUA	
Dwight M. Gunter II	Michael T. Johnson
Região Sudoeste dos EUA	
Rob Songer	Daniel Spaite
Educação	
Dan Boone	Bob Brower

Discipulado Nazareno Internacional
Susan Booth
Missões Nazarenas Internacionais
Debra Voelker
Juventude Nazarena Internacional
Christiano Malta

902. Tribunal Geral de Apelações

Kafoa Muaror, Presidente
Julie Cheney, Secretária
Frederick Amolo
Antoine St. Louis
Ian Wills

903. Conselho Global da Juventude Nazarena Internacional

David González, Diretor da Juventude Nazarena Internacional
Christiano Malta, Presidente do Conselho
Shaun Bati, Região de África
Janary Suyat, Região da Ásia-Pacífico
Amy Warner, Região da Eurásia
Benjamin Soria, Região da Mesoamérica
Leo Barreto, Região da América do Sul
Justin Pickard, Região dos E.U.A./Canadá

904. Conselho Global das Missões Nazarenas Internacionais

Lola Brickey, Directora Global
Christine Trent-Mosuela, Presidente
Elizabeth Musimbi Ndungani, Região de África
Yrnah Lobutsa-Reyes, Região da Ásia-Pacífico
Penny Ure, Região do Canadá
Jill Rice, Região Central dos E.U.A.
Patty Williams, Região Central Leste dos E.U.A.
Sally Mellinger, Região Leste dos E.U.A.
Vania Fink, Região da Eurásia
Maria Lucia Manuel Vazquez, Região da Mesoamérica
Kelly Love, Região Central Norte dos E.U.A.
Debra Voelker, Região Noroeste dos E.U.A.
Romina Miño, Região da América do Sul
Tim Evans, Região Central Sul dos E.U.A.
Teresa Hodge, Região Sudeste dos E.U.A.
Joshua Jorgensen, Região Sudoeste dos E.U.A.
Verne Ward, Director das Missões Globais
O(A) Superintendente Geral com Jurisdição Designado(a) (Conselheiro(a))

905. Instituições Nazarenas de Ensino Superior

CONSÓRCIO GLOBAL DE EDUCAÇÃO NAZARENA

Região de África

Africa Nazarene University
Nairobi, Quénia – Servindo a África Oriental

Nazarene Bible College of East Africa
Nairobi, Quénia – Servindo o Campo do Leste

Nazarene Theological College
Honeydew, África do Sul - Servindo o Campo do Sul

Nazarene Theological College of Central Africa
Malawi, África Central – Servindo o Campo Sudeste

Nazarene Theological Institute
Servindo os Campos Central e Ocidental

Seminário Nazareno de Cabo Verde
Santiago, Cabo Verde

Seminário Nazareno em Moçambique
Maputo, Moçambique – Servindo o Campo Lusófono

Southern Africa Nazarene University
Manzini, Essuatíni – Servindo a África Austral

Região de Ásia-Pacífico

Asia-Pacific Nazarene Theological Seminary
Rizal, Filipinas

Central Philippine Nazarene College
Cebu City, Filipinas

Chapman International College
Bangkok, Tailândia

Indonesia Nazarene Theological College
Yogyakarta, Indonesia

Japan Nazarene Theological Seminary
Tokyo, Japão

Korea Nazarene University
Choong Nam, Coreia

Melanesia Nazarene Bible College
Mount Hagen, Papua Nova Guiné

Melanesia Nazarene Teachers College
Mount Hagen, Papua Nova Guiné

Nazarene College of Nursing
Mount Hagen, Papua Nova Guiné

Nazarene Theological College
Thornlands, Queensland, Austrália

Nazarene Theological College
Servindo o Campo Leste da Ásia

Philippine Nazarene Bible College
Baguio City, Filipinas

South Pacific Nazarene Theological College
Suva, Fiji

Região da Eurásia

European Nazarene College
Servindo a Europa e os Campos da Eurásia

Nazarene Nurses Training College
Washim, Maharashtra, India

Nazarene Theological College-Manchester
Manchester, Inglaterra

South Asia Nazarene Bible College
Bangalore, Índia - Servindo a Índia e o Campo Sul da Ásia

Região Mesoamérica

Caribbean Nazarene College
Santa Cruz, Trinidad - Servindo as ilhas inglesas, holandesas e antilhas francesas

Iglesia del Nazareno en México Seminario (SENAMEX)
Mexico City D.F., Mexico - Servindo os Campos do México Norte e Sul

Instituto Bíblico Nazareno
Coban, Alta Verapaz, Guatemala - Servindo o Norte da Guatemala

Séminaire Théologique Nazaréen d'Haiti
Petion-Ville, Haiti - Servindo o Haiti

Seminario Nazareno Dominicano
Santo Domingo, República Dominicana - Servindo a República Dominicana

Seminario Teológico Nazareno
Guatemala City, Guatemala - Servindo a Guatemala, El Salvador, Honduras, Belize

Seminario Teológico Nazareno Cubano
La Lisa, La Habana, Cuba - Servindo Cuba

Universidad Nazarena del Continente (UNINAZ)
San José, Costa Rica

Região da América do Sul

Seminario Biblico Nazareno Chile
Santiago, Chile - Servindo o Chile

Seminario Nazareno Bolviano
La Paz, Bolivia - Servindo a Bolívia

Seminario Teológico Nazareno del Cono Sur
Buenos Aires, Argentina - Servindo o Campo do Cone Sul

Seminario Teológico Nazareno Perú
Chiclayo, Peru - Servindo o Peru

Seminário Teológico Nazareno do Brasil
São Paulo, Brasil - Servindo o Brasil

Seminario Teológico Nazareno Sudamericano
Quito, Ecuador - Servindo o Campo Norte dos Andes

Região dos E.U.A./Canadá

Ambrose University College
Calgary, Alberta, Canada

Eastern Nazarene College
Quincy, Massachusetts, E.U.A.

MidAmerica Nazarene University
Olathe, Kansas, E.U.A.

Mount Vernon Nazarene University
Mount Vernon, Ohio, E.U.A.

Nazarene Bible College
Servindo a Região dos E.U.A./Canadá

Nazarene Theological Seminary
Kansas City, Missouri, E.U.A.

Northwest Nazarene University
Nampa, Idaho, E.U.A.

Olivet Nazarene University
Bourbonnais, Illinois, E.U.A.

Point Loma Nazarene University
San Diego, California, E.U.A.

Southern Nazarene University
Bethany, Oklahoma, E.U.A.

Trevecca Nazarene University
Nashville, Tennessee, E.U.A.

III. REGULAMENTOS ADMINISTRATIVOS

906. Resolução Referente à Edição do *Manual*. *Resolve-se*, Que a Junta de Superintendentes Gerais nomeie uma Comissão Editorial do *Manual* e a autorize a conciliar declarações contraditórias que possam surgir nas atas das deliberações da Assembleia Geral, relacionadas a alterações do *Manual*; e também a fazer essas alterações editoriais no texto do atual *Manual* de modo a corrigir a linguagem sem alterar o sentido; e ainda a fazer as alterações editoriais no texto dos assuntos recentemente adotados, de modo a corrigir a linguagem sem alterar o sentido.

A Comissão Editorial do *Manual* é aqui também autorizada a substituir palavras ou expressões confusas por palavras e expressões de fácil compreensão, a rever a numeração dos parágrafos, seções e outras divisões do *Manual* de acordo com as deliberações adotadas pela Assembleia Geral, e também a preparar o índice em consonância com quaisquer deliberações adotadas pela mesma.

Fica ainda resolvido que a supervisão de todas as traduções do *Manual* será dever da Comissão Editorial do *Manual*. (2017)

907. Revisão do Apêndice do *Manual*. Qualquer assunto das Seções III e IV do Apêndice (parágrafos 906-934) que permaneça sem ser reexaminado durante três quadriénios, será encaminhado pela Comissão de Referência para a comissão apropriada da Assembleia Geral, para que tenha a mesma atenção de uma resolução da Assembleia Geral. (2013)

908. Anuidades. A Junta Geral e as instituições da igreja estão proibidas de usar anuidades até que estas se tornem propriedade legal da igreja por morte do doador. Tais doações devem ser cuidadosamente investidas em fundos geralmente aceites pelos tribunais locais como fundos fiduciários. (2017)

909. Dívidas. Nenhuma entidade pode dar promessas caritativas como garantia pignoratícia com o propósito de subscrever uma dívida. (2017)

910. Sociedades Bíblicas.

1. Sociedades Bíblicas Aprovadas. A Igreja do Nazareno dá ênfase especial à Bíblia como a revelação escrita de Deus; e cremos que ela é a influência principal para ganhar novos seguidores de Jesus Cristo. E porque há uma necessidade crescente de mais exemplares das Escrituras, fica assim *Resolvido*,

Primeiro, Que a Assembleia Geral expresse a sua aprovação calorosa e a sua simpatia para com a obra das Sociedades Bíblicas Unidas à volta do mundo.

Segundo, Que apoiemos a celebração do Domingo Universal da Bíblia, dirigindo nesse dia a nossa atenção para o lugar proeminente que as Escrituras devem ocupar na vida do povo cristão.

APÊNDICES

2. Ofertas para as Sociedades Bíblicas
Resolve-se, Que a Igreja do Nazareno designe o segundo Domingo de Dezembro de cada ano, como data especial, para apresentação deste assunto importante e o levantamento de uma oferta para a Sociedade Bíblica de cada país. A Sociedade Bíblica escolhida será membro (associado ou pleno), da comunidade mundial de Sociedades Bíblicas Unidas ou, na ausência de uma sociedade membro, aquela que tiver sido designada pelo distrito; também, que um esforço especial seja feito no sentido de todas as nossas igrejas participarem nessa oferta. Todas as igrejas devem contatar o escritório do seu distrito para instruções referentes ao envio das suas contribuições para a Sociedade Bíblica do seu país. (2017)

911. Mandato das Comissões. Qualquer comissão especial, criada para qualquer finalidade, deixará de existir na Assembleia Geral seguinte, a menos que seja especificado o contrário. (2017)

912. Trabalhos da Assembleia Geral.
(Extrato das Regras Permanentes da 30ª Assembleia Geral)

RESOLUÇÕES E PETIÇÕES

Regra 16. Apresentação de Resoluções à Assembleia Geral. As Assembleias Distritais, uma comissão autorizada pela Assembleia Distrital, os conselhos consultivos regionais, a Junta Geral ou qualquer dos seus departamentos reconhecidos, as juntas ou comissões oficiais da igreja geral, a Convenção Global de MNI, a Convenção Global da JNI, ou cinco ou mais membros da Assembleia Geral podem apresentar resoluções e petições para deliberação da Assembleia Geral, de acordo com as seguintes regras:

a. As resoluções e petições serão submetidas num formato permitido pelo(a) secretário(a) geral.
b. Cada resolução ou petição apresentada incluirá o assunto e o nome dos delegados ou do grupo que faz a apresentação.
c. Todas as resoluções que exijam uma atividade que envolva despesas, deve incluir uma estimativa dos custos para completar a atividade.
d. As propostas de alteração no *Manual* da igreja serão apresentadas por escrito e indicarão o parágrafo e a seção do *Manual* a serem afetados, e o texto das alterações a serem adotadas.
e. Devem ter sido apresentadas ao/à secretário(a) geral **até 1 de Dezembro** anterior à reunião da Assembleia, para serem numeradas e enviadas à Comissão de Referência para consulta de acordo com a Regra 28 e o parágrafo 305.1 do *Manual*.
f. Quaisquer resoluções sobre itens não relacionados com o *Manual* devem indicar o nome da entidade que tem a responsabilidade de legislar sobre o assunto.

Regra 17. Resoluções e Petições para Consulta Posterior. Depois da data de entrega da Regra 16, resoluções, petições ou quaisquer outros assuntos tardios só podem ser apresentados ao/à secretário(a) geral da Junta Geral, da Junta de Superintendentes Gerais ou comissões da Igreja Geral, para referência de uma comissão legislativa até 1 de Junho. Resoluções que procedam das convenções globais, que se reúnam no período imediatamente anterior à Assembleia Geral, serão preparadas para reflexão.

Regra 18. Mudanças no *Manual*. Resoluções adotadas pela Assembleia Geral serão entregues à Comissão Editorial do *Manual* para serem conciliadas com outras disposições do *Manual*.

913. Marcos e Lugares Históricos. As Assembleias Distritais e regionais podem designar lugares de significado histórico, dentro de seus limites, como Lugares Históricos. Depois de um lugar atingir significado histórico, devem decorrer pelo menos 50 anos antes de ser reconhecido como Lugar Histórico.

Um Lugar Histórico não tem de ter edifícios inéditos ou estruturas em ruínas para que seja assim designado. O(A) secretário(a) da Assembleia comunicará ao/à secretário(a) geral os Lugares Históricos recém-designados, relatando a deliberação tomada, informação sobre o lugar, e o significado do mesmo.

As Assembleias distritais e regionais podem pedir à Assembleia Geral que designe lugares com significado para a denominação inteira como Marcos Históricos. As escolhas para esta categoria restringem-se a Lugares Históricos que foram assim previamente designados. Os superintendentes gerais ou uma comissão nomeada com o propósito de examinar essas escolhas devem concordar com uma nomeação, antes dela ser sujeita à ponderação da Assembleia Geral.

O(A) secretário(a) geral guardará um registro dos Marcos e Lugares Históricos e oportunamente fará o anúncio dos mesmos (parágrafo 327.2). (2023)

IV. ASSUNTOS MORAIS E SOCIAIS CONTEMPORÂNEOS

914. Doação de Órgãos. A Igreja do Nazareno exorta os seus membros, que não têm objeções pessoais, a encorajarem doadores e receptores de órgãos anatômicos através de testamentos e doações.

Mais ainda, apelamos que se faça uma distribuição moral e eticamente justa dos órgãos pelos habilitados para os receber. (2013)

915. Discriminação. A Igreja do Nazareno reitera a sua posição histórica de compaixão cristã por pessoas de todas as raças. Cremos que Deus é o Criador de todas as pessoas, e que de um sangue todas foram criadas.

Cremos que cada indivíduo, independentemente da raça, cor, gênero ou crença, deve ter os mesmos direitos perante a lei, incluindo o direito de votar, igual acesso a oportunidades de educação, a todas as instalações públicas e, de acordo com a sua capacidade, igual oportunidade de ganhar a vida, livre de qualquer discriminação profissional ou econômica.

Exortamos as nossas igrejas em toda a parte, que continuem e incrementem programas de educação para promover concórdia e compreensão racial. Cremos também que a admoestação bíblica de Hebreus 12:14 deve guiar a conduta do nosso povo. Exortamos todos os membros da Igreja do Nazareno a examinarem humildemente as suas atitudes e comportamentos para com os outros, como primeiro passo para alcançar o alvo cristão de participação plena de todos na vida da igreja em toda a comunidade.

Reiteramos a nossa crença que a santidade de coração e de vida é a base para uma vida recta. Cremos que o amor cristão entre grupos raciais ou gêneros diferentes existirá quando os corações dos seres humanos forem transformados através de completa submissão a Jesus Cristo, e que a essência do verdadeiro Cristianismo consiste em amar a Deus de todo o coração, alma, mente e forças, e ao próximo como a si mesmo.

Assim, repudiamos qualquer forma de indiferença étnica, exclusão, subjugação, ou opressão como um grave pecado contra Deus e o nosso próximo. Deploramos o legado de todas as formas de racismo em todo o mundo, e procuramos enfrentar essa herança através do arrependimento, reconciliação e justiça bíblica. Procuramos o arrependimento de todo comportamento em que tenhamos sido aberta ou secretamente cúmplices com o pecado do racismo, no passado ou no presente; e em confissão e pranto procuramos o perdão e a reconciliação.

Mais ainda, reconhecemos que não há reconciliação sem o esforço humano de se opor e ultrapassar todo preconceito pessoal, institucional e estrutural, responsável pela opressão e humilhação racial e étnica. Pedimos que os nazarenos em toda a parte identifiquem e procurem abolir atitudes e organizações preconceituosas, proporcionando ocasiões para a busca de perdão e reconciliação, tomando decisões de modo a fortalecer os que tiverem sido marginalizados. (2017)

916. Abuso de Desprotegidos. A Igreja do Nazareno abomina o abuso de qualquer pessoa, seja de que idade ou sexo for, e apela para um aumento da consciência pública garantindo uma informação educativa adequada, através das suas publicações.

A Igreja do Nazareno reafirma a sua orientação histórica, de que todos quantos agem sob a autoridade da igreja estão impedidos de má conduta sexual e outras formas de abuso do desprotegido. Quando a Igreja do Nazareno coloca pessoas em posição de confiança ou autoridade, presume que a conduta passada dessas pessoas é, geralmente, uma indicação segura de uma possível conduta futura. A Igreja recusará posições de autoridade a pessoas, que anteriormente usaram uma posição de confiança ou de autoridade para se entregarem a má conduta sexual ou abuso do desprotegido, a menos que sejam dados passos apropriados para prevenir um mau comportamento futuro. Expressões de remorso por parte de uma pessoa culpada, não serão consideradas suficientes para anular a presunção de que é provável que venha a ocorrer má conduta no futuro, a não ser que essas expressões sejam acompanhadas de mudança de conduta observável por espaço de tempo suficiente, de modo a indicar ser improvável uma repetição da má conduta. (2023)

917. **Responsabilidade para com o Pobre.** A Igreja do Nazareno acredita que Jesus ordenou aos Seus discípulos que tivessem um relacionamento especial com os pobres deste mundo; primeiro, que a Igreja de Cristo deveria manter-se simples e livre de ênfase na riqueza e extravagância e, em segundo lugar, cuidar, alimentar, vestir e abrigar os indigentes. Por toda a Bíblia e na vida e exemplo de Jesus, Deus identifica-se com e auxilia os oprimidos e aqueles que na sociedade não têm voz. Da mesma maneira, também nós somos chamados a identificar-nos e a sermos solidários com os menos favorecidos, e não simplesmente a oferecer-lhes boa vontade a partir de posições de conforto. Entendemos que o ministério de compaixão inclui atos de amor cristão, bem como um esforço para proporcionar oportunidades, igualdade, e justiça aos desfavorecidos. Cremos ainda que a responsabilidade cristã para com os pobres é um aspecto essencial na vida de cada crente na procura de uma fé que opera através do amor.

Finalmente, entendemos que a santidade cristã é inseparável do ministério aos indigentes, pois que ela constrange o cristão para além de sua própria perfeição individual, conduzindo-o à criação de uma sociedade e mundo mais justos e imparciais. A santidade, ao invés de distanciar os crentes das enormes necessidades econômicas das pessoas no nosso mundo, motiva-nos a oferecer os nossos recursos para as aliviar e a ajustar os nossos desejos de acordo com as necessidades dos outros. (2013)

(Êxodo 23:11; Deuteronómio 15:7; Salmos 41:1; 82:3; Provérbios 19:17; 21:13; 22:9; Jeremias 22:16; Mateus 19:21; Lucas 12:33; Atos 20:35; 2 Coríntios 9:6; Gálatas 2:10)

918. **Uso Cuidadoso da Linguagem.** A Igreja do Nazareno afirma e encoraja o uso cuidadoso da linguagem em relação às mulheres e aos homens. As publicações, incluindo o *Manual* e a linguagem pública, devem refletir este compromisso com a equidade conforme expresso no parágrafo 501. As mudanças de linguagem não se aplicam a qualquer citação das Escrituras ou referências a Deus. (2023)

919. **Identidade de Gênero.** Na história de Deus, a formação da humanidade culminou com a criação do homem e da mulher como um projeto divino duradouro. Biologicamente, a grande maioria

das pessoas nasce distintamente masculina ou feminina. Deus nos deu o nosso corpo para fins espirituais e relacionais, bem como para fins físicos.

Há casos, embora pouco frequentes, em que as pessoas nascem com uma formação genital ambígua ou com condições genéticas que afetam o desenvolvimento das características sexuais primárias e secundárias. Nestes casos, o sábio conselho bíblico e a ciência médica podem ajudar a informar o discernimento em oração sobre como ajudar as famílias a compreender as implicações e a melhor forma de apoiar as pessoas com estas condições médicas/genéticas.

Para além destas importantes realidades biológicas, notamos a crescente complexidade associada à identificação do gênero. Embora os papéis, os comportamentos e os temperamentos de gênero sejam o produto de numerosas influências, incluindo a biologia, as normas sociais e a construção cultural, acreditamos que o sexo de nascimento de uma pessoa é primário, formativo e dado por Deus. Reconhecemos que, ao servirmos a missão de Deus através da Igreja, encontraremos pessoas que, por várias razões, estão lutando para aceitar a sua criação. Em tais circunstâncias, devemos envolver-nos com essas pessoas graciosamente à medida que entram nas congregações, para conduzi-la à plenitude da vida em Cristo, para equipá-las para viverem como mordomos fiéis do corpo físico que lhes foi dado e chamá-las para a santidade ao longo da vida. (2023)

(Mateus 19:4; 11-12)

920. A Igreja e a Liberdade Humana. Tendo a preocupação de que a nossa grande herança cristã seja compreendida e salvaguardada, lembramos o nosso povo de que, tanto a nossa liberdade política como religiosa baseiam-se nos conceitos bíblicos da dignidade da humanidade como criação de Deus e da santidade da consciência individual. Exortamos o nosso povo a participar em atividades apropriadas para apoiar estes conceitos bíblicos e a estar sempre vigilante em relação às ameaças a esta preciosa liberdade.

Estas liberdades estão em constante perigo, por isso recomendamos com insistência a eleição, para cargos públicos em todos os níveis do governo, de pessoas que creiam nesses princípios e que respondam somente a Deus e perante o eleitorado que as elegeu para desempenhar um cargo público de confiança. Mais ainda, resistimos a qualquer violação destes princípios por grupos religiosos que procurem favores especiais. Estamos solidários com os nossos irmãos e irmãs a quem tenha sido recusada tal liberdade, por restrições políticas ou sociais.

Cremos que a Igreja tem um papel profético e de constantemente relembrar as pessoas que "a justiça exalta as nações" (Provérbios 14:34). (2017)

921. Afirmação e Declaração da Liberdade Humana. Enquanto nazarenos abraçamos a chamada divina para uma vida de santidade, de integridade, e de restauração, em que todas as coisas e pessoas são reconciliadas com Deus. Como resposta, o Espírito Santo liberta o marginalizado, o oprimido, o abatido e o ferido, corrige injustiças e faz cessar influências egoístas causadas pelo pecado, até que todas as coisas sejam restauradas no reino de Deus.

De acordo com a nossa herança e caráter wesleyanos e de santidade, confrontamos o flagelo contemporâneo da escravatura moderna, trabalho ilegal ou forçado, e tráfico de seres e corpos humanos.

E, segundo estas afirmações,

Resolvemos que os membros e as congregações da Igreja do Nazareno Internacional devem:

1. Como um povo de santidade, na busca de justiça, reconhecer que somos chamados ao arrependimento de quaisquer injustiças no nosso passado, corrigir a nossa justiça atual e criar um futuro justo;
2. Responsabilizar os que oprimem outros;
3. Empenhar-se num cuidado compassivo para com os que são envolvidos no trabalho ilegal ou forçado, recolha de órgãos, e escravatura sexual (bem como qualquer outra opressão emergente, mesmo que não seja do nosso conhecimento).
4. Escutar ativamente e ampliar o grito dos oprimidos.
5. Denunciar as injustiças e trabalhar humildemente contra as suas causas.
6. Agir solidariamente com a nossa irmã ou irmão contra qualquer obrigação para que sigamos juntos rumo à liberdade; e
7. Caminhar lado a lado com os que são vulneráveis, através de boas práticas que tragam redenção, restauração, cura, e liberdade. (1 João 3:8).

Edificados na nossa herança wesleyana de santidade cristã e chamada à santidade, fazemos as seguintes declarações:

1. Afirmamos que a busca da justiça, reconciliação, e liberdade está no centro da santidade de Deus sendo refletida nas pessoas. Comprometemo-nos, a nós próprios e aos recursos da igreja, a trabalhar para a abolição de todas as formas de escravatura moderna, tráfico, opressão e a participar nas redes intencionais, conversações, e ações que providenciam alternativas de esperança.
2. Afirmamos que as igrejas devem responder ao impulso do amor santo de Deus trabalhando para que o reino de Deus seja cada vez mais visível. Somos chamados a ser testemunhas fiéis no pensamento, palavra e obra, do Deus santo que ouve o clamor dos que são oprimidos, aprisionados, traficados e abusados por pessoas e sistemas econômicos, políticos,

orgulho e maldade. Deus nos chama para respondermos em humildade com compaixão e justiça.
3. Afirmamos que agir justamente envolve um cuidado compassivo com todos os que estão à nossa volta, sendo também capazes de alertar sobre a injustiça e denunciar os poderes que a causam. A ação justa e o amor misericordioso muitas vezes têm colocado o povo de Deus em conflito com os poderes e principados dos nossos dias. A justiça de Deus constrange-nos para irmos além do tratamento igualitário, da tolerância às diferenças de outrem, e simplesmente em reverter o papel do oprimido e do opressor. Através do exemplo de Jesus, somos chamados para uma retidão através da qual desejamos desistir de nós próprios a favor do outro.
4. Afirmamos que a retidão cristã requer, como passos necessários, um compromisso profundo com a confissão pessoal e coletiva, arrependimento e perdão.
5. Afirmamos que devemos defender práticas justas e de esperança em todas as áreas da vida. Refletindo a esperança compassiva de Cristo e o amor por todas as pessoas, identificamo-nos com as condições que trazem circunstâncias desumanizantes. Falaremos por todos os que não são ouvidos e caminharemos lado a lado com o vulnerável, oferecendo práticas que trazem redenção, restauração, cura e liberdade.
6. Afirmamos que somos chamados a nos tornarmos um povo que encarna uma alternativa de esperança à opressão e injustiça. Somos também chamados a refletir o Deus santo em vidas santas, trazendo justiça como estímulo e prática para as pessoas, circunstâncias, sistemas, e nações. Embora não possamos acabar com todo o sofrimento, como corpo de Cristo somos obrigados a trazer a santidade de Deus sob a forma de cura à iniciativa redentora de restaurar todas as coisas.
7. Afirmamos que, como uma rede de colaboradores, devemos pensar profundamente, trabalhar holísticamente, e empenhar-nos local e globalmente. Decisões complexas impulsionam a escravatura moderna; assim sendo, devem ser encontradas múltiplas soluções.

Essas devem partir da essência do que somos na comunidade cristã, fluindo naturalmente para o que fazemos.

Assim prometemos:
1. Trabalhar separadamente e em conjunto, como indivíduos e como instituições, consistentes com a nossa identidade wesleyana e de santidade, servir com compaixão e profeticamente desafiar sistemas opressivos;
2. Apoiar, encorajar, prover recursos, planificar e envolver-se a um tempo em ação eficaz, sábia e sustentável.

3. Trabalhar como uma comunidade de adoração, com Cristo no centro, imbuídos com o poder do Espírito como um movimento de esperança.
4. Pensar profundamente, orar com expectativa, e agir com coragem.

Para isso vivemos e trabalhamos até que o reino de Deus venha "na terra como é no céu." (2017)

922. O Valor das Crianças e dos Jovens. A Bíblia ordena a cada crente: "Abre a tua boca a favor do mudo, pelo direito de todos os que se acham em desolação" (Provérbios 31:8). A Shema (Deuteronômio 6:4-7; 11:19) admoesta-nos a comunicar a graça de Deus aos nossos filhos. Salmos 78:4 declara: "Não os encobriremos aos seus filhos, mostrando à geração futura os louvores do Senhor, assim como a sua força e as maravilhas que fez." Jesus afirma isto em Lucas 18:16: "Deixai vir a mim os pequeninos e não os impeçais, porque dos tais é o Reino de Deus."

Em resposta a esta perspectiva bíblica, a Igreja do Nazareno reconhece que as crianças são importantes para Deus e uma prioridade no Seu reino. Cremos que Deus nos ordena a cuidar de todas as crianças – amar, nutrir, proteger, apoiar, guiar e defender. É o plano de Deus que encaminhemos as crianças para uma vida de salvação e crescimento na graça. Salvação, santidade e discipulado são possíveis e imperativos na vida de uma criança. Reconhecemos que as crianças não são um meio para atingir um fim, mas participantes plenos no Corpo de Cristo. As crianças são discípulos em treinamento, não são discípulos em "potencial."

Então, o ministério holístico e transformacional para as crianças e suas famílias em cada igreja local, será uma prioridade que se evidencia por:

- preparar ministérios eficazes e de capacitação para a criança como um todo – física, mental, emocional, social e espiritualmente;
- articular posições cristãs sobre assuntos atuais de justiça social que afetam as crianças;
- ligar as crianças ao coração da missão e ministério da comunidade da fé;
- discipular as crianças e treinando-as a discipular outros;
- equipar os pais para nutrirem a formação espiritual dos seus filhos.

Uma vez que as instituições de ensino da igreja (escolas bíblicas, faculdades, universidades e seminários) preparam os alunos para a liderança, exercem um papel crucial cumprindo a visão e a missão de comunicar o valor da criança. Eles unem-se às igrejas locais e famílias tomando a responsabilidade de preparar membros do clero e leigos, de levantar a próxima geração de crianças e jovens para serem bíblica e teologicamente instruídos, a fim de enfrentarem os desafios conhecidos e desconhecidos de evangelizar, discipular e transformar sociedades.

A Igreja do Nazareno antevê uma comunidade de fé intergeracional em que as crianças e os jovens são amados e valorizados, onde são ministrados e integrados na família da Igreja, através de uma ampla variedade de meios e métodos e onde têm oportunidade para ministrar a outros, de forma coerente com a sua idade, desenvolvimento, capacidades e dons espirituais. (2023)

923. Guerra e Serviço Militar. A Igreja do Nazareno acredita que a paz é a condição ideal do mundo e que se torna obrigação da Igreja Cristã usar a sua influência para encontrar meios que permitam às nações da terra viver em paz e devotar todos os seus recursos à propagação da mensagem da paz. Contudo, reconhecemos que vivemos num mundo em que forças e filosofias do mal estão ativamente em conflito com estes ideais cristãos, e que podem surgir emergências internacionais que levem uma nação a recorrer à guerra para defender os seus ideais, liberdade e existência.

Conquanto esteja assim empenhada na causa da paz, a Igreja do Nazareno reconhece que a lealdade suprema do cristão é devida a Deus; portanto, a igreja não se empenha em vincular a consciência dos seus membros à participação no serviço militar em caso de guerra, embora creia que o cristão, individualmente, na qualidade de cidadão, deve servir a sua nação por todos os meios compatíveis com a fé cristã e com o modo de vida cristã.

Também reconhecemos que, como consequência do ensino cristão e do anelo cristão pela paz na terra, há entre os nossos membros indivíduos que têm objeções de consciência quanto a certas formas de serviço militar. Portanto, a Igreja do Nazareno reclama para esses seus membros as mesmas isenções e benefícios, quanto ao serviço militar, concedidos a membros de organizações religiosas reconhecidamente anti bélicas.

A Igreja do Nazareno, através do(a) seu(sua) secretário(a) geral, fará um registro em que essas pessoas, que provem ser membros da Igreja do Nazareno, possam declarar as suas convicções como objetores de consciência. (2017)

924. Criação. A Igreja do Nazareno acredita no relato bíblico da criação ("No princípio criou Deus os céus e a terra." — Gênesis 1:1). Estamos abertos a explicações científicas sobre a natureza da criação, conquanto nos oponhamos a qualquer interpretação da origem do universo e da humanidade que rejeite Deus como Criador (Hebreus 11:3). (parágrafos 1, 5.1, 7) (2017)

925. Cuidado com a Criação. Com profundo apreço pela criação de Deus, cremos que devemos esforçar-nos por mostrar qualidades de mordomia que ajudarão a preservar a Sua obra. Reconhecendo que nos foi dada a co-responsabilidade de manter a integridade do nosso meio ambiente, aceitamos as responsabilidades individuais e coletivas em fazê-lo. (2023)

Gênesis 2:15, Salmos 8:3-9; 19:1-4; 148

926. Evidência do Batismo com o Espírito Santo. A Igreja do Nazareno crê que o Espírito Santo testifica do novo nascimento e da subsequente obra da purificação do coração, ou inteira santificação, através do enchimento do Espírito Santo.

Afirmamos que a única evidência da inteira santificação, ou do enchimento do Espírito Santo, é a purificação do coração do pecado original, pela fé, como se afirma em Atos 15:8-9: "E Deus, que conhece os corações, lhes deu testemunho, dando-lhes o Espírito Santo, assim como também a nós; e não fez diferença alguma entre eles e nós, purificando o seu coração pela fé." E esta purificação manifesta-se pelo fruto do Espírito numa vida santa. "Mas o fruto do Espírito é: amor, gozo, paz, longanimidade, benignidade, bondade, fé, mansidão, temperança. Contra essas coisas não há lei. E os que são de Cristo crucificaram a carne com as suas paixões e concupiscências." (Gálatas 5:22-24). O batismo com o Espírito Santo vai naturalmente resultar no testemunho do Evangelho (Atos 1:8; Lucas 24:48).

Afirmar que qualquer alegada evidência física ou especial, ou "orar em línguas" constitui evidência do batismo com o Espírito, é contrária à posição bíblica e histórica da Igreja. Não cremos que falar em línguas desconhecidas é evidência de sermos cheios com o Espírito Santo. (2023)

927. Pornografia. A pornografia é um mal que corroe a moral da sociedade. Reconhecemos que a pornografia é sempre destrutiva e pode ser um vício. Materiais impressos e visuais que degradam a dignidade do ser humano e são contrários à perspectiva bíblica da santidade do matrimónio e da natureza saudável do sexo, devem ser repudiados.

Cremos que somos criados à imagem de Deus, e que a pornografia degrada, explora e abusa homens, mulheres e crianças. Também reconhecemos que o uso de pornografia resulta numa crescente perversão sexual no individuo. A indústria pornográfica tem por motivação a ganância, é inimiga da vida familiar, tem levado a crimes de violência, envenena a mente e degrada o corpo.

Para honrarmos Deus como Criador e Redentor, exortamos à oposição ativa à pornografia, através de qualquer meio legítimo. Exortamos também a que se façam esforços positivos para alcançar para Cristo e trazer à integridade aqueles que são viciados ou estão envolvidos de alguma forma neste mal. (1 Tessalonicenses 4:3-7) (2023)

928. Modéstia Cristã no Vestuário. Reconhecendo o aumento da tendência da moda para a imodéstia no vestir em lugares públicos, trazemos à memória do nosso povo o nosso conceito cristão de modéstia, como uma expressão de santidade e exortamos que a modéstia cristã seja sempre exercida em lugares públicos. (2017)

929. Bem Estar. A Bíblia apela a todos os crentes a ter uma vida de equilíbrio, saúde e plenitude através do poder transformador do Espírito Santo. Glutonaria é a prática de comer em demasia em detrimento do corpo, comunidade e vida espiritual. Embora a obesidade possa surgir devido a questões genéticas ou limitações culturais ou físicas a glutonaria, por outro lado, reflete um estilo de vida que devora a boa criação de Deus: alimentos, recursos e relacionamentos que prejudicam tanto pessoas como a comunidade. A prática da mordomia cristã exorta-nos a procurar manter a saúde e a boa forma dos nossos corpos como o templo do Espírito Santo, assim como viver vidas moderadas com todos os recursos e relacionamentos dados por Deus. (2017)

(Provérbios 23:19-21; Mateus 11:19; 23:25; 1 Coríntios 9:27; Gálatas 5:23; Filipenses 3:19; Tito 1:8; 2:12; Hebreus 12:16; 2 Pedro 1:6)

930. Abuso de Estupefacientes. A Igreja do Nazareno continua a ter uma forte objeção em relação ao uso de estupefacientes, considerando-os um mal social. Exortamos os membros da igreja a exercerem um papel ativo e altamente visível, bem como a participarem na educação e reabilitação relativas ao abuso de estupefacientes e à incompatibilidade desse uso com a experiência cristã e uma vida santa. (2009)

931. Uso Social de Bebidas Alcoólicas. A Igreja do Nazareno denuncia publicamente a prática do consumo de bebidas alcoólicas em reuniões sociais. Exortamos agências e organizações cívicas, de trabalho, de negócios, profissionais, sociais, voluntárias e privadas a cooperarem na não socialização das bebidas alcoólicas, rejeitando a publicidade e a promoção nos media da aceitação social da "cultura do álcool". (2013)

932. Tabaco, Seu Uso e Publicidade. A Igreja do Nazareno exorta o seu povo a pronunciar-se contra o uso do tabaco, tanto como um risco para a saúde como um mal social. A nossa posição histórica firma-se na Palavra de Deus, onde somos admoestados a manter os nossos corpos como templos do Espírito Santo (1 Coríntios 3:16-17; 6:19-20).

A nossa posição contra o uso do tabaco em todas as suas formas é fortemente apoiada por evidência médica, documentada por numerosas agências sociais, governamentais e de saúde à volta do mundo. Estas agências têm provado que é um grande risco para a saúde, e conclusivamente demonstrado que o seu uso pode produzir modificações sérias e permanentes na fisiologia normal do corpo.

Reconhecemos que os nossos jovens são grandemente influenciados pelos milhões gastos na publicidade do tabaco e do mal semelhante que é a bebida alcoólica. Apoiamos a interdição de toda a publicidade do tabaco e das bebidas alcoólicas em revistas, cartazes, rádio, televisão e outros meios de comunicação. (2013)

933. HIV/AIDS/SIDA (Vírus de Imunodeficiência Humana/ Síndrome de Imunodeficiência Adquirida). Desde 1981, o nosso mundo tem sido confrontado com a mais devastadora doença, conhecida como HIV/AIDS/SIDA. Perante a profunda necessidade dos que sofrem de HIV/AIDS/SIDA, a compaixão cristã motiva-nos a que sejamos corretamente informados acerca de HIV/AIDS/ SIDA. Cristo desejaria que encontrássemos um meio de comunicar o Seu amor e cuidado aos que assim sofrem em todo e qualquer país do mundo. (2013)

934. Uso dos Meios de Comunicação. Primeiro e acima de tudo, o conteúdo que partilhamos deve ser respeitável. Como em todos relacionamentos interpessoais, cremos que o conteúdo dos nossos meios de comunicação deve ser uma reflexão do coração santificado pelo qual lutamos. O clero e os leigos devem estar conscientes de como as suas atividades nos meios de comunicação afetam a imagem de Cristo e Sua igreja e têm impacto na sua missão dentro das suas comunidades. As nossas atividades devem ser afirmadoras e provedoras da vida e devem procurar levantar todas as pessoas. (2017)

(Provérbios 15:4, 15:28; Eclesiastes 5:2-4; Mateus 15:11; Gálatas 5:13-15; Efésios 4:29; Colossenses 4:62; 2 Timóteo 2:16; Tiago 3:1-13)

ÍNDICE ESPECIAL DE REVISÕES

Este índice contém alterações autorizadas pela Assembleia Geral de 2013. As alterações estão por ordem numérica.

Constituição

14	Cura Divina
21.1	Ser Cortês e Procurar fazer o Bem
21.2	Evitar Imoralidade Sexual
22.1	Estrutura Denominacional
24	Limites da Assembleia Distrital
26	Emendas à Constituição
27	Emendas dos Artigos de Fé

O Pacto de Conduta Cristã

29.1	Divertimentos
30.2	Solenização de Matrimónios
34	Oficiais da Igreja

Governo Local

100.1	Missão tipo-igreja
104	Restrições da Propriedade da Igreja
106	Declaração de uma Igreja Inativa
106.2-106.3	Propriedade de uma Igreja Inativa
107.1	Processo de Lista de Membros da Igreja
108-108.1	Lista de Membros Associados (Esta mudança em inglês não afetou a versão do Manual em português)
113.11	Eleição de Oficiais da Igreja
113.15	Delegados de uma Missão tipo-igreja à Assembleia Distrital
115	Chamada de um Pastor
115.4	Ação Civil Relacionada com a Remuneração de um Pastor
121	Co-Pastores
122.1	Processo para Resolução de Conflitos na Igreja
125.1-125.2	Igreja em Crise
127	Qualificações para ser membro na Junta da Igreja
129.2	Processo para a Chamada de um Pastor
129.10	Licença Sabática do Pastor
129.19	Secretário(a) da Junta da Igreja
129.20	Tesoureiro(a) da Junta da Igreja
145	Qualificações para ser membro na Junta do DNI
146	Qualificações para a Superintendência do DNI

160.5	Processo de Transição para Assistentes da Igreja

Governo Distrital

200	Definição do nome e dos Limites do Distrito
200.3	Critérios para Divisão ou Alteração de Limites do Distrito
201-201.2	Delegados à Assembleia Distrital representando missões tipo-igreja
203.24	Sistema de Membros Associados
208.3	Ativos de uma Igreja local em Crise
208.4	Processo para a Declaração de uma igreja que está fora da Crise
214	Restrições para Gerir Finanças Distritais
222.9	Licença Sabática do Superintendente Distrital
222.11	Processo de Licença Distrital para Pastores
222.13	Centros de Ministérios de Compaixão
226	Composição da Junta de Credenciais Ministeriais
236	Conselho Consultivo Distrital
238.10	Deveres da Junta Distrital do DNI
239.3	Deveres do Presidente da Junta Distrital do DNI
243.1	Dissolução de um Distrito

Governo Geral

301	Membros da Assembleia Geral
301.1	Representantes dos Distritos de Fase 3 à Assembleia Geral
302.1	Locais Simultâneos para a Assembleia Geral
305.3	Especificações para o cargo honorífico de Superintendente Geral Emérito(a)
305.4	Especificações para a aposentadoria de um Superintendente Geral
306	O Papel dos Superintendentes Gerais
307.3-307.5	Deveres dos Superintendentes Gerais;
307.11	Dever dos Superintendentes Gerais
307.15	Vaga no ofício de um Superintendente Geral
314.1	Superintendentes Gerais Eméritos e Aposentados
316	Vaga no ofício de um Superintendente Geral
317.1	Supervisão e Direção para os Distritos
317.3	Supervisão e Processos com a Junta Geral e seus Comitês e Juntas
317.4	Processo de nomeação e eleição para as posições de secretário(a) geral e tesoureiro(a) geral

323	A Data Efetiva da Revisão do Manual
331	Church of the Nazarene, Inc. e Junta Geral
331.1	Restrições à Elegibilidade para Membro da Junta Geral
331.2	O relacionamento do(a) secretário(a) geral com a Church of the Nazarene, Inc. e Junta Geral
331.3	Relacionamento do(a) tesoureiro(a) Geral com a Church of the Nazarene, Inc. e Junta Geral
332.3	Processo da Representação da Junta Internacional de Educação (IBOE, em inglês) na Junta Geral
332.4	Processo da Representação da JNI na Junta Geral
332.5	Processo da Representação das MNI na Junta Geral
332.6	Processo da Representação do DNI na Junta Geral
335-335.1	O Relacionamento da Junta Geral com a Church of the Nazarene, Inc.
335.12	Processo de Relatórios do(a) tesoureiro(a) Geral à Junta Geral
335.19	Processo da Eleição de Diretores de Departamento para a Church of the Nazarene, Inc.
335.5	Reuniões extraordinárias da Junta Geral
336	Restrições etárias para a Aposentadoria de Oficiais e Diretores da Church of the Nazarene, Inc.
337	Planos de Aposentadoria
338	Composição da Junta da Nazarene Publishing House
344	Juntas Nacionais
345.3	Deveres do Conselho Consultivo Regional

Ensino Superior

401	O Consórcio Global de Educação Nazarena

Ministério e Serviço Cristão

501	Teologia da Mulher no Ministério
502.3	Qualificações de um ministro(a) do Evangelho
513	Definição de um Pastor que foi chamado para uma Igreja
514.10	Solenização de Matrimónios
527.6	Requisitos de Formação Contínuada
530.1-530.2	Qualificações para obtenção de Licença Ministerial Distrital
530.5	Concessão ou Renovação da Licença Ministerial Distrital de um Pastor
536.1	Processo de Aprovação para Ministros que servem em Ministérios fora da Denominação

536.8	Requisitos para ser Membro da Igreja para Presbíteros e Diáconos
536.10	Processo de Aprovação para Ministros que servem em Ministérios fora da Denominação
536.11	Processo de Aprovação para Ministros que servem em Ministérios fora da Denominação
536.14	Confidencialidade de um ministro(a)
536.16	Solenização de Matrimónios
538.2	Processo para a devolução de uma credencial que tenha sido Arquivada
538.4	Processo de Restauração de uma credencial que tenha sido Entregue ou Removida

Administração Judicial

601.2	Resposta a Possível Má Conduta de uma Pessoa em posição de Autoridade
605.1	Disciplina Contestada de um Membro do Clero
605.3	Disciplina Contestada de um Membro do Clero
614	Composição e quórum do Tribunal Regional de Apelações

Ritual

801	Recepção de Membros da Igreja

Apêndice

902.7	Apresentação de Resoluções à Assembleia Geral
903.14	Abuso de Estupefacientes
903.16	Uso e publicidade de Tabaco

ÍNDICE DE PARÁGRAFOS VAGOS

25, 37-99, 126, 161-199, 244-299, 308-313, 346-399, 404-499, 539-599, 616-699, 700-799, 808-809, 816-899, 904-999

www.ingramcontent.com/pod-product-compliance
Lightning Source LLC
LaVergne TN
LVHW041539070426
835507LV00011B/820